Dalelen, 14.08.10

Beste regards

Claus Appel

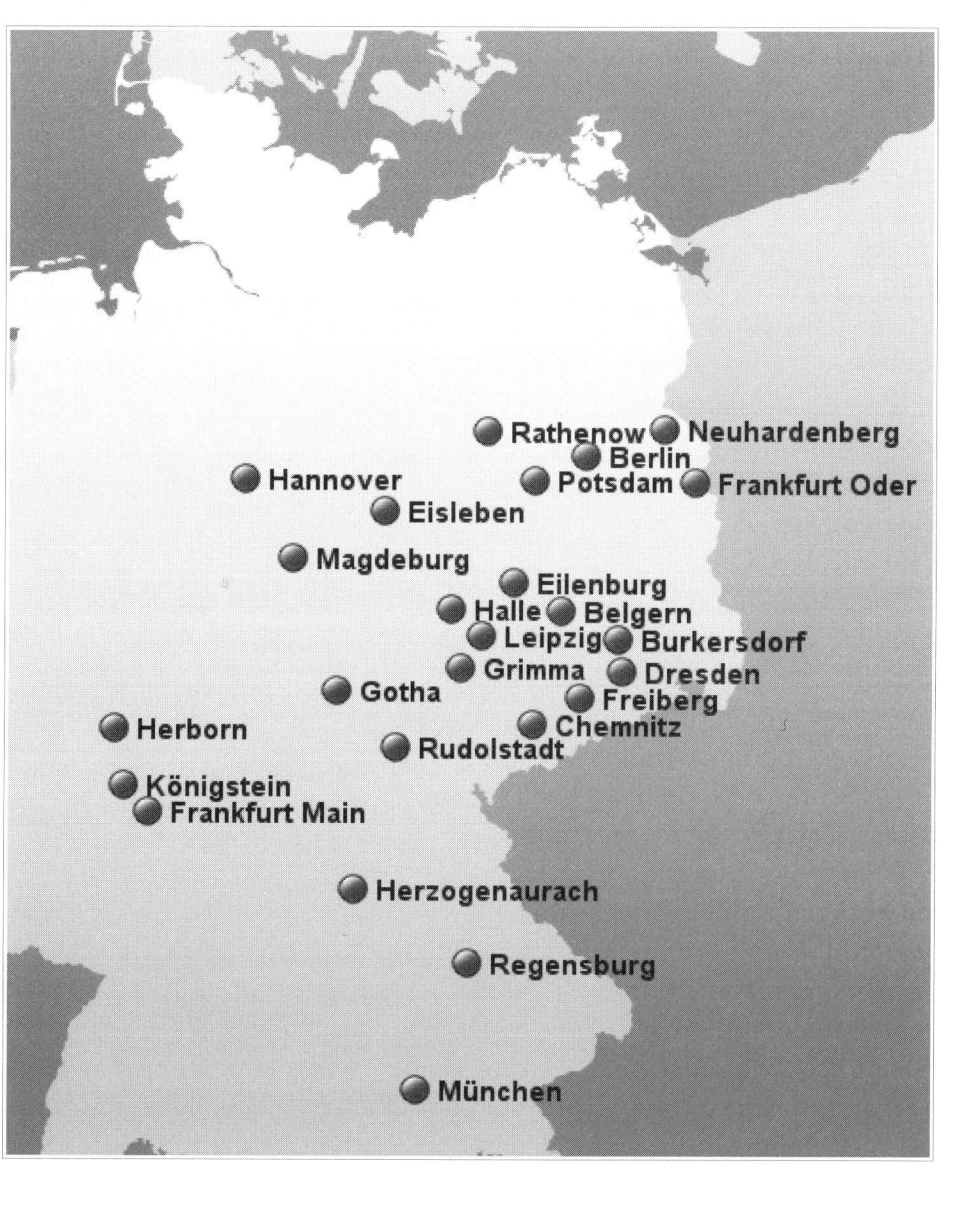

Claus und Gert Legal

FRIEDRICH II.
Preußens König
Sachsens Feind
Regent auf Schloss Dahlen

GREIFENVERLAG ZU RUDOLSTADT & BERLIN

ISBN 978-3-86939-371-1

© 2010 Greifenverlag zu Rudolstadt & Berlin
Stiftsgasse 21, D-07407 Rudolstadt

24,90 Euro

www.greifenbuch.de

INHALTSVERZEICHNIS

Erster Teil

Preußens König
Sachsens Feind

Das ist für Dahlen ein schöner Tag. Nicht etwa eines strahlend blauen Himmels wegen, und genauso wenig liegt es daran, weil heute Sonntag ist.

Weshalb die Einwohnerschaft der mittelsächsischen Kleinstadt zwischen Elbe und Mulde ausgerechnet an diesem 13. März des Jahres 1763 stimmungsmäßig so gut aufgelegt ist, dafür hat es einen gewichtigeren Grund. Denn heute findet statt, worüber seit Tagen unter den Bewohnern im Ort das Gerücht die Runde macht: Der Abgang des *Durchlauchtigsten* Herrn aus Dahlen sei nunmehr eine Tatsache. Ganz sicher haben sie überall im Städtchen in letzter Zeit eifrig diskutierend die Köpfe zusammengesteckt, sei es bei den *Rathspersonen* im Amt des Bürgermeisters, in der *Pfarre* oder im Gasthof *»Zum Goldenen Engel«* am Markt. Oder sei es im Schloss und Rittergut unter der gräflichen Dienerschaft. Aber auch unter Dahlens Familien, in den eigenen vier Wänden ihrer noch überwiegend aus Lehm und Holz errichteten Bürgerhäuser, wird gewiss ebenso engagiert über das unmittelbar bevorstehende Ereignis gesprochen worden sein.

März 1763: Aufatmen im Ackerbürgerstädtchen Dahlen. Die Last preußischer Besatzung ist bald ausgestanden. Markt mit Distanzsäule, die um das Jahr 1820 entfernt wurde.

Demnach macht er sich tatsächlich heute auf den Weg und wird nun endgültig aus ihrem Provinzstädtchen scheiden; am dreiundzwanzigsten Tag seiner Quartiernahme auf dem hiesigen, dem sächsischen Adelsgeschlecht der Grafen von Bünau gehörenden Schloss. Der Fremde in ihrer Stadt wird mit allem, was zu seiner vielköpfigen Gefolgschaft zählt, in Richtung Heimat aufbrechen.

Heimat, das ist ihm zuvorderst die königlich-preußische Residenzstadt Potsdam, seit beinah einem Vierteljahrhundert der Ort, der ihm mehr als nur zum Lebensmittelpunkt geworden ist. *»Ich denke an ´Sanssouci´ wie die Juden an Jerusalem, oder wie Moses an das gelobte Land«*, hat er einmal gegenüber einem Vertrauten in geradezu verzehrender Sehnsucht nach seinem Potsdamer Schlossidyll geäußert. Seine königliche Heimstatt, für die er sich die auf Deutsch lautende Bezeichnung »Ohne Sorgen« erwählt hat. Wie er auch seine architektonischen Vorstellungen über die Schlossanlage selbst in Skizzen zu Papier gebracht hatte. Im Jahr 1761, als er seinem Rückkehrwillen nach Sanssouci aus tiefster Seele Ausdruck verlieh, stand er bereits das fünfte Jahr hindurch in einem Krieg. Und als Folge aller durchgestandenen Kriegsstrapazen wurde nun drängender denn je spürbar, dass er – wie gleichermaßen seine Kriegsgegner – vom Verlangen nach einem baldigen Frieden erfüllt war.

Auch Berlin bedeutet ihm ein Stück Heimat, die Stätte seiner Geburt und Metropole Preußens, des sich im Norden erstreckenden Königreichs innerhalb des Deutschen Reiches. Eines Reiches, das sich dem Betrachter als bunt zusammengewürfeltes Sammelsurium, und keineswegs in Gestalt eines monolithischen, homogenen Staatsgebildes in Europas Mitte präsentiert. Neben der noch relativ jungen Königsdynastie Preußen vereint dieser deutsche Staatenverbund unter seinem Dach unterschiedlich große autonome Fürsten- und Herzogtümer sowie Grafschaften, von denen jeder dieser reichsunmittelbaren Kleinstaaten mit Argusaugen auf seine Eigenständigkeit bedacht ist. Regiert werden diese Territorien von Landesvätern und zuweilen Landesmüttern, die keinerlei Selbstzweifel ob ihres vorgeblich von Gott verliehenen Herrschaftsanrechts kennen, geschweige denn zulassen würden, dass die Untertanen es wagten, ihren dynastischen Anspruch in Frage zu stellen. Mit enormer Machtfülle ausgestattete monarchische Mächte sind es, die in Anbetracht feudalistischer, obrigkeitsstaatlicher Verhältnisse seit altersher gewohnt sind, mit autokratischem Hochmut – soll heißen: selbstherrlich – über Land und Leute zu schalten und zu walten. Man lebte ja in der festen Überzeugung, Gottes ausdrückliche Rückendeckung zu haben. Und wenn man mit absoluter Autorität »sein« Volk regierte, dann vorgeblich legitimiert durch ihn und in seinem geheiligten Namen.

Wie aber auch freie Reichsstädte und Bistümer zum Kreis dieser kleinstaatlichen Reichsglieder zählen. Jedes von ihnen ist durch eigene bevollmächtigte Gesandte im Reichstag, der seinen seit 1663 installierten Sitz in Regensburg inne hat, vertreten. Eine ständige *Reichs Raths Versammlung*, die unter anderem darüber wacht, dass Großmachtambitionen, unversehens aufbrechende Konflikte oder schwelende Machtintrigen der Staaten untereinander nicht in einen durch Waffengewalt herbeigeführten Friedensbruch münden.

Liegt dennoch ein den allgemeinen Frieden bedrohender, nicht hinnehmbarer Verstoß vor, dann erwächst aus dem Recht der Reichsglieder die Pflicht, aus ihren Reihen Truppen aufzustellen und sie im Verein mit kaiserlichen Kräften gegen den mit Reichsacht, der höchst möglichen Strafe, bedrohten Störenfried ins Feld zu führen. Jeder Alleinherrscher, sei er auch im zeitgemäßen Sinn *»von Gottes Gnaden«* auf Thron oder Thrönchen gelangt, soll wissen, er darf nicht ungestraft die allen verbindlich aufgegebenen Normen der Reichszugehörigkeit nach Gutdünken verletzen.

Seit August 1756 ist ein solcher »Störfall« aktenkundig. Was zur Folge hatte, dass sich in den Jahren 1759 und 1760 des Reiches *Executions-Armee* wie auch verbündete *Kayserliche Trouppen* in der Gegend um Dahlen aufgehalten haben. Beide Male in Erwartung einer kriegsentscheidenden Schlacht mit dem preußischen Feind im Raum Torgau. Anfang November 1760 ist es dann unausweichlich geworden: die Gegend um die Stadt an der Elbe wird Schauplatz eines auf beiden Seiten opferreichen Waffengangs.

Auch erlässt der Reichstag zu Regensburg Gesetze. Die Annahme derselben bedarf allerdings der Zustimmung des Kaisers. Aktuell – und de facto, muss man korrekterweise hinzufügen – liegt seit 1745 die höchste Würde im Reich in den Händen eines in Wien residierenden Kaiserpaares aus einer der machtvollsten europäischen Dynastien, die seit drei Jahrhunderten im Herrschen und Beherrschen geübt sind: die Habsburger.

Kaiserin und Kaiser haben alle Hände voll damit zu tun – Androhung und Anwendung militärischer Mittel nicht ausgeschlossen –, dieses Konglomerat aus selbstbewussten Staaten und Städten mit all seinen vielfältigen partikularistischen Machtinteressen einigermaßen im Zaum zu halten. Seit dem Mittelalter firmiert dieses kompliziert strukturierte Staatengebilde unter der wuchtig klingenden Bezeichnung *»Heiliges Römisches Reich teutscher Nation«*. Sein existenzieller Fortbestand wird noch bis 1806 gesichert sein. Danach wird ihm ein über dieses Heilige Reich, dem längst das Etikett mit dem unvermeidlich gewordenen Verfallsdatum anhaftete, obsiegender Napoleon Bonaparte mit korsischem Furor das Lebenslicht ausblasen. Unheilvolle Zukunftsmusik, noch in weite Ferne gerückt zwar, von der freilich niemand aus der gegenwärtigen 1763er-Generation den leisesten Schimmer haben kann.

Nach allem, was die Bürger dieses sächsischen Landstädtchens Dahlen haben durchmachen müssen, erhoffen sie sich nun, dass es mit dieser *Hochwohlgeborenen* Person auf ihrem Schloss ein Abschied auf Nimmerwiedersehen sein möge.

Mit der Nachricht ihres Aufbruchs erfüllt sich an diesem Sonntagmorgen Anno Domini 1763 für die Menschen in Dahlen und den umliegenden *Dorffschafften*, welche Ortsnamen tragen wie Schmannewitz, Lampertswalde, Bucha oder Ochsensaal, ein Traum. Und nicht weniger inständig sehen ihre sächsischen Landsleute der Stunde entgegen, da dieser Mann ihrem Kurfürstentum für immer den Rücken zukehren wird. Ihnen allen war das gleiche Schicksal aufgezwungen, einer von September 1756 bis März 1763 anhaltenden preußischen Militärverwaltung sich willfährig fügen zu müssen.

Denn dieser Geheimnisumwitterte auf ihrem Schloss hat großes Unheil verschuldet. Durch einen Krieg, der nicht nur einschneidend in die Geschicke ihres Landes eingegriffen hat; einer großen Anzahl von Menschen auch schicksalhaft in die ihres persönlichen Lebens. Ein Umstand, der noch auf lange Zeit an den verletzten Seelen der Betroffenen rühren wird.

Wie gleichwohl Städte, Dörfer und weite Landstriche ihrer sächsischen Heimat von dieser Jahrhundertkatastrophe für einen langen, unbestimmten Zeitraum gezeichnet sein werden. Dresdens berühmte Kreuzkirche beispielsweise, und viele Gebäude des sie umgebenden Stadtviertels am Altmarkt versanken im Juli 1760 durch Granateinschläge tagelanger preußischer Bombardements in Trümmern.

Aus Sicht der feindlichen Belagerer, zu denen auch der aus Brandenburg stammende, damals 23 Jahre alte Ernst Friedrich Rudolph von Barsewisch zählt, hätten Dresdens Verteidiger eine Mitschuld, wenn ihrer Stadt so übel zugesetzt wurde. Und so klingt einerseits zynisch, wenn der junge preußische Offizier die in Anwendung gebrachte Taktik der eigenen Armee mit der Notwendigkeit begründet, dass *»der Feind auf dem Kreutz Thurme zwei Canonen aufge-*

pflanzt…(hatte); dahero befahlen Se. Majestät, da der Feind den Thurm statt einer Batterie gebrauchte, selbigen in Brand zu stecken.« Andererseits ist nicht von der Hand zu weisen, dass die Eingeschlossenen einen Beschuss des katholischen Gotteshauses dadurch riskierten, indem sie in ihrer höchsten Not auf seinem Turm Geschütze postierten. So berechtigt es war, sich mit allen Mitteln zur Wehr zu setzen, die Belagerten durften sich nicht wundern, dass ihr in schwindelnder Höhe installiertes Kanonennest zur idealen Zielscheibe der anstürmenden Preußen werden könnte. Dass diese es niemals zulassen würden, wenn von der Kirchturmspitze herab todbringende Eisenkugeln auf ihre Häupter niederprasselten.

E.F.R. von Barsewisch, der mit der Voreingenommenheit des Kriegsgegners in seinen später veröffentlichten *»Kriegs-Erlebnissen«* die damalige Beschießung Dresdens nach preußischer Lesart beschrieben hat, schildert im folgenden weitere Einzelheiten: *»Um 3 Uhr Nachmittag traffen unsere Artilleristen mit einer hundertpfündigen Bombe diese Thurm Batterie. Sobald dieselbe geplatzet, fing der Thurm an zu brennen, als das Feuer die Spitze ergriffen und diese bald darauf herunter stürzte, geriethen auch die umliegenden Häuser in Flammen.«* Ein bedrückendes Szenario, welches sich an diesem 19. Juli des Jahres 1760 in der Elbmetropole zugetragen hat. In den Annalen Dresdens ein rabenschwarzer Tag. Dem Kalender nach war es ein Sonnabend.

Noch zehn Tage sollten die Preußen gegen eine sich tapfer zur Wehr setzende Elbestadt anrennen, dann gaben sie resigniert auf. Selbst eiligst in Magdeburg auf Kähne geladenes schweres Geschütz vermochte das Blatt nicht zu wenden. Was zum militärischen Desaster geriet, muss den Preußenkönig in seinem persönlichen Stolz zutiefst getroffen haben. Dresdens Stadtbürger dagegen, die dem feindlichen Ansturm mannhaft Widerstand leisteten, haben sich als Sieger fühlen dürfen. Die Berichte sprechen davon, dass sie überall in der Stadt Freudenfeuer abgebrannt hätten. Waren zwar Opfer an Toten und Verwundeten zu beklagen, und die materiellen Schäden mit fünf in Schutt und Asche gelegten Kirchen sowie mit hundertsechzehn zerstörten Wohnhäusern beträchtlich, so blieb ihnen ungeachtet der Trauer die Genugtuung, dass Preußens sieggewohnter Kriegsherr es dieses Mal nicht schaffte, sie und ihre Stadt in die Knie zu zwingen. *»Die Nacht vom 29ten auf den 30ten marschirte die Armee von Dresden ab und hob die Belagerung auf«*, schreibt Barsewisch in seinen Memoiren. Seitens der Preußen nachvollziehbar, wenn aus der Knappheit seiner Worte ein trotziger Unterton herauszuhören ist. Passend zum verständlichen Stimmungstief der abrückenden Belagerer war das Wetter. Es sei, so geht aus anderer Quelle hervor, eine regnerische und sturmgepeitschte Nacht gewesen.

Die Einwohnerschaft der kursächsischen Residenzstadt wiederum hatte allen Anlass, erleichtert aufzuatmen. Und das nicht nur für diesen einen Moment. Denn niemals mehr bis zur endgültigen Waffenruhe sollte es dem preußischen Kriegsgegner gelingen, die neben Leipzig, Meißen und Torgau begehrlichste aller Städte Sachsens in ihre Gewalt zu bringen. Mussten die Preußen auch Dresden schweren Herzens abschreiben, so gab es zum Glück noch Dahlen – nicht so groß, so schön, so reich und nicht an einem so majestätischen wie strategisch wichtigen Strom wie der Elbe gelegen. Vielmehr an einem kleinen, nicht schiffbaren Gewässer, welches sinnigerweise den Namen »Dahle« trägt und in seinem engen Flusslauf am Städtchen vorbei unterhalb von Kirche und Friedhof eher gemächlich dahinplätschert. Kurzum: Dahlen an der Dahle.

Und doch wird sich dieses unscheinbare, geschätzt eintausend Seelen große Dahlen im Februar 1763 von seiner Randexistenz als Kleinstadt in einer ländlichen Gegend vorübergehend lösen und, worüber noch zu sprechen sein wird, für einen Tag die Bühne europäischer Geschichte betreten. Wer hätte sich zu dieser kühnen Prophezeiung an jenem 29. Juli 1760 hinreißen lassen wollen, da sich enttäuschte preußische Armeecorps, allen voran ihr König und oberster Befehlshaber Friedrich II., den Traum von der Eroberung der Stadt Dresden, des Herzstücks des sächsischen Staates, ein für allemal aus dem Kopf haben schlagen müssen.

Niemand in Sachsen mag sich indes in der ersten März-Hälfte des Jahres 1763 der Illusion hingeben, die landesweit herrschende Not werde schon in naher Zukunft schwinden. Und so erfüllt die Leidgeprüften wenigstens die kollektive Hoffnung, dass nach den quälenden Kriegsjahren endlich eine Epoche des Friedens anbrechen möge.

Gewiss, es hat im Zusammenhang mit dem inzwischen glücklich abgeschlossenen Friedensprozess an bedeutsamen Momenten nicht gefehlt. Mit dem endgültigen Abschied der Preußen von Schloss und Stadt Dahlen wird ihnen zweifellos ein weiterer hinzugefügt. Und so steht einmal mehr das Ereignis dieses Märztages im Zeichen des Endes eines Krieges, der im Morgengrauen des 29. August 1756 mit einem vermeintlich unerwarteten militärischen Coup, seinen unglückseligen Auftakt erlebte. Dem Einmarsch von

Preußens Armee, der schlagkräftigsten Militärmacht seiner Zeit, ins südliche Nachbarland Sachsen. Es konnte nicht überraschen, dass die überfallartige Militäraktion ein vielstimmiges Echo fand. Umgehend sorgte der Angriff in nahezu allen Hauptstädten Europas und im Reich an vielen Fürstenhöfen, die nicht zu Preußens Sympathisanten oder Kriegsverbündeten zählten, für helle Empörung. Von überall her handelte sich der Aggressor harsche Kritik ein.

Auch damals, vor nunmehr sechseinhalb Jahren, geschah dies an einem Sonntag, und bereits gegen 14 Uhr jenes spätsommerlichen Tages erlebte das um die 32 000 Einwohner große Leipzig die Besetzung durch preußisches Militär. Das Geläut von den Türmen der Gotteshäuser, welches die Gläubigen zum Nachmittagsgottesdienst gerufen habe, wäre gerade noch zu hören gewesen, als »zwey Esquadrons vom löbl. Zithenschen Husaren Regiment zum Hälleschen Thor«, also von Norden her kommend, bis ins Stadtzentrum vorgedrungen seien.

Ein Ereignis, von dem wohl niemand sich vorstellen konnte, dass es zu einem fast sieben Jahre dauernden Krieg von epochaler Bedeutung ausarten würde. Geschweige denn, dass ein Kreis nicht weniger Historiker dazu neigen wird, ihn einmal als ersten Weltkrieg der Menschheitsgeschichte einzustufen.

Die Schilderung über die ersten dramatischen Stunden in Leipzig ist einem Mann zu danken, der als *Vice Capitaine Lieutenant* mit der Oberaufsicht über Pulverturm und Zeughaus betraut ist. Ein das Geschehen in seiner Stadt aufmerksam verfolgender Bürger und Soldat, der für sich persönlich aufschrieb, was er sah, hörte oder an öffentlichen Bekanntmachungen gelesen hat. Die in chronologischer Abfolge abgefassten Tagebuch-Aufzeichnungen, die er selbst als »*Journal*« betrachtete, sie befinden sich heute im Besitz des Stadtarchivs Leipzig. Sie stammen von Johann Matthias Burchardi.

Zeitgleich hat sich ein weiterer Mitbürger, Hausmeister an der hiesigen Universität, vorgenommen, die Kriegsereignisse, so wie er sie unmittelbar erlebte, tagebuchmäßig festzuhalten. Auch er, Johann Salomon Riemer (1702-1771), erweist sich mit seinen schriftlichen Beobachtungen als eifrig zur Feder greifender Leipzig-Chronist. Ihm gelang ebenfalls, ein vielschichtiges Bild über den Kriegsverlauf in seiner Heimatstadt der Nachwelt zu vermitteln. Die sachbezogenen Texte dieser beiden Leipziger Bürger bieten somit, ungeachtet subjektiver Sichtweisen, ein weitgehend faktengetreues Anschauungsmaterial, mit dessen Hilfe sich authentische Einblicke gewinnen lassen. Und zwar in nahezu alle Phasen der Besatzung durch Truppen des Feindes oder der Verbündeten, der sich die Bewohner bis Anfang März 1763 ausgesetzt sehen werden.

Burchardis am 29. August 1756 einsetzende Aufzeichnungen schildern zunächst, es sei gegen 10 Uhr morgens in der Stadt das ängstliche Gerede aufgekommen, *»daß bereits von der Königl. Preuß. Armee ein Corps Husaren in Schkeyditz angelanget wäre«.* Was indes in Leipzig noch für ein gerüchteweises Stadtgespräch sorgt, erlebt der Schkeuditzer Oberpfarrer C. Schmidt längst als ernüchternde Wirklichkeit. *»Hier machten die Ziethen`schen rothgekleideten Husaren den Vortrab, kamen gleich auf den Markt gesprengt, besetzten das Rathaus und alle Thore und Zugänge, und niemand wurde hinausgelassen bis die ganze Armee hindurch war«,* formuliert der fromme protestantische Gottesmann, Zeitzeuge wie Riemer und Burchardi, für die Chronik seiner Pfarrei. *»Wir sahen dies anfangs mit Staunen an, ohne zu wissen, daß es uns gelten sollte«,* drückt er sowohl seine Zweifel aus, wie auch möglicherweise unbewusst aufkommende Ängste. Somit bewegten sich die feindlichen Reiter zu diesem Zeitpunkt bereits auf einem Terrain, von dem aus sie es bis zur Leipziger Stadtgrenze nicht mehr weit hatten.

Die geräuschvollen Glockenschläge der Leipziger Kirchen, das darf man für wahrscheinlich halten, gingen in einen von Trompetengeschmetter triumphal orchestrierten Auftritt siegreich einrückender Preußen über. Vielfarbig leuchtet die Kriegsmontur dieser Husaren-Kavallerie: in schwarz, weiß, rot und grün. Mit reichlich kunstvoll gesticktem Zierrat, gold- und silberglänzend, geschmückt. Ein kunterbunter Aufzug von Uniformen, Fahnen und Schabracken, wie er der phantasievollen Militärmode des Barockzeitalters entsprach.

Ihr Weg führte die Soldaten in Leipzigs Mitte. Da, wo sich der gepflasterte Marktplatz dieser Stadt, die von den drei Flüssen Pleiße, Parthe und Elster durchflossen wird, ausbreitet. Die stuck- und ornamentverzierten mehrgeschossigen Häuser und Handelshöfe, die ihn rundum dekorativ einrahmen, wirken wie architektonische Visitenkarten einer geschäftstüchtigen *Kauffmanschafft.* Diese wiederum repräsentiert das Milieu der städtischen Elite, der vom Bürgertum getragenen Oberschicht im absolutistischen Ständestaat des 18. Jahrhunderts. Es ist, als würde sie ihre Prachtbauten, in denen sich gleichermaßen Wohlstand und Lebensgefühl einer arrivierten Gesellschaftsschicht spiegeln, bereitwilligst herzeigen.

Alles schön und gut, wären da nicht die zu Erkrankungen führenden hygienischen Zustände, denen man sich in jenen Zeiten allerorten ausgesetzt sah.

Hygiene war den damaligen Menschen noch ein Fremdwort. Und so wusste man natürlich noch nichts über die fatalen Folgen bei ihrer Vernachlässigung. Selbst einem angehenden Mediziner, wie dem 1779 in Leipzig studierenden Johann Heinrich Jugler (1758-1814), waren die gesundheitlichen Auswirkungen mangelnder Reinlichkeit noch völlig unbekannt. Wenigstens reagierte sein Geruchssinn bei einer kritischen Betrachtung der allgemeinen Wohnverhältnisse äußerst empfindsam: *»Natürlicher Weise hat jede Etage ihren eigenen Abtritt, und um den Unbequemlichkeiten vorzubeugen, welche daraus entstehen könnten, sind die Schleusen unter den Gassen eingerichtet. Jedoch gehen bey weitem nicht alle Abtritte in diese Schleusen, welches eine große Beschwerde ist. Diese werden zu bestimmten Zeiten in der Nacht, wiewohl nicht ohne Gestank, in die Schleusen ausgeleert.«* Ob im Jahre 1779 oder 1756, sicher machte dies keinen Unterschied.

Und vermag auch nicht von der Tatsache abzulenken, dass sich über dem Marktplatz ein prachtvoller, zweihundert Jahre alter Rathausbau erhebt. Der Amtssitz des Oberhauptes einer prosperierenden Stadt, die durch ihre Messen europaweit hoch im Ansehen steht. Der einerseits urbane Solidität ausstrahlt und andererseits vom weltoffenen Geist eines internationalen *Handelszentrums* zeugt. Eine renommierte Universität und ein seit Jahrzehnten etabliertes Verlagswesen bilden zwei weitere Säulen, auf denen Leipzigs guter Ruf beruht.

Und schließlich entschädigen ja auch noch für den abscheulichen Nachtgestank in Käfigen gehaltene Nachtigallen. Worüber sich der Student Jugler in seinem Buch lobend auslässt: *»Angenehm ist es, wenn man im Sommer und Frühjahr auf den Straßen geht, und die vielen Nachtigallen schlagen hört, die sehr häufig vor den Fenstern hängen.«* Wie unter seinesgleichen üblich, wird er sich oftmals das Vergnügen gegönnt haben, durch die Stadt zu flanieren. Selbst wenn die Dunkelheit hereingebrochen sein sollte, konnte man sich auf Leipzigs Straßen aufhalten. Über die ganze Stadt verteilt nämlich erstrahlten *Nachtlaternen*, eine zivilisatorische Errungenschaft, der man noch nicht überall begegnen kann.

Der prominenteste unter den studentischen Lustwandlern war zwei Jahre nach Kriegsende zweifellos Johann Wolfgang Goethe. Freudig gibt dieser in Briefen der jüngeren Schwester Cornelia in Frankfurt am Main seine Eindrücke über die vielen *»schönsten«* Gärten rings um Leipzig wieder. Oder über die *»weiten und dunklen Alleen«* und die beliebte Leipziger *»Promenade«*.

»Das Rathhauß…ist fest und durchaus steinern, zwey Geschoß hoch und 35 Fenster breit, hat sieben Obergiebel und über dem Eingange einen hohen bevorstehenden Thurm…

Unten hat dieser Thurm einen Balkon, und weiter höher einen Austritt, von welchem wöchentlich an gewissen Tagen die Stadtpfeifer blasen«, beschreibt Johann Gottlob Schulz, ein weiterer zeitgenössischer Leipzig-Biograph, eine der markantesten Baulichkeiten dieser Stadt. Worauf sich die Passanten in Leipzigs pulsierendem Zentrum gefasst machen müssen, wie dazumal in jeder anderen Stadt auch, gibt der Autor in seinem Buch so zum Besten: *»Dicht am Eingange linker Hand ist der sogenannte Pranger, wo Diebe und andere Verbrecher, mit einem Halseisen angethan, zur Schau gestellt werden.«*

Seiner Attraktivität und Unverwechselbarkeit ist sich Leipzigs Stadtmittelpunkt, über den in einem Lexikon von 1741 geschrieben steht: *»Der Marckt ist ein schöner, grosser ebener Platz 204 Schrite lang 92 breit«*, bis heute treu geblieben. Selbst ohne so eine attraktive touristische Zugnummer wie die Begegnung mit einem leibhaftig am Pranger schmachtenden Missetäter. Oder ohne das Betreten einer authentischen *»Wohnung des Kerkermeisters, und der Häscherstuben.«*

Mithin ein harmonisch gestaltetes Stadtambiente, wie auch historische Stiche aus jenen und späterhin gefertigten Jahren bildlich bezeugen. Und in ruhigen Zeiten dürfte es seine Anziehungskraft wohl auf jeden Betrachter, sei er Einheimischer oder Besucher, nicht verfehlt haben.

Aber an diesem Sonntagnachmittag des 29. August, da durch einen preußischen Husarentrupp das friedvolle Leben der Menschen in den Mauern dieser Stadt jäh aus der Bahn geraten ist? In den spannungsgeladenen Augenblicken, da die Stadt soeben im Handstreich von diesen gut zweihundert Mann zu Pferd genommen wurde, wird wohl kaum einer der siegestrunkenen, schnauzbärtigen Husarenreiter einen Blick für eine Attraktion wie den Leipziger Stadtkern, übrig gehabt haben. Eher sollte man annehmen, dass die Speerspitze der gegenwärtig sich noch über das unweite Schkeuditz sowie die Ortschaft *Litzschäna* im Anmarsch befindlichen Hauptstreitmacht fürs erste froh darüber war, auf keine bewaffnete Gegenwehr gestoßen zu sein.

Wer auch sollte sich dieser Avantgarde vom *Ziethen´schen Husaren Regiment* in den Weg gestellt haben, nachdem Leipzig drei Tage vor Beginn des preußischen Überfalls, am 26. August, jedweden wehrhaften Schutzes durch das eigene Militär entblößt worden war. Ein lächerlich kleines Häuflein von sechzehn Soldaten war bis dahin noch in der Stadt stationiert. Und auch dieses hatte höherem Befehl gehorchend, an diesem 26. August seinen Posten, auf den es erst am Vortag *»in die Festung Pleißenburg comandiert worden«*, geräumt.

Diesen, im *»Ausgabenbuch…der Pleißenburg 1746-1763«* verzeichneten Eintrag, ergänzt Johann Riemer durch eigenständige Notizen über den Abmarsch des sechzehn Mann starken Trupps. «Mit *klingendem Spiel und fliegender Fahne*» hätte das winzige Kommando seine Befehlsstelle auf der Pleißenburg verlassen, die sowohl kurfürstlicher Militärstandort ist, als auch Leipzigs bekanntester Stadt-knast. Nachgefolgt wäre der Trupp einem schon am 5. August aus Leipzig abgegangenen Bataillon Grenadiere. Dazu ist im *»Ausgabenbuch«* festgehalten, besagte Grenadiere seien *»nach Eilenburg und Wurzen als 64 Pferde und Geleite«* ausgerückt. Auf Pirna zu, dem stromaufwärts in naher Nachbarschaft zu Dresden gelegenen Elbestädtchen. Und zu entnehmen ist ferner dieser Auf-zeichnung, die Pleißenburg-Kasse zahlte *»vor Fort schaffung 4 Compagnin...86 Thaler, 8 Groschen«* an die abziehende Mannschaft aus. Zehrgeld für Unter-kunft, Verpflegung und Versorgung der Pferde.

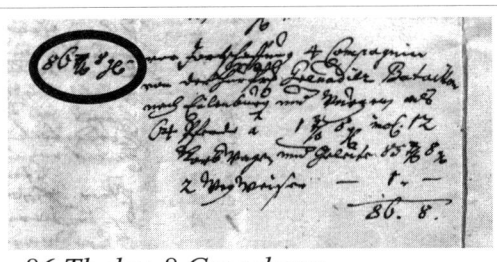

»86 Thaler, 8 Groschen«
Proviantgeld, Leipzigs ausrückenden
Soldaten, die der Einwohnerschaft
letzten Schutz boten, mit auf den Weg
gegeben. Originaleintrag im
Ausgabenbuch der Pleißenburg unter
dem Datum 5. August 1756.
(Quelle: Stadtarchiv Leipzig)

Wie in Leipzig, hatten die preußi-schen Soldaten überall in Sachsen leichtes Spiel, trafen auf ähnlich günstige Bedingungen, wenn sie Stadt für Stadt und Dorf für Dorf er-oberten. Keinen einzigen Schuss hatten sie aus Kanonenrohren oder Gewehrläufen der überfallenen Sachsen zu fürchten.

Der überwiegende Teil der sächsi-schen Armee konzentrierte bei der Stadt Pirna seine Kräfte, verschanzte sich auf einem befestigten Militär-camp nahe der kleinen Ortschaft Struppen, unterhalb von Sachsens bekannter Festung Königstein. Da, wo das Flussbett der Elbe den geraden Verlauf verlässt und sich zu einer markanten Schleife formt. Auf einem an allen Seiten von steilen Abhängen geschützten Plateau, zusätzlich abgesichert durch Verhaue und Palisaden, sammelten sich schon seit Tagen Sachsens Truppen. Die Militärkonzentration auf diesen Punkt war ein taktisches, mit der kaiserlichen Armeeführung in Wien koordi-niertes Manöver. Verhieß doch ein dieser Tage geradezu hektisch gepflogener Briefwechsel zwischen den Majestäten von Österreich und Preußen wenig Gutes für die Zukunft.

Eine sozusagen allerletzte Bestätigung dieser düsteren Aussichten, die nur Krieg bedeuten konnten, erhielt Österreichs oberster Feldherr durch vertrauliche Informationen seiner im gegnerischen Lager emsig schnüffelnden Kundschafter. Aus ihnen gehe hervor, warnt Feldmarschall Graf Browne (1705-1757) am 25. August 1756 die Herren des Wiener Hofkriegsrats eindringlich, dass der preußische Monarch nicht davor zurückschrecken werde, in Kürze einen Waffengang gegen Österreich zu eröffnen. Die von seinen Leuten ausspionierten Manöver seien eindeutig eine getarnte Mobilmachung, und die massiven Truppenkonzentrationen entlang der Landesgrenze zu Sachsen wären ein untrüglicher Beweis preußischer Kriegsvorbereitungen. Des Königs Kriegsplan sehe vor, binnen kurzem vom sächsischen Staatsgebiet aus mit militärischen Operationen ins Österreich-Habsburgische Kronland Böhmen einzufallen. Womit zu diesem Zeitpunkt niemand rechnen kann: Die befürchtete Aggression wird einen Krieg lostreten, der zu politischen Veränderungen des Machtgefüges innerhalb des Deutschen Reiches führt. Und die Konsequenzen aus diesem Krieg werden noch weiter reichen – mit gravierenden Auswirkungen auf die Mächtekonstellation der Europäer in Asien, Indien und auf dem amerikanischen Kontinent.

Kurfürst Friedrich August II. von Sachsen alias August III. polnischer König. (Quelle: Gemälde von Louis de Silvestre)

Es ist, als blitzte und donnerte es bereits gewaltig am europäischen Himmel, einzig das nicht mehr abwendbare Sturmgewitter lässt noch auf sich warten. Einer, der um das Unentrinnbare eines unmittelbar bevorstehenden Unwetters, sprich Krieges wissen musste, demonstriert der angespannten Stimmungslage zum Trotz am 25. August 1756 augenscheinlich Nervenstärke. Oder steckt hinter seiner Haltung ein Gutteil Desinteresse? An wen diese Frage zu richten wäre, es ist Friedrich August II. (1696-1763), Abkömmling des Adelsgeschlechts der Wettiner und inthronisierter Schlossherr zu Dresden. Und nun wird es etwas kompliziert, weil Sachsens Kurfürst »*Friedrich August II.*« in seiner Zweitkarriere auch noch amtierender König von Polen ist, als solcher aber den Titel »*August III.*« führt. Womit diesem Souverän die *königlich-churfürstliche* Bürde zugefallen ist, einen fürsorglichen Landesvater gleich zweier Völker abgeben zu müssen.

Eines katholisch polnischen und eines überwiegend protestantisch sächsischen Volkes. Eine nicht ganz einfache Sache in Zeiten, da Glaube und Gottvertrauen nicht nur in den Herzen der Menschen fest verankert, sondern gleichwohl von staatstragender Bedeutung gewesen sind. Aber darüber wusste sich ein Friedrich August bedenkenlos hinwegzusetzen, und er erlag nicht anders wie sein Vater der süßen Versuchung, sich neben der sächsischen auch die polnische Krone aufs Haupt zu setzen. In diesem Fall gab es nur eine Lösung, um sich zum eigenen Wohle dynastisch breiter aufzustellen: der Glaubensübertritt zum Katholizismus. Nicht unbedingt die feine sächsische Art, weshalb der Schritt ihres Landesherrn auch bei vielen Untertanen entsetztes Kopfschütteln hervorgerufen hatte.

Ein titel- und territorialmächtiger Monarch auf Europas politischem Parkett also, wovon sich jeder Leipziger Untertan, sofern er hinreichend betucht und des Lesens kundig ist, auch regelmäßig ein Bild aus den *»Leipziger Zeitungen«* machen kann. Als einziges Lokalblatt der Messestadt sorgt es für eine breit gefächerte Berichterstattung, von den Brennpunkten aller bis dahin bekannten Weltgegenden füllt es die Seiten. Aber auch in dem Bemühen, der geneigten Leserschaft neben ernster politischer Kost kurzweilige Unterhaltung in die Wohnstuben zu bringen, haben sich die Zeitungsmacher ein probates Rezept ausgedacht. Beispielsweise wenn sie all das publizieren, was ihnen die spannendsten Neuigkeiten aus einer dem Otto-Normal-Untertan entrückten glamourösen Welt des Adels und der Residenzen zu sein scheinen.

Eine Kostprobe davon kann man in den *»Leipziger Zeitungen«* vom 8. Juni 1756 nachlesen. Da steht geschrieben: *»Se. Königl. Majestät haben, nebst der beyden ältern Königl. Prinzen Hoheiten, Sich in der abgewichenen Woche verschiedene mahl mit Scheiben-Schiessen im Jägerhofe, und…mit der Reyher-Baitz zu belustigen geruhet«.* Süßliche Hoftratsch-Rhetorik, die sich neben jener unserer Tage in den Yellow-Press-Blättchen sehen lassen kann. Im 18. Jahrhundert allerdings noch ohne voyeuristische Paparazzi-Illustrierung auskommend, und das Zeitungsformat von schlichtem Umfang: 17 mal 23 Zentimeter messend und pro Druckausgabe nicht mehr als zwei Seiten stark. Die Tageszeitungen stecken noch in den Kinderschuhen. Auf Vorder- und Rückseite bieten sie Raum für Nachrichten, Proklamationen, Suchmeldungen nach vermissten oder Fahndungsaufrufe nach straffällig gewordenen Personen, denen Diebstahl oder Mord zur Last gelegt wird. Womit wir uns auf der richtigen Fährte der mutmaßlichen medialen Urzelle einer bekannten TV-Fahndungssendung im ZDF wähnen dürfen: »Aktenzeichen XY ungelöst«.

Oder es sind insbesondere die zu den Messezeiten erscheinenden Anzeigen, welche um Neuerscheinungen von Büchern und Notenblättern buhlen, um Verbrauchsgüter des täglichen Bedarfs, um allerhand Nützliches wie Kurioses. Und auch damals schon um ein ausuferndes Sortiment neuester Mode-Accessoires für die Dame. Eine gut situierte Klientel will schließlich auch im 18. Jahrhundert angelockt und zum Kaufen animiert werden.

Beliebte Inserate sind auch jene, die sich an den leidenden Menschen oder an die kranke Tierwelt richten. Dann wird mit dem Hinweis geworben: »*Es ist eine auswärtige vor einigen Jahren erstlich neu erfundene Medicin*«. Alles dies und vieles mehr wird an den Messeständen feilgeboten. Von *Commercianten* und *Fabriquanten,* die aus London und Lyon, aus Amsterdam, Mailand, Madrid, St. Petersburg oder Krakau herbeieilen, und denen sich die Drei-Flüsse-Stadt Leipzig dreimal im Jahr als Forum lohnender Geschäftsabschlüsse präsentiert.

Der Stadt kann diese Internationalität nur recht sein, denn für sie ist sie die Quelle von Reichtum und Reputation. Nur leider nicht im gegenwärtigen Krieg. Dieser bringt zwar das Messegeschehen nicht völlig zum Erliegen, die Klagen aber sind groß und vollauf berechtigt, dass nunmehr alles zum bloßen Jahrmarkt verkommen sei. Da zahlungskräftige Kundschaft ausbleibt, und europaweit die Unbilden des Krieges das Leben der Menschen stark in Mitleidenschaft ziehen, scheuen viele Händler den Weg in die Messestadt. Wer auch verfügte in diesen lausigen Zeiten über einen so gut gefüllten Geldbeutel, um sich *Holländische Chocolade, Spanische Seiffe, veritable Ungarische Weine, braunen Nürnberger Mandelkuchen, schönste Hyacinthen-Zwiebeln aus Amsterdam, seidene und cameelhärne Plüsche, gedruckte Westen, Hosen und Kleider* oder gar *allerhand gutes Meißnerisches Porcellain* so ohne weiteres leisten zu können?

Und nun also steht es Ende August in der Lokalpresse, dass »*Den 25sten*« sich »*Seine Königl. Majestät auf Parforce-Jagd*« begeben habe. Fortsetzung am nächsten Tag, wiederum aus der beflissenen Feder desselben ungenannten Dresdner Hofkorrespondenten, der nunmehr nach stattgehabtem höfischen Jagdvergnügen zu rühmen weiß: »*…nach den auf den Schmiedewalder-Wiesen angestellten Jagen, bey welchem 26 Hirsche, nebst anderm Wildpret, geschossen wurden… (hätten sich) die Königl. Majestäten beyderseits erhoben.*« Man erinnere sich des Datums, es war jener Tag, da Leipzigs letztes 16-köpfiges Soldatenaufgebot »*mit klingendem Spiel und fliegender Fahne*« aus seinem Quartier ab-marschiert und von dannen gezogen ist. Anzunehmen durch das gen Osten gelegene *grimmische Thor* – benannt nach der Stadt Grimma an der Mulde –, welches stadtauswärts durch eine hölzerne Zugbrücke gesichert war. Denn ihren Weg zum Zielort Pirna, genauer gesagt hin zum Dorf Struppen, hätten die *Schloß Soldaten*, so berichten es die Chronisten, über Wurzen eingeschlagen.

Augenscheinlich krönte der königliche Waidmann die Parforce-Jagd mit einem Rekordergebnis. Herrschten normale Verhältnisse im Lande, die schöne Nachricht wäre gewiss den Lesern ein Anlass, zu Ehren ihres landes-väterlichen *Wildpret*-Schützen heitere Anteilnahme zu bezeugen. Allein, die Verhältnisse waren nicht normal. Weswegen es womöglich die Leute am ge-hörigen Untertanengeist haben fehlen lassen, ihre Aufmerksamkeit dem Pomp einer Hofjagd ihres müßiggängerischen Friedrich August und dessen adligen Anhangs zuzuwenden.

Denn ganz andere Dinge bewegten mittlerweile die aufgewühlten Gemüter. In der Messestadt nämlich hat sich lähmende Katerstimmung breitgemacht, seit die Preußen am 29. August mit der Ausübung ihres strengen Militärre-gimes begannen. Und so haben sich die Ereignisse längst überstürzt, als mit zweitägiger Verspätung die Leser aus ihrer Zeitung von *Seiner Königl. Pohln. Majestät* weidmännischen Heldentaten auf den *Schmiedewalder-Wiesen* erfahren. Wie gesagt, zu diesem Zeitpunkt saßen die Preußen nun schon seit 48 Stunden den bedauernswerten Leipzigern im Nacken. Es brauchte Anno 1756 eben seine Zeit, ehe ein noch so wichtiger Korrespondententext, ob per Stafetten-Kurier zu Pferd oder in der Postkutsche expediert, den weiten Weg vom hauptstädtischen Dresden in die Leipziger Zeitungsredaktion ge-nommen hatte.

Anscheinend unbeeindruckt von der Tatsache, dass es bereits eine geraume Weile förmlich nach Krieg roch, empfahl sich also die *Churfürstliche Majestät* am 25. August mal eben von Hofe. Augenscheinlich dem drängenden Be-dürfnis auf eine zünftige Hirschjagd nachgebend. Doch der legitime Sohn und Thronerbe des legendären August des Starken (1670-1733) – dem be-kanntlich der Legende nach die herkulischen Kräfte nachgesagt werden, um die dreihundertfünfzig Nachkommen gezeugt und mit bloßen Händen Huf-eisen verbogen zu haben –, verdient Nachsicht. Vor der Geschichte als auch vor den Untertanen.

Denn seit Friedrich August im Jahr 1733 seinen verstorbenen Übervater auf den beiden Thronsesseln an Elbe und Weichsel beerbt hat, ist es im Land der Sachsen und der Polen ein offenes Geheimnis, dass ihrem gegenwärtigen blaublütigen Wettiner nun mal mehr darum zu tun ist, dem geliebten JagdHobby nachzugehen als dem ungeliebten Regieren. Über diesen wenig schmeichelhaften Ruf wird er sich damit hinweg getröstet haben, dass er in seinem höherrangigen Amtsbruder, Franz I. auf dem Kaiserthron zu Wien, einen Gleichgesinnten an seiner Seite wusste. Und so darf Friedrich August, ohne sonderlich von Skrupeln gequält zu sein, getrost die Leitung sämtlicher Staatsgeschäfte seinem umtriebigen Premierminister, dem Grafen von Brühl, überlassen. Und für diesen obersten Günstling seines regierungsunwilligen, zu verschwenderischer Hofhaltung neigenden Herrn, sollte sich das Vertrauen, welches *Se. Majestät* geruhen ihm entgegen zu bringen, im wortwörtlichen Sinne auszahlen.

Heinrich Graf von Brühl (1700-1763).

Startete dieser Brühl als junger Edelmann aus dem thüringischen Örtchen Gangloffsömmern, wo er auf dem Familiengut 1700 zur Welt kam, seine atemberaubende Karriere unter August dem Starken bescheiden als Tafelsilber putzender Page, so nahm er sich mit der Zeit das Recht heraus, diese anfängliche Zurückhaltung aufzugeben. Fatal für den Staat, dass der Herr Premierminister Brühl eine ständig zunehmende Gier nach materiellen Reichtümern an sich entdeckte. Er raffte auf Kosten der Allgemeinheit an Schlössern, Rittergütern, Kunstschätzen und Pfründen zusammen, wessen er nur habhaft werden konnte. Bei seinem Tod im Oktober 1763 galt er als reichster Mann im Kurfürstentum. Und das nicht allein der Anzahl seiner Perücken wegen, von denen rund anderthalbtausend im Nachlass-Verzeichnis aufgeführt gewesen wären. Heinrich Graf von Brühl häufte außer sagenhaftem Besitztum noch etwas anderes in völliger Ungerührtheit an: Hass und Verachtung seiner Zeitgenossen.

So eisern die Regierenden an den Höfen in Wien und Dresden ihr geheimes Herrschaftswissen nach außen hin zu hüten wussten, so uninformiert und nichtsahnend war man über den Ernst der Lage im Volk. Nichts von alledem war an die Öffentlichkeit gesickert, und auch den Leipzigern bleibt diese Erkenntnis nicht erspart. Als Bewohner der ersten von den Preußen eroberten größeren Stadt Kursachsens bekommen sie jetzt zu spüren, was es heißt, dem Besatzungsregime auf Gedeih und Verderb ausgeliefert zu sein.

Als sich an jenem für Leipzig verhängnisvollen 29. August 1756 die zwei erwähnten *Husaren-Escadrons* den Wehrmauern nähern, sind gerade mal die *Stadt-Wacht-Thore*, deren es vier nach allen Himmelsrichtungen gibt, von einem Häuflein Schildwachen besetzt. Da diese schnell einsehen, gegen die Übermacht der preußischen Haudegen nicht den leisesten Hauch einer Chance zu haben, fügen sie sich gottergeben ihrem Schicksal. Widerstandslos lassen sie sich in den Räumlichkeiten ihrer eigenen Stadttore wegsperren. Erwähnung findet in diesem Zusammenhang das *grimmische Thor*. Da, wo die Hauptwache der Stadtgarnison im Quartier lag, und wo es für die jetzt festgesetzten Herren von der *Stadt Compagnie garnision* genug Platz im Schuldturm hatte. Aus Johann Gottlob Schulzes Buch erfährt man, es handelte sich um einen Turm »*welcher Gefängnisse für gröbere Verbrecher in sich hält*«.

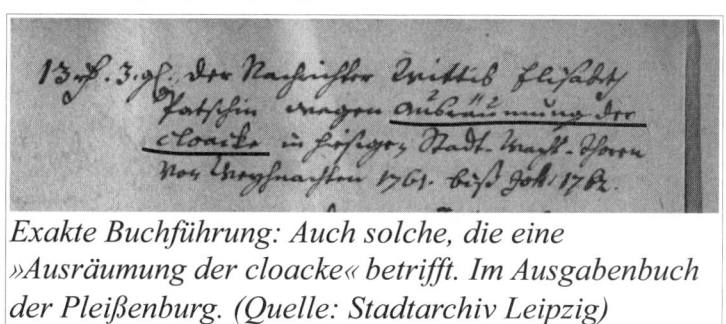

Exakte Buchführung: Auch solche, die eine »Ausräumung der cloacke« betrifft. Im Ausgabenbuch der Pleißenburg. (Quelle: Stadtarchiv Leipzig)

Dass es auf ihrer Latrine sehr unreinlich zuging, brauchten die in Arrest gesteckten Wachsoldaten vermutlich nicht zu befürchten. Denn ausweislich des *Ausgabenbuchs der Pleißenburg* war für eine regelmäßige »*Ausräumung der cloacke in hiesigen Stadt-Wacht-Thoren*« gesorgt. Das wird 1756 so gewesen sein, wie nicht anders in den Jahren 1761 und 1762, als dies durch entsprechende Ausgabenvermerke bezeugt ist. Da war es *»des Nachtwächters Wittib Elisabeth Patschin«*, die sich zu dieser stinkigen Tätigkeit hergab beziehungsweise wohl notwendigerweise dazu hergeben musste. Gegen ein halbjährliches Entgelt von *»13 Thalern 3 Groschen«*.

Immerhin haben die Eingelochten an ihrem Martyrium nicht lange zu leiden gehabt. Denn schon am 1. September erteilt ihnen der *Obrist* Christoph Hermann von Manstein (1711-1757), Sohn eines russischen Generals und Anführer des preußischen Vortrupps, die Erlaubnis, in gewohnter Weise Wache schieben zu dürfen. Allerdings verwehrte er ihnen das Tragen ihrer üblichen Berufsuniform. Desweiteren *»haben sie das ober- und Seitengewehr nebst Patronen Tasche auf der Wacht laßen müßen«*, weiß Chronik-Schreiber Burchardi als bekannt gewordene Einzelheit zu berichten. Fortan waren sie gezwungen, zivile Kleidung anzulegen und ihren Dienst an den vier *Stadt-Wacht-Thoren* und den von Fußgängern genutzten *drey Pförtgen* statt mit Feuerwaffen nur noch mit einfachen Holzprügeln zu verrichten.

Nach der vorausgeeilten Husaren-Spitze hielt jetzt auch das Gros der preußischen Heerschar Einzug in Leipzig. Bis in die Abendstunden hätten sich nicht enden wollende Kolonnen preußischer Grenadier- und Infanteriebataillone – an die zwölftausend Mann seien gezählt worden – ins Stadtgebiet ergossen. Das Tagebuch des Leipziger Magistrats, das sogenannte *Raths Diarium*, verzeichnet sogar eine Truppenstärke von 18.000 Soldaten. Nun dominiert der Farbton Blau die militärische Szenerie, das berühmte »Preußisch-Blau« der Uniformröcke von Infanterie und Grenadieren, mit ihren markanten roten Ärmelaufschlägen.

Weiteren Regimentern, nach den Beobachtungen des Schkeuditzer Pastors Schmidt *»mit völliger Zurüstung, Artillerie, Munition, Pontons und vielem Geschütz und unzähligen Proviantwagen«*, werden hastig eingerichtete Lagerstätten in den umliegenden Dörfern zugewiesen. Connewitz, Großzschocher, Knauthein, Kohlgärten und *Stödteritz* finden in den einschlägigen Quellen Erwähnung, und wo es nun zu massenhaften Einquartierungen kommt. Es sind Ortschaften, die sich seinerzeit noch ihrer ländlichen Eigenständigkeit erfreuten. Heute dagegen stehen diese einstigen ringförmig um Leipzig gruppierten Dorfansiedlungen für die Namen bekannter randständiger Stadtviertel.

Der sich *»Kohlgärten«* nennende kleine Ort im Osten von Leipzig dürfte auf jeden sinnenfreudigen Soldaten eine besondere Anziehungskraft ausgeübt

24

haben. Gleich mehrere Schenken stünden dort zur Auswahl, zeigt sich der aus Lüneburg stammende Student mit der überempfindlichen Nase, Johann Heinrich Jugler, höchst beeindruckt. Er rät jedoch zur Vorsicht: »...*die ich aber vielleicht nicht geradezu alle empfehlen möchte.*« Demgegenüber gerät er ins Schwärmen, denkt er an den damaligen »*Kuchengarten*« zurück, mit seinen »*überaus wohlschmeckenden Aepfel-, Pflaumen-, Heidelbeer- und vorzüglich die Kirsch-Kuchen*«. Sicher nicht erst 1779, auch schon 23 Jahre zuvor, wird man sich die »berühmten« Torten- und Kuchenportionen aus dem Örtchen »*Kohlgärten*« haben munden lassen.

Viele Städter und Dörfler sehen sich nun für die Dauer preußischer Truppenbelegung vor die Herausforderung gestellt, in ihren Häusern und Gehöften für zehn und mehr Soldaten Unterkünfte zu schaffen, und ihnen darüber hinaus nach deren Wünschen – angebrachter ist, von Befehlen zu sprechen – den Aufenthalt so angenehm wie möglich zu machen. Wie sehr man sich um das Wohl der ungebetenen »Gäste« kümmert, recherchierte der Historiker Ernst Krocker Ende des 19. Jahrhunderts und berichtet: »Licht, Mittags Suppe, Fleisch und Zugemüse« und in der kalten Jahreszeit »Feuerung«, hätten die Sachsen bereitstellen müssen. Bier und Branntwein, selbstredend niemals zu knapp, erheischten die permanent durstigen Preußen ebenfalls.

Die Pleißenburg in Leipzig. Zeichnung um 1780. (Quelle: Bildpostkarte)

Damit nicht genug. In den Schlossbaracken auf der Pleißenburg richtet das preußische Militär ein Lazarett ein, »wozu der Rat alles nötige, Holz, Oel und Licht, Betttücher und Warteweiber, auf Kosten der Stadt zu liefern hatte«, heißt es bei Ernst Krocker weiterhin. Auf die Betroffenen kamen harte Zeiten zu.

Auch Hunderte preußischer Armeegäule beanspruchten ein schützendes Dach über dem Kopf. Auf dem Leipziger »Roßplatz«, wo »alle Gebäude, welche an demselben stehen, mit Pferdeställen versehen« sind, wie es bei J. G. Schulz heißt, wird es weniger Probleme gegeben haben, als auf den Dörfern. Dort hatten für gewöhnlich die einheimischen Pferde aus ihren Ställen zu weichen, und in Ermangelung geeigneter Unterkünfte gab es für sie häufig nur eine Bleibe unter freiem Himmel. Wenn es den Preußen aber gefiel, in den Winter-Quartieren ihren Pferden vor dem herrschenden Frost Platz in den Wohnhäusern zu schaffen, dann taten sie das auch.

Zogen die feindlichen Krieger wieder ihres Weges, zwangen sie die Bauern ungeachtet bitteren Wehklagens zur Herausgabe ihrer unverzichtbaren Zugtiere und führten diese mit sich. Eine übliche »Kampfhandlung«, der nicht nur die Preußen eifrig huldigten. Auch Franzosen, Soldaten der *Excutionsarmee* des Reiches und die unter kaiserlich-österreichischer Fahne versammelten multiethnischen Streitkräfte ergreifen gern jede sich bietende Gelegenheit, sich bei ihrem getreuen sächsischen Waffenbruder mit kostenfreiem »Pferdematerial« aus Ställen, oder einfach gleich von der Koppel weg, wohlfeil einzudecken.

Denn der Bedarf an den Hufeisen tragenden Kriegskameraden ist riesig. Allein zwölf Artilleriepferde müssen sich mächtig ins Geschirr legen, wollen sie »12pfündige schwere Canons« des Typs »Brummer« vom Fleck ziehen. Ebenso viele *Rossknechte* sind vonnöten, um einen dieser schwerfälligen Kolosse auf zwei Rädern, dessen wuchtiges Geschützrohr aus Bronze allein neunundzwanzig Zentner auf die Waage bringt, über Land und auf den Schlachtfeldern in Schussposition zu kutschieren. *Rossärzte* und *Huf-Schmidte* kümmern sich ums leibliche Wohlergehen der Pferde. Und oft genug um die unangenehme Seite ihres Geschäfts: die Notschlachtung dieser armseligen, in den Kämpfen unrettbar *blessirten* Kreaturen. Das Schicksal bestimmte sie zu »Schlachtrössern« in des Wortes doppelter Bedeutung.

Darüber hinaus lernen wir aus der Militärkunde jener Zeit über den rechten Umgang mit Armeepferden: Hengste gelten ihrer männlichen Natur wegen als wehrunwürdig und sind deshalb zur Musterung erst gar nicht zugelassen. Mit ihnen würde man ständig Gefahr laufen, dass sie einem den Gehorsam verweigerten. Weil sie nun mal dazu neigten, sich Hals über Kopf in rossige Stuten zu verknallen, anstatt dem Peitschenknall ihres Reiters Respekt und Einsatzbereitschaft zu bezeugen. Derlei aufkommende »Zügellosigkeit«

musste man bei einem Wallach nicht befürchten. Der seiner stolzen Hengstigkeit Beraubte durfte bzw. musste seinen Wehrdienst ableiten. Und doch, es gab sie auch hier, die sprichwörtlichen Ausnahmen. Ein Heerführer unterstrich seine rangmäßige Extrastellung vorzugsweise dadurch, indem er mit Vorliebe einen Hengst ritt, nur sollte dieser schon etwas in die Jahre gekommen sein. Am höchsten in der Gunst standen temperamentgezügelte Schimmel. Mit ihnen im Sattel ließ sich am sichtbarsten vor der Truppe Staat machen.

Während also an diesem 29. August in Leipzig aufregende Stunden voller Dramatik, Angst und Ungewissheit ablaufen, scheint im fünfzig Kilometer östlich gelegenen Landstädtchen Dahlen noch völlige Ahnungslosigkeit darüber zu herrschen, welches Unheil bis dahin über weite Teile Sachsens hereingebrochen ist.

Die Glocken, die an diesem Sonntag vom Turm der Dahlener Kirche »Unser Lieben Frauen« ganz friedlich läuten, erklingen für ein Brautpaar, welches sich heute das Ja-Wort gibt. Davon zeugt ein Eintrag im Ehe-Register von 1756: »*Meister Johann Christian Koitsch, Huf und Waffen-Schmidt allhier, ein Wittber, mit seiner Verlobten Elisabeth Starcke aus Zießen, wurden allhier öffentlich getrauet*«, steht im Kirchenbuch, gewissenhaft von Hand eines jungen Diakons vermerkt und damit der Nachwelt bis in unsere Zeiten erhalten. Welch ein Kontrast: Sächsische Hochzeit in Dahlen – und preußische Heimsuchung in Leipzig. Beides geschehen an diesem denkwürdigen 29. August des Jahres 1756.

Und in der Tat, es ist ein Tag trügerischer Ruhe für Dahlens Einwohnerschaft. Denn unterdessen setzt die preußische Invasionsarmee alles daran, mit ihrem Vormarsch zügig voranzukommen, das strategische Ziel fest vor Augen, die uneingeschränkte Hoheit über ganz Sachsen zu gewinnen. Der preußische König beabsichtigt, seinen südlichen Nachbarn solange zu dominieren, solange ein möglicher Krieg mit dem österreichischen Hauptfeind anhalten würde. Kursachsen soll nach preußischem Kalkül die strategische Rolle eines Brückenkopfes, einer allzeit verfügbaren Operations- und Versorgungsbasis, zufallen. Freilich wird das nach außen hin durch sophistische Vernebelungsrhetorik harmlos geredet. Mittels einer veröffentlichten Deklaration, Sachsen habe man von jetzt an in Depot genommen, welches *»jederzeit heilig seyn und bleiben wird.«* Hehre Worte des preußischen Königs. Allein, sie sind das Papier nicht wert, auf dem sie gedruckt waren.

Auf den Fahnen und Standarten der ins Land und nach Leipzig eingefallenen Preußen prunkt das Hoheitszeichen ihres obersten Kriegsherrn: ein pechschwarzer, lorbeerumkränzter Adler im Mittelfeld, die Schwingen wie im Flug weit ausgebreitet. Auf dem Haupt die Zierde einer königlichen Krone. Das Abbild eines Raubvogels, wehrhaft mit erhobenem Schwert und einer lüstern herausgestreckten Zunge. Ein furchteinflößender Anblick. Er wird auf das gaffende Volk in Leipzig und anderswo im Lande, das zusammengeströmt ist, um sich die fremden Eindringlinge aus nächster Nähe zu besehen, die beabsichtigte einschüchternde Wirkung nicht verfehlt haben.

Ebenso wenig wie eine schon bald nach der endgültigen Stadteinnahme an Leipzigs Einwohnerschaft gerichtete Proklamation, die mit den markigen Worten anhebt: *»Ich bin auf Seiner Majestät des Königs in Preußen, meines gnädigsten Herrn, Allerhöchsten Befehl mit einem Corps Dero Truppen, in hiesiger Gegend des Churfürstentums Sachsen eingerücket«.*

Überrumpelt am 29. August 1756 Leipzig: Prinz Ferdinand von Braunschweig (1721-1792), Friedrichs Schwager.

Durch öffentliches Ausrufen, und der Überlieferung nach mittels Anschlägen *»an denen Rathhaus- und Kirch-Thüren…, auch von den Canzeln der Text publiciret«* werden soll, gelangt die Bekanntmachung der nun über Leipzig herrschenden Preußen unters Volk. Wie auch der Name jenes Mannes, unter dessen militärischem Oberkommando der Husaren-Trupp die überraschte Messestadt eingenommen hat. *»Von Gottes Gnaden Ferdinand, Herzog von Braunschweig und Lüneburg, Sr. Königl. Maj. in Preußen bestalter General-Lieutenant, Chef eines Regiments zu Fuß, Gouverneur der Stadt und Festung Magdeburg, Ritter des schwarzen Adlers und verschiedener anderer Orden«,* prangt es Respekt einflößend auf allen den Leipzigern zur Kenntnis gebrachten Proklamationsplakaten.

Sein Abmarsch aus dem grenznahen Standquartier in Halle begann früh um 6 Uhr. In einer Armeestärke von 24 000 Mann, fiel eine der Militärkolonnen von insgesamt dreien, über das wehrlose Sachsen her. Das kursächsische Naumburg, aber auch die Städte Eisleben, Sangerhausen, Merseburg, Weißenfels und Zeitz, welche von kleineren preußischen Kräften – *Detachements* – auf ihrem ungestümen Vormarsch gen Leipzig überrannt wurden, entgingen so wenig ihrem Schicksal von Unterwerfung und fortwährender Besetzung wie einige Stunden darauf die noch ahnungslose Messestadt.

Leipzigs forscher Stadteroberer, auch »*Printz Ferdinand*« geheißen, ist nicht nur im besten Mannesalter von fünfunddreißig Jahren, er ist auch durch das Ehebündnis seiner Schwester Elisabeth Christine mit *Seiner Majestät des Königs in Preußen* dessen leibhaftiger Schwager. Der hochadeligen Verwandtschaftsbande nicht genug – das herzogliche Geschwisterpaar Ferdinand (1721-1792) und Elisabeth Christine (1715-1797) ist Cousin und Cousine zu jener Frau, die sich der königliche Gemahl und preußische Schwager Friedrich II. seit seiner Thronbesteigung 1740 zur ärgsten Feindin gemacht hat. Maria Theresia lautet ihr Name. Nach Kriegsende bezirzt sie der versöhnungswillige König mit Briefen, indem er diese mit der vertraulichen Grußformel »*der Ihr naher Verwandter ist*« endigt. Eine Anbiederung, die nur wenig fruchtet. Oder richtiger gesagt überhaupt nicht. Denn die ins Mark getroffene Kaiserin Maria Theresia wird sich bis an ihr Lebensende selbst treu bleiben und einem in ihren Augen verachtungswürdigen Menschen demonstrativ die kalte Schulter zeigen.

So liegen nun mal die Verhältnisse im Zeitalter feudalistischer Herrschaftssysteme, vorgeblich abgesegnet durch die Gnade des Allmächtigen Gottes. Geht es um persönliches Machtstreben, um Fälle strittiger Erbfolge oder um schlichtes Verlangen nach Ruhm und Ehre auf dem Schlachtfeld – wonach es den 28 Jahre alten Friedrich II. Anno 1740 zu Beginn seiner weltgeschichtlichen Königskarriere dürstete –, dann verblasst die Tatsache, dass hinter den meisten dieser zwischenstaatlichen Konflikte nichts anderes als Familienfehden stecken. Reich an Intrigen, Treueschwüren, Verrat, Mord und ständig wechselnden Bündnissen. Denn auf die eine oder andere Weise sind Europas hochherrschaftliche Höfe miteinander verwandtschaftlich versippt. Allein tragisch die den Untertanen auferlegten Rollen. Ihnen ist es vorbehalten, die Zeche für all diesen Unfug zahlen zu dürfen. Wahr aber auch ist: der Blutzoll, den die aristokratischen Geschlechter Preußens – gemeinhin Besitzer von Rittergütern – gerade im gegenwärtigen Krieg zu entrichten haben, ist äußerst hoch. Die militärische Elite stellend, hätten die betroffenen Adelsfamilien in den drei um Schlesien geführten Kriegen, so besagt es die Statistik, den Verlust von 1550 Offizieren, davon sechzig Generälen, betrauern müssen.

Als Kaiserin mit Wohnsitz Wien gebietet Maria Theresia in ihrem Jahrhundert über ein so stattliches Imperium, nämlich dieses *»Heilige Römische Reich teutscher Nation«* sowie die beiden Königreiche von Ungarn und Böhmen, dass sie uns neben der ab 1762 zeitgleich regierenden Zarin Katharina II. von Russland als eine der machtvollsten Frauengestalten der europäischen Geschichte entgegentritt. Es schmälert weder Maria Theresias Ansehen noch ihre Verdienste, dass sie die Führung des Titels »Kaiserin« nur deshalb berechtigte, als sie die Gemahlin ihres zum Kaiser des Deutschen Reiches gekrönten Ehegatten, des Herzogs Franz Stephan von Lothringen, war.

Was nun die Stunde an diesem 29. August des Jahres 1756 für Leipzig geschlagen hat, das erfahren die in ihrer Sonntagsruhe unsanft gestörten, und – wie aus Schkeuditz bekannt – sicherlich vom Kirchgang abgeschreckten Messestädter im Weiteren aus Ferdinands hochgemutem Besatzer-Erlass. Darin versichert der Herzog großspurig, der preußische König wünsche keine Verwüstung des Landes, und er beteuert ferner gegenüber Sachsens Untertanen, streng darüber zu wachen, dass seine Truppen die *»allergenaueste Mannes-Zucht halten«* würden. Leider wird sich herausstellen, dass die militärischen Vorgesetzten nicht überall ein wachsames Auge auf alles Tun und Treiben ihrer Untergebenen haben können. Über einen mutmaßlich passierten Gewaltakt aus Dahlen wird noch zu berichten sein.

Und dann ist Leipzigs Einwohnerschaft ultimativ aufgefordert, es keineswegs an der gebotenen Tatkraft fehlen zu lassen und alles zu vermeiden, was dem preußischen Militär Schaden bereiten könnte. Denn *»um diese gute Ordnung zu erhalten, anderen Theils nothwendig ist, daß denen Trouppen die Fourage und nöthige Subsistenz an Brodt, Fleisch, Bier und Zugemüse, von dem Lande geliefert werde, und dahero wie diese Lieferung am besten zu bewirken seyn möchte, die nöthigen Mittel concertiret werden müssen«*, lautet die nächste, von Prinz Ferdinand verkündete Botschaft. Die Leipziger muss es wie ein heftiger Keulenschlag getroffen haben.

Unter *»nöthigen Mitteln«*, das wird ihnen auch sogleich im strengen Befehlston erklärt, verstehen die Preußen: *»Sollte jemand von selbigen sich einzustellen saumselig seyn, so hat er es sich selbst zuzuschreiben, wenn die von ihm zu leistende Lieferung durch militarische Execution beygetrieben werden wird«*. Eine unverhüllte Warnung, mit der die Besatzer deutlich machen, es werde bei der Ablieferung der den Leipzigern auferlegten Kriegskontributionen Renitenz niemals geduldet. Sollten sie sich nicht kooperativ zeigen, trügen allein sie die Verantwortung für die sich daraus ergebenden Folgen. Von jetzt an nehmen die Dinge ihren

Lauf. Und um ihrer Drohung den notwendigen Nachdruck zu verleihen, bekommen die Sachsen auf der Stelle die harte preußische Hand zu spüren.

Der prinzliche Befehlshaber Ferdinand, über dessen Leipziger Logis man beim Chronisten Riemer lesen kann, er habe es *»in der Petersstraße im blauen Engel«* bezogen, höchst persönlich schreitet als erster zur Tat. Zuvor zeigt er sich noch bemüht, eine kleine Nettigkeit unters eingeschüchterte Volk zu streuen: *»Übrigens aber versichere Ich«*, so endigt sein Militär-Erlass salbungsvoll, *»allen überhaupt und einen jeden insbesondere Seiner Königlichen Majestät Schutz und Huld«*. Doch was der Leipziger Einwohnerschaft in Wahrheit gestreut wurde, war Sand in die Augen. Davon hatten an diesem Tag schon die Schkeuditzer, wie ihr Pfarrer in seinen Aufzeichnungen festhielt, reichlich abbekommen: *»...und der Prinz Ferdinand selbst als kommandirender Chef bei seiner Durchfahrt den erschrockenen Bürgern freundlich zusprach, sie sollten sich nicht fürchten, die Preußen kämen als Freunde, daher hatte auch jeder Soldat ... ein grünes Reis zum Zeichen der Freundschaft am Hute stecken«*, hat sich der fromme Gottesmann nicht zuletzt wohl auch zur Beruhigung eigener Ängste notiert. Wer indes mit den wahren preußischen Spielregeln noch nicht vertraut sein sollte, dem sind sie mit den ersten Sofortmaßnahmen nahegebracht worden: Plünderung des Leipziger Zeughauses und des Pulverturmes. Burchardis Arbeitsbereich, welcher als erstes daran glauben musste. Dazu Ausraubung sämtlicher Vorratsmagazine sowie Beschlagnahme aller kurfürstlichen Kassen.

Und dennoch bleibt Leipzigs angesehenem Ratsmitglied und Bürgermeister Christian Ludwig Stieglitz, einem Doktor der Jurisprudenz, nichts übrig, als den Worten des Königs von Preußen schicksalsergeben Vertrauen zu schenken. Dieser beordert den schon betagten Herrn zu sich. Eine Audienz, er hätte nichts zu befürchten, gaukelt ihm der Schwager des Königs vor, Dr. Stieglitz´ mutmaßlich ungute Vorahnung besänftigend. Derweil mühen sich preußische Belagerungstruppen noch angestrengt, die von Kurfürst Friedrich August II. fluchtartig zurück gelassene Hauptstadt in ihre Gewalt zu bringen. Ab dem 9. September ist es dann soweit, Preußens Feldherr hält seinen Einzug ins niedergerungene Dresden, nachdem Sachsens Herrscher eiligst Zuflucht auf der Festung Königstein gesucht hatte.

Dem Befehl der Preußen Folge leistend, besteigen am 1. September *»Se. Magnificentz der geheime Herr Kriegs Rath und Bürgermeister Stieglitz«* sowie der Oberstadtschreiber und zwei der angesehensten Kaufleute ihrer Stadt *»zwey Chaisen«*, hält Tagebuchschreiber Burchardi fest. Bereits in der Früh um 3 Uhr wäre »*zum Peters Thor hinaus*« Aufbruch gewesen. Dr. Stieglitz und die Seinen waren eingereiht in den nach Süden über Borna, Penig und Chemnitz nach der Stadt Freiberg im Erzgebirge abgehenden, von »*Dero Durchlaucht Printz Ferdinand von Braunschweig*« befehligten Militär-Trupp. In der Absicht, sich mit der vor Dresden stehenden Hauptarmee zu vereinigen. Um der anstehenden Winterpause wegen in festes Quartier zu gehen, werden sich preußische Verbände am 19. November wieder in der Messestadt zurückmelden. Mit ihnen ein alter Bekannter – der *Obrist* Christoph Hermann v. Manstein. Nunmehr auf Befehl seines obersten Kriegsherrn zum Leipziger Stadtkommandanten mit Sitz auf der Festung Pleißenburg erhoben.

Man darf annehmen, auf diesem Marsch ins Ungewisse wird die vier Leipziger Stadtvertreter die Frage beschäftigt haben, ob man der königlichen *Schutz-* und *Huld*-Zusage Vertrauen schenken kann. Oder ob man nicht längst schon unter Bewachung *Sr. Preuß. Königl. Majestät* Truppen genommen wurde. Spätestens als man ihnen als Aufenthaltsort eine unwirtliche Gefangenenzelle zuweist, dürften sie ihre Erwartungen an eine ehrenhafte Behandlung begraben haben. Überflüssig zu erwähnen, dass die nunmehr zu Geiseln erklärten Stadthonoratioren den Preußenkönig kein einziges Mal zu Gesicht bekamen. Statt der zugesagten *durchlauchtigsten* Audienz harrte ihrer ein ehrverletzender Arrest. Der Trip nach Dresden entpuppte sich für die vier Leipziger Ratsdeputierten als eine von den Preußen inszenierte üble Finte.

Von der böswilligen Verschleierung der wahren preußischen Absichten wird der im Rathaus versammelte Magistrat früher noch erfahren haben, als die vier Betroffenen wahrscheinlich selbst. Denn noch von unterwegs, aus dem Marktflecken Penig, schenkt Ferdinand den in der *Rathsstube* Ausharrenden reinen Wein ein: Preußen-Wein. In einem schriftlichen Befehl lässt er die Stadträte ultimativ wissen, ab sofort hätten dem König in Preußen alle Erträge aus den Landeseinkünften zuzufließen. Sachsens fürstlicher Monarch, dekretiert Friedrichs Schwager gewohnt forsch, habe nichts mehr damit zu tun. Seine Verfügung ist von der strengen Drohung begleitet, sollte den Forderungen nicht pünktlich und korrekt nachgekommen werden, würden Stieglitz und seine drei Begleiter in Haftung genommen. Doch das waren sie längst.

Jetzt also ist es endgültige Gewissheit, was man wohl insgeheim im Rathaus befürchtet hatte: Oberstadtschreiber Mierisch, die Herren Kreuchauf und Küstner von der *hochehrwürdigen Kauffmanschafft* sowie Dr. Stieglitz hatte das bittere Los preußischer Geiselhaft getroffen. Die vier Ratsherren, zwischenzeitlich verbracht nach Meißen und Torgau, kehrten in der Nacht vom 13. zum 14. September nach Leipzig zurück. Die Voraussetzung für ihre Freilassung war erfüllt, nachdem die Besatzer kräftig abkassiert hatten. Sozusagen die Anfangsrate an Gold, Geld und Gütern jeglicher Art. Für die Messestädter war es lediglich ein kleiner Vorgeschmack dessen, was alles noch auf sie zukommen würde.

Über beinah sieben Kriegsjahre hinweg werden Kontributionsabgaben, Soldateneinquartierungen und vielfältige, dem Militär zu leistende Dienstbarkeiten, zum ständigen Begleiter aller Sachsen. Zudem muss vorzugsweise die Prominenz vieler Städte und Landgemeinden gewärtig sein, jeder aus ihren Reihen kann Opfer preußischer *Ex(e)cution* und somit willkürlich auf unbestimmte Zeit festgesetzt werden.

Im Jahr darauf, am 13. Juni 1757, erschien ein weiteres Mal ein preußisches Arretierungskommando bei Dr. Stieglitz. Der Grund: *»Zu gedencken, daß wegen deren von des Königs in Preußen Maj(estät) von der Stadt und Kauffmanschafft zu Leipzig geforderten 900 000 Thlr.«*, heißt es in einem im nachhinein aufgesetzten Magistratsprotokoll. Das Stadtoberhaupt wird gezwungen, einer Gruppe von sieben *wohlverdienten* Ratsherren und *Kauffmansleuten* vorzustehen, die man umgehend in drei vierspännigen Wagen, unter Bedeckung von sechs Offizieren, nach Halle an der Saale verbringt. Von dort wäre es am nächsten Tag schon früh um 4 Uhr nach Magdeburg abgegangen, zum Antritt einer Geiselhaft in Preußens berüchtigter Zitadelle. Erst am 31. Oktober seien die acht Leipziger Honoratioren wieder frei gekommen. Den Inhaftierten bereiteten die Preußen eine weitere Erniedrigung: man knöpfte ihnen für ihre Verbringung hinter Schloss und Riegel auch noch zweitausend Taler ab.

Verhaftung, lange Kerkerzeit als preußische Geisel – vermutlich hätte es für Dr. Stieglitz ungeachtet seines fortgeschrittenen Alters aus diesem Teufelskreis so schnell kein Entrinnen gegeben. Doch das Erdulden weiterer Demütigungen durch ein mit unerbittlicher Härte durchgreifendes Besatzungsregime blieb ihm erspart, weil er am 28. Juli 1758 im Alter von 81 Jahren für immer die Augen schloss.

Ähnlich wie Dr. Stieglitz und seinen Leidensgefährten ergeht es in den Folgejahren anderen Leipziger *Hochedelgeborenen* Notabeln. So Anfang Dezember 1759, als auch diese unter erbärmlichen Arrestbedingungen in eine der dafür vorgesehenen *Bürgerl. Contributions Stuben* der Pleißenburg festgehalten werden. Eine zeitgenössische Quelle berichtet über die trostlose Lage dieser zu Geiseln genommenen zwei Stadtdeputierten Dr. Richter und Dr. Brehme sowie den Kaufmann Barth: »...*man ließ ihnen kein Rasieren, Waschwaßer noch weise Wäsche zu. Auf Bitten durfte denen Gefangenen endlich jeden eine Schütte Stroh, jedoch mehr nicht gereicht werden.*« Es herrschten jahreszeitlich bedingt tiefe Wintertemperaturen, entsprechend froren die Eingesperrten entsetzlich. Sie blieben, verlautet aus den späteren Berichten der Opfer dieser preußischen Willkür, ohne Licht, ohne Stühle und ohne Betten.

Die drei – inzwischen hatten weitere Kaufleute und Ratsmitglieder das Pech, ihnen Gesellschaft zu leisten – müssen sich wie Schwerverbrecher vorgekommen sein, denn mit den ihnen bisher zugefügten Erniedrigungen hatte es beileibe kein Ende. Die Preußen legen keine Eile an den Tag, die Eingesperrten, denen »*Domestiquen, Balbier, Medicum*« verwehrt wurde, müssen das Weihnachtsfest über im Schlosskerker schmachten. Und das alles, weil ihr »Vergehen« darin bestand, angesichts der bereits verordneten hohen Abgabenlast, den *Commandanten u. Obrist-Wachtmeister,* Herrn von Keller, um eine Reduzierung der ihrer Stadt neuerlich auferlegten und zu hoch empfundenen Kriegssteuer zu bitten. »*Aus Befolgung schreckl. Ordres*« müsse er so herzlos handeln, beteuert Leipzigs Oberbefehlshaber, dem der Historiker Krocker immerhin bescheinigt, er sei »für sein hartes Amt offenbar zu mild und zu menschlich.«

Ein preußischer *Platz-Major* war in so einem Fall natürlich machtlos, weil allein »*es von dem Befehl des Königs Majestät abhienge*«, wie Keller (1710-1785) den Häftlingen bedeutete. Und diese begingen in den Augen des Königs einen Akt von Aufmüpfigkeit, der streng geahndet werden müsse. Erst am 29. März 1760 erlangten sie ihre Freiheit wieder. Wer es vorgeblich am notwendigen Abgabeneifer fehlen ließ, den traf die volle Härte des Besatzungsregimes. Je höher in Rang und Reputation, desto willkommener als Geisel. Zeichen der Menschlichkeit zu setzen, wenn auch nur in winzig kleiner Dosis, sind im Krieg Tugenden, denen man allzu selten begegnet.

Und es war eben nicht die Zeit, sich mit Weihnachtsgeschenken um die Herzen der Menschen zu bemühen. Es war die Zeit, da der König in Preußen nach einem grauenvollen Gemetzel am 12. August diesen Jahres, bei dem er der militärischen Überlegenheit einer Allianz aus Österreichern und Russen nichts entgegenzusetzen wusste, nun selbst durch die Hölle ging. In der ersten Schlacht dieses Krieges, am 1. Oktober 1756 bei Lobositz, wusste er noch den zahlenmäßigen Vorteil des Feindes durch geschicktes Manövrieren wett zu machen. Nicht anders bei Leuthen, einer Ortschaft nicht weit von Breslau entfernt, ein gutes Jahr später. Am 5. Dezember 1757, als Friedrichs 39-Tausend-Armee gegen die erdrückende Übermacht von 66 Tausend Mann des österreichischen Feindes anzutreten hatte. Trotz dieses krassen Missverhältnisses vermochten die preußischen Waffen den Gefechtsausgang damals für sich zu entscheiden.

Dieser bravourös erstrittene Sieg brachte Preußens Friedrich den unsterblichen Ruhm ein, der genialste Feldherr seiner Zeit zu sein. Bereiteten die Berliner ihrem König am Tag seiner Rückkehr aus dem zweiten Schlesischen Krieg, am 18.12.1745, schon einen Straßenempfang mit enthusiastischen *»Vive-Frédéric-Le-Grand«*-Rufen, so steigerte sich nach Leuthen diese Begeisterung noch. Jetzt schlugen sogar Wellen der Sympathie diesem *»Friedrich der Große«* aus allen Teilen Europas entgegen. Die frenetische Huldigung der Europäer galt einem Mann, der gerade mal ein Körpermaß von ungefähr 5 Fuß und 5 Zoll erreichte, was ihn um die 1,63 Meter und damit sehr klein erscheinen ließ. Jedenfalls so kleinwüchsig, dass er als kämpfender *Gemeiner* nicht einmal ins eigene Heer rekrutiert worden wäre. Vier bzw. sechs Zentimeter mehr hätte es dazu schon noch bedurft. Bei einer Gewehrlänge von bis zu 1,55 Metern war er kaum größer als eine dieser unhandlichen Musketen.

Solche mit Glanz und Gloria erfochtenen Siege, das lehrte den König nun diese am 12. August 1759 bei der Ortschaft Kunersdorf nahe Frankfurt an der Oder verlorene Schlacht, waren nicht beliebig wiederholbar. Die in Kunersdorf erlittene Niederlage war so heftig, dass nicht viel gefehlt hätte, und die Folgen würden für das Königreich Preußen die Ausmaße einer denkbar schlimmsten Katastrophe angenommen haben. Dieser Tag sollte für den Kriegsherrn Friedrich zu einem der bedrückendsten seines Lebens werden. Hätte nicht eine längliche Schnupftabakdose entscheidend Schicksal gespielt, die deutsche und europäische Geschichte, soviel scheint sicher, würde einen anderen Verlauf genommen haben. Etwa wenn man an Otto von Bismarcks im Spiegelsaal zu Versailles 1871 spektakulär inszenierte Ausrufung des Deutschen Kaiserreiches denkt. Preußen war damals nur deshalb für eine Führerschaft unter allen deutschen Staaten stark genug, weil dessen Macht sich auf ein kraftvolles Königshaus stützen konnte. Friedrichs Königshaus, das nach der vergeigten Kunersdorf-Schlacht mit viel Glück dem historischen Verhängnis entging, gnadenlos von der Landkarte getilgt zu werden.

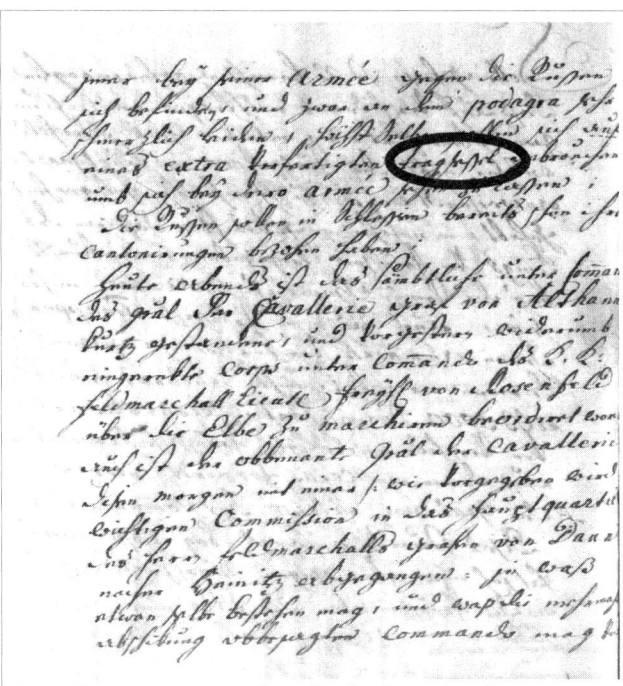

Von Spionen ausgekundschaftet: Podagra geplagter Feldherr Friedrich an »tragseßel« gefesselt. (Quelle: Bayerisches Hauptstaatsarchiv, Abteilung Kriegsarchiv)

Es war nun mal so, dass der Preußenkönig als oberster Befehlshaber seiner Armee in jeder seiner Schlachten nach Möglichkeit hautnah dabei sein wollte. Wenn ihn gesundheitliche Probleme plagten, stieg er vom harten Pferdesattel in die Polster einer Kutsche um. Von einer dritten Möglichkeit nahm die gegnerische Militärführung der *Reichs-Executions-Armee* durch heimliche Späher erstaunt Notiz. Diese berichteten am 9. November 1759 ins Feldlager bei Dresden, *»höchst selbe sollen sich eines extra verfertigten tragseßel gebrauchen umb sich bey dero armée sehen zu laßen.«*

Der draufgängerische König fand es völlig normal, sich unter Einsatz seines Lebens ins Kampfgetümmel zu stürzen. Damit ging er ein hohes persönliches Risiko ein, denn die Gefahr für Leib und Leben war allgegenwärtig. Ein weiterer Grund war, seinen Kriegern ein Beispiel soldatischer Tugend zu geben, das er dann genauso von ihnen einforderte. Dessen ungeachtet zeigte sich darin grundsätzlich sein Selbstverständnis von unbedingter Pflichterfüllung. Denn die Zeiten, da ein kriegführendes Staatsoberhaupt in todesmutiger Einsatzbereitschaft noch selbst zu Degen und Pistole griff und sich dem anstürmenden Feind entgegen warf, waren, von Ausnahmen abgesehen, vorbei. Von heroisierender Feldherrenpose, ohne je in Kämpfe eingegriffen zu haben, in der sich viele seiner Thron-Kollegen mit entsprechendem Gestus so gern für die Ewigkeit in Öl und fern jedweder Realität abbilden ließen, hat dieser Friedrich herzlich wenig gehalten.

Zweimal drangen tödliche Kugeln in die Leiber seiner in der *»Frankfurter Bataille«*, wie die Schlacht bei Kunersdorf wegen ihrer Nähe zur Oderstadt Frankfurt dazumal von den Kriegsteilnehmern noch genannt wurde, gesattelten Rösser. Sie hätten ebenso gut auch den Reiter treffen können. Und dank einer glücklichen Fügung steckte die goldene Schnupftabakdose genau an der Stelle seiner blauen Uniformjacke, wohin ein feindliches Geschoss in Brusthöhe einschlug. Der Deckel der Tabakdose, in die sich die Kugel einbohrte, schützte den König augenscheinlich vor dem Tod. Eine wenige Zentimeter große Schnupftabakdose, sie spielte Schicksal und beeinflusste den Lauf der Welt.

Zudem bewahrte der Kommandeur einer Schwadron, der Kavallerist Joachim Bernhard von Prittwitz und Gaffron (1727-1793), *Ihro Majestät* vor einer schon unabwendbar geglaubten Gefangennahme. Befeuert von der Aussicht auf ein seltenes Beutestück, war dem König ein Trupp Kosaken schon so dicht auf den Fersen, dass es für ihn kein Entrinnen mehr zu geben schien. *»Prittwitz, ich bin verloren!«* schrie der derart Bedrängte seinem heran galoppierenden Retter und Glücksbringer entgegen. Der in die Enge Getriebene ahnte die sich anbahnende Katastrophe. Sollten ihn die Zaristischen einholen, sein Schicksal, und das seines Königtums gleich mit, es wäre wohl ein für allemal besiegelt. Ehe jedoch die Kosaken dazu kamen, sich die edle Kriegsbeute zu schnappen – tat es der beherzt zupackende Rittmeister von den *Ziethen'schen Husaren* auf seinem Schimmel.

Friedrich vergalt ihm die mutige Rettungstat mit der Schenkung eines Rittergutes in der Mark Brandenburg, dessen Vorbesitzer ein Opfer des Krieges geworden war. Noch 1763, im Jahr des Friedensschlusses, erhielt Prittwitz das ländliche Anwesen. Der Beschenkte verwandelte Gut Quilitz alsbald in einen schmucken Landadelssitz. Heute bekannt unter dem Namen »Schloss Neuhardenberg«, steht es Gästen und Besuchern offen als Hotel und Tagungsort.

Jahre später ließ sich Rittmeister von Prittwitz eine sehr persönliche Dankbezeugung einfallen. Nach dem Tod seines Gönners errichtete er diesem zu

Ehren in seinem Schlosspark ein Denkmal aus Marmor, das erste für Preußens König überhaupt. Friedrich II. mag sich nach dem glücklichen Verlauf seiner wundersamen Rettung damit getröstet haben, dass die wenig heroischen Umstände, die man sich alsbald überall erzählte, sein Feldherren-Image nicht im Geringsten haben beschädigen können. Und er mag mit Schmunzeln die eine oder andere phantasievolle Ausschmückung zur Kenntnis genommen haben, die alsbald über die Heldentat seines Rittmeisters unter den Leuten zu kursieren begann.

Überdies beschützte eine vierte glückliche Fügung, diesmal nach Beendigung der Kunersdorf-Schlacht, den König vor dem Schlimmsten. Unüberbrückbar scheinende Rivalitäten, in die die Feldherren der kaiserlich-zaristischen Allianz seit längerem verstrickt sind, hielten die Sieger vom Selbstverständlichsten ab: den kopflos aus der Kampfzone flüchtenden Feinden und einem total demoralisierten Friedrich mit der Wucht der Überlegenen nachzusetzen. Für diesen wäre ein nachfolgender Angriff einem Todesstoß gleichgekommen, auch deswegen, weil seine Hauptstadt Berlin niemals einer Erstürmung hätte standhalten können. Der Gnadenakt wäre den österreichisch-russischen Bündnistruppen ein Leichtes gewesen – allein, dem das Kommando über die Zarenarmee führenden Marschall Peter Semjonowitsch Saltikow (1701-1772) fehlte der ultimative Vernichtungswille. Er scheute, was er persönlich für einen unverzeihlichen Frevel gehalten hätte: den Mann ins endgültige Verderben zu stürzen, der insgeheim bei ihm in hohem Ansehen stand.

Vier dramatische Episoden aus einer einzigen Schlacht, sie hätten fatal ausgehen können, doch dem preußischen Herrscher standen wohl ebenso viele Schutzengel zur Seite. Trotzdem bot dieser aus Preußensicht missratene Tag einer königstreuen Geschichtsschreibung willkommenen Anlass zu einer Verklärung ins Heldenhafte. Und dem nach Leuthen bekräftigten Mythos »Friedrich der Große« ein paar glorifizierende Glitzersternchen mehr hinzuzufügen.

Und der so gut wie sicher dem Untergang geweihte Feldherr? Er sah in der einzigartigen Glückssträhne einen Grund, von einem Mirakel, einer wundersamen Errettung zu sprechen. Erleichtert schreibt er Tage nach der Schlacht, am 1. September, dem Bruder Heinrich (1726-1802), der an diesem Krieg mit einem eigenen Armeekammando beteiligt ist: *Ich verkündige Ihnen das Mirakel des Hauses Brandenburg, in der Zeit, da der Feind die Oder überschritten hatte und eine zweite Schlacht hätte wagen und den Krieg beendigen können, ist er von Müllrose nach Lieberose marschiert.« Zu den vielen friderizianischen Mythen und Legenden, die sich im Verlauf dieses Krieges angehäuft haben, gehört auch dieser eine Satz.

Der Feind ist also Richtung Lieberose abgedreht und hat die Metropole Preußens geografisch gesehen rechts – in Gedanken aber schleunigst links – liegen lassen. Denn wenn wahr ist, was man hernach kolportierte, dann habe der aus Livland gebürtige Gideon Ernst von Laudon, Österreichs Friedrich-Bezwinger von Kunersdorf, im Einvernehmen mit dem zaristischen Kriegskameraden Saltikow auf eine Okkupation Berlins großzügig verzichtet. Es heißt, Laudon hätte sich spöttelnd darüber ausgelassen, im Falle einer Stadteinnahme dazu verdammt zu sein, im freudlosen Berlin und der noch freudloseren märkischen Provinz den Winter im Quartier überdauern zu müssen. Nun wird König Friedrich auch noch zum Besten gehalten. Aber erweist sich nicht *Ihro Königl. Majestät* selbst bei jeder Gelegenheit als Meister im lustvollen Austeilen von Hohn und Häme? Gefürchtete Spottattacken, vor denen selbst engste Weggefährten, etwa die Getreuen seiner berühmten Tafelrunde zu Sanssouci, sich niemals in Sicherheit wiegen dürfen?

Sich im Glanz seiner militärischen Ruhmestat von Kunersdorf lange Zeit sonnen zu können, das war Friedrich-Bezwinger Laudon nicht vergönnt gewesen. Kaum dass ein Jahr verstrichen war, da haben am 25. August des Jahres 1760 die »*Leipziger Zeitungen*« neuerlich Grund, einen Kriegsbericht auf ihren Seiten abzudrucken: »*Den 15ten dieses bey Anbruch des Tages kam es in der Gegend diesseits Liegnitz zwischen Sr. Königl. Majestät von Preußen mit dem Österreichischen General, Grafen von Laudon, zu einer Bataille… Der General Laudon wurde hierbey tödtlich bleßirt.*« Zwar hat der König damit an seinem einstigen Gegenspieler auf dem Schlachtfeld blutige Revanche für die Schmach von Kunersdorf nehmen können, so bleibt es menschlich gesehen dennoch eine betroffen machende Meldung. Die äußerst prekäre Kriegslage, der er sich ungeachtet dieses bei Liegnitz in Schlesien errungenen Sieges ausgesetzt sieht, spitzt sich für ihn unaufhaltsam dramatisch zu.

Jede der vier Begebenheiten von Kunersdorf für sich genommen hätte womöglich schon gelangt, sein Königreich bis auf einen kümmerlichen kurfürstlichen Rest in den Abgrund zu bugsieren. Auf dem Niveau eines europäischen Habenichts von politischer Bedeutungslosigkeit hätte es ihn vom stolzen König zum mickrigen »*Marquis de Brandebourg*« zurechtgestutzt. Für ihn eine unausdenkbare Horrorerwartung!

Nach vorherrschender Zeitgeist-Doktrin bemessen sich Einfluss und Stärke einer Großmacht nach der Größe ihres Territorialbesitzes, entsprechend wichtig ist der Unterhalt eines schlagkräftigen Heeres. Zum einen, um gegen eine eventuelle äußere Bedrohung jederzeit verteidigungsbereit zu sein. Und zum anderen, um gegen einen schwachen Nachbarn notfalls auch mal einen kleinen Eroberungsfeldzug führen zu können. *»Man vergrößert sich auf zweierlei Art, durch reiche Erbschaften oder durch Eroberungen«*, postuliert er im Sinne lupenreiner machiavellistischer Realpolitik. Nicht öffentlich, sondern in seinem 1752 aufgesetzten politischen Testament, seinen potentiellen Nachfolgern auf Preußens Königsthron im Sinne einer strategischen Wegweisung. Zwar verfügte Friedrich bis vor der Kunersdorf-Schlacht über eine vorzüglich gerüstete und in Bezug auf Disziplin und Gehorsam einmalig gedrillte Armee. Ohne den gesicherten schlesischen Zugewinn aber wäre die angestrebte preußische Machtstellung, als Gleicher unter Europas Monarchen Anerkennung zu finden, für immer futsch gewesen.

Genau aber darin bestand das erklärte Kriegsziel seiner rachelüsternen Gegnerschaft, worauf diese nicht ohne Grund eingeschworen war: die deutsche Kaiserin, die russische Zarin und die französische Königsmaitresse. Immer wieder hatte Friedrich sich orgiastisch dazu hinreißen lassen, gegen das in fester Solidarität vereinte Damen-Trio verbale Giftpfeile abzuschießen. So dass sich eine Kaiserin Maria Theresia (1717-1780), eine Zarin Elisabeth (1709-1762) und eine Marquise de Pompadour (1721-1764) in ihrem Stolz und ihrer Ehre tief gekränkt fühlten. Obendrein strebte er auf Kosten seiner Reichsherrscherin nach mehr Weltgeltung, in dem er ihr das reiche, und daher von ihr besonders geliebte Schlesien in drei Kriegen abspenstig zu machen suchte. Der Verlust dieses Stück Landes aus ihrem väterlich-habsburgischen Erbbesitz peinigt die Kaiserin sehr. Niemals würde sie sich mit seiner erzwungenen Herausgabe an den *»bösen Mann«* in Berlin abfinden. Also machte sich das zornbebende Feminat zweier Kaiserinnen und einer Kurtisane daran, eine kraftvolle Anti-Friedrich-Koalition zu schmieden. Ihren königlichen Liebhaber auf Schloss Versailles – gemäß Ludwig-Reihenfolge der XV. – hat die Pompadour soweit rumgekriegt, dass auch das Königreich Frankreich ins gemeinsame Kriegsboot gegen Preußen zugestiegen ist.

Da der Herzenswunsch dieser ungleichen Schwestern im Geiste auf der *Walstatt* von Kunersdorf aber unerfüllt blieb, vorerst wenigstens noch, wie sie inständig hofften und beteten, konnte der so gerade noch einmal Davongekommene in seinen unflätigen Sticheleien gegen diese *»drei Erzhuren Europas«* ungestraft fortfahren. Einfach unschicklich von *Dero Königl. Majestät*, aber nicht ganz aus der Luft gegriffen. Gleichwohl in den Augen der echauffierten Damen der Gipfel der Provokation, die sie ihm, wenn auch in gemäßigterer Tonart, mit gleicher Münze heimzahlen. Ohne der Russin auf dem Zarenthron und der Französin auf der Königsmatratze nahetreten zu wollen – einzig Maria Theresias moralisches Eingeschnapptsein bestand zu Recht. C´est la vie.

Historischer Stadtplan von Leipzig: 1) Marckt 2) Rathauß 3) Apel'sches Haus 4) grimmisches Thor 5) Hällesches Thor 6) Ranstädter Thor 7) Peters Thor   8) Schloß oder Festung Pleißenburg 9) Thomaskirche 10) Esplanade 11) Roßplatz 12) Fleischer-Gasse 13) Petersstraße
(Quelle: Stadtarchiv Leipzig)

Aber auch so erwies sich das Debakel von Kunersdorf – Kunowice, wie es heute auf Polnisch genannt wird – aus Sicht der Preußen als schmerzlich genug, indem sie nun der Besetzung Dresdens und eines Großteils von Sachsen, darunter auch der Gegend um Dahlen, verlustig gingen. Wenigstens für die nächsten Monate des Jahres 1759. Ihren Herrschaftsanspruch über Leipzig verlieren sie am 5. August an die *combinirte Reichs-Executions-Armee* unter dem Kommando des drei Tage später mit einem Bataillon siegreich einmarschierenden *Printzen Friedrich Michael von Zweybrücken*, der den zur Kapitulation gezwungenen Preußen freien Abzug gewährt und ihnen in ritterlicher Gesinnung zubilligt, *»mit klingendem Spiele und fliegenden Fahnen und aller preußischen Artillerie«* durchs nördliche *Hällesche Thor* auszurücken. Gemäß ausgehandelter Kapitulationsvereinbarung ihrem Abmarschziel Wittenberg entgegen. Augenzeugen zufolge hätten die Leipziger als Reaktion auf den Abzug frenetisch gejubelt, von den Kirchtürmen erschollen zur Freude über die unverhoffte Wendung in ihrer Stadt die Glocken. Mit *»ohnzehlbarem Zulaufe des Volkes, das Straßen, Fenster und Dächer füllte«*, sei tags darauf der Reichstruppen-Befehlshaber bei seinem Einritt vormittags 11 Uhr empfangen worden, berichtet aus dessen Gefolge der kaiserliche Gesandte für den Würzburgischen Kreis, Wenzel Freiherr von Widmann.

Das allerdings deckt sich überhaupt nicht mit dem, was Christoph Philipp Freiherr von und zu Guttenberg (1723-1790), *Obrist-Wachtmeister* im Stab des Zweibrücker Feldmarschalls und Angehöriger des *»blauen Regiments«* Würzburgischer Hilfstruppen, an gleicher Stelle beobachtet haben will. Seinem militärischen Chef in Würzburg vermittelt der Nachrichtenoffizier in seiner Briefkorrespondenz ein gegensätzliches Stimmungsbild. *»Die Leipziger seynt gantz bescheiden in Bezeigung ihrer Freude, weil sie sich nicht gäntzlich sicher achten, ihre verlorenen Gäste nicht wiederum zu sehen«*, schreibt der fränkische Generaladjutant listig an die Bischöfliche Residenz zu Händen *Sr. Hochfürstl. Gnaden Adam Friedrich, Bischof zu Würzburg auch Herzog zu Franken, eines Grafen zu Seinsheim.* Als Vasall des Deutschen Reiches und weltlicher Fürstbischof von Würzburg und Bamberg, stand der Graf (1708-1779) und *Hochwürdigste Bischof* in der Pflicht, ein bestimmtes Truppenkontingent, eben jenes *»blaue Regiment«*, aus seinem Herrschaftsbereich in die *combinirte Reichs-Executions-Armee* einzubringen. Neben weiteren *Relationen,* also allgemeinen militärbezogenen Lageeinschätzungen und Frontberichten, die Kriegsteilnehmer v. Guttenberg insbesondere über den Zustand des fränkischen Regiments fortlaufend an die Bischöfliche Residenz sandte, erhielt sich auch das Schreiben aus Leipzig im Original lange Zeit unter Würzburger Archivbeständen. »Leider sind diese jedoch zum Ende des Zweiten Weltkrieges verbrannt«, teilte das Staatsarchiv Würzburg auf Anfrage mit.

Wer von den zwei Herren Widmann oder Guttenberg ist der Glaubwürdigere? Es wird wohl beiden Recht zu geben sein. In jedem Fall wird sich erweisen, dass letztlich die Übervorsichtigen unter Leipzigs verängstigten Bürgern den richtigen Riecher besaßen. Schon am 13. September, nach fünfwöchiger Abwesenheit, finden sich die »verlorenen Gäste« in den Mauern ihrer Vaterstadt wieder ein. Des Herrn *Obrist-Wachtmeisters* von und zu Guttenberg vorausschauende Kriegslagebeurteilung hat also gestimmt. Wohl auch deswegen, weil er die Preußen etwas näher kennengelernt hat, als die meisten seiner Kameraden. Am 19. September, vor zwei Jahren nämlich, war er in Gotha zeitweilig in deren Gefangenschaft geraten.

»Mit einer großen Suite…und einem Corps Husaren mit blasenden Trompetern, dann folgede ein Bataillon Grenadiers, dann Füßeliers und Musquetirs«, beschreibt Universitätspedell Riemer die Aufsehen erregende Szenerie in Leipzig um die feindlichen Rückkehrer am 13. September 1759, frühmorgens um 6 Uhr. Und der preußische *Obrist Lieutenant* Georg Friedrich von Tempelhoff, Augenzeuge und späterer Historiker, schildert den Triumph seiner Kameraden auf dem gepflasterten Marktplatz mit den Worten: *»Die Besatzung streckte das Gewehr und ergab sich zu Kriegsgefangenen.«*

Damit war die Übergabe der Stadt an das Regiment des Generalmajors Johann Jakob von Wunsch (1717-1788) unter Wahrung der gebotenen ehrenvollen Kapitulationszeremonie vollzogen. Im sogenannten Apel

Ehrendes Andenken an Friedrichs treuen General. (Foto: Norbert Voss)

´schen Haus am *großen Markt*, einer von Freund und Feind gleichermaßen geschätzten noblen Adresse in Stadtmitte, richtete sich der bei den wohl meisten Leipzigern unerwünschte Wunsch für eine Nacht ein. Bereits nachmittags des anderen Tages, sei *»die in der Stadt und Vorstadt gestandene Infanterie und Husaren nebst die im Lager gestandenen Trouppen«,* notiert sich Chronist Burchardi unter dem 14. September 1759 in seinem Tagebuch, *»wieder aufge-*

brochen und nach Grimma marschiret, denen H. Gen. Major v. Wunsch gefolget – auf 4
Wagen mit Reihnwein, einer Kiste mit Hungarischem und einer Kiste mit Burgunder Wein
an denselben.«

Gefolget auch von der verehrten Generalsgattin. Diese hatte während des eintägigen Leipzig-Aufenthalts ihr Privatlogis bei einer Witwe unbekannten Namens genommen. Ein peinlicher Vorfall wird sie kurz darauf zu dem Eingeständnis nötigen, ihre Reisebagage nicht nur zum Transport ihrer persönlichen Garderobe zu benützen. Auch Taler, und nicht zu wenige, hätte sie in ihren Koffern verstaut. Gelder, die der Herr Gemahl in Form von *Douceurs* und Strafabgaben den Sachsen überreichlich abgeknöpft hatte.

Reine Spekulation wäre es, Madame von Wunsch könnte den Entschluss zu einer kleinen Shopping-Tour in der beliebten Einkaufsmetropole Leipzig gefasst haben. Etwa mit besonderem Interesse für die neuesten Kosmetik-Kreationen. Dann dürfte doch genau das Richtige gewesen sein, was in diesen Tagen im Laden *»bey Hrn. Lic. Heinr. Winklers Erben auf der Fleischer-Gasse im goldnen Anker, eine Treppe hoch«* feilgeboten wird und per Zeitungsannonce zum Kauf verlocken soll: *»Englische Hampanade oder Frauenzimmer-Seife, zu welcher keine Schminke kömmt, und welche bey Manns- und Weibs-Personen die Haut rein und unbefleckt erhält, wie solche Mr. Piastre in Amsterdam verfertiget, das Fläschgen 8 Gr.*(Groschen)*«.*

Am nötigen Kleingeld, sich eine so vielversprechende *Frauenzimmer-Seife* zu leisten, wie diese aus der *Fleischer-Gasse*, hätte es der Frau von Wunsch, geborene Gräfin Maria Josepha de la Roy, ganz gewiss nicht gemangelt. Sie galt nicht nur als sehr jung, sie war auch von Adel, als sie und der Bürgerssohn eines Kürschners vor neun Jahren heirateten. Durch die Mitgift begüterter Eltern war sie in den Besitz eines ansehnlichen Vermögens gekommen. Ihr Vater bekleidete die Stellung eines höheren Staatsbeamten am kaiserlichen Hof zu Wien.

Einer der späteren Biographen des Generals beschreibt die österreichische Gräfin, die ihm, soweit ihr dies möglich war, auf allen Schauplätzen dieses Krieges folgte, als »eine sehr edel denkende, mit heroischer Geisteskraft begabte Frau.« Als dem Gatten am 20. November 1759 bei dem sächsischen Dorf Maxen während heftigen Schneesturms das Missgeschick widerfuhr, in Gefangenschaft der Österreicher zu geraten, war's für den Rest des Krieges aus mit der angenehmen, fürsorglichen Damenbegleitung. Zärtlich setzt er die besorgte Gemahlin von seinem militärischen Malheur brieflich in

Kenntnis: *»Mein liebes Kind! Du wirst Dich wundern, daß ich aus Dresden schreibe. Leider ist das ganze Fink'sche Korps gestern kriegsgefangen worden...Grüße mir Alle, Große und Kleine.«*

Sind wir also auf reine Vermutungen darüber angewiesen, was die Gräfin de la Roy mit ihrer Freizeit in Leipzig hätte anfangen können, so hat sich im Gegensatz dazu in der Stadt herumgesprochen, auf welch angenehme Weise der Herr Gemahl sie zubrachte. Zunächst einmal mit einer gewichtigen Proklamation anlässlich seines triumphalen Einzugs in die Stadt. *»Sr. Königl. Majestät von Preußen wohlbestallter General-Major, Obrister über ein Regiment Infanterie«* — so siegesbewusst präsentiert er sich darin per öffentlichem Anschlag, und zugleich abgedruckt in den *»Leipziger Zeitungen«*, den Einheimischen. Und dann steht nach altem Soldatenbrauch an, im Kreis der Kameraden ordentlich zu feiern.

Sie lassen die Korken knallen, die Herren Preußen, in den Gemächern vom Apel'schen Haus, wo für gewöhnlich Könige und Kriegsherren abzusteigen pflegen. Und da sämtliche Kosten der feucht-fröhlichen Sause selbstredend der Stadtkasse aufgedrückt werden, mögen sich schnell unter der Bevölkerung Einzelheiten wie diese herumgesprochen haben: *»Die bey der Tafel anwesenden Officiers ließen es nebst Bedienten nicht an satt eßen und trinken bewenden, sondern nahmen mit, was sie konnten, steckten auch alle Schubsäcke voll Bouteilles mit Wein ein.«* Am darauffolgenden Abend wäre es mit dem Feiern weiter gegangen, Speisen und Alkoholika für ungefähr sechzig Offiziere *»und noch außerdem 4 Fuder Rheinwein, 60 Bouteilles win de Champagne und eine Küste Ungarischen Wein liefern, dergestalt, daß diese 2 Mallzeiten mit mehr als 1000 Thalern bezahlet werden müßen.«* Auch diese detailierten Feinheiten dürften den zerknirschten Leipzigern schon bald zu Ohren gekommen sein.

Da dem General-Major v. Wunsch auch sehr am Wohl seiner Mannschaften gelegen war, mussten für deren kulinarische Freuden Leipzigs Stadtväter 84 Ochsen und ebenso viele Fässer Bier herbeischaffen. Außerdem ließ er sich seine Anwesenheit mit 18.000 Talern Kontributionsgeld versilbern. Nach alter Kriegssitte verschwanden diese selbstverständlich in der eigenen Tasche. Im Falle des Generals, ein Gutteil davon in den Koffern der Frau Generalin v. Wunsch. Die später mit ihrer Anschuldigung, die Österreicher hätten ihr daraus zweitausend Taler gestohlen, für nicht geringes Aufsehen sorgte.

Teuer auch kam die Leipziger zu stehen, dass sie beim Anmarsch des *Wunschischen Regiments* auf ihre Stadt die Kirchenglocken schlagen ließen.

Nicht eben zu deren freudiger Begrüßung, vielmehr Sturmglocken aus Angst und Verzweiflung vor den anrückenden *»Corps von ungefähr 4 bis 5000 Mann Infanterie, Cavallerie und Husaren und 12 Canons in hiesige Vorstädte.«* Eine strafwürdige Missachtung des stolzen preußischen Adlers, fanden Leipzigs neue Herren, wofür eine Extra-Buße von fünftausend Talern fällig wurde.

Höchst erfreuliche Nachrichten also aus Leipzig, *Se. Königl. Preuß. Majestät* Friedrich kann sehr zufrieden sein. Und er bringt auch seine Aufgeräumtheit spontan zum Ausdruck: *»Wunsch! Gratuliere zu die schöne Prise, so er gemacht hat!«*, schreibt er seinem Kriegshelden in der ihm eigenen deutschen Sprachgewandtheit. Leider wird Friedrichs Freude wieder einmal durch seinen angeschlagenen Gesundheitszustand getrübt. Er sehe sich dieser Tage durchs *»Fegefeuer«* gehen, schüttet er seinem gelehrten Freund, dem Franzosen Marquis d´Argens (1704-1771), sein Herz aus. *»Wenn Sie mich je wiedersehen«*, lauten seine *»unter den Martern der Gicht«* verfassten düsteren Zeilen aus dem schlesischen Feldlager, *»so werden Sie mich sehr alt finden; meine Haare werden grau, die Zähne fallen mir aus, und ohne Zweifel bin ich in Kurzem kindisch.«* Zu diesem Zeitpunkt liegen drei Jahre und einenhalb Monate Krieg hinter ihm, das schlaucht gewaltig. Denn so alt ist er noch gar nicht – 47 Jahre sind es.

Tote Mäuse – bald werden es Menschen sein. Ausschnitt aus der Leipziger Zeitung vom 4. September 1756. (Quelle : Stadtarchiv Leipzig)

Kehren wir zurück zu jenem tragischen Sonntag des preußischen Einmarschs, nachmittags gegen 14 Uhr, am 29. August 1756. Was es heißt, nunmehr in *»Se. Königl. Majest. Dero höchsten Schutz und Verwahrung genommen«* worden zu sein, können die Leipziger ihrer Zeitung entnehmen. Oder richtiger gesagt: sie bekommen vorerst nichts von alledem zu lesen. Denn die preußische Zensur dieser Tage, so ist überliefert, leistet von Anfang an ganze Arbeit. Davon zeugt die Art und Weise, wie in den *»Leipziger Zeitungen«* aktuell mit der Tatsache der Besetzung der Stadt umgegangen wird – nämlich überhaupt nicht. Kein Sterbenswörtchen darüber füllt die Spalten, weil den Zeitungsleuten durch den *preußischen Officiosus*, den Zensor, vorgegeben ist, was sie veröffentlichen dürfen. Und was nicht.

Unter solchen außergewöhnlichen Umständen finden schon Nachrichten wie diese in der Presse ihren Platz: *»Man hat bisher aus dem Cölnischen und Jülichschen über die verderblichen Feld-Mäuse geklaget; ietzo aber meldet man, daß man nach dem etliche Tage angehaltenen Regen davon eine grosse Menge todt gefunden«*, vermeldet am 4. September 1756 *»EXTRACT Der eingelauffenen Nouvellen«*. Eine Sonderausgabe der *»Leipziger Zeitungen«*, offenbar in der Überzeugung, wenigstens damit des Lesers Aufmerksamkeit erheischen zu können.

Tote Mäuse – bald werden es zu Tausenden Menschen sein. Wie hätten auch die Leser ahnen sollen, dass diese Meldung in ihrer Zeitung wie ein Menetekel für das heraufziehende Inferno zu deuten gewesen wäre. Mag dies auch in unseren Ohren reichlich abwegig klingen, ungewöhnlich wäre es nicht gewesen, denn es passte perfekt in eine Zeit von Gottesfurcht und Aberglaube.

Noch vor Jahresfrist, als unter Lissabon die Erde bebte und zwei Drittel eine der prachtvollsten Städte der Welt in einen Trümmerhaufen verwandelte, deuteten nicht nur Abergläubische diese Jahrhundertkatastrophe vom 1. November 1755 als böses Omen für Europa. Kein geringerer als der auf- und abgeklärte Franzose Voltaire (1694-1778), *Sr. Königl. Preuß. Majestät* hassgeliebter Freund und gleichermaßen vergötterter philosophischer Meisterdenker, flüchtet sich ins Mystische und orakelte munter darauf los. Wie auch eine Generation danach einem so rational eingestellten Menschen wie Johann Wolfgang von Goethe (1749-1832) rückblickend schwante, der Siebenjährige Krieg – der gegenwärtig seine anfänglichen Stunden erlebt – hätte in der damals 30 Tausend Tote geforderten Erdbebentragödie ein unheilvolles Vorspiel gefunden.

Was der Stadt an Pleiße, Parthe und Weißer Elster, die sich dank ihrer publikumsstarken Messen, Vieh-, Woll- und Rossmärkte - um Ostern zu *Jubilate,* im Oktober zu *Michaelis* und ab jedem 1. Januar zu Neujahr – des Rufes rühmen kann, ein international anerkannter Handelsplatz zu sein, nun kriegund besatzungsbedingt blüht, das erwartet nicht minder harsch die im Vergleich zu Leipzig weitaus ärmlichere Provinz.

In aller Eile überziehen die Preußen das eroberte Kursachsen mit einem weitverzweigten Netz *Königl. Preuß. Feld-Magazine*. In den einzelnen Kreisen regional angelegte Vorratsspeicher sind darunter zu verstehen, dazu eingerichtet, der Armee alle zivilen Bedarfsgüter bereit zu stellen, die sie zu ihrer materiellen Ausstattung benötigt.

Damit nicht genug. Schon zwei Wochen nach dem Einmarsch, am 14. September, gibt die preußische Militärmacht in einem *»Manifest«* öffentlich kund, dass Torgau zum zentralen Standort eines *General-Feld-Kriegs-Directoriums* bestimmt werde. Zu welchem Zweck, darüber klärt diese Proklamation auf, wenn es u.a. heißt: *»Also wird solches ... sämmtlichen Einnehmern der General-und Land-Accise, der Land-und Trank-, wie auch Quatember-, Pfennig-,Kopff- und Vermögens-Steuer, incl. den Pächtern, Verwaltern oder Rentanten, derer Amts-, Forst-, Salz-, Geleits-, Paß-, Fahr-, Brück-Geld, Bergwerks, auch aller anderen Gefälle ohne Unterschied und Ausnahme hierdurch bekand gemacht und ihnen aufgegeben ... die vorhandene Cassenbestände sogleich getreulich auf ihre Pflicht dem Königl. preußischen Feld-Kriegs-Directorio in Torgau anzuzeigen und solche bey unausbleiblicher Straffe doppelter Erstattung und Cassation, und dem Befinden nach Festungsstraffe, sogleich baar anhero abzuliefern.«*

Ergänzt sei die lange, und doch noch unvollständige Steuerliste um einen weiteren Posten: für jede Gans wurde dem Halter ein *Gänße geldt* abgeknöpft. Auch dieses landete in des preußischen Königs nimmer satter Kriegskasse.

Reichsarmee und kaiserlich-königliche Truppen auf sächsischem Boden schufen sich mit dem *Reichs-General-Kriegs-Kommissariat* eine ähnlich repressive Militäreinrichtung. Die straffe Beschaffungspraxis dieses Kommissariats gleicht aufs Haar der des preußischen Gegenstücks.

Auch noch siebzehn Tage nach dem 29. August bringen die *»Leipziger Zeitungen«* es fertig, sich beharrlich in Schweigen zu hüllen, eine Berichterstattung über den preußischen Einmarsch ist bisher unterblieben. Obwohl doch so gut wie alle Bürgerinnen und Bürger mit den einschneidenden Folgen im Alltag konfrontiert werden. Eisern halten Zensoren ihre Hand über die Zeitungen und dulden nur das ihnen Genehme zur Veröffentlichung. Mit dem Abdruck einer Proklamation des *»Königl. Preuß.-General-Feld-Kriegs-Directoriums«* am 16. September 1756, geben die Preußen ihr erstes öffentliches Lebenszeichen in der Presse von sich und beginnen gleichzeitig, ihre Militärherrschaft zu festigen. Es ist zugleich das erste Mal seit der Invasion, dass überhaupt etwas in den *»Leipziger Zeitungen«* zu lesen steht, was auf die veränderte Lage in Sachsen hinweist.

Das vom preußischen Kriegsherrn zum *»heiligen Depot«* ausgerufene Sachsen nimmt also zügig Gestalt an. Dass der König so ganz andere Vorstellungen von dieser Einrichtung hat, als man gemeinhin mit einem Depot verbindet, führt er den Sachsen auch sogleich vor. Schlagartig beginnen diese die Perfidie zu begreifen, die sich hinter der speziellen Auslegung seines Sachsen-Depots verbirgt – weil allein sie dazu vergattert werden, für die notwendigen Einlagen aufzukommen. Der König von Preußen hat sie zum Zahlmeister dieses Krieges degradiert.

Häufig sich ändernde Frontverläufe zwingen die Preußen zu raschem Standortwechsel ihrer befestigten Lager, der Lazarette sowie des *General-Feld-Kriegs-Directorios*. Von der jeweiligen Gefechtslage ist abhängig, ob das Direktorium in Dresden, Leipzig, Freiberg oder in der Stadt Wittenberg seinen Sitz nehmen muss. Sind des Königs Truppen *Meister* von Torgau, übt es sein Regime von Schloss Hartenfels aus. Die volle Besatzungszeit über behält das Direktorium, das Primat oberster Instanz der Militärverwaltung. Es ist *Sr. Königl. Majestät* wirkungsvollstes Instrument, sich der Herrschaft über das geknebelte Sachsen zu versichern.

Die vom *Directorio* abgehenden Anordnungen bieten dem preußischen Eroberer die Gewähr, diejenigen Teile Kursachsens fest im Würgegriff zu halten, über die er die Oberhoheit besitzt. Öffentliche Proklamationen und Verfügungen, Verbote und Gebote, Fahndungsaufrufe nach desertierten Rekruten, und Strafandrohungen, sollten die Flüchtigen irgendwo Unterschlupf finden – alles ist Sache des Kriegs-Direktoriums.

Höchste Wachsamkeit legt dieser omnipotente Machtapparat an den Tag, wenn es darum geht, öffentlich vor Falschmünzen zu warnen. Deren auswärtige Schleuser machen sich gern die Tage der Messe zunutze, um das getürkte Geld mit gemindertem Risiko in Umlauf zu bringen. Einer dieser eindringlichen Appelle des *Königl. Kriegs-Directorios* richtet sich am 1. Februar 1762 über die Presse an die Messestädter: »*Da auch Anzeige geschehen, daß falsche Preußische 1/3 Stücke von sehr geringem Gehalt, in grosser Menge in hiesige Sächsische Lande sich einschleichen sollen... daran besonders erkennbar sind, daß das Königl. Brustbild sehr unförmlich und nicht rein ausgeprägt* (ist)*... diejenigen, welche freventlich und zum öffentlichen Betrug des Publici sich damit meliren..., selbige in Cassen-Beutels zu mischen, auch solche heimlich, es sey auf Post- oder Fracht-Wagens mit Waaren verpackt*«, dem wird mit dieser Warnung angedroht, dass er »*mit einer nahmhaften Geld-Straffe beleget werde. Wornach sich also iedermann zu achten und vor Schaden zu hüten hat.*«

Vom Datum dieses 1. Februar an werden die »*Leipziger Zeitungen*« nicht müde, zum Schutz der Bürgerinnen und Bürger vor Geldbetrügern einen Warnhinweis nach dem anderen abzudrucken. An zwanzig Tagen hintereinander, der Bedeutung angemessen jeweils auf den Frontseiten. Eine lobenswerte Aufklärungskampagne, sollte man meinen – wenn nicht, und das dürfte nun der Gipfel preußischen Zynismus´ sein, Friedrich II. selbst seit 1757 ein *Königl. Privilegum* zum Prägen minderwertiger Silbermünzen erteilt hätte.

Was ihn dazu antrieb, die Kriegskasse mit fauler Währung aufzufüllen, erfährt man aus einer an den Marquis d´Argens gerichteten Korrespondenz, datiert vom 16. November 1760. Darin erklärt der König, der sich augenblicklich in seinem Feldquartier im sächsischen Dörfchen Unkersdorf bei Dresden aufhält, dem Freund: *»Urtheilen Sie nun von den Beschwerden und Unannehmlichkeiten, die ich erdulde, denken Sie Sich meine Verlegenheit, wenn ich Ihnen sage, daß ich den Unterhalt und den Sold meiner Armee durch allerlei Kunstgriffe anzuschaffen gezwungen bin«.*

So, so: *»toutes sortes des artifices«*, sind es also. Und da diese *»allerlei Kunstgriffe«* sich als äußerst ergiebig erweisen, hat es noch im *Königl. General-Feld-Kriegs-Directorio* zusätzlich die sog. *Königl. Feldkriegs-Kasse*, wohin alle von der Besatzungsmacht ausgewiesenen Landeseinkünfte einzubringen sind, die in Friedenszeiten normalerweise dem kurfürstlichen Staat zufallen. Ebenso ist diese Kasse, die sich auf mehrere Standorte in den einzelnen Landkreisen verteilt, Herzstück für die von den Besatzern eingeforderten Kontributionsgelder.

Niemand in Sachsen ist von diesen Zwangsmaßnahmen ausgenommen, auch Dahlens Bürgerschaft muss ihren Tribut an das Kriegsabenteuer des Preußen-Königs entrichten. Im Originalzustand erhaltene Dokumente aus jener Zeit geben beredt Auskunft darüber, wie sie einschließlich ihrer Schmannewitzer Nachbarn fortan gehalten sind, immer wieder Ochs und Ackergaul einzuspannen, um im zirka zwanzig Kilometer entfernten Torgau die ihren Gemeinden monatlich auferlegten Barschaften fristgerecht zu leisten.

Die zum Sprudeln gebrachte sächsische Geldquelle ist das eine. Die seitens der Militärverwaltung *beygetriebenen Fuhren*, mit denen ohne Unterlass Schlachtvieh und von der Landbevölkerung erzeugte Produkte zu den *Feld-Magazinen* herangeschafft werden müssen, das andere. Solche Fahrten spielen sich dann auf holprigen, unbefestigten Sandwegen ab, auf im Boden tief eingegrabenen Radfurchen. Noch fehlen Drainagegräben und eine Begrenzung durch schützende Straßenbäume. Staubig im Sommer, verschlammt im Frühjahr und Herbst, derart bejammernswert zeigte sich der Zustand der Straßen. Und in den Wintermonaten war man gezwungen, sich durch zugeschneites, unpassierbar gewordenes Geläuf mühsam den Weg zu bahnen. *»Soltaden Fuhren vor* (für) *den König von Preißen«* – wovon in den Niederschriften beständig die Rede ist – verlangten Mensch und Tier das Äußerste ab und bedeuteten in der Regel mehrere Tage Abwesenheit von zu Hause.

Man darf vermuten, Christian Kracke und Gottfried Haberkorn, zwei Bauern aus Schmannewitz, sind Mitte Dezember 1757 auf eine derart stressvolle Reise losgeschickt worden. Auf ihren beiden von vier Ochsen gezogenen Wagen waren sie aufgebrochen, um *»Auf Preuß. Commissarische Verordnung«* eine Ladung Mehl zu befördern. Denn auch das gehörte neben der Ablieferung von Geld und Naturalien zu den ständig eingeforderten Pflichten der Sachsen: spezifische Serviceleistungen wie Transportdienste, Pferdebereitstellung zum *Reuthen* (Reiten) und zur *Vorspannung mit Wagens*, Schanzarbeiten an Verteidigungswällen oder Holzhacken. Ein abwechslungsreicher Kontributionskatalog, der den *»guten Leuten Sachsens«* – der Große Friedrich wörtlich – zu genauer Befolgung an die Hand gegeben wurde.

In »Thalen« eine Rast eingelegt – und offenbar durch dieses Portal in die Gaststube gelangt: August von Goethe. (Foto: Timin Yilmaz - 2010)

Bestand das Speditionsgut heute aus Mehl oder einigen *Klafftern Scheidtz* (Holz), so durften es morgen schon mal Rekruten und Deserteure auf der Ladefläche sein, auch Kranke oder *Krüppel.* Eine dieser *Krüppel Fuhren,* die im Mai 1759 von Strehla an der Elbe nach Dahlen besorgt werden musste, war dem Bauer Christian Fischer aufgetragen.

Indes kann man verfolgen, was der Schreiber seinerzeit im Schmannewitzer Gemeindebuch über die Fahrt seiner beiden Mitbürger Kracke und Haberkorn festgehalten hat: *»Eine Mäl furre von Dorgau* (Torgau) *biß Laibzieg hin haben 7 dage* (Tage) *zugebracht den 14 ten December biß zu ten* (dem) *21 ten December 1757«.* Weitere Einzelheiten sind nicht vermerkt. Da aber Winterszeit herrschte, machte das den Weg für die zwei Männer nicht einfach. Auf ihren zugigen Planwagen wird ihnen die klirrende Kälte wohl mächtig zugesetzt haben. Und begünstigt durch eine großenteils zu

51

durchfahrene flache Landschaft, durchsetzt von freien Lagen, werden sie mit eisigen Windböen zu kämpfen gehabt haben. Auf ihrem Weg nach Leipzig, der sie bei Wurzen in Ermangelung einer Brücke die Mulde nur mittels einer Fähre hat überqueren lassen, werden militärische Posten die eigens für ihre *Preiße Fuhren* ausgestellten Pässe mehrmals einer Kontrolle unterzogen haben. Nach der glücklichen Heimkehr von der einwöchigen *Mäl furre* wird man Bauern wie Christian Kracke und Gottfried Haberkorn nicht darüber belehren müssen, was man unter einer »Ochsentour« versteht. Nicht anders ihre Schicksalsgenossen - die in diesem Krieg wie auch sonst im Leben von der aristokratischen Obrigkeit unerbittlich hin und her geschubsten, in überwiegender Rechtlosigkeit gehaltenen Untertanen.

Hier in Dahlen kannten die Menschen praktisch keinen Stillstand. Ihr schweres Los reiht sich nahtlos in das ihrer Landsleute anderswo in Sachsen ein. Immer von neuem setzen sich *Soltaden Fuhren* in Bewegung, mühevoll und zeitraubend über Land auf unbefestigten, grundlosen Straßen und Pisten. Dass die Verkehrswege einen solchermaßen miserablen Zustand boten, dafür lässt sich sogar die Bestätigung eines *Hochwohlgeborenen* Zeugen anführen, der in einem Brief aufrichtiges Mitgefühl gegenüber einem Vielfahrer Ausdruck verleiht: *»Mein lieber Bruder. Sie haben eine Reise während einer sehr rauen Jahreszeit gemacht und auf heftig schlechten Wegen.«*

Der Verfasser dieser Zeilen ist Prinz Heinrich, und der Briefempfänger ist sein königliches Bruderherz *Frédéric*. Zwei Geschwister, die sich oft wie aufeinander losgelassene Streithähne gebärden, weil *Henri* den Bruder *Frédéric* unter anderem für eine Reihe strategischer Fehler in diesem Krieg verantwortlich macht. Und dennoch: pflichtschuldigst bemüht sich Heinrich, dem König gegenüber seine Loyalität zu bezeugen. Und dieser dankt es ihm trotz allem mit großer brüderlicher Zuneigung. Im Fall der *heftig schlechten Wege* dürften die beiden ausnahmsweise einmal ungeteilter Meinung gewesen sein.

Dieser Brief, der dem König ins Hauptquartier nach Leipzig überbracht wurde, er trägt das Datum 5. Dezember 1762, und als Absenderort – das *Hochgräflich Bünauische* Schloss zu Dahlen. Heinrich hatte sich hier für einige Tage einquartiert und seine Annehmlichkeiten, die es ihm, dem Feind, darbot, weidlich genossen. *»Ganz entzückend eingerichtet«*, lässt er den älteren Bruder am Komfort seines derzeitigen Logis Anteil nehmen.

Dass sich die Verhältnisse auf Sachsens Poststraßen auch sechzig Jahre danach nicht wesentlich zum Besseren verändert haben, dafür lässt sich ein anderer prominenter Zeuge aus dessen Reisetagebuch von 1819 zitieren – August von Goethe (1789-1830). »*Um 7 Uhr fuhren wir aus Torgau*«, notiert der Sohn des berühmten Weimarer Dichters am Freitag, den 11. Juni, anlässlich seiner Fahrt durch diese Gegend. »*Sehr langwirige Station im Sande bis Oschatz.*« Um sich die Beine zu vertreten, habe er »*unterwegs in Thalen angehalten.*«

Wer als gutsituierter Fremder in jener Zeit ein Provinzstädtchen wie Dahlen besucht, wird wie selbstverständlich den im Zentrum gelegenen Markt ansteuern. Denn man wusste, um Rast und Übernachtung zu suchen, sei für gewöhnlich hier das erste Haus am Platze zu finden. Zweifellos war das zu jener Zeit in unmittelbarer Nachbarschaft zur »*Grünen Tanne*«, der schon länger hier ansässige Gasthof »*Zum Goldenen Engel*«. Postillions und Privatreisenden bot sich in beiden Herbergen die Möglichkeit zum Pferdewechsel. Und bei den routinemäßigen Inspektionen achteten Wagenmeister und Knechte darauf, dass Achsen und alle beweglichen Teile aus Eisen auch ordentlich ihr Schmierfett abbekamen. Unterblieb der Service, bestand die Gefahr des Heiß- und Festlaufens. Lautes Quietschen könnte zudem den Fahrgästen entsetzlich auf die Nerven gehen. Nicht ausgeschlossen scheint, dass der *Großherzoglich Sächs. Geheime Kammerrat* von Goethe, mit 29 noch jung an Jahren, und seit 1817 vermählt, sich an diesem 11. Juni im Gastraum vom »*Goldenen Engel*« die wohlverdiente Verschnaufpause gegönnt hat, die er in seinen Reisenotizen mit wenigen Worten streift.

Allein, Gelegenheit zum Verschnaufen wird sich den Menschen während der Kriegsjahre nur selten dargeboten haben. Denn immer wieder war die Bevölkerung gehalten, Verpflegungsgüter wie Mehl, Weizen, Roggen, Gerste, Hafer unentgeltlich den Lagerhäusern der preußischen Armee zuzuführen. Nach Brotlaiben aus dem dorfeigenen Schmannewitzer *Backoben* verlangen die Besatzer genauso, wie auch durstige Soldatenkehlen nach Bier und Hochprozentigem. Das Buch der Gemeinde hat dies alles mit erkennbar großer Genauigkeit festgehalten.

Immerhin wird jedem der Lieferanten eine »*Ablieferungs Quittunge*« ausgehändigt. So auch bei der Überstellung angeforderter *Fourage*, jenem Bedarf an Futter, Häcksel, Heu und Stroh für die Tausende von Militärpferden und ähnlich vielen *Maul Thieren*. Dann wird den Überbringern ihrer angekarrten Güter seitens der Militärbehörde per *Schein* schriftlich *quittiret*, wie im Fall der drei Bauern Hans George Rudolph, George Ulsch und Gottfriet Schindler, die dem *Königl. Preuß. Magazin* in Dresden »*17 Scheffel Korn*« abgeführt haben.

Um diese Forderung erfüllen zu können, sind die Schmannewitzer hastig aufgerufen, pflichtschuldigst ihr Scherflein beizusteuern. In Fällen wie diesem findet dann ihre Sammelaktion im Gemeindebuch durch den Vermerk *»Wieter eine Anlage gemacht«* ihren schriftlichen Niederschlag. Diesmal brachten die Hüfner, Halbhüfner, Groß- und Kleinhäusler, 35 Personen insgesamt, 14 Taler, 16 Gulden und 9 Denare zusammen. Die Summe für das zu liefernde Korn und *»Was vor* (für) *Unkosten ist aufgegangen…vor die aufdreger* (etwa Auslader) *9 gl.* (Gulden); *Meß geldt 3 gl.; vor den Schein 2 gl.; vorn acciß Zettel* (Steuer-Beleg) *vorn den Stembel 1 gl.; vor Korn bezahlet 4 gl.; Wach Gelt bey den Wahgen 2 gl.; vor Licht bezahlet 3 d.* (Denare)« – und nicht zu vergessen: *»vor den Commissarich in Dresten bey der Übernahme 16 gl.«* Auf gut Deutsch, der Herr *Commissarich* Hademacher, so sein werter Name, kannte keinerlei Scheu, an jenem 18. Januar 1758 ein schönes Bakschisch in seiner Tasche verschwinden zu lassen. Mutmaßlich nicht das einzige an diesem Tage.

Auf allen Ebenen der Militärhierarchie frönten die Besatzer völlig ungeniert und frei von Schuldgefühlen einer gierigen Hand-auf-halte-Praxis. Jeder sah zu, in die eigene Tasche zu wirtschaften. Je höher in der Rangstufe, desto üppiger der eingeforderte Bonus. Geldgeschenke pflegten die Herren Offiziere und Beamten sinnigerweise als *»Douceurs«* zu bezeichnen – Französisch für Schmeicheleien. Und unter ebenso unverhohlen sarkastisch klingenden *»Präsenten«* oder *»Ergötzlichkeiten«*, die sie den Sachsen bei jeder sich bietenden Gelegenheit zusätzlich abluchsten, verstanden sie Gold, Silber und Juwelen.

Auch Grimma stöhnt und leidet unter den Kriegslasten.
Stadtansicht um das Jahr 1730.

Ein Beispiel aus der 30 Kilometer von Leipzig entfernten Kleinstadt Grimma, 1856 von Christian Gottlob Lorenz in seiner Chronik erzählt, illustriert das allerorten methodisch betriebene *Douceurs*-(Un)Wesen. »*Nachdem am 6. Juni 1760 eine Abtheilung von dem Freibataillon des Oberwachtmeisters Quintus Icilius, 170 Mann Infanterie und 30 Husaren, unter dem Hauptmann von Schack hier übernachtet hatte und in der Richtung nach Wurzen abmarschirt war, kam Nachmittags der genannte Schack wieder hierher zurück*«, heißt es bei dem an Grimmas berühmter Fürstenschule lehrenden Professor.

Nachdem Hauptmann Schack sich zur Rückkehr besonnen hatte, verlangte er nun vom Bürgermeister »*wegen des allhier geführten guten Commando ein gewöhnliches Douceur unter der Versicherung, daß er auch künftig gutes Commando halten würde, damit die Patrouillen keine Excesse verübten und die hiesige Stadt verschonten*«, schreibt Lorenz. Tacheles geredet: Wir könnten genauso gut auch andersherum. Und damit meinte es der Herr Hauptmann durchaus offen und ehrlich. Denn Soldaten eines Freibataillons standen ihrer vielen begangenen Untaten wegen im Ruf, ein Haufen raubeiniger, dem Militärreglement weitgehend entzogener Gesellen zu sein. Und eben jene des Quintus Icilius (1724 -1775) werden ein halbes Jahr später durch einen beispiellosen Akt von Vandalismus noch unrühmlich auf sich aufmerksam machen.

Als gelernter Preuße, wir unterstellen, unsere Vermutung ist zutreffend, hält der Magazin-Kommissar Hademacher den Dienstweg ein. In treuer preußischer Pflichterfüllung hält er sich an die Vorschriften, die ihn zum Ausstellen einer Empfangsquittung nötigen. Dieser streng reglementierten Amtshandlung liegt ein zwischen der preußischen Militärverwaltung und den sächsischen Landständen ausgehandelter Kontrakt zugrunde. Geregelt wurden darin die korrekten Abgabe- und Zahlungsbedingungen der von den sächsischen Kreisen zu leistenden Kontributionen. Was korrekt zu sein hat, liegt allerdings fortan allein im Ermessen des *Königl. General-Feld-Kriegs-Directorios* — und der selbstherrlichen Anordnung eines jeden preußischen Offiziers. Wie deren Einstellung zuweilen aussah, erhellen die einschüchternden Worte eines Hauptmanns in Leipzig: »Herr«, gab er einem um Hafterleichterungen flehenden Kaufmann zur Antwort, »*ich habe keine Gnade, ich thue des Königs Ordre, wenn auch noch so viel von euch crepieren. Ich kann plündern, brennen und hengen.*«

Schon am 1. September 1756, dem dritten Tag der Invasion, erhält der in Leipzig ausgehandelte Knebelvertrag, für dessen strikte Einhaltung die Angehörigen der Landstände in den einzelnen Kreisen haftbar gemacht werden, seine Gültigkeit. Und es wird sich zeigen, die neuen Herren fackeln nicht lange. Sie kennen kein Pardon, wenn es darum geht, Männer ohne Ansehen der Person kurzer Hand in Geiselhaft verschwinden zu lassen. Selbst Dahlen wird von einer solchen *militarischen Execution,* wie sie der schneidige Prinz Ferdinand anlässlich seines Einzugs in Leipzig den Sachsen schon mal vorsorglich in Aussicht gestellt hat, überschattet. Der Fall des Grafen Heinrich von Bünau (1697-1762), des Herrn auf Schloss Dahlen, wird sich zu einer von den Preußen verantworteten menschlichen Tragödie auswachsen.

Und dieser 1. September ist schließlich auch der Tag, an dem die Menschen von Dahlen und den Dörfern der Nachbarschaft mitten in den Strudel der Kriegsereignisse hineingerissen werden. Von nun an bekam auch dieser Landesteil Sachsens die volle Wucht des Krieges zu spüren. Jüngst entdeckte Handschriften vermitteln authentische Eindrücke aus jenen Tagen, Wochen – und Jahren. Mit ihrer Hilfe lässt sich der Nachweis führen, dass die Dahlener Region am 1. September 1756 durch *»Suldaden Ein Quarttirunge«* erstmalig mit dem Feind in Berührung gekommen war.

4. September 1756 – verordnete Huldigung. Untertäniger Empfang für Preußens Kriegsherrn Friedrich II. auf Belgerns Marktplatz durch die örtliche Prominenz. Ein Zeremoniell, wie es ähnlich Sachsens Städte und Dörfer überall in diesen Tagen erleben. Das vom Historienmaler Adalbert v. Rössler (1853-1922) geschaffene 6 x 8 Meter messende Kolossalgemälde nimmt heute einen Ehrenplatz im Dienstzimmer des Bürgermeisters ein.

Vier Mann preußischer Husaren hätten im Verlauf dieses Tages in Heinrich Albert Schlegels Schmannewitzer Dorfschenke Quartier bezogen und seien daselbst über Nacht geblieben. Und vierundzwanzig Stunden darauf rückte abermals ein Trupp Husaren an, diesmal in einer Stärke von 56 Mann mit dem üblichen Verlangen nach Verköstigung und Unterkunft, was den ungebetenen Gästen gewährt wurde. Zwei Tage später, »ten (den) *4 Söptömber 1756*«, erfährt man aus der gleichen Quelle, »*haben mir* (wir) *müßen gehhen 23 schöffel* (Scheffel) *Haber* (Hafer) *und 172 Bunt Hey* (Heu) *und 24 schöffel Hexel und eine Klafter scheit* (Brennholz) *und 15 süxten* (Schütten) *Stroh zum Lager mir* (wir) *müßen gehhen an die Mannschaften die mir* (wir) *gehat haben*«.

Weitaus höherrangiger fiel an jenem 4. September preußischer »Besuch« in Belgern aus, von Dahlen und Schmannewitz eine Kleinstadt ungefähr 15 Kilometer entfernt. *Se. Majestät Höchst Dero Selbst* passierte auf seinem Eroberungsmarsch stromaufwärts entlang der Elbe den Ort. An der Spitze seines »*Regiments Gendarm*« reitend, kam er aus Torgau, das strategische Ziel vor Augen, möglichst rasch die Metropole Dresden in preußische Hand zu bekommen. Schon fünf Tage nach Belgern sollte ihm das gelingen. Das an diesem 4. September durch den Preußen-König eingenommene Städtchen blieb aufgrund seiner Lage direkt an der Elbe für jede Kriegspartei, sofern sie es in ihre Gewalt bringen konnte, ein Platz von erheblicher militärischer Bedeutung. Wie alle anderen an diesem kriegswichtigen Wasser-Nachschubweg siedelnden Ortschaften auch.

Es war der Anfang, sozusagen ein unter Zwang vollzogener Einstieg ins preußische Zeitalter auf sächsischem Boden. Von da an befindet man sich für den Rest des Krieges im Dauereinsatz. Dabei sehen sich die Einheimischen vor die Notwendigkeit gestellt, nicht nur dem Feind jederzeit zu Diensten zu sein. Auch die mit ihrem Land verbündeten Armeen – *Kayserlich Königl. Trouppen,* Franzosen und Reichsverbände – stellen Forderungen und erteilen Befehle, die sich von denen der Preußen nicht unterscheiden. Das bringt die betroffenen Menschen gegen sie auf. Entsetzt stellt man fest, dass die Bündnispartner sich ebenso rücksichtslos aufführen wie der preußische Feind. Damit fiel auf die vielbeschworene Waffenallianz dauerhaft ein dunkler Schatten. Es machte die Soldaten bei denen, die sich von ihnen Schutz vor den Preußen erhofften, nicht eben beliebter.

Dass die sächsischen Untertanen mehrheitlich evangelischen Glaubens waren, die Soldaten des Kriegspartners aber zu großen Teilen katholischer Konfession, übte bedeutenden Einfluss auf das gegenseitige gespannte, ja nicht selten feindselige Verhältnis aus. Die *Kayserlichen* trauten ihren Verbündeten nicht über den Weg. Und umgekehrt wird es sich ähnlich verhalten haben. Eindrucksvoll bringt diesen Umstand Wenzel Freiherr von Widmann zur Sprache, indem der ständige kaiserliche Gesandte bei der *Reichs-Executions-Armee* in einem seiner Briefe für erwähnenswert hält, dass man die *»protestantischen Truppen bedenklich fand, weillen selbe denen in der Nähe stehenden Preußen zulauffen werden, wozu die Innwohner der Stadt, welche meistentheils Protestanten seynd, ihr möglichstes beitragen werden«*.

Hinterließen die *Kayserlich-Königlichen* bei ihren teils marodierenden Ortsdurchzügen Schneisen der Verwüstung, dann drückte sich darin letztlich auch ihre abgrundtiefe Verachtung gegenüber diesen vom rechten Glauben abgefallenen *»Lutherischen Schuften«* aus. Klarer wohl lässt sich wahre Waffenbrüderschaft kaum zum Ausdruck bringen.

Paradox: Weil sich Preußens von der Gedankenwelt der Aufklärung inspirierter, antiklerikal eingestellter Monarch in der Beschützer-Rolle aller Protestanten in seinem Königreich sieht, vermag er sogar unter den sächsischen Landeskindern einen beträchtlichen Teil in seinen Bann zu ziehen. In seinem geheimen politischen Testament von 1752 hat er diese Rolle nach eigenem Selbstverständnis mit den Worten fixiert: *»Ich bin gewissermaßen der Papst der Lutheraner und von den Reformierten das Oberhaupt der Kirche; ich ernenne die Pfarrer und fordere von ihnen nichts als gute Sitten und Sanftheit.«* Und schon gibt es Anlass, auf Widersprüchliches in seinen Wesenszügen hinzuweisen. Obwohl sich Preußens König keineswegs als frommen Menschen betrachtet, bezweifelt er nicht die Existenz Gottes. Über seine Ansichten in Glaubenssachen findet er in folgender Passage seines Testaments klare Worte: *»Alle Religionen sind, wenn man sie betrachtet, auf ein mythisches System gegründet und mehr oder weniger absurd. Es ist unmöglich, daß ein Mensch mit gesundem Verstand… nicht den Irrtum sieht«.* Wohlkalkuliertes, rationales Nützlichkeitsdenken verrät, worauf er im weiteren seine präsumtiven Nachfolger einzuschwören versucht: *»Aber diese Vorurteile, diese Irrtümer, diese Wunder sind für die breite Masse gemacht, und man muß auf die Öffentlichkeit Rücksicht zu nehmen wissen, um sie nicht in ihrem Kult zu verletzen, welche Religion es auch sei.«*

Ansonsten aber lässt er keine Gelegenheit aus, die Glaubensverkünder in seinem Machtbereich nur allzu gern zu schmähen. Mit deftigen Ausdrücken wie *»Schurken«*, *»Kerle«* oder *»geistliches Muckerpack«* hatte er sich so trefflich auf den Klerus eingeschossen, wie er das sonst von seinen Artilleristen bei Beschuss auf den Feind fordert. Oder er kritzelte eines Tages die an einen seiner Kabinettssekretäre gerichtete Order in der für ihn typischen Orthographie an den Rand einer Petition: *»Der ferfluchte Pfafe weis Selber nicht was er will, hohle Ihn der Teufek«.*

So ein königlicher Befehl mahnte den Kabinettssekretär oder jeden anderen, den es anging: *»Meine Ordre gehörig zu befolgen.«* Seine Idee vom Regieren findet in diesen Anordnungen, denen zuwidersprechen zwecklos, ja, untersagt war, beredten Ausdruck. Beamte seines Staates hätten wie Soldaten zu gehorchen. Gehorsam und Pflichterfüllung auf allen Ebenen der Gesellschaft waren zum Prinzip erhoben. Indem er erklärt, *»des Staates erster Diener zu sein«*, nimmt er sich selbst in die Pflicht und setzt sich an die Spitze seiner Landsleute. Verlieren wir bei der Beurteilung seiner Denk- und Vorgehensweise nicht aus den Augen: ein Herrscher dieser Zeit ist im Besitz der absoluten Macht, er ist in so gut wie allen Belangen alleiniger Entscheidungsträger. Und so darf nicht verwundern, dass jeder von *Sr. Königl. Majestät* ergangene Befehl von einer solchen Bestimmtheit war, als sei er gleichsam in Gesetzesform gegossen.

Im Befolgen seiner Randbemerkungen drückt sich ein Wesenselement seines autokratischen Regierungsstils aus. Eine schier unüberschaubar große Anzahl solcher Marginalien, die alle seine persönliche Handschrift tragen, setzte er auf die an ihn gerichteten Eingaben und Bittschriften. Da sich deren oft origineller Inhalt im Volk rasch herumsprach, verhalf ihm dies zu ständig wachsender Popularität. Denn in dieser Hinsicht waren *Se. Königl. Majestät* von Preußen ein Unikum. Doch so ulkig vieles klingt, die Ordres gleichgültig welchen Inhalts, sie spiegeln Fundament und Grundwerte einer absolutistischen Gesellschaft mit all ihrer Gegensätzlichkeit wider. Mag der König auch öffentlich zu seiner Überzeugung als aufgeklärter Staatenlenker stehen, er muss sich an den Realitäten werten lassen. Diese aber decken die Schwächen des Systems auf. Die Diskrepanzen im friderizianischen Staat nämlich, die sich zwischen Absolutismus und Menschenrechten auftun, zwischen dem Gleichheitsprinzip vor dem Gesetz und der ungleichen Verteilung von Privilegien an die Stände, mit einer deutlichen Bevorzugung des Adels.

Bei Leuten, von denen er annahm, sie beherrschten nicht die französische Sprache, äußerte sich der König auf Deutsch. Er selbst versuchte erst gar nicht, seine Schwäche zu kaschieren, dass es sowohl seinem Französisch wie seinem Deutsch an Wortgewandtheit fehle. In beiden Sprachen drückte er sich ungelenk und fehlerhaft aus. Bediente er sich ihrer, erweckte es den Eindruck, als würde er in Bezug auf Grammatik und Rechtschreibung Regeln nach eigenem Belieben folgen. Gegenüber der deutschen Muttersprache bevorzugte der König den Gebrauch des Französischen. Er ließ sich sogar bis ins hohe Alter dazu hinreißen, von einigen Ausnahmen abgesehen, alles Deutsche abzulehnen. Ungeachtet der Tatsache, dass Deutsch in seinem Königreich offizielle Amtssprache ist.

Für den Spross einer Familie vom Adelsstand war das Erlernen der französischen Sprache etwas selbstverständliches, das galt seit dem späten 17. Jahrhundert in Europa als standesgemäß. Mangelte es Friedrich bisweilen an Eloquenz, sein origineller, brillanter Geist blitzte aufgrund seiner enormen Bildungsbeflissenheit in vielem, was er mündlich oder schriftlich von sich gab, immer wieder auf. Ein Monarch, dem dank seines Wissens, seiner Belesenheit sowie einer verblüffenden Gedächtnisleistung nicht abzustreiten ist, als Intellektueller bezeichnet zu werden.

Mag auch noch so sehr eine Welle des Hasses über die Preußen hinweggehen, das klassische Schwarz-Weiß-Feindbild weist bei manchen Sachsen einige Kratzer auf. Viele fromme Protestanten geraten deshalb in ihrem tiefsten Inneren ins Schwanken. Ein Bekenntnis zur evangelischen Konfession scheint ihnen wichtiger zu sein als die unbedingte Treue zu einem Landesvater, der sich darin gefiel, glaubensmäßig sein Mäntelchen bedenkenlos nach dem Wind zu hängen. Das protestantische Milieu überwog in Kursachsen und entsprach damit auch dem Ritus der Glaubensrichtung, wie er in den angrenzenden thüringischen Herzogtümern Sachsen-Weimar-Eisenach oder Sachsen-Gotha-Altenburg von den Kirchenkanzeln den Gläubigen verkündet wurde. Und so überrascht eigentlich nicht, dass es selbst am Dresdener Hof in Glaubensdingen überwiegend protestantisch zuging.

Eine detailreiche Kenntnis darüber, wie intensiv der Krieg in die Lebenswelt der beiden Gemeinden Dahlen und Schmannewitz eingriff, ist dem Leiter des Heimatmuseums Dahlen zu danken. Womit er nicht gerechnet hat, Hartmut Finger gelang während der Entstehungszeit dieses Buches die bemerkenswerte Entdeckung einer bislang unerschlossenen Materialsammlung im Archivbestand seines kleinen Museums.

Keinem geringeren Zufallsfund als dem *»Gemäyne Buch«* von Schmannewitz war der Museumsleiter auf die Spur gekommen. Mit den darin enthaltenen Einträgen, von denen im Vorhergehenden schon einige erwähnt wurden, stellt es nicht nur ein einzigartiges Zeitdokument über den Alltag der Menschen während der Kriegsjahre dar. Ebenso gibt es Auskunft in eigener

Sache über seine Entstehungsgeschichte: 1755 wurde mit den Aufzeichnungen auf zunächst einzelnen Blättern begonnen, und im Jahr darauf erstand man für 9 Gulden zusätzliches *»Buch pappir«*. Für die Summe weiterer 12 Gulden aus der Gemeindeschatulle beauftragte man einen kundigen Fachmann, den Stapel dieser losen Schriftstücke *»Ein zu binden«*. Im Weiteren laufend ergänzt um neu hinzugekommene Dokumente, bis zur heute sich erhaltenen Ausprägung.

Im Stil einer protokollhaften Chronik umfasst es beinah lückenlos den Kriegszeitraum der Jahre 1756 bis 1762. Notizen und Belege über Rekrutenaushebungen finden sich ebenso darunter, wie penibel datierte Vermerke über erbrachte Soldateneinquartierungen, über Sach- und Geldleistungen, Fuhr- und Vorspanndienste für Freund und Feind. Oder es sind jene gewissenhaft aufgezeichneten Schriftsätze über Abkommandierungen zum Grabenschanzen, Holzhacken, Wacheschieben an Wagenburgen sowie Listen über abgeführte Steuern. Eine breit angelegte Dokumentensammlung, die viel aussagt über die alltäglichen Probleme jener Jahre in den Gemeinden Dahlen und Schmannewitz. Probleme, die sich nicht bloß auf diese zwei Orte beschränken. Was die Einträge vielfach beinhalten, steht beispielhaft für all jene bezeugten, diesem Krieg geschuldeten Geschehnisse, die sich über eine wehrlose Zivilbevölkerung überall in Stadt und Land ergossen haben. Und die einander in bedrückender Weise gleichen.

Und wenn es im Gemeindebuch ungezählte Male lautet: *»Excution gehat«*, dann hat das geheißen, preußische Spezialkommandos sind einmal mehr in Ausübung ihrer berüchtigten Straf- und Einschüchterungsaktionen in Dahlen und Schmannewitz aufgetaucht. Zu dem Zweck, in Verzug geratene Kontributionen – Rekruten eingeschlossen – gegen saftige Bußaufschläge einzutreiben. Für die Betroffenen war jeder dieser preußischen Einfälle, wie sich leicht denken lässt, eine Demütigung, die nicht nur den Geldbeutel empfindlich erleichterte. In gleicher Weise fügte sie der Selbstachtung der Menschen seelische Wunden zu.

Was aber empfand die Täterseite? Was ging in einem zu solcher Aktion befohlenen Soldaten vor? Einer, der darin wenigstens in einem Fall Erfahrung gesammelt hatte, ist der inzwischen zum *Lieutenant* beförderte Ernst von Barsewisch. Ohne den Ort seines Einsatzes aus dem Jahr 1761 näher zu bezeichnen, erinnert sich der junge Adlige in seinem Buch folgendermaßen: *»Im Monat Mertz wurde ich wegen rückständiger Contributionen zur Execution commandiret und erhielt am* *anderen Morgen dafür 4 rthl. Gebühren. Es war dies wären* (während) *des ganzen Krieges das einzige Mahl, daß ich ein solches Commando erhielt, wären* (während) *ein solches den Officiers der Cavallerie öfters so viele und ansehnliche Einnahmen und Zulagen zuwandte.«*

Lukrativ also, aus dem Blickwinkel eines preußischen Besatzungsoffiziers. Worin solche *ansehnlichen Einnahmen und Zulagen* bestehen konnten, das lässt sich den Notizen eines weiteren zeitgenössischen Zeugen entnehmen, des Aufsehers über das Leipziger Zeughaus. Unter dem Datum 28. Januar 1758 trägt Johann Matthias Burchardi, selbst ein Soldat, in sein Tagebuch ein: *»Branntwein, Coffée, Eßen, Bier, Toback und Pfeiffen, so viel sie verlanget«,* hätten die drei Bürgermeister, bei denen Exekutionen stattfanden, den preußischen Kommandos verabreichen müssen.

Und auch im Buch der Schmannewitzer Gemeinde wird ersichtlich, wie bedrückend aus der Perspektive der Opferseite die fortwährenden Exekutionen empfunden wurden. Darüber hinaus öffnet sich dem Leser der Blick auf eine Fülle interessanter Fakten, und ebenso auf einen authentischen Personenkreis mit Namen, Stand und Tätigkeiten. Wie im Fall von Sabina Otte oder des Johann Heinrich Lorenz. Sie war eine *»Hausgenossin«* und er ein – nein, der – *»Königl. Pohln.Churfürstl. Gräfl. General-Accis-Inspector wie auch Hochgräfl. Bünauischer Gerichts-Director«.* Sie sah sich im streng gegliederten Ständestaat des 18. Jahrhunderts auf der niedrigsten Stufe, und er gehörte der bürgerlichen Oberschicht an. Und doch ist beiden jenseits von Standesgrenze und sozialer Kluft ihre fortlebende Präsenz in diesem Amtsbuch gemeinsam. Womit sich die schlichte mittellose Dienstmagd aus Schmannewitz und der *Hochlöbliche* General-Steuer-Inspektor vom Rittergut Dahlen bis heute ein Stück ihrer Identität bewahrten. Wie auch ihrer menschlichen Würde.

Seiner Bedeutsamkeit als hilfreiche Schriftquelle dieser Kriegsjahre wird das Gemeindebuch nicht zuletzt dadurch gerecht, als unter den darin Genannten nicht nur hiesige Namen anzutreffen sind. Auch der Feindesseite ist es vielfach gelungen, sich in dieser Dokumentensammlung zu verewigen. Etwa wenn der *Cornet v. Keffenbrinck* beim Durchzug mit seinem Trupp unter dem 1. Januar 1760 bestätigt, *»2 Unter Officiers, einen Feldscher und 13 Mann eine Nacht Quartier gehabt«.* Oder es kommt ein *»gefreiter Corporal von den löb.*(lichen) *Grabowschen S...ng... FA: von Schott«* vor, welcher *»ein solches hirmit den 18ten Marti* (März) *1759 bescheiniget, das ich Endes Unterschriebener von den hiesigen Richter Erlichen über Nacht bey de. Bauer Johann Michael Wagenknecht bin Ein quartieret worden und daselbst wohl verpfleget worden«.*

Stellvertretend für ihre Zeitgenossen, die zivilen einheimischen wie jene der preußischen Armee, bezeugen die *Hausgenossin* und der *Hochgräfl. Gerichts-Director*, der *Cornet* und der *Corporal*, wie sehr der Krieg zum Bestandteil ihres Daseins wurde, in welch mannigfaltiger Gestalt er sich bemerkbar machte. Es ist dieser Krieg, der in die Lebensläufe der Menschen eingegriffen und auf deren persönliche Schicksale sich ausgewirkt hat. Beispielhaft belegt auf den vielen Seiten vom Schmannewitzer Gemeindebuch.

Ähnlich hoch der Stellenwert der aufgezeichneten Daten über Geburt, Taufe, Hochzeit und Begräbnisse in den Matrikeln der Kirchengemeinden. Aus einer Vielzahl dieser Einträge tritt hervor, dass auch sie authentische Zeugnisse der Allgegenwart eines Krieges sein können. Kirchliche wie weltliche Dokumente, die einander in vielen Details ergänzen, formen sich somit in ihrer Gesamtheit zum historischen Gedächtnis. Wenn dabei im Fokus dieser Darstellung die Region um die Stadt Dahlen steht, sowie das damalige *Ambt Oschatz* und der *Meißener Creyß*, so dreht es sich dennoch auch immer um gelebte Kapitel deutscher und europäischer Geschichte.

Friedrichs überfallartige Invasion an jenem späten Augusttag des Jahres 1756 sollte in den längsten Krieg münden, den das 18. Jahrhundert erlebt hat. Wohlgemerkt: Das seinerzeit überrannte und unterworfene Kurfürstentum Sachsen gehörte wie der Aggressor auch, zum Staatsverband des seit 1745 de facto von Kaiserin Maria Theresia regierten *Heiligen Römischen Reiches teutscher Nation*. Was der Preußen-König an Schaden angerichtet hat, kommt bildlich ausgedrückt, einem Bruch der für alle Bewohner verbindlichen Hausordnung gleich. Die er allerdings genau betrachtet nicht erst seit dem 29. August 1756 mit Füßen trat, vielmehr schon sechzehn Jahre vordem. Woraufhin sich in den meisten Herrscherhäusern Europas ein Sturm der Entrüstung über den »Friedensbrecher« erhob. Das Gros seiner monarchischen Kollegen warf ihm ein dem Völkerrecht zuwiderhandelndes Verhalten vor und zeigte sich nicht willens, seine Gründe für Schlesiens Annexion von 1740, die auf sehr fragwürdigen Erbansprüchen beruhten, zu legitimieren.

Der junge, tatendurstige Souverän, damals steht er im 28. Lebensjahr wie auch am Beginn dauernder Kränklichkeit, scherte sich wenig darum. Seinem *Königl. Geheimen Etats-Krieges und ersten Cabinets-Minister*, Heinrich Graf von Podewils (1695-1760), lässt er aus dem Feldzug brieflich die Zeilen nach Berlin zukommen: »*Ich habe den Rubikon überschritten mit fliegenden Fahnen und Trommelschlag. Meine Truppen sind vom besten Willen beseelt, die Offiziere voller Ehrgeiz, und unsere Generale hungern nach Ruhm«*. Einzig wahr daran ist, nach Ehre und Ruhmestaten hungert zuallererst, wenn nicht gar allein, der königliche Heißsporn. Mit seinem späteren Eingeständnis, ohne gesicherten Rechtsanspruch 1740 den Krieg um das schlesisch-österreichische Herzogtum vom Zaun gebrochen zu haben, fand er es nicht einmal für nötig, seinen expansionistischen Gewaltakt öffentlich zu kaschieren.

Träger der Reichskrone seit seiner Wahl 1745 im Kaisersaal des »Römers« zu Frankfurt am Main ist Maria Theresias angetrauter Gemahl Franz I. (1708-1765), ein Spross aus dem Herzoghaus Lothringen. Ein Mann mit ganz vorzüglichen Manieren und Eigenschaften: liebenswürdig, musisch begabt und, darüber ist sich die adlige Damenwelt im Lustschloss zu Schönbrunn vor den Toren Wiens mehr oder weniger einig, von faszinierender Ausstrahlung. Allein, Durchlaucht lassen vermissen, was zum Regieren eines Reiches nun mal bitter nötig wäre – sein monarchisches Interesse daran.

Sie, die willensstarke Königin von Ungarn und Böhmen, wird diese Schwäche ihres trotz allem vergötterten Gatten sehr rasch gewahr. Und sie handelt. Zunächst einmal deckt sie dank ihres gesunden Menschenverstandes den Mantel der Liebe über seine Regierungsunlust. Sodann lässt sie die Chance nicht vorüberziehen, sich den Titel *»Sa. Majesté Impératrice Reine Apostolique de Hongrie et de Bohême«* – Ihre Kaiserliche Majestät Apostolische Königin von Ungarn und Böhmen – zuzulegen. Obgleich also niemals offiziell in den Stand einer Reichsherrscherin erhoben, regiert Maria Theresia das Reich und ihre Habsburgischen Erblande praktisch allein. Sie wird als kluge, umsichtige Staatenlenkerin in die Geschichte eingehen, deren Herzenswärme hervorsticht, wie auch ihr Sinn für politischen Pragmatismus. Die offizielle Etikettierung hierfür lautet: Kaiserlich-Königlich – »k. k.«. Weder ihr gekrönter Mann, noch als dessen Nachfolger beider Sohn Joseph, sehen sich als *Kaiserliche Majestäten* befähigt, ihrer Epoche das Gepräge zu geben – Maria Theresia tut es. *»Ich mag zwar nur eine arme Herrscherin sein, aber ich habe das Herz eines Herrschers«*, sagt sie von sich, als Ausdruck ihres unerschütterlichen Selbstbewusstseins.

Seinen insbesondere physischen Stärken sucht der nominelle Kaiser auf anderen Betätigungsfeldern zur vollen Entfaltung zu verhelfen. Nur Leute mit ausgeprägten Neidgedanken mögen es Franz I. verdenken, wenn er sich ausschließlich zu den angenehmen Seiten des Lebens hingezogen fühlt. Etwa auf offener Wildbahn zu den Freuden der Jagd. Und das, warum auch nicht, in doppelter Hinsicht, weil auf Hirsch und Hofdamen gleichgroß leidenschaftlich. Die Kaiserin trägt die galanten Abenteuer ihres Gemahls zumindest nach außen hin mit Fassung, zumal sie sich über ihren liebestollen »*Franzl*«, was das Eine anbelangt, nun wirklich nicht beklagen kann. Bis fünf Monate vor Kriegsbeginn war sie, mit ihren eigenen Worten gesprochen, fünfzehn Mal »*gesegneten Leibes*« gewesen. Noch im ersten Kriegsjahr 1756, am 8. Dezember, wird die von übergroßer Frömmigkeit beseelte Katholikin und nimmermüde Gebärende ihrem Baby Nr. 16, einem kleinen Erzherzog, das Leben schenken.

Bis dahin hatten ihre zwar tapfer und todesmutig, aber letztlich erfolglos kämpfenden Truppen bereits die erste Niederlage dieses Krieges einstecken müssen. In einer *Bataille*, die neun Stunden lang bei Lobositz im Böhmischen wütete, gegen ein vom Preußenkönig Friedrich II. persönlich kommandiertes Heer. Friedrichs direkter Kontrahent auf dem Schlachtfeld – wofür der damalige Soldat die Bezeichnung »*Walstatt*« kannte – war Österreichs verdienstvoller, aber gesundheitlich sehr angeschlagener Feldmarschall Maximilian Ulysses Browne. Jener Mann, der am Vorabend des Krieges dem Hofkriegsrat die Warnung vor den Angriffsabsichten des Preußen zukommen ließ. Den mit rund 33 Tausend Soldaten zahlenmäßig stärkeren Österreichern stand ein Heer von 28 Tausend Feinden gegenüber, die dennoch das Kunststück fertig brachten, mit Schlachtrufen auf den Lippen, die sich wie »*Hudri-Hudri*« angehört haben sollen, preußische Überlegenheit zu demonstrieren. Der irrwitzige Totentanz dieses Krieges war eröffnet. Annähernd sechstausend gefallenen Männern war das Schlachtfeld von Lobositz an diesem ersten Tag im Oktober des Jahres 1756 zum blutgetränkten Gräberfeld geworden.

Schmerzte die *gnädigste Landes-Frau* die von ihrem Erzfeind empfangene schwere Schlappe bei Lobositz um der vielen gefallenen Soldaten willen auch sehr, so besitzt selbst eine Kaiserin das Anrecht auf ein wenig Privatleben. So darf sich des Reiches mächtige Monarchin und ihrer ansehnlichen Kinderschar fürsorgliche Mutter über das muntere außereheliche Triebverhalten ihres geliebten »*Franzls*« damit hinwegtrösten, dass er wenigstens in seinem Fortpflanzungsdrang zum Nutzen der angestammten Dynastie nicht in Nachlässigkeit verfiel. Der begnadete Liebhaber außer Haus ist also auch im ehelichen Schlafgemach nicht zu bremsen. Pflichterfüllung in höherem Interesse der Erhaltung ewiger Habsburger Herrschaft betrachtet augenscheinlich ihr herziges »*Mäusl*«, wie sie den untreuen Ehegemahl allen Eifersuchtsgebaren und aller katholischen Sittenstrenge zum Trotz gern zu liebkosen pflegt, als *k. k.* Ehrensache. Dass er den Preußen insgeheim Rüstungsgüter aus den vorzüglichen österreichischen Waffenschmieden verkaufte, lässt ihn dann doch in einem etwas anderen, nicht unbedingt sehr ehrenhaften Licht erscheinen.

Das auf vielen Schauplätzen, vorwiegend in Europas Mitte ausgetragene Völkergemetzel, währte beinahe sieben Jahre. Trauriger Höhepunkt: Am 3. November 1760 wird die Schlacht an der Elbe bei Torgau geschlagen. Aufgrund der geringen Entfernung, die zwischen Dahlen und Torgau liegt, ist man versucht zu sagen, das grauenvolle Blutvergießen habe sich gleichsam vor der Haustür des kleinen Provinzstädtchens ereignet.

Nur die wenigsten der rekrutierten *Gemeinen* dürften sich, von Trommeln schlagenden *Tambours* zum *Sturmmarsch* gegen den Feind angetrieben, aus freien Stücken ins todverheißende Kampfgetümmel gestürzt haben. Bei Torgau nicht anders, wie auch auf allen sonstigen Gefechtsfeldern dieses Krieges. Den Rekruten wird der Dienst an der Waffe von den Militärs, den eigenen oder den fremden, in unmenschlich hartem Drill aufgezwungen, ja eher schon eingeprügelt. Entsprechend reagieren die zwangsrekrutierten Bürger- und Bauernsöhne. Sie, wie gleichfalls ihre sächsischen Kameraden, die nach Friedrichs Sieg über Kursachsen den Treueeid auf den preußischen Kriegsherrn leisten mussten, desertieren zu Tausenden. Dass ein junger Mann allerdings auch eigennützigen Interessen erliegt, sich vom Regiment unerlaubt zu entfernen, ist dem Klagelied eines Obersten v. Brackel zu entnehmen. Ein militärischer Vorgesetzter auf Seiten des Gegners der Preußen, beschreibt dieser im August 1759 das Dilemma mit seiner Truppe: »*Wann wir nicht bald aus Sachsen gehen, so wird endlich die ganze Reichsarmee den sächsischen Frauenzimmern zu theil, umb so mehr, weillen in hiesigen Ortschafften das Mannsvolk rahr und demselben oftmahls ansehnliche Landgüter durch die Frauenpersonen angetragen werden. Gemeine Leuthe können 14-15.000 Thaler mit einem Mädel bekommen.*« Was dem zutiefst besorgten Obersten v. Brackel zu diesem Zeitpunkt nicht bekannt sein kann – noch drei harte Kriegsjahre stehen ihm bevor, seine liebestollen Soldaten im Zaum und bei der Fahne zu halten.

Sie desertieren, ungeachtet des hohen Risikos, welches sie stets dabei in Kauf nehmen. Denn die Strafen für wieder aufgegriffene Fahnenflüchtige werden aus Gründen der Abschreckung in allen Armeen mit gleicher Strenge exekutiert: Stockschläge, Spießrutenlaufen oder schlimmstenfalls unverzügliches *Harquebusiren*. Es bedeutete Tod durch Erschießen oder Erhängen. Und von Sadismus zeugt das Mittel der Scheinhinrichtungen, eine besonders perfide Bestrafung durch das Einjagen von Todesangst. Das Militär lässt nichts unversucht, jedes durchgebrannten Rekruten wieder habhaft zu werden. Auf der Hatz nach ihnen durchkämmen spezielle Greifkommandos das Land, dringen in Wohnhäuser ein, oder suchen sie in Ställen, Scheunen, Speichern sowie in anderen für möglich gehaltenen Verstecken aufzuspüren.

War so ein bedauernswerter Bursche zu Spießrutenlaufen verdonnert, erging Befehl, vor angetretener Mannschaft munter aufzuspielen. Dann erklangen Trommelschläge und Pfeifentöne, um die Schmerzensschreie des Gezüchtigten zu übertönen. Mit jedem Rutenschlag mehr auf den blutenden, Striemen übersäten Rücken, bot das Opfer einen stetig jammervolleren Anblick. Und dennoch ließ sich nicht jeder zur Flucht entschlossene Kamerad dadurch vorm Stiftengehen abhalten, selbst wenn er damit rechnen musste, dass durch *Harquebusiren* kurzer Prozess mit ihm gemacht werde.

Geschah dies öffentlich, dann war es jedesmal ein von jung und alt gern begafftes Spektakel. So wie am 9. Mai 1757 in Leipzig, an einem Montagmorgen. Sowohl der Universitätspedell Riemer als auch der Zeughausaufseher Burchardi widmeten mit viel Chronistenfleiß dem makabren Bestrafungsakt gehörige Aufmerksamkeit. Zwei wieder aufgegriffene Deserteure wären nicht nur von der Truppe abgesprungen, sie hätten sich obendrein durch ihre Teilnahme an einem *»Complott von 36 Mann«* am 4. April gegen die Preußen schuldig gemacht. Damit hatten die beiden Mitte zwanzig Jahre alten Grenadiere Johann Andreas Wollmann und Johann Christian Brause ihr Landserleben verwirkt.

Schon *»früh um 6 Uhr«* hätten die Vorbereitungen für die öffentliche Hinrichtung begonnen, hält Burchardi in seiner Niederschrift fest. Es *»sind von des Herrn Gen. Major von Hausens Regiment ein Commando von 200 Mann zum Peters Thor hinaus marschiret, und haben alda beym Galgen an der Hauptwacht ein Gerüst fourniret«*, setzt er seine Schilderung fort und lässt nicht unerwähnt, dass *»alle beyde von Querfurth gebürtig«* seien. Dort auch wurden sie nach ihrer Flucht von den Preußen wieder aufgegriffen. Zwei ehedem sächsische Soldaten, die im Turmkerker der Pleißenburg tagelang auf ihr seliges Ende gewartet hätten, *»nachdem sie vom Kriegs Rath allhier zum Strange verurteilet«* worden waren. Die Pleißenburg-Zitadelle und der Richtplatz mit dem Schafott vor dem *Peters Thor*, welches nach Süden hin steht, liegen nur wenige Schritte auseinander.

Und Burchardi spart nicht mit schaurigen Einzelheiten. Dem *»Herrn Feldprediger K. M. Wagner«*, hätte ein *»hiesiger Catéchet H. Mag. Dür beym hinauf führen der armen Sünder assistiret, am Gerüst ist den Delinquenten die Montur ausgezogen und sind sodann gehenket worden…Abents um 10 Uhr sind obige Delinquenten durch den hiesigen Nachtwächter vom Galgen abgenommen und in zwey Särge gelegt…dann solche Särge zugenagelt, und hinaus aufn Gottesacker getragen und auf dem sogenannten (folgendes Wort unleserlich) Gottesacker begraben worden.«*

Aus den vagen Hinweisen zur Örtlichkeit lässt sich immerhin entnehmen, dass der *»Galgen an der Hauptwacht«* errichtet war. Und wenn *»ein Commando von 200 Mann zum Peters Thor hinaus marschiret«* ist, dann führte es die Soldaten auf einen unmittelbar davor liegenden großen, rechteckigen Platz außerhalb der Stadtmauer. Für eine publikumswirksame Vollstreckung mit größtmöglicher Abschreckungswirkung ein idealer Standort, sind die Leipziger und ihre internationalen Gäste es doch gewohnt, hier an den Messetagen durch allerlei Klamauk und Lustbarkeiten aufs Angenehmste unterhalten zu werden. Lautstarke, kunterbunte Rummelplatz-Atmosphäre, J. G. Schulz hat sie mit den Worten beschrieben: *»…als daß Messenszeit herumwandernde Truppe von Komödianten, Seiltänzern, Markt-Schreiern und anderen, welche fremde Thiere hier sehen liessen, ihre Buden hier erbaueten.«* So sich das Schicksal der beiden aus Querfurt stammenden Todgeweihten an diesem Ort, im Volksmund auch als *»Esplanade«* bekannt, vollendet haben sollte, es wäre Leipzigs schriller Gaukler- und Galgenplatz in einem.

Wehe aber auch den Rekrutenwerbern, *»die in den freien* (Reichs-) *Städten und an den Grenzen lauerten«*. Und zwar auf ahnungslose Jünglinge. Diese liefen beständig Gefahr, den leeren Versprechungen dieser finsteren Typen auf den Leim zu gehen. Falsche Zusagen, dreiste Lügen oder Kidnapping der Opfer im Alkoholrausch gehörten zu den gängigsten Werbemethoden dieses skrupellosen Packs, welches – wie man es heute nennen würde – auf Provisionsbasis arbeitete. Diese *»Menschenräuber lebten gefährlich, wenn man sie erwischte, wurden sie gehängt«*, berichtet Dieudonné Thiébault, ein zugereister Franzose, der vom preußischen König im April 1765 die Berufung zum Professor an der *»Zivil- und Militär-Academie für junge Edelleute«* in Berlin erhielt. Daraus wurde ein zwanzigjähriger Aufenthalt in Preußens Hauptstadt. Dem Gelehrten aus Frankreich war es den Anlass wert, darüber 1813 in Paris ein Buch erscheinen zu lassen.

Auch in Dahlen und Schmannewitz war es beständig darum gegangen, *»dichtige«*(wehrtüchtige) Männer gnadenlos zum Militärdienst auszuheben. Zumeist für die preußische Armee, wenn diese nicht gerade die Hoheit über die Stadt an durchmarschierende sächsische Corps, Reichstruppen oder *k. k.* Regimenter verloren hatte.

Im August 1758 beispielsweise erwischt es aus ihrer Mitte zwei namentlich Dokumentierte, die der Aufforderung zum Dienst im preußischen Heer Folge leisten müssen. Unter üblicher Bewachung werden die zwei *Gemeinen* in spe nach Oschatz verbracht, einer Stadt östlich von Dahlen und verwaltungsmäßig dem *Meißener Creyß* angeschlossen. Über Oschatz erreichte man seinerzeit auf der Poststraße zunächst Meißen, und von da gelangte man nach der Residenzstadt Dresden. Und auch in diesem Fall, da es nicht um Naturalien, Vieh oder Geld geht, wird ein Empfangsbeleg ausgestellt. Aus ihm geht hervor, dass »*Das Ambt Oschatz Dahlen Schmannewitz... haben heite Dato 2 Recruten nahmens Christian Gerber, und Anton Bartzsch richtig abgeliefert solches quittiret dieß den August 1758 Sr: Königl. Mahestät in Preißen bey den hochlöbl. Jungfenschen Reg.* (Regiment) *bestalte Capitän George Rudolph*«.

Gerber und Bartzsch, deren weiteres Schicksal für uns im Dunkeln bleibt, waren beileibe nicht die einzigen aus den zwei Kommunen, die zwangsweise zur Rekrutierung ausgeschrieben wurden. War eine Ortschaft nicht in der Lage, die vorgegebene Anzahl an wehrtauglichen Männern zu stellen, wertete das die Rekrutierungskommission als entgangenen Verlust, der mit einer Strafgebühr aufzuwiegen war. Ein derartiges *Rekrutengeld* wurde am 7. August 1758 fällig: 33 Taler und 8 Gulden. Für das kleine Schmannewitz, das zur damaligen Zeit aus 13 Bauern, 20 *Halbhüffnern,* 12 *Kleinheyßlern* und 3 *Kroßheißlern* bestand, ein happiger Betrag. Dafür hätte man in jenem Jahr bei etwas geschickter Verhandlungstaktik unter Umständen drei Pferde erstehen können. Eines nämlich war in Schmannewitz für den Preis von 12 Talern zu haben, und auch die aufzuwendende Summe für eine Kuh pendelte ähnlich hoch zwischen 8 und 12 Talern, wie sich den Aufzeichnungen im Gemeindebuch entnehmen lässt.

Allerdings schnellten die allgemeinen Kosten für die Lebenshaltung gewaltig in die Höhe, je länger der Krieg sich hinzog. Am 6. Januar 1762 veranschlagte das *Preußische General-Feld-Kriegs-Directorium* den Wert eines einzigen Pferdes mit 102 Talern. Soviel hätte die Stadt Grimma als Kompensation, einschließlich Strafaufschlag, abführen müssen. Und das für den Fall, sähe sie sich außerstande, ihr vorgegebenes Quantum von drei Pferden zu stellen. Mithin insgesamt 306 Taler.

Und auch ein solcher Fall ist im Gemeindebuch aktenkundig: Der Fall des Johann Gottfried Könne und des Johann Gottfried Wendich. Die beiden Bauernburschen dürften es bestimmt nicht als Unglück empfunden haben, wenn der *»Herr Amtmann«* vom Rekrutierungsbüro in Oschatz an ihrer militärischen Verwendbarkeit Anstoß nahm. Nur jeder siebente Anwärter in Preußen erfüllte die Tauglichkeitskriterien. In Sachsen wird die Abweisungsrate ähnlich hoch gewesen sein. Doch selbst bei einer Ausmusterung kam man nicht gratis davon, da eine solche aufgrund des großen Andrangs ausgeschriebener Aspiranten längere Zeit in Anspruch nahm und eine Unterbringung in den Amtsstuben erforderlich machte. Das bereitete einige Umstände, zog sich über Tage hin, und all das stellte man dann den Heimatgemeinden in Rechnung.

Es bleibt im Schmannewitzer Gemeindebuch unerwähnt, woran der Tauglichkeitstest ihrer beiden Mitbürger Könne und Wendich gescheitert sein könnte. Wollte, beziehungsweise sollte, ein junger Mann ein tüchtiger Rekrut werden, galt der Nachweis eines intakten Gebisses als unabdingbare Voraussetzung. Darüber musste ein Kombattant verfügen, denn um ans Pulver einer Patrone zu gelangen, hatte er diese mit den Zähnen aufzureißen. Wie man sich sonst noch den idealen Rekruten vorgestellt hat, zeigt ein im April 1762 dem Magistrat von Grimma zugegangenes preußisches Schreiben, darin wird *»auf das schärfste anbefohlen…, von den zu Kriegsdiensten tüchtigen Kerlen… keiner unter 5 Fuß 6 Zoll sein«* dürfe. Es müssten, *»schlechterdings Leute sein, die im Lande etwas zu spektieren hätten, keine Vagabunden«*, wird dem Gestellungsbefehl in strengem Militärton erläuternd hinzugefügt.

Eine Anmaßung dem Grimmaer Bürgermeister und seines Ratskollegiums gegenüber, denn längst war man weit davon entfernt, die Rekrutierungshürden so hoch aufzustellen wie noch zu Anfang des Krieges. Mittlerweile nämlich hatte das Militär seine liebe Not, dem Mangel an frischen Wehrtauglichen abzuhelfen. Man war gezwungen, weniger wählerisch bei Neueinstellungen zu sein. Das offenbarte sich nicht erst ab November 1760, seit der Schlacht von Torgau. Danach war Friedrich dringend darauf angewiesen, für das stark dezimierte preußische Offizierscorps Ersatz zu schaffen. Es wurde teils durch Studenten und Zöglinge von der Berliner Kadettenanstalt aufgefüllt. Heranwachsende aus adligen Familien, von denen man allzu Heldenhaftes auf der *Walstatt* nicht erwarten durfte.

Am wenigsten tat es der sorgengeplagte König selbst. Was er im Frühjahr 1760 zu sehen bekam, scheint ihn erschrocken zu haben. Als ihm ein unbedarft wirkender Offizier gegenüber steht, richtet er an den Halbwüchsigen die Frage: *»Sind Sie denn schon trocken hinter den Ohren?«* Von dessen Erwiderung zeigten *Ihro Majestät* sich allerdings sehr angetan: *»Sire, ich bin zwar jung; aber mein Mut ist alt.«* Antworten mit Esprit schätzt der Monarch, dafür hat er ein ausgesprochenes Faible. Sodass es Beispiele dieser Art gegeben hat: War ein straffällig gewordener Untertan welchen Standes auch immer nicht auf den Mund gefallen, konnte es vorkommen, dass der König Milde walten ließ. Gnädig gestimmt, erteilte er Order, die ausgesprochene Strafe zu erlassen oder wenigstens zu reduzieren. Und einem anderen konnte Schlagfertigkeit schon mal spontan zur begehrten Anstellung bei Hofe verhelfen.

Könnte man die Begebenheit mit dem jungen Offizier im Kindesalter noch für eine nette Anekdote halten, die väterlich-verständnisvolle Besorgtheit zum Ausdruck bringt, so gibt sich der Monarch in einem anderen, nachweislichen Fall als das ganze Gegenteil davon zu erkennen. Als beinah mitleidloser Kriegsherr, indem er am 21. März 1761 von einem seiner Armeeführer schriftlich eine effizientere Rekrutenaushebung im thüringischen Rudolstadt anmahnt. Den Brief hat er in Meißen diktiert, und er wendet sich an den Generalmajor von Schenckendorf (1710-1780), an dessen Rapport er zunächst bemängelt: *»...ist der Articul* (Beitrag) *der Rekruten der einzige, den Ich dabei zu desiriren* (wünschen) *habe.«* Es folgt der knallharte Ratschlag: *»Und sollte ich meinen, dass man gar leicht, wann man zugegriffen, ein paar hundert in Rudolstadt zusammengebracht haben würde, sollten es auch dasiger Bürger Kinder gewesen sein, deren Eltern sie bald gegen Gestellung anderer Leute ausgewechselt haben würden.«*

Kinder als unschuldige Geiseln. Friedrich steckt 1761 militärisch so nachhaltig in der Klemme, dass er selbst vor einem äußersten Mittel wie diesem nicht zurückschreckt. Womöglich war ihm gar nicht einmal bewusst, wie sehr er sich damit ins Unrecht setzen würde. Denn längst zwangen ihn die Umstände, die eigenen Landeskinder, erst 12 und 13 an Jahren, in großem Stil der Armee zuzuführen. Ohnehin war es üblich, die Ausbildung zu Soldaten schon mit Kindern dieses Alters zu beginnen.

Dass er dennoch den Generalmajor Schenckendorf in Rudolstadt rigoros zur Ausführung seines Befehls drängt, könnte sich als Zeichen seiner inneren Zerrissenheit deuten lassen. Denn im Grunde seines Herzens ist er nach den Maßstäben seiner Zeit ein weitgehend human denkender Mensch. Sein Rechtsempfinden folgt einerseits den Gedanken der Aufklärung und andererseits dem gesunden Menschenverstand. Der König versteht sich zwar als oberster Richter in seinem Herrschaftssystem des aufgeklärten Absolutismus und nimmt es nicht hin, dass seine Untertanen in den Ämtern »gehudelt« oder »chicanirt« werden. Er sieht aber davon ab, in strittigen Rechtsangelegenheiten einzugreifen, aus Respekt vor der Unabhängigkeit der Gerichte. So schreibt er bedauernd an den Rand einer Eingabe: »Den Spruch vom Cammergericht kann ich nicht umwerfen. Das seindt die Gesetze des Landes.« In einem anderen Fall enthält er sich zwar auch einer Einflussnahme, merkt aber murrend an: »man Mus keinen Hecksenprozeß und dergleichen Sachen machen.« Im Übrigen verfügt Preußens Landesvater: Jedermann, stehe er in einem Zivilprozess als Angeklagter vor dem Kadi, sei gleich zu behandeln, ungeachtet seines Standes. Ob Adeliger oder Bürger, ein jeder habe sich denselben Gesetzen zu unterwerfen. Es lässt sich nicht wegleugnen, in den friderizianischen Gerichtsstuben weht der Geist des Fortschritts.

Doch das kann nicht davon ablenken, dass vieles an seinem Handeln mit erheblichen Widersprüchen verbunden ist. Und weil sich dies keineswegs nur auf kriegsbedingte Ausnahmesituationen beschränkt, stößt er damit im Urteil vor der Geschichte sowohl auf Zustimmung als auch auf Ablehnung. Mal agiert er mit ungewohnter Nachsicht, dann wieder mit voller Härte. Weil Preußens König es immer wieder versteht, mit Worten und Taten zu polarisieren, scheiden sich an ihm die Geister. Wenngleich man sich davor hüten sollte, auf seine Person mit den Augen des 20. oder 21. Jahrhunderts zu blicken. Und dennoch zog er schon zu Lebzeiten viel Kritik auf sich. Bis hin in unsere Gegenwart fallen die Meinungen über ihn vielstimmig aus. Thomas Mann (1875-1955) etwa stellt kritisch fest, bei seiner Art zu regieren, hätte sich Preußens Alleinherrscher von »Eigensinn, Misstrauen, Despotismus« leiten lassen.

Friedrich II. mit der Aura eines strengen aber gerechten Landesvaters, ist die Verkörperung alles Preußischen, sowohl der positiven wie der negativen Seiten. »Nicht weniger, sondern mehr als die meisten Menschen hat er unter jäh schwankenden Stimmungen, Erregungen des Augenblicks, von zorniger Hitze bis zu düster brütender Melancholie, gelitten«, beschreibt der renommierte Historiker Gerhard Ritter des Königs instabilen Gemütszustand. Mithin nicht alles, was er äußert oder an Befehlen von sich gibt, erscheint wie in Stein gemeißelt. Auch Se. Majestät ist mannigfaltigen Launen unterworfen. Die er gar nicht einmal zu vertuschen sucht. »Ich weiß recht gut, daß ich Fehler habe, und noch dazu recht große. Sie können mir glauben, daß ich mich nicht gelinde behandle, und mir Nichts verzeihe, wenn ich mit mir selbst spreche«, formuliert er am 12.

Mai 1760 *»aus unserm Porzellan-Quartier«* in Meißen, in einem Brief an seinen französischen Korrespondenzpartner Voltaire. Noch befindet man sich Mitte Mai des Jahres 1760 in der Winterpause, noch ist der König nicht in neuerliche Kampfhandlungen mit seinen Kriegsgegnern verstrickt. Aber die Sorgen wachsen, sie nehmen ein immer bedrohlicheres Ausmaß an.

Zur allgemeinen militärischen Misere ab diesem Jahr passt, dass sogar noch die Generation der Großväter als *gemeine Kerls* reißenden Absatz in der Armee finden.

Den preußischen Musterungsoffizieren in Oschatz mit Könne und Wendich zwei ausgemachte Vagabunden unterjubeln zu wollen, auf ein solches Wagnis hätte sich die zuständige Amtsperson von Schmannewitz, der Richter *Hanß George Erlich,* vermutlich niemals eingelassen. Die Gründe ihrer Ausmusterung müssen folglich andere gewesen sein. Und so sah sich die Gemeindekasse für Brotrationen um 10 Gulden, sowie für Butter und Branntwein um je 2 Gulden und 6 Denare erleichtert. Hinzu kamen die Ausgaben für Gericht und *schöppen* (Schöffen), die Löhnung der Wache wie auch der angefallenen Transportkosten. Und damit die zwei an ihrer Soldatenkarriere Gehinderten die lange Wartezeit nicht lethargisch in völliger Dunkelheit zu verbringen hätten, spendierte man zusätzlich aus der Ortskasse ein paar Dochte und wurden ihnen und den Aufpassern *»ein Kannelein Öhl gekauffet«.*

Johann Gottfried Könne und Johann Gottfried Wendich stand Fortuna zur Seite, sie waren des quälenden Gedankens enthoben, wie sie bei erst bester Gelegenheit den Preußen wieder entwischen könnten. Ein solches Glück war anderen Schicksalsgefährten nicht immer vergönnt. Die Preußen machten ständig Jagd auf sie. Über bedrückende Vorfälle dieser Art hat man auch in Dahlen und Schmannewitz eine Menge mitbekommen. *Hanß George Erlich*, als Richter gleichzeitig in einer Position, die in ihm den amtierenden Ortsvorsteher von Schmannewitz vermuten lässt, protokolliert einen dieser Fälle mit den Worten: *»den 14 ten Julyus* (Juli) *haben mir* (wir) *4 Pfertte muß einspannen biß Sitzerote* (Sitzenroda) *hin wegen der aufgesuchten Deßerters* (Deserteure) *welge* (welche) *nach Dorgau* (Torgau) *geßaffet* (geschafft) *worden. 19. Julyus ausgestellt diese Beseinigung* (Bescheinigung) *hauheitlich* (hoheitlich) *eingesöndet* (eingesendet)...«

Passierte so ein Häscherkommando mit seiner menschlichen Beute eine Ortschaft, pflegte es Ausschau nach einer Rastmöglichkeit zu halten, wo den Männern auf ihr Verlangen hin Essen und Trinken – bevorzugt *»bir und brandtewein«* – gereicht werden mussten. Sie ließen sich entweder in einem Gasthaus nieder, oder man begehrte Einlass bei einer Familie. Acht Gulden hätte die Zeche beim Schankwirt Schlegel betragen, bezahlt wurde sie aus dem Dorfsäckel, hält eine Ausgabenübersicht des Jahres 1758 fest. Beteiligt an der Mahlzeit am 27. Mai wären gewesen »*7 Man Preißen welge zwey deserders* (Derserteure) *gehohlet hatten haben vörrzörret* (verzehrt) *in der Söncke* (Schenke)«.

Den sieben Preußen sei zugute gehalten, dass ihre Wirtshausrechnung eigentlich recht bescheiden ausfiel. Ein Preisvergleich macht ihre Zurückhaltung deutlich: Wagen schmieren kostet im selben Jahr 5 Gulden, zwei Pferde beschlagen 12 Gulden, eine Schirrkette war für 7 Gulden zu haben, und »*vor* (für) *einen Haaßen bezahlet 9 gl*«, lässt sich einem Vermerk aus dem Jahr 1760 entnehmen. Und wer in Schmannewitz zur gleichen Zeit ein Lamm kaufen wollte, der hatte dafür 18 Gulden seiner Barschaft zu berappen.

In der Regel beglich die Kommune die bei einem Truppendurchzug anfallenden Spesen, der befreundeten wie der gegnerischen Kriegsseite. Eine generöse Geste gegenüber den finanziell klammen Bürgern sollte man dahinter allerdings nicht vermuten. Was die Gemeinde scheinbar großzügig an klimpernder Münze herausrückte, waren schlichtweg den lieben Untertanen zuvor abgeknöpfte Steuergroschen. Waren diese für das laufende Jahr aufgebraucht, wurden im Bedarfsfall die Bauern, Halbhüfner, Groß-und Kleinhäusler – anteilig nach ihrem Besitz an Ackerfläche, der sog. *Hufe* als Einheit –, mal eben schnell zur Kasse gebeten. In solchen Fällen sieht sich dann der das Gemeindebuch Führende genötigt, unter der Überschrift »*Wieter eine Anlage* (Umlage) *gemacht*« den von jedem einzelnen Mitbürger einbehaltenen Betrag zu notieren.

Doch allein mit der Bezahlung von Speis und Trank hatte es beim Aufenthalt einer *Deserteurs Fuhre,* wie jener erwähnten vom 27. Mai 1758, keineswegs sein Bewenden. Denn nach beendeter Ruhepause, oder gar einem ganzen *Rasttag* einschließlich freier Übernachtung, lautete die *Ordre* des den Trupp anführenden *Corberahls,* jetzt bitte sehr auch für den zügigen Weitertransport zu sorgen. Das Kommando war ja nicht mit Armeeeigenen Gespannen unterwegs. Ihre Fahrten erledigten sie etappenweise, und es hing jeweils von den Entfernungen ab, in welcher Ortschaft man zivile Fuhrwerke fürs Weiterkommen requirieren würde. Die zur Dienstbarkeit gezwungenen Sachsen wussten ohne Umschweife, was des Korporals Befehl zu bedeuten hatte. Waren Pferde nicht vorhanden, mussten die Herren Soldaten – bestimmt nicht zu ihrer Freude – mit den schwerfälligeren Zugochsen vorlieb nehmen, um zum befohlenen Etappenziel zu gelangen.

Ein effizientes, unter rigorosem Zwang stehendes Logistiksystem, organisiert und ausgetragen auf dem Rücken der Städte und dörflichen Kommunen. Alle Kriegsparteien machten es sich zu Nutze, es leistete einen nicht wegzudenkenden Beitrag zur hohen Mobilität ihrer Armeen. Bei jedem Truppentransit durch ihre Ortschaften sehen sich die Amtsträger den Forderungen ausgesetzt, zur Entlastung der *Trains* – der Heerestransporte –, Fuhrleute und Wagen samt Zugtieren bereit zu halten, worüber im Bedarfsfall das Militär uneingeschränkt verfügen kann.

Der *»Königl. Preuß. Schirr-Meister bey den Train d´Artillerie«* Jacob Sabielsky dagegen hatte anderes im Sinn, als Pferd und Wagen zu requirieren. Der Witwer suchte und fand im braven Dahlen – die Frau fürs Leben. Er und die *»Jgfr. Anna Xstina* (Christina) *Hacker wurden alhier d. 17. Aug. öffentlich copuliret«*, so steht es 1762 im Pfarregister. Im Jahr darauf wurde dem Paar am 14. Dezember *»Töchterlein Anna Dorothea«* geboren. Da war der Krieg, Gott sei es gedankt, seit einem dreiviertel Jahr definitiv aus und Jacob Sabielsky schon längst nicht mehr der unter dem Preußen-Adler *gehorsamst* dienende *Schirr-Meister*. Sondern ein im Städtchen Dahlen sesshaft gewordener, erkennbar ehrsamer *»Bürger und Zimmermann alhier«*.

Die permanente Indienstnahme eines bequem zu nutzenden »Transportwesens« durch das Militär, enthob die Kommandeure der Sorge um den Mangel an Fuhrwerken und armeeeigenem Pferdebestand. Dieser wurde ja auch viel dringender auf der *Walstatt* gebraucht: Reitpferde für die Kavallerie, Zug- und Packpferde für Artilleriegeschütze und Munitionstransporte. Pferde für die Unmengen an Wagen – zwei-und vierrädrige –, die Kriegsgerät, Proviant, Fourage, Lazarettbedarf und pro Kompanie eine mobile Kriegskasse aufgeladen haben. Auch so Unverzichtbares wie ein Postamt oder zur Seelsorge benötigtes Equipment der Feldprediger, selbst wenn diese sich darauf eingerichtet haben, unter freiem Himmel mit zwei aufeinander gestellten Trommeln einen Altar zu improvisieren, gehört zum selbstverständlichen Transportgut einer jeden 150 bis 250 Mann starken Kompanie.

Wie im Zivilleben zu Hause in preußischen Landen, darf es auch in der Armee multifromm zugehen. Preußens König, selbst kein gottesfürchtiger Mensch, besitzt so viel Toleranz, dass er den Untertanen freie Religionsausübung gestattet. Am 22. Juni 1740 schrieb er seine berühmten Worte an den Rand einer Anfrage des Staatsministers von Brand. Dieser bat den gerade auf den Thron Gelangten um Auskunft, was mit den Schulen geschehen solle: ob die katholischen bleiben dürften oder protestantisch werden müssten. Friedrich antwortete: *»Die Religionen Müsen alle Tolleriret werden, und Mus der Fiscal nur das Auge darauf haben, das keine der andern abrug* (Abbruch) *Tuhe, den* (denn) *hier mus ein jeder nach Seiner Faßon Selich werden.«*

Fast jeder. Die Juden nämlich im Königreich Preußen unterliegen dem Zeitgeist entsprechend wie im übrigen Europa mannigfaltigen Restriktionen. Antisemitismus gehört zum Alltag, und der vielbeschworenen Toleranz werden im Falle jüdischer Glaubensfreiheit auch unter Friedrichs Herrschaft die Grenzen aufgezeigt. Aber Lutheraner, Katholiken, Kalvinisten und Griechisch Orthodoxe dürfen in der Armee des Königs den gottseligen Verkündigungen ihrer glaubenseigenen Feldgeistlichen andächtig lauschen. Die gut zu tun haben – mit Totengedenken, Trauungen und Taufen.

Und auch sie bildeten eine Riege unerlässlichen Personals, das sich auf die verschiedenen Truppengattungen wie Kavallerie, Infanterie oder Artillerie verteilte: *Chirurgi, Feldscher* sowie *Rossärzte.* Von diesen drei Berufen abgesehen, war so ziemlich die komplette Handwerkerzunft der damaligen Zeit in einer Armee vertreten.

Schließlich sind es noch die Hunderte von *Trossknechten,* Dienern und Burschen der Offiziere, deren es an allen Ecken und Enden bedurfte. *»Die Capitains und Officiers sollten«,* gebietet der preußische Feldherr dem Prinzen Ferdinand von Braunschweig fünfzehn Tage vor dessen Einmarsch in Leipzig, so sie *»Domestiken bei sich haben, … ihnen Flinten mitgeben, daß selbige solche gebrauchen können, wenn allenfalls einmal eine Wagenburg gemacht werden muß.«*

Und solcher Pferde brauchte es, die jene Planwagen in der Nachhut einer Fahrzeugkolonne hinter sich herzogen, in denen mitreisende *Soldatenweiber* ein bescheidenes Zuhause auf Rädern fanden. Mit einer Jahr um Jahr weiter anwachsenden »Kita« für die Kleinsten, teilten sie sich als Mütter ihrer unterwegs geborenen Kinder die beengte mobile Häuslichkeit. Fleiß zeigen im Kochen, Flicken und Waschen, das wurde diesen Frauen in der Hauptsache abverlangt. Ebenso sorgsames Auskämmen der Perücken, dem vom Haar getöteter Rösser gefertigten Kopfputz. Den indes nicht sie sich aufs Haupt stülpten, sondern ihre in den Kampf abkommandierten Männer. Waren ihre tapferen Helden noch einmal lebend davon gekommen, bedurften ihre vom vielen Hauen, Stechen, Schießen, Vorwärtstürmen und Fluchtergreifen zerzausten, blut- und pulverbefleckten Zopfperücken einer liebevollen Toupet-Pflege. Neben all dieser Plackerei erwartete man von den *Weibspersonen,* auch noch leistungsstark im Gebären dringend erforderlichen Soldatennachwuchses zu sein. Brachten sie Mädchen zur Welt, passten diese ideal ins Aktionsprogramm der *»Peuplierung«*. Der Volksvermehrung in den preußischen Provinzen, worauf sich *Ihro Königl. Majestät* in der Zeit nach dem Kriege so außerordentlich bedacht zeigte.

Nach dem Reglement sind es fünf bis sechs *Soldatenweiber,* die pro Kompanie geduldet werden. Aber schaute man beim Militär immer so genau hin? Offenbar nicht, denn es wird berichtet, auch zehn bis zwölf Frauen hätten sich mitunter in den Kompanien aufgehalten. Was wäre auch das umherziehende Kriegsvolk ohne ein großzügiges Aufgebot an geschäftstüchtigen *Marketenderinnen* und jenen *Weibspersonen,* die sich einem ganz speziellen Fronteinsatz verschrieben haben.

Die Armeekommandeure, von geringen Ausnahmen abgesehen, durchweg Herren von Adel, waren bezüglich Anreise zu den jeweiligen Gefechtsplätzen selbstverständlich um ein Vielfaches besser gestellt. Sie genossen das königliche Privileg, umsorgt von einer Korona dienstbarer Adjutanten, Leibpagen und Knechten komfortabel an den Ort der nächsten Schlacht chauffiert zu werden. Wer sich zum General hochgedient hatte, kam in den Genuss der höchsten Servicestufe: Sechsspännige Equipage, ein Rüst- und drei Packwagen sowie zwölf Zugpferde. Über den persönlichen Bedarf an Reitpferden durfte der Herr General selbst bestimmen. Und wer an allzu großer Einsamkeit litt, der ließ sich schon mal vom familiären Anhang in Gestalt der Ehefrau begleiten.

Wie es, wir haben bereits darauf hingewiesen, vom ehedem bürgerlichen General Johann Jakob Wunsch berichtet wird, der sich nach *Sr. Königl. Majestät* Beurteilung von Beginn des Krieges an so große Verdienste erwarb, dass er ab den 4. Juli 1758 den Adelstitel führen durfte. Ein respektabler Karrieresprung des aus dem württembergischen Heidenheim an der Brenz gebürtigen Sohnes durchaus gutgestellter Eltern. Eines Kürschners und seiner Ehefrau Magdalena Maria Müller, Tochter eines Hufschmieds. Zur Erinnerung: Wunsch war es, dem am 13. September 1759 die schneidige Tat gelang, für seinen König das zur Auffüllung der Kriegskasse lukrative Leipzig in den Schoß der preußischen Truppen zurückzuholen. Und dabei die feist erpressten *Douceurs* und *Ergötzlichkeiten* in der Bagage seiner *Eheliebsten* verschwinden zu lassen.

Oder aber es fand der eine oder andere unter den Offizieren Gefallen daran, seiner Mätresse die Mitreise zur nächsten *Walstatt* zu ermöglichen.

Nach Art des klassischen Schlachtenbummlers, der sich gemäß Lexikon »als Zuschauer bei militärischen Ereignissen« definiert. Und wer sich partout nicht von seinen Hunden trennen wollte, dem durften auch sie mitunter treue Kriegsbegleiter sein. Wie diesem Generalmajor Johann von Grant (1710-1764), ein Schotte in preußischen Armeediensten. Sein Kriegsherr Friedrich II., selbst den treuen Hundeblicken der eigenen Windspiele heillos verfallen, soll ihn einen *»belustigenden Sonderling«* genannt und nicht weniger belustigt geäußert haben, bei Hunden stoße selbst die Macht eines absoluten Herrschers auf unüberwindbare Grenzen.

Im Dorf Schmannewitz liegt es in der Zuständigkeit des Richters Erlich, die eingeforderten *Soldaten Fuhren* zu organisieren und die dafür in Betracht kommenden Personen mit dieser Aufgabe zu betrauen. Am Bestimmungsort angelangt, unter Umständen erst nach Tagen und wenn alles vorschriftsmäßig ausgeladen war, durfte der Kutscher mit dem obligaten Beleg in der Tasche wieder heimwärts zuckeln. Und abermals wurde ihm der Fuhrlohn für die aufgebrachten Mühen aus der Gemeindeschatulle vergütet. Vorausgesetzt, es fand sich darin noch ein Taler.

Eine Garantie auf regelmäßige Entlohnung gab es nämlich nicht. Mit längerer Kriegsdauer leerten sich in rasanter Geschwindigkeit die Gemeindekassen, zusehends verlor das Geld an Wert. Allenthalben wuchs die Verschuldung, in gleichem Maß sah die Wirtschaft ihrem totalen Ruin entgegen. Es war ein unaufhaltsamer, sich stetig beschleunigender Verfallsprozess. Angesichts dieser beängstigenden Situation steigerte sich im Volk der Unmut, und unter den Konfliktparteien der Unwille auf Fortführung aller Kampfhandlungen.

Zum Jahresende 1760 wähnte man die Zeit für gekommen, sich von einem Völkerkrieg, den man zu Recht auch als Bruderkrieg ansehen musste, zu verabschieden. Denn keiner mehr schien eine kriegsentscheidende Trumpfkarte in Händen zu halten. Alles lechzte nach einer guten Nachricht, dass bald Schluss mit diesem langen, zermürbenden Kriegsmonstrum gemacht werde. Die Anzeichen für ein Ende des Blutvergießens mehrten sich nun. Am 26. August 1761 kommen die *»Leipziger Zeitungen«* mit einer solchen verheißungsvollen Meldung heraus: *»Bei der Reichs-Tages-Berathschlagung«* in Regensburg wäre ein *»Reichs-Gutachten, das Friedens-Geschäfte betreffend«* erstellt worden. Vordringliches Ziel sei nunmehr eine *»Wiederherstellung der Ruhe und Einigkeit in dem werthen Teutschen Vaterlande«.*

Weil der Kriegsausgang also immer ungewisser wurde, die militärischen Kräfte sich weitgehend verschlissen hatten, waren Europas Kaiser-, Königs- und Fürstenhöfe des Kämpfens und Geldausgebens müde geworden. Wie auch die Kriegskassen ständig auffüllen, wenn aus der Bevölkerung, etwa des Depot-Landes Sachsen, nichts mehr herauszupressen war. Da verhieß selbst des preußischen Königs bisherige Zuversicht kein Ausweg aus der Bredouille, der einmal bonmothaft bemerkte, die Sachsen seien wie ein Mehlsack, man müsse nur tüchtig darauf einklopfen, dann ließe sich immer noch was aus ihm herausschütteln.

Es passte ins Bild, dass die Truppenverbände an totaler Auszehrung litten. Die hohen Verluste durch getötete und desertierte Soldaten konnten niemals mehr ausgeglichen werden. Immer wiederkehrende Seuchen dezimierten zusätzlich den Soldatenbestand. Aus mangelnder Hygiene, dürftigen Wohnverhältnissen und schlechter Ernährung resultierten die meisten Krankheiten. In einzelnen Orten rafften die tödlich verlaufenden Epidemien zu Hunderten Zivilisten wie Soldaten dahin. Wie erschreckend hoch die Opferzahlen sein konnten, zeigt sich am Beispiel Wilsdruffs. Jener Stadt, wo es im Rathaussaal Ende November 1762 zur Unterzeichnung des Waffenstillstandes kommen wird. Zwei Jahre zuvor sorgt man sich im Rathaus um die Bestattung einer Vielzahl an Typhus verstorbener Menschen. Unter Wilsdruffs Einwohnern wären 218 zu beklagen gewesen, und vom preußischen Militär hätte man sogar die Beerdigung von 600 Toten vornehmen müssen. Weil auf dem Friedhof für alle kein Platz war, hätte man außerhalb der Stadt Gruben ausgehoben, auf einer Wiese hinter dem Ratsmühlenteich als letzter Ruhestätte.

Ähnlich erschreckend die Situation bei den Pferden. Wie die Rekruten wurden auch sie immer mehr zur Mangelware. Und qualitativ lag ebenfalls vieles im Argen. Zur Weiterführung des Krieges sei er mittlerweile auf *Kujonen* und *Canaillen* angewiesen, räsoniert Preußens oberster Feldherr. Disziplinloses Gesindel, Plünderer und Marodeure, buchstäblich das letzte Aufgebot, machte er verärgert unter seinen Soldaten aus. *»Se. Majest. der König haben mißfällig vernehmen müssen, daß wegen des Betragens der Königl. Preußischen Truppen auf den ihnen zugewiesenen Marsch-Routen verschiedene Klagen eingelauffen, und daß die hin und wieder marschirende Commandos oder einzelne Commandirte die publicirte Marsch-und Einquartierungs-Reglements gar nicht beobachten.«* So offen drucken es selbst schon die *»Leipziger Zeitungen«* als Meldung aus Berlin vom 9. Juni 1761. Von der Strahlkraft und Dynamik vergangener Tage, den diese vor

Stolz strotzende Armee einstmals umgab, und der sie ihre gefürchtete Stoß-
kraft verdankte, ist nach nunmehr fünfjähriger Kriegsdauer so gut wie nichts
mehr übrig geblieben.

Nicht nur gegen den Feind konzentrierte sich der Kampf, ebenso gegen
eine unaufhaltsam steigende Zahl von Desertionen. Eine deprimierende Bi-
lanz, die nicht allein Preußens Feldherr zu ziehen gezwungen war, ebenso
dessen Feinde. So kostet es in der Schlussphase des Krieges jede Seite aller-
größte Anstrengungen, für Nachschub an menschlichem Kanonenfutter zu
sorgen. Am Ende dieses grauenerregenden Völkermordens sind die verschiedenen, sich über Mitteleuropa erstreckenden Schlachtfelder für Abertausende
gefallener Soldaten zur ewigen Ruhestätte geworden. Oder zum Ort ihrer
körperlichen, wie auch ihrer unsichtbaren seelischen Verstümmelungen.

Soldaten aus aller Herren Länder, bis zu fünfzig Prozent beträgt ihr Anteil
in Friedrichs Armee, sind dazu verdammt, die *Walstatt* mit ihrem Blut zu
tränken. Haben die wechselnden Zeitläufte die Erinnerung an das gegenseitige
tige Töten und Verletzen auch längst verblassen lassen, Mahnmale, Monu-
mente und Museen, die dieses langen Krieges seitdem allerorts gedenken,
ziehen bis in die Gegenwart den geschichtsinteressierten Besucher an.

Gleichwohl gehört zur ungeschminkten Wahrheit, was in den örtlichen Annalen über Erlebtes und Erduldetes während dieser Schreckensjahre in der
Handschrift zeitgenössischer Chronisten vermerkt ist. Dass an den Händen
der in den Gefechten elendig verbluteten Soldaten vielfach selbst das Blut
Unschuldiger klebt. Sie trugen ihre Haut zum Markte, waren aber selber in
Abertausende von Missetaten gegen eine schutzlos ausgelieferte Zivilbevölkerung verstrickt.

Da, wo sie in Stadt und Land mit der Gier von Heuschreckenschwärmen ein-
fielen, da trieben sie ihr Unwesen. Ungezählt die Fälle, da es zu schlimmen
Übergriffen gekommen war. Man brandschatzte, prügelte, schändete. Und, oft
genug erschlug man wehrlose Menschen. Beständig auf der Suche nach Ess-
barem, requirierte man den Städtern und Bauern das Vieh, schlachtete und
verspeiste es an Ort und Stelle vor den Augen der Geschädigten. Man raubte
ihnen die Habseligkeiten und Vorräte aus Häusern und Scheunen, und man
verwüstete die Felder. An Aussaat und Ernte war selten zu denken. In Wäldern
und Obstgärten gefällte Bäume ergaben dringend benötigtes Brennmaterial.
War das aufgebraucht, machte man kurz entschlossen Hütten zu Kleinholz
oder bediente sich der Zaunlatten zum Wärmen der Mahlzeiten und Er-

wärmen der frierenden Leiber am nächtlichen Lagerfeuer. Für die Soldaten ging es beständig ums nackte Überleben, auch in den kampffreien Zeiten. Ein anscheinend unabwendbares Soldatenschicksal. So makaber und trivial es sich anhört – sie teilten es mit der von ihnen drangsalierten Zivilbevölkerung.

Dass nicht jedes Beutemachen unbedingt zu lukrativen Resultaten führte, zeigt der Fall des Bürgers Gabriel S. aus der Elbestadt Torgau. In einer »Specificatio« überschriebenen Schadensbilanz listet er eigenhändig auf, was ihm plündernde »Crawaten« (Kroaten) an einem nicht näher bezeichneten Tag vor dem 7. Dezember 1759 »aus dem Hauß gedragen« hätten: »Zinn«, wäre darunter gewesen, sowie »ein bar Schuhe, Hempten, 3 bar Hantschu, ein Hut, eine Mütze, 6 Haltzkraußen.« Vom Besitz der Ehefrau hätten die in ihre traute Häuslichkeit Eingedrungenen aus Truhe und Schrank mitgehen lassen: »ein bar Schuhe, ein bar Strümpfe, zwey Schürtzen, ein Schleier, drey Bettdücher.«

An fehlender Motivation sollte es nicht gelegen haben, und einen Akt purer Nächstenliebe darf man wohl ebenfalls ausschließen, wenn die unter kaiserlicher Fahne angetretenen Crawaten sich mit derart magerer Beute aus dem Staub gemacht haben. Eine andere Möglichkeit, den kargen Sold aufzubessern, kennt ein Soldat bekanntlich nicht. Es bedeutet für ihn ebenso Lohn wie Belohnung für ausgestandene oder noch vor ihm liegende lebensbedrohliche Fährnisse. Die Situation lässt eher daran denken, der bedauernswerte Herr S. und dessen Ehefrau sind nicht zum ersten Male von Plünderern heimgesucht worden. So dass nur mehr ein kleiner Rest ihnen übrig geblieben ist, an dem sich die beutelüsternen Kroaten haben bereichern können. An diesen paar Gegenständen aus Zinn, den Haltzkraußen und Bettdüchern.

Immerhin den Lieben daheim ein schönes Mitbringsel aus der ihnen sicher unbekannten sächsischen Stadt Torgau. Und dem großen Krieg, wo man für ein der deutschen Kaiserin entrissenen Stück Landes namens Schlesien Kopf und Kragen riskierte. Dem k. k. Feldmarschall Maximilian Ulysses von Browne, bis zu seiner am 26. Juni 1757 in der Schlacht um Prag erlittenen tödlichen Verwundung der militärische Vorgesetzte der Kroaten, wäre es wohl als gutem Christen heiß und kalt den Rücken herunter gelaufen bei dem Gedanken an die beiden beraubten Opfer dieser wilden Söhne vom Balkan. Der Nachkomme eines katholischen Flüchtlings aus Irland erlaubte sich über sie einmal das Pauschalurteil: »Ihre Meinung besteht nur im Rauben, Morden und Brennen.« Da haben die braven Eheleute S., deren Familienname sich auf dem Originaldokument als leider nicht entzifferbar erweist, ja noch mal richtig Dusel gehabt.

Nicht jeder dieser zweifelhaften Kriegshelden muss sich nun des Verdachts erwehren, er sei seinerzeit ein hundsgemeiner, nach Beute gierender Spießgeselle gewesen. An löblichen Ausnahmen von Soldaten mit etwas mehr Anstand und Mitleid, zur Ehre aller an diesem Krieg beteiligten Armeen – einschließlich der Kroaten-Heerschar – sei es gesagt, hatten die Sachsen in dem einen oder anderen Fall auch ein wenig Freude.

Zur individuellen Schuld uniformierter Marodeure gesellten sich *»vermöge Hoher Königl. Preuscher Befehl…geschehenen Ausschreiben«*. So oder ähnlich lauten die Überschriften befehlsmäßig vorgebrachter Abgabepflichten, welche die Seiten des Schmannewitzer Gemeindebuches fortgesetzt füllen. Für die Betroffenen eine der schlimmsten Geiseln dieses Krieges. In Sachsens Städten wie auch von der Landbevölkerung in der Regel mit rigiden Methoden eingetrieben, sind diverse, immer wieder auferlegte Abgabenlasten sowohl für das Rittergut als auch für Dahlen und Schmannewitz hinreichend dokumentiert. Die Bewohner beider Orte sehen sich in direkter Vasallen-Abhängigkeit zur *Gräflich Bünauischen Herrschaft.*

Europaweit hat der Krieg Kummer und Not denen hinterlassen, die diesem entsetzlichen Grauen, unter welchen Umständen auch immer, entronnen sind. Wenn auch das Städtchen Dahlen und sein Umland das Glück hatte, niemals Kampfzone zu sein und somit von direkten kriegerischen Handlungen verschont blieb, das fortwährende Auftauchen durchziehender Armeeverbände bürdete den Einheimischen nicht allein materielle Lasten auf. Vielfach blieb auch seelisches Leid zurück.

Einzig im Raum Lampertswalde, der von Dahlen vier Kilometer entfernten Ortschaft, war es zu einem nennenswerten Gefecht gekommen. Zwar bewegte sich das Ganze auf dem Niveau eines Scharmützels, so doch von einer solchen Bedeutung, dass ihm immerhin der Militärhistoriker Georg Friedrich von Tempelhoff als sachkundiger Zeitzeuge publizistische Beachtung schenkte. Preußische *Blauröcke* und österreichische *Weißröcke*, so Tempelhoff in seinem Standardwerk, hätten ihre Feldgeschütze in Stellung gebracht und sich gegenseitig unter Feuer genommen. Die Preußen jagten ihre Kugeln aus Kanonenrohren, die das Emblem ihres Herrschers mit den Initialen *FR* – Fridericus Rex – schmückte. Dazu trugen die in der Königlichen Kanonengießerei zu Berlin gefertigten bronzenen Artillerierohre den Lateiner-Spruch *»Ultima Ratio Regis«* – letztes Mittel des Königs. Der als notorischer Spötter bekannte Monarch hat es sich nicht verkneifen können, mit dieser Art hintersinnigem Humor den Gegner zu foppen. Indes seiner Truppe ein Ansporn, dem Feind allzeit mutig die Stirn zu bieten. So geschehen an diesem Oktobertag des Jahres 1759 auf dem Lampertswalder Kampffeld, wo die Eisenkugeln den Soldaten hüben wie drüben mehrere Kilo schwer um die Ohren sausten.

Im Brennpunkt einer preußisch-kaiserlichen Kanonade am 12. Oktober 1759: Dorf und Schloss Lampertswalde. Stich um 1840.

Der dröhnende Lärm wird bis nach Dahlen zu hören gewesen sein. Sie *»kanonirten einander ein paar Stunden sehr lebhaft«*, heißt es beim *Obrist Lieutenant* Tempelhoff über das Feuerduell vom 12. Oktober 1759, mit aktiver Beteiligung des Generalmajors von Wunsch und seines Freibataillons. Siebzehn Tage später, es war Montag, der 29. Oktober, drückte sich die Dankbarkeit des Königs über zwei glänzend bestandene Wunsch-Siege in Gefechten bei den Ortschaften Pretzsch an der Elbe und Kemberg bei Wittenberg dahingehend aus, als er seinen erfolgreichen Reitergeneral zum Träger des Ordens *»Pour le mérite«* ernennt. Der General ist nun am Zenit seines Ruhmes in Friedrichs Armee angelangt. Danach brach das Desaster von Maxen über ihn herein. Mit Rücksicht auf seinen hohen Militärrang wartet auf ihn ein österreichischer Knast in Ehren, im Haus eines Grafen Franz Adam von Wicka zu Moncroix in Innsbruck, wie es heißt. Die Gattin bis zum Tag der Freilassung, am 26. März 1763, treu an seiner Seite ausharrend.

Unklar ist, ob der artilleristische Schlagabtausch von Lampertswalde zu Todesopfern unter den Soldaten führte. Oder waren es derer zu viele, als dass sie alle Platz auf dem kleinen örtlichen Gottesacker gefunden hätten? Dagegen darf man davon ausgehen, dass von den Einheimischen niemand ernsthaft zu Schaden gekommen ist. Die Suche auf Hinweise nach möglichen zivilen oder militärischen Opfern im *Begrebniß Register* der Kirche von *Lamperßwalda* erwies sich – erfreulicherweise – als vergebens.

Zu einem Waffengang von kriegsentscheidender Bedeutung sollte sich das Gefecht von Lampertswalde jedenfalls nicht entwickeln. Man ging auseinander, ohne dass sich einer der Kontrahenten hätte damit brüsten können, den Platz als Sieger verlassen zu haben. Immerhin wäre Generalmajor Wunsch das Bravourstück gelungen, so zeichneten es die Kriegsannalen hernach auf, seinem arg bedrängten Kameraden von Wolffersdorf und dessen Corps erfolgreich Beistand geleistet zu haben. Der Obrist Wolffersdorf hätte die Kühnheit besessen, sich auf dieses Duell bei Dahlen mit einem sechsmal überlegenen österreichischen Feind einzulassen. Als ihr hartnäckiger Gegenspieler auf der *Walstatt* stand ihnen der bekannte kaiserliche Reitergeneral Adolph von Buccow (1700-1764) gegenüber. Dieser findet nach dem Kanonade-Stress von Lampertswalde beim Historiker Tempelhoff erstmals wieder Erwähnung, als er sich zur verdienten Rast im Städtchen Dahlen eingefunden habe.

Umso beruhigender der augenscheinlich glimpflich abgelaufene Gefechtsausgang. Dagegen dürften sich mit dem Datum 12. Oktober 1759 für den preußischen König keine allzu schönen Erinnerungen verbinden. Das Kunersdorf-Desaster, des *»über die Preußen erfochtenen herrlichen Sieges«*, lag gerade mal acht Wochen zurück. *Ihro Majestät* ist auf schlesischem Boden stehend mit dem übrig gebliebenen Rest der Truppe, immer noch damit beschäftigt, die Wunden der verlustreichen Schlacht zu lecken. Da fordert ihn zu allem Überdruss am Tag des Lampertswalder Scharmützels ein anderer Feind zum Kampf heraus.

Ein Gegner, ähnlich furchteinflößend wie das Wüten der brandschatzenden Soldaten der Zarin in Preußens östlichen Provinzen. Dieser Feind, mit dem er seit Jahren auf Kriegsfuß steht, heißt Podagra. Als er es erstmals mit diesem schmerzhaften Übel zu tun bekam, schrieb der 34-Jährige seinem Bruder am 24. Mai 1746 ohne sich irgendwelchen Illusionen hinzugeben: *»Seit zwei Tagen habe ich ein kleines Fußleiden. Die Schmeichler nennen es eine Fußverrenkung, die Ärzte Arthritis vaga; ich eher, der ich mir nichts vormache, halte es für...Gicht.«*

Der neuerliche Gichtanfall plagt Preußens Kriegsherrn wochenlang. Auch noch am 30. November 1759 in Freiberg, wo er im Haus des Bürgermeisters absteigt, ist er nicht davon genesen. Man hätte ihn aus dem Wagen gehoben und die Treppe hinaufgetragen. Schließlich erholte er sich wieder, bis irgendwann die nächste Podagra-Attacke über ihn hergefallen war. Angesichts seiner leidvollen Erfahrungen mit dieser tückischen Geisel würde er wohl das *»edle Gliederwasser«*, welches angeblich *»so bisher grossen Beyfall gefunden«*, als üble Scharlatanerie abgetan haben, hätte er davon erfahren. *»Die Breslauer-Medici«* hätten das Allheilmittel, so die verheißungsvolle Botschaft in den *»Leipziger Zeitungen«* für jeden Gichtgeplagten, *»mit Ruhm bedacht, indem es die vom Podagra und anderen Gicht-Schmerzen geschwächten und contracten Glieder stärket, für dergleichen Krankheiten bewahret, und selbige mit der Zeit ganz und gar ausrottet.«* Rausgeschmissenes Geld, würde sich der gichtgestrafte Friedrich vermutlich ereifert haben, *»die Bouteille«* sollte 8 Groschen kosten. Eine seiner Eigentümlichkeiten, die freilich auch Beifall verdient, bestand nämlich darin, überall auf sparsames Wirtschaften zu achten. Diejenigen allerdings, die sich seinem manischen Sparzwang ausgesetzt sahen, schmähten ihn einen notorischen Geizhals.

Das ständige Auf und Ab seines Gesundheitszustandes gleicht dem Wechsel von Erfolg und Misserfolg seiner geschlagenen Schlachten. Kamen nach Niederlagen schwere Zeiten auf ihn zu, die ihn in den Zustand tiefer Depressionen stürzten, so hat er nach Tagen doch stets zur alten mentalen Stärke zurückgefunden und sich immer wieder aufrappeln können. Mit der gleichen Beharrlichkeit reagierte er auf all seine Gebrechen und wiederkehrenden Krankheiten.

Fünf Tage wird der Feldkommandeur von Buccow sein Standquartier in dem Städtchen an der Dahle aufschlagen. Ob den kaiserlich-königlichen Armeeführer angesichts des bezaubernden *Bünauischen* Schlösschens Ambitionen auf standesgerechten Wohnkomfort überkommen haben, ist leider nirgendwo überliefert.

Es lässt sich somit nur rätseln, ob er das reizvolle Grafenschloss und seine im Monat Oktober herbstlich buntgefärbten Parkanlagen zu seiner Residenz für die Zeit in Dahlen erkor. Als Alternative dazu bot sich die Unterkunft in einer schlichten städtischen Herberge an oder im Schutz einer Wagenburg im eigenen Zelt. Wenn es dazu des Nachts jahreszeitlich bedingt nicht schon zu kalt gewesen ist. Um das Jahr 1700 in Norddeutschland geboren, befände man sich in einem Alter, in dem man nicht verbergen muss, dass es einen dahin zieht, wo mehr Bequemlichkeit geboten wird als in einem Militärzelt. Selbst bei gehobener Generals-Ausstattung. In dieser Hinsicht dürfte er auf volles Verständnis bei dem Manne treffen, gegen dessen Soldaten er gerade zu Felde zieht. Am 18. August 1762 wird der preußische König, immerhin zwölf Jahre jünger als Buccow, seinem wahlweise in Berlin und Potsdam lebenden französischen Dauergast Jean Baptist d´Argens schreiben: *»In meinem Alter, lieber Marquis, sind Bücher, Umgang, ein guter Lehnstuhl und eine warme Stube alles, was mir übrig bleibt.«*

Der Adelsherr von Buccow wäre, sollte er sich doch für die anheimelnde Schloss-Atmosphäre ausgesprochen haben, in ein blitzblankes Logis eingerückt. In Gemächern, Fluren und dem Treppenaufgang hätte es vermutlich noch intensiv nach frischer Farbe gerochen. Denn dem Künstler, der Decken und Wände mit phantasievoller Bemalung auszuschmücken verstand, war gerade noch Zeit genug geblieben, vor dem Auftauchen der Buccow-Regimenter im Städtchen Dahlen, an seinem umfangreichen Werk die letzten Pinselstriche auszuführen.

Adam Friedrich Oeser (1717-1799), dessen künstlerische Ausgestaltung das Schloss im Innern prägte, hat drei Jahre daran gearbeitet. Allerdings mit reisebedingten Unterbrechungen, und unter Mithilfe ihm beigegebener *»Achitecturmahler«*, die er sich *»bedungen«*, aber nicht permanent bekommen

Barock-Ensemble inmitten idyllischer Landschaft: Schloss und Rittergut Dahlen. Stich von Max Gumpert aus dem Jahr 1924.

habe. Im Herbst 1759 sei er mit samt seiner Familie nach Leipzig übersiedelt. In den drei Jahren zuvor, die die Oesers in Dahlen verbrachten, konnten sie ein Leben führen, welches ihnen die Schrecken des Krieges fern hielt. Friederike Elisabeth, die älteste Tochter, wird sich Jahre später, am 21. Januar 1770, in einem Brief gegenüber einem Freund an die unbeschwerten Tage ihrer Kindheit auf dem Lande erinnern: *»Doch plötzlich kam der grausame Krieg, der mir, vielleicht auf ewig, meine geliebte Vaterstadt entrissen! wir flüchteten vor seiner Wuth auf ein gräfliches Schloß, wo wir uns 3 glückliche Jahre, von allen Unruhen entfernt, aufhielten.«*

Die *»geliebte Vaterstadt«*, das war Dresden. Hier waren Friederikes Vater und der Reichsgraf Heinrich von Bünau, Besitzer des noch seiner Innenausstattung harrenden Schlosses in Dahlen, miteinander bekannt geworden. Wenn also Oeser auf des Grafen Angebot zur Schlossausmalung eingegangen ist, so hat er, das lässt sich aus Friederikes Schreiben folgern, darin auch eine Chance gesehen, seiner Frau und den vier kleinen Kindern in der Provinz größeren Schutz vor dem Krieg bieten zu können. Dahlen, wohin die achtjährige Friederike mit Eltern und Geschwistern dann 1756 – wiederum wird als Datum vage »im Herbst« angegeben – übersiedelte, war niemals eine umkämpfte Stadt. *»In Dahlen also lebten wir wie im Paradise, die Herrschaft war abwesend«*, heißt es schwärmerisch in einem anderen Brief Friederikes. Die das Städtchen passierenden Truppen, bis zum 12. August 1759 durchweg Preußen, ließen die Oesers offenbar unbehelligt. Wie auch der Vater im Bünau-Schloss anscheinend ungestört malen und dort sein Werk zur Vollendung bringen durfte. Zudem bestand in diesen drei Jahren seine künstlerische Arbeit darin, dass er sich als Porträtist zahlreicher Familienmitglieder seines Auftraggebers – und des Grafen Bünau selbst – überzeugend beweisen konnte.

An anderer Stelle ihrer Zeilen vom 21. Januar 1770 erwähnt Friederike, wie emotional das in Dahlen genossene Landleben auf sie einwirkte: *»Hier… wurde Ihre Freundin ein kleines Bauernmädchen, die am liebsten Erdäpfel raufte oder zur Kirmes gieng!«* Kirmes – so unscheinbar dieses Wort, in Zeiten des Krieges ist es ein erfreuliches Zeichen für den ungebrochenen Lebensmut dieser Menschen. Die Freude am alljährlichen Kirmesfest, anlässlich dessen stets auch *»Kirmeskuchen«* gebacken wurde, wie Friederike sich ein anderes Mal begeistert ihrer Kindheit in Dahlen erinnert, will man sich nicht nehmen lassen.

Um den 12. August 1759 herum zwingt der Kriegsverlauf die Preußen, dem Feind zu weichen. Aber sie bleiben sich bedrohlich nahe, denn unter dem

Datum 13. Oktober ortet Tempelhoff preußische Truppenteile in dem Städtchen Schildau, das sich damals noch *Schilda* schrieb. Dagegen geben in Dahlen von jetzt ab Sachsens Verbündete den Ton an: *»den 12 August Forage geliefert an die Kayserlichen Trobben nach Siptitz«*, steht im Schmannewitzer Gemeindebuch. Ein gleichsam verlässlicher Quellenachweis der sich zwischenzeitlich verschobenen Kriegsfronten.

Und nun zog es also Friedrich Adam Oeser im Herbst 1759 von Dahlen in die Messestadt, wo ihm viele Aufträge winken werden, und wo das vielseitige Talent in den Folgejahren einer geachteten Karriere entgegen sieht. Schon unmittelbar nach Kriegsende, im Jahr 1764, beruft man ihn zum Direktor der neubegründeten *»Zeichnungs-Mahlerey-und Architectur-Academie«*, die an Ostern auf der Pleißenburg ihren Unterricht aufnimmt. Da dieser sich auf Anhieb eines so regen Zuspruchs erfreut, wird schon nach kurzer Zeit eine räumliche Erweiterung erforderlich. Im Jahr 1765 konnte man in ein anderes Domizil umziehen, in den durch Umbau und Renovierung hergerichteten Westflügel in *»gewölbten Zimmern«*, schildert Jugler, der Medizinstudent, der sich 1779 in der Akademie umsah. Leipzigs festungsartige Stadtburg, während der Kriegsjahre ein Hort des Horrors, erfährt somit wenigstens in Teilen dank klug vorausschauender Stadtväter die Umwidmung zur Heimstatt von Kunst und Wissenschaft.

Nur wenig später nach Oesers Akademie-Bestallung, im Herbst 1766, tritt ein junger Student aus der Freien Reichsstadt Frankfurt am Main auf den Plan und lässt sich im Zeichnen und Malen unterweisen: Goethe. Der angehende Dichterfürst wird bis August 1768 in dem von ihm später so trefflich gerühmten *»Klein-Paris«* wohnen bleiben. Noch unter den frischen Eindrücken dieses zweijährigen Aufenthaltes stehend, wird er sich drei Monate später von Frankfurt aus, seinem *»Hochverehrtesten Herrn Professor«* gegenüber der Sehnsucht nach Leipzig schriftlich hingeben: *»Junge, geht Morgen ab, sollte ich diese Gelegenheit versäumen, an Sie zu schreiben? Ich beneide alle Welt, die nach Sachsen geht.«*

Warum wohl diese hymnische Liebeserklärung? Nun, nicht nur mit gehörigem Fleiß zeichnender- und studierenderweise waren seine Tage ausgefüllt. Auch mit jugendlicher Abenteuer- und Entdeckerlust, wie reizvoll doch Leipzigs Bürgertöchter anzuschauen sind. Etwa wenn diese sich darin gefielen, auf dem Marktplatz ihre zur Messe erstandene allerneueste knöchellange Haute Couture graziös auszuführen. Oder wenn sie mit Anmut auf der berühmten Lindenallee, an Maulbeerhecken am Wall vorbei, zu flanieren beliebten. Zum Glück erfahren die koketten Damen nicht, dass sich ihr aus Frankfurt zugereister Mitbürger intern fast schon abfällig über sie äußert. Eine Menge sei närrisch, größtenteils sind sie nicht weise genug und alle seien gefallsüchtig, schreibt er auf Französisch der Schwester Cornelia nach Hause.

Jugler, der einige Jahre nach Wolfgang Goethe in Leipzig Studierende, hat den lustwandelnden Schönheiten selbstredend ebenfalls eifrig Blicke hinterher geworfen. Und er hat dabei befunden, die Lindenallee sei »in der That sehr schön; nur ist der beständige Staub, dem man, vom Frühling beynahe an, den ganzen Sommer durch ausgesetzt ist, eine große Incommodität. Doch schonen die Damen ihre Kleider und ihre Brust nicht, um sich nur sehen und bewundern zu lassen.«

Sie gaben dem jungen Goethe während seiner Leipziger Studentenjahre Halt und bewahrten ihm lange die Freundschaft: Adam Friedrich Oeser und Tochter Friederike, des Dichters »Mamsell F.«

Dem zuweilen geckenhaft auftretenden Goethe dürften aufregende Details wie diese natürlich ebenso wenig entgangen sein. Zudem hat er die Jungfer Friederike ausgemacht, inzwischen ist sie zu einem munteren Geschöpf von 18 Jahren herangereift. Die gebildete Tochter seines Zeichenlehrers, die mit Sicherheit nicht die Kriterien seiner harschen Kritik an den Leipzigerinnen erfüllt, und er, bezeigen gegenseitige Sympathie. Mehr aber entsteht nicht aus ihrer Begegnung im Hause Oeser. Dafür entwickelt sich in der Leipziger Zeit zwischen dem 48-jährigen Kunstprofessor und dem Jurastudenten eine

Freundschaft, die beide Männer ihr Leben lang pflegen werden. Mit der Anrede »An Mamsell F.«, die Goethe in den Briefen gegenüber Friederike gebraucht, halten beide immerhin etliche Jahre eine vertraute Korrespondenz aufrecht. Der noch nicht vom ewigen Ruhm erfasste Dichter zeichnet seine Zeilen an sie mit den warmherzigen Worten »Ihr Freund und Bewunderer Goethe«. Ein Grund dafür ist gegeben. Als er in Leipzig lebensbedrohlich erkrankte, ist es Mamsell F., die ihm durch ihr unbekümmertes Wesen die Angst vor dem Tod nimmt. Eine Haltung, die Respekt verdient. Weil Friederike durchaus Anlass hatte, selbst mit ihrem Schicksal zu hadern. Im Kindesalter an Pocken erkrankt, blieb ihr Gesicht zeitlebens von Narben gezeichnet.

Nach fünf Tagen ereilt die in Dahlen sitzenden Österreicher der Marschbefehl ihres obersten Feldherrn, des Grafen Leopold von Daun (1705-1766). Daraufhin bricht Buccow am 17. Oktober, es ist ein Mittwoch, mit dem unter seinem Kommando stehenden Tross von Infanterie- und Kavallerie-Regimentern, Grenadier- und Karabinier-Corps in Richtung Torgau auf. Die Preußen werden gezwungen, den in Schilda einrückenden Buccow-Truppen das Feld zu überlassen.

Es werden ein Jahr und zehn Tage vergehen, da wird im Landstädtchen Schilda ein Knabe geboren. Nicht behütet in wohlgeordnete Verhältnisse hinein, woran der adlige Name der Eltern im ersten Moment denken lässt. Sondern wie Quellen bezeugen, von einer im Pulk reichseigener und österreichischer Truppen mitziehenden jungen Mutter. Eine Tochter aus gutem Hause, einer angesehenen Würzburger Offiziersfamilie entstammend, die ihrem Mann August Wilhelm Neidhardt von Gneisenau aus freien Stücken in den Krieg folgt. Ohne seinen Beistand kommt sie am 27. Oktober 1760 im Gasthof »Zur Weintraube« mit ihrem Soldatenkind nieder. Denn der »bey der zur Reichs Armee gehörigen Artillerie bestalte Lieutenant« und leibliche Vater des Neugeborenen, hat längst weiter ziehen müssen. Wenn auch nur drei, vier Ortschaften von hier, in die Gegend um Torgau und Süptitz.

Zur selben Zeit nähert sich ebenfalls diesem Ziel der preußische Gegner des Artillerie-Leutnants v. Gneisenau, mit einem Riesenaufgebot aller Truppengattungen. Es ist der militärische Showdown eines Gemetzels, das als Schlacht von Torgau Einzug in die Geschichtsbücher halten wird. Denn der König von Preußen zeigt sich entschlossen, dem Marschall von Daun, einem zwar tüchtigen und umsichtigen Armeeführer, im allgemeinen aber als wenig offensivfreudig und zu umständlich eingeschätzt, noch vor Wintereinbruch eine Entscheidungsschlacht aufzuzwingen.

Der am Vormittag jenes 27. Oktobers geborene Knabe war *»gegen Abend so gleich im Hauße getauft«* worden. So lautet der Vermerk im Kirchenregister der Stadtkirche St. Marien über den eilig vorgenommenen Taufakt durch den evangelischen Pastor Tittmann. Da ausdrücklich von keiner *Nothtaufe* die Rede ist, wird es nicht an der *Schwachheit* des Säuglings gelegen haben, wie sooft in diesen Zeiten. Der Grund einer sofortigen Taufe *im Hauße* muss also ein anderer, nicht überlieferter gewesen sein. Nachlesen lässt sich zudem, dass die Mutter *»Maria Eva Neidhard«* ihrem *»Söhnlein«* die drei Vornamen *»August Wilhelm Antonius«* gab.

Welche dramatischen Momente eintraten, dass Mutter und Kind für immer getrennt wurden, lässt sich nicht mit absoluter Verlässlichkeit sagen. Gesichert scheint nur zu sein, es ereignete sich auf der Weiterfahrt in einem der Planwagen ein Unglücksfall. Die tragischen Umstände darüber sind ins Nebulöse getaucht. Ausgenommen die Tatsache, dass das Baby nun verwaist in *Schilda* zurückblieb und seine ersten Lebensjahre im Haus von Pflegeeltern zubrachte. Dass eine verzweifelte, von einer Erkrankung gezeichnete Mutter weiter zog, dafür scheint sich die Beweisführung im Kirchenbuch von Herzogenaurach zu finden. *»Aus dem sächs. Lager zurückgeführt«*, steht unter dem 22. Oktober 1761 als Eintrag. Es war der Tag ihrer Bestattung *»mit allen Sakramenten nach kath. Ritus versehen«* auf dem Friedhof der kleinen oberfränkischen Stadt Herzogenaurach.

Auch Vater und Mutter hatten sich für alle Zeit aus den Augen verloren. Feuerte der Vater des kleinen August Wilhelm Antonius am 3. November 1760 auf dem Schlachtfeld bei Torgau noch emsig Artilleriesalven gegen preußische Stellungen, so wird 26 Jahre später der Sohn durch Friedrich II. in Schloss Sanssouci empfangen. Im Jahr seines Todes nimmt der altersschwache Monarch persönlich den jungen Gneisenau im Rang eines *Premier Lieutenants* in preußische Armeedienste auf.

Beide würden sicher höchst erstaunt reagieren, sagte man ihnen, sie wären sich in ihrem Leben nicht erst 1786 nahe gekommen. Wenn auch unbewusst und allenfalls geographisch betrachtet. Eben schon vor 26 Jahren, als Preußens Feldherr mit Teilen seiner Armee in dem Örtchen Kemberg lagerte. Von da bis *Schilda* sind es nur wenige Kilometer. Noch eine Woche sollte bis zur Torgauer Schlacht vergehen. Der kleine August Wilhelm Antonius hatte es als Baby am 28. Oktober 1760 gerade mal auf 24 Stunden seines Erdendaseins gebracht. Es ist der Tag, da sich seines Vaters oberster

Feind mit einem akuten Darmleiden herumquält. Für die anstehende *Bataille* muss der preußische Kriegsherr daher erst noch fit gemacht werden. Sein Leib-Medicus weiß womit. Den Erfolg der Behandlung hält August Friedrich Eichel (1698-1768), des Königs unentbehrlicher Kanzleichef, in einem Brief fest. Sein Herr und Gebieter wäre an diesem 28. Oktober 1760 *»wegen eines verspüreten innerlichen Echauffements zur Ader gelassen«.*

Bei Ende des gegenwärtigen Krieges hat der kleine Bub August Wilhelm Antonius das zarte Alter von zweieinhalb Jahren erreicht. Natürlich noch viel zu jung, die aufregenden Ereignisse zu erfassen, die sich in und um das Städtchen *Schilda* herum abspielen. Der Zufall stand Pate, dass er hier fern der Heimat seiner Eltern zur Welt kam. Apropos Pate. Hätten des *Uhrmachers Wolff Enkeltochter* aus Torgau, der Herr *Lieutenant unter dem Kayserl. Regiment Alt Coloredo*, die *Jungfer Hedewig Erdmuthe…und H. Elias Thomas, General Accis Einnehmer* es sich je vorstellen können, aus ihrem in der Fremde allein gelassenen Patenkind würde einmal ein großer Deutscher werden? Ein Generalfeldmarschall, im preußischen Heer der höchste Dienstgrad? Wohl kaum. Heute dreht sich alles in Schildau um ihn, den untadeligen Demokraten und Reformer in Uniform. Seine Geburtsstadt ehrt ihren berühmten Sohn dadurch, dass sie als Zusatz seinen Namen führt: »Gneisenau-Stadt Schildau«.

General Buccow also lässt an jenem 17. Oktober 1759 zum Abzug aus Dahlen blasen. Zur Elbe nach Torgau lautet das Marschziel, wo man der nächsten Schlacht entgegen sieht. Indes fällt der geplante Waffengang gegen die Preußen aus. Erst innerhalb Jahresfrist wird es dazu kommen. Dann aber, an jenem nebeltrüben, nasskalten 3. November des Jahres 1760, wird dem *k. k.* General Adolph Nikolaus von Buccow die Torgauer *Bataille* auf den Süptitzer Höhen, deren sanfte Hanglagen seinerzeit noch mit Rebstöcken bepflanzt sind, zum bitteren Verhängnis. Wie auch sein Kriegskamerad von Gneisenau, Kommandeur von zwölf auf einem Damm postierten Geschützen, einiges auszustehen hat. Nach der verlorenen Schlacht wegen angeblicher Befehlsverweigerung durch seinen obersten Kriegsherrn Marschall Daun vor ein Militärtribunal gestellt, droht ihm durch Richterspruch die Todesstrafe. Im Gerichtsverfahren, welches mit einem Freispruch endet, erlangt Vater Gneisenau, der Kanonier der Kaiserin, dann aber seine Offiziersehre zurück.

Immerhin sorgt das Pech des Reitergenerals Buccow auf dem Schlachtfeld von Torgau für einen erwähnenswerten Vorfall, der den Weg in die Geschichtsbücher fand. Das gleiche soll nun, nachdem über 250 Jahre vergangen sind, mit zwei Männern seines Regiments nachgeholt werden. Auch deren Heldentaten haben nachdrückliche Spuren hinterlassen, festgehalten im »*Verzeichniß derer Getrauten, Getauften und Begrabenen in und bey der Kirche zu Dahlen von Anno Christi 1755 an biß 1799*«. Darin kann man über beide Buccow-Soldaten in Erfahrung bringen, was ihnen im sächsischen Dahlen widerfuhr. Es sind Vaterfreuden, die ihnen hier bevorstehen. Eine Art Familiengründung auf dem Kriegspfad.

»*Barbara Anna, Andreas Weizleders, eines allhier liegenden Kayserl. Cuirrassir-Reuters vom Buckowinischen Regimente, Töchterlein, gebohren, d. 12. Oct. ward getauft d. 14….*«, steht da geschrieben, und es macht stutzig, dass von der Kindsmutter keinerlei Notiz genommen wird. Eine Soldatenfrau und Mutter, die eine Namenlose bleibt. Kein Einzelfall. Anhand von Vergleichen mit Register-Einträgen in anderen Pfarreien wird man gewahr, im Dahlener Kirchenbuch ist es Brauch, die Namen der Mütter wegzulassen. Mit dieser befremdlich scheinenden Praxis tritt etwas Zeittypisches zu Tage. Die Tatsache, dass die damalige Gesellschaft in ihrer sozialen Struktur vom Patriarchat, der vorherrschenden Stellung des Mannes geprägt ist. Die Einträge in Dahlen sind sichtbarer Ausdruck dieser patriarchalisch ausgerichteten Hierarchie.

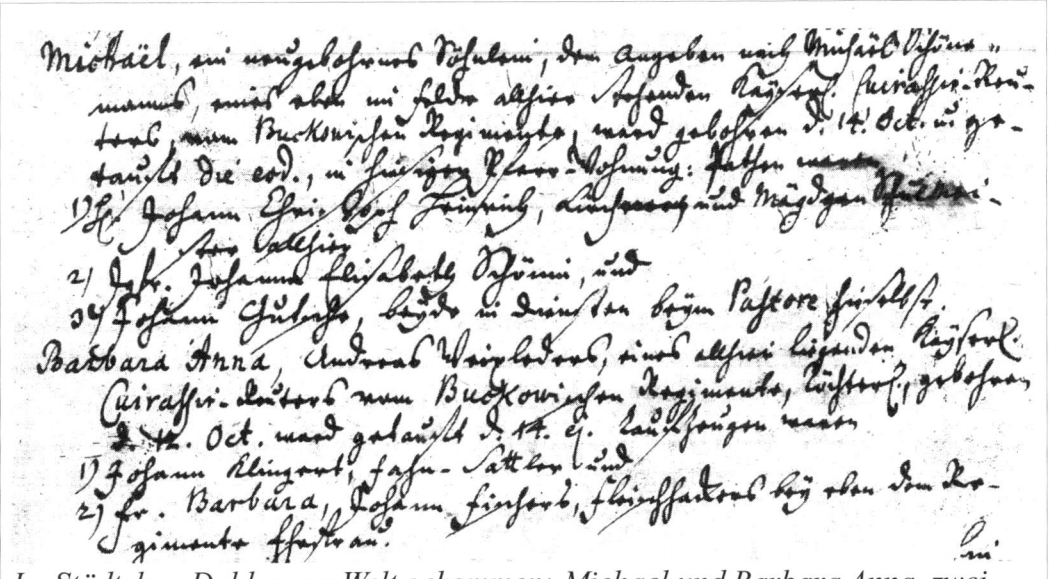

Im Städtchen Dahlen zur Welt gekommen: Michael und Barbara Anna, zwei nichtpreußische Soldatenkinder. (Quelle: Kirchenbuch Dahlen)

Bei der unbekannten Mutter handelt es sich um eine mit der Truppe Umherziehende. Nicht verheiratet, wohl aber fest liiert mit Andreas Weizleder, denn dieser bekennt sich offen zur Vaterschaft. Nach damaligem Sprachgebrauch ist die Mutter ein *Soldatenweib*. Da ihr *Töchterlein* Barbara Anna just am Tag des Scharmützels von Lampertswalde das Licht der Welt erblickt, werden Böllerkracher von der dortigen Kanonade bis Dahlen gedrungen sein. Ein Willkommensgruß der besonderen Art für Klein-Barbara auf dem Planeten Erde.

Und auch den Kriegskameraden Schoenemann, der zweite frischgebackene Papa von Dahlen, weist das Taufbuch als einen Kürassier-Reiter vom Regiment Buccow aus. Aber, hat er Geburt und das Sakrament der Taufe seines Sprösslings überhaupt mitbekommen? Diese Frage stellt sich in Anbetracht des Kirchenvermerks, *»nach den Angaben«* sei er der Vater. Das gibt Anlass zu der Spekulation, er habe aus welchen Gründen auch immer, beim Taufakt *»in hiesiger Pfarr-Wohnung«* durch Abwesenheit geglänzt. Ein Indiz, aber es erhärtet sich, als für das *»neugebohrene Söhnlein Michael«* keine Patenschaften aus dem Kreis der Regimentsangehörigen übernommen werden. Das aber hätte den damaligen Gepflogenheiten entsprochen. Bei der kleinen Barbara Anna fungieren zum Beispiel als Paten sowohl ein *»Fahn-Sattler«* wie auch die Ehefrau eines *»Fleischhackers bey eben dem Regimente«*. Unsere anonyme *Soldatenweib*-Mutti wird sich, das lassen diese sonderbar anmutenden Umstände ahnen, schwer damit getan haben, willige Taufpaten für ihr Baby Michael aufzutreiben.

Die Situation scheint einige Verwirrung gestiftet zu haben bei Pastor und Diakon um die dringliche Frage: wie lassen sich auf die Schnelle drei Paten für ein österreichisches *Soldatenkind* organisieren? Irgendjemand im Pfarrhaus hat vermutlich den rettenden Einfall gehabt. Dass an diesem Sonntag, dem 14. Oktober, schließlich eine pragmatische Lösung gefunden wurde, bezeugt der Eintrag im Kirchenbuch. *»Pathen waren«*, heißt es da *»1) Johann Christoph Heinrich, Kirchner und Mägden Schulmeister allhier 2) Jgfr. Johanna Elisabeth Schönin, und 3) Johann Gutsch, beyde in Diensten beym Pastore hierselbst«*.

Beide Soldatenfrauen werden wohl, nun glücklich mit ihren Neugeborenen im Arm, wieder ihren Platz auf einem dieser Trosswagen eingenommen haben. In rappelnder Fahrt Richtung Torgau ziehend, inmitten der Nachschubeinheiten, der Gepäck- und Proviantwagen am Schluss eines dieser Militärtrecks. Und auf Gedeih und Verderb mit ihren im Husarensattel sitzenden Vätern verbandelt. Hoffen wir, dass der abgängige Michael Schoenemann, sollte er noch unter den

Lebenden geweilt haben, sein offensichtliches Fernbleiben bei der Tauffeier bereut und sich bei Mutter und Kind eingefunden hat.

Buccows Reiterscharen waren nicht die einzigen, die in jenen turbulenten Tagen mit ihrer Präsenz in Dahlen und Umgebung für erhebliche »Kriegs-Unruhe« sorgten, wie Diakon Gottlieb Sigismund Flasch im Kirchenbuch bekümmert notierte. Ein anstehender Taufakt am 16. Oktober 1759 für das »Söhnlein des Mäurers Johann George Böhm« habe aus diesem Grund »sogleich zu Hauße« vorgenommen werden müssen.

Die vom jungen Diakon beklagten Kriegswirren sind nicht allein dem Aufenthalt der Buccow-Regimenter geschuldet. Ebenso tragen preußische Truppendurchzüge die Verantwortung an dieser ruhelosen Situation. War die hiesige Gegend bis zu Friedrichs II. verheerender Niederlage bei Kunersdorf am 12. August 1759 lediglich den Anblick preußischer Uniformen gewohnt, so mussten sich die Dahlener und Schmannewitzer von jetzt an auf rasche Wechsel einstellen. Mal trat für einige Tage oder Wochen das feindliche Militär auf den Plan, mal waren es die *Kayserlichen*, die Bataillone der Reichsarmee und mitunter auch »*eine Sachsen garte (Garde) von Reytern*«.

Ob Freund oder Feind, allesamt forderten sie Wohnquartier, Geld, Verpflegung und Futter ein: »*den 26 August: 1759. haben mir (wir)3 Wagen nach dorgau (Torgau) muß geben an das Croaten Regiment und haben Mehl und Fourage muß fahren in der (die) Stat (Stadt)…*«, verzeichnet das Schmannewitzer Gemeindebuch in einem Fahrbeleg. Dem noch der Zusatz angefügt ist: »*…diese sind den 26 Auguste um 11 Uhr mittages Ausgefahren und den 31 Aug: kömmen sie wieder*«.

Vier Wochen später sind die preußischen Feinde am Zug und erteilen ihrerseits die zum Unterhalt ihrer Truppen notwendigen Befehle: »*den 26 Sebt:1759 haben wir aus Dorgau von König von Preußen… Exoution (Exekution) gehat auf vier Wagen welche mir haben muß schaffen…*«. Nachdem sich das preußische Kommando wieder verzogen hat, erheben vier Tage darauf die Verbündeten ihre sattsam bekannten Kontributionsforderungen: »*den 30 Sebt: 1759 Kayserl. Drobben (Truppen) hier ist ausgeben worden spendiret vor (für) Reyten (reiten) und Fahren an die Kayserl Drobben auf 11 tl. (Taler) 8 gl. (Gulden)… vor (für) Butter die Sachse garte*«. Und für den gleichen Tag dokumentiert der in den Unterlagen enthaltene Vermerk drei nach dem Elbestädtchen Strehla losgeschickte Ochsenwagen, mit denen die Schmannewitzer Heinrich Albert Schlegel, Christoph Schindler und George Brettschneider dem dortigen Standlager der *Kayserlichen Drobben* 50 Scheffel Hafer abzuliefern hatten.

Dass von nun an der Raum Dahlen dem preußischen Machtbereich bis Anfang November entglitten ist, darauf deuten nicht zuletzt auch Einträge im Schmannewitzer Kirchenbuch hin. So, wenn sich unter dem 31. Oktober 1759 im *Begrebniß Register* entdecken lässt, dass eine *»Catharina Müllerin, Jacob Müllers Zimmermanns aus Prag (auf der Kleinen Seite) war eine Marquetenderin bey der Kayserl. Armee d.(den) 31. In der Stille«* auf hiesigem Friedhof beerdigt wurde. Fern ihrer Heimatstadt Prag ereilte die Frau des Zimmermanns Müller im Dorf Schmannewitz das Schicksal, als eine jener ungezählten Kriegsteilnehmerinnen, derer in keiner offiziellen Opferstatistik gedacht wird. Ebenso wenig wie der in Dahlen zwischen dem 5. und 9. Februar 1762 unbekannten *»Preuß. Soldaten frau, so alhier in Hospital gestorben«* ist.

Es ist der Krieg, der nicht nur beim Sterben seine Hand im Spiel hat. Das Kriegsgeschehen fügte es, dass Dahlen für eine kleine Barbara Anna und einen kleinen Michael zum Ort geworden ist, der am Anfang ihres Lebens steht. Zwei *Soldatenkinder,* die hier zur Welt kamen, weil es Mama und Papa in Folge des Krieges für ein paar Tage nach Dahlen verschlagen hat. In Erinnerung aber bleibt auch ein dritter Säugling. Das Gedenken an ihn gilt dem nachmaligen preußischen Generalfeldmarschall und Heerführer in den Befreiungskriegen von 1813 bis 1815 gegen Napoleon. Wenn auch manche Station seines anfänglichen Lebensabschnitts legendenhafte Züge aufweist, mit Anton August Graf Neidhardt von Gneisenau (1760-1831) hat eines dieser ungezählten, auf einem Militärtreck geborenen *Soldatenkinder* erstmals auch ein Gesicht hinterlassen. Das Antlitz des berühmtesten *Soldatenkindes* dieses Krieges, welches in einem *Schildaer* Gasthof das Licht der Welt erblickt hat, als Baby einer aus Würzburg stammenden Mutter und Offizierstochter.

Geboren in Schildau als Soldatenkind und elternlos aufgewachsen. Als gestandener Mann Preußens höchst dekorierter Soldat: Anton August Graf Neidhardt von Gneisenau.

Grassierende Not im Gefolge dieses Krieges gehörte für alle Sachsen, ungeachtet ihres sozialen Standes, zur bedrückenden Alltagserfahrung. Wenigstens sollte es von heute ab, dem 13. März 1763, mit der kriegsbedingten Angst um Leib und Leben, Hab und Gut ein Ende haben. Die Dahlener Bevölkerung wird ein beglückendes Gefühl ergriffen haben.

Am darauffolgenden Tag wird einer ihrer Mitbürger zum Federkiel greifen und die Adressatin seiner Zeilen beruhigend wissen lassen: »Endlich…um 8 Uhr« wäre der Herr aus Dahlen »gereißet«. Eine knappe Briefstelle bloß. Ungeachtet der Kürze seiner Mitteilung, es lässt sich unschwer aus ihr die große Erleichterung des Absenders herauslesen, die er im Moment des Schreibens empfunden haben mag.

»Endlich gestern früh um 8 Uhr«, so das Briefzitat in seiner Vollständigkeit, wäre der ungebetene Logiergast vom hiesigen Schloss »nach Torgau gereißet«. Ein nicht nur für Dahlen denkwürdiger Augenblick. Denn dieser »endlich« abgegangene Schlossgast ist nicht irgendwer. Es ist, und so steht es weiter in dem Schreiben, leibhaftig »Ihro Majestät der König von Preußen«.

Wir aber fragen uns, wer ist der Schreiber dieser Zeilen, die er unter dem 14. März 1763 an die Gräfin von Bünau richtet? Welche Person verbirgt sich hinter den zwei Briefen, die mit ihren Schilderungen über den 23-Tage-Aufenthalt des preußischen Monarchen in Dahlen ungeahnt wichtige Chronistenarbeit geleistet hat?

Quelle: Kirchenbuch Dahlen

Den entscheidenden Fingerzeig auf die Identität des Kronzeugen jener Tage ist dem Kirchenbuch zu danken. Wenn auch nicht wie erhofft Spuren seines Lebens, so doch im »Verzeichniß derer Begrabenen in und bey der Kirche zu Dahlen von Anno Christo 1773« wird die Suche nach dieser Person belohnt. »Herr Johann Adam Räubig, Hoch-Reichsgräfl. Bünauischer Verwalter allhier starb d. 26. Mart. (März) … und ward d. 29. in der Stille beygesetzt«, lautet Eintrag Nr. 8 von insgesamt 31 Beerdigungen des genannten Jahres. Als »Schlossverwalter Reubig« hat sich sein Name bis heute in einschlägigen Publikationen erhalten.

Seit Räubigs Tod sind zehn Jahre vergangen, da am 19. Februar 1763 *Ihro*

Majestät der König von Preußen seinen Einzug in Dahlen hielt. Sein Auftritt in diesem eher unscheinbaren Städtchen im Herzen von *Chursachsen* hatte mit einer sehr schönen Sache zu tun. Sie trug die Bezeichnung: Frieden. Auf dem hiesigen Schloss wartete auf Friedrich II., der seiner Feldherrenverdienste wegen *»Friedrich der Große«* genannt wird, wegen Alter und Gebrechlichkeit mittlerweile aber *»Der Alte Fritz«*, ein Ereignis von historischer Mächtigkeit. Denn endlich geht es darum, als finaler Akt einem bedeutenden Dokument das königlich-preußische Siegel aufzudrücken. Dem *Hochgräflich Bünauischen Schloss* zu Dahlen wird es vorbehalten sein, den Schauplatz abzugeben, auf dem Preußens Herrscher und Kriegsherr am 21. Februar 1763 den geschichtsträchtigen Schlusspunkt unter das zurückliegende Völkergemetzel setzen wird.

Dahlens ungebetener Gast identifiziert: Es ist »Ihro Majestät der König von Preußen«.

Zweiter Teil

Zeit der Waffenruhe
Zeit zur Friedenssuche

Endlich aus der deutschen Kaiserstadt Wien ein Korrespondentenbericht, der nach Jahren niedergedrückter Stimmung langentbehrten Optimismus verbreitet. Blätterten die Leser am 12. Januar 1763 in ihren *»Leipziger Zeitungen«*, dann stießen sie auf diese Meldung: die Ballsaison des neuen Jahres ist eingeläutet worden.

»Am Sonntage, als den 9ten dieses (Monats) *wurde der erste Ball in dem kleinen Redouten-Saale vor den hohen Adel eröffnet«*, erfährt Leipzigs Leserschaft über dieses jüngst in der kaiserlich-königlichen Donau-Metropole stattgefundene Großstadtereignis. Lange Zeit hatte man an erbaulichen Nachrichten wie diesen – abgesehen davon, dass sie viel zu selten waren – keine rechte Freude haben können. *»Ob gleich ausser dem in allen öffentlichen Schauplätzen die Bälle erlaubet sind«*, heißt es weiter aus Wien, *»so sieht man doch einen grossen Unterschied gegen die vorigen Jahre, da sich weit mehrere Liebhaber dieser Lustbarkeit einfanden.«*

Ein erster Silberstreif am Horizont, nach all dem jahrelangen Kriegsleid. In der Bevölkerung, die des Blutvergießens längst überdrüssig ist, nährt er die Hoffnung, in naher Zukunft aus ihrem Stimmungstief herauszufinden. Und schon fühlt sich ein Großteil der Menschen in frohgemuter Feierlaune. Denn was sehnlichst herbei gewünscht, ist nun vollzogen: ab dem 24. November letzten Jahres sind alle Kriegshandlungen eingestellt. Die verfeindeten Preußen und Österreicher, und mit ihnen Sachsens *Churfürstliche Durchlaucht* Friedrich August II., haben sich auf ein befristetes Schweigen der Waffen verständigt. Ein alljährliches, unter den Militärs eingeübtes Procedere, wenn die frostigen, schneereichen Wochen des Winters vor der Tür stehen und ein Weiterkämpfen zum allgemeinen Stillstand zwingt. *»Eine Convention biß zum Mertz wegen ruhiger Winter Quartiere«*, sei zustande gekommen, schreibt der preußische *Lieutenant* Ernst von Barsewisch in seinen bereits erwähnten Kriegserinnerungen. Und er merkt als weiteren zwingenden Grund einer zügig getroffenen Übereinkunft an: *»zumal wegen der eingefallenen strengen Kälte.«*

Aufbruchsstimmung liegt in der Luft, in sie mischt sich das Bedürfnis vieler Menschen, auf dem Ballparkett munter das Tanzbein zu schwingen.

Es muss ja nicht unbedingt im Luxus schwelgenden Rahmen eines *kleinen Redouten Saales vor den hohen Adel* sein. Mit bürgerlicher Bescheidenheit in Gasthäusern, auf öffentlichen Plätzen oder in den Gassen der Städte und Dörfer lässt sich auch recht schön feiern. Ähnlich überschäumend ist die Begeisterung über den geschlossenen Waffenstillstand in ganz Europa. Zwar sind die kriegführenden Mächte zunächst nur die Verpflichtung zur Einhaltung einer zeitlich befristeten Feuerpause eingegangen. Aber die Menschen, wo auch immer sie zu Hause sind, spüren es, diesmal könnte es ernst werden mit der Beendigung aller kriegerischen Handlungen auf dem Boden ihrer geschundenen Heimat.

Friedenszuversicht erfüllt augenscheinlich auch Preußens obersten Feldherrn, der plötzlich zur Muße zurückfindet, seit langem mal wieder seine Querflöte hervorzuholen. Von Freitag, dem 3., auf Sonnabend, dem 4. Dezember 1762, zu Gast auf Schloss Friedenstein in Gotha bei der herzoglichen Familie, soll er zu früher Morgenstunde, noch vor Antritt seiner um 7 Uhr erfolgten Rückreise ins Hauptquartier nach Leipzig, auf seinem Lieblingsinstrument geblasen haben. In Vorfreude darauf, womöglich bald von der Last des Krieges befreit zu sein? Sich wieder völlig frei widmen zu können dem allemal Vergnügen und Entspannung verheißenden Musizieren, Komponieren oder Bücherlesen?

Das Flötenspiel beherrscht er vorzüglich, nach objektivem, nicht geschmeicheltem Urteil einiger zeitgenössischer Experten, eines professionellen Musikers durchaus ebenbürtig. Mit gleicher Hingabe komponiert er, wenn auch mit wechselndem Erfolg. Dennoch geben sich heute noch gern Musikfreunde dem Hörgenuss seiner Sonaten hin. Auf CD´s gebrannt, offeriert sie beinah jeder Souvenirshop. Und für den nach der Schlacht bei Mollwitz – während des ersten Krieges um Schlesien am 10. April 1741 – in Siegeslaune entstandenen Marsch, den jedes Bundeswehrorchester in seinem Repertoire hat, wird ihm ebenfalls die Urheberschaft zugeschrieben. Kennern ist diese Komposition als »Der Mollwitzer« geläufig.

Ebenso virtuos weiß er, ob Prosa oder gereimt, mit der Feder umzugehen. Vertraut mit verschiedenen literarischen Genres, reicht sein schriftstellerisches Oeuvre von ätzenden Satirepamphleten, schwärmerischen Oden bis hin zu ernsthaften Abhandlungen philosophischen, militärspezifischen oder historischen Inhalts. Lob wie auch Kritik erntet er für sein umfängliches geistiges Schaffen.

101

Wenn man Henri Alexandre de Catt Glauben schenken darf, dem gebürtigen Schweizer, der Preußens Feldherrn als Vorleser und Unterhalter gedient hat, dann wäre der König, was seine Schreiberei – *»beschmiere ich mitleidlos Papier mit Prosa und mit Versen«* – angeht, gegen sich selbst der schärfste Kritiker. *»Glauben Sie aber nicht, dass ich großen Wert auf meine Werke lege; nein, wenn ich auch ein wenig die Schrulle habe, ein Schriftsteller zu sein, so bin ich doch gänzlich frei von Dünkel«,* soll sich der produktive Poet auf dem Hohenzollern-Thron nach de Catts Aufzeichnungen einmal in königlicher Bescheidenheit geäußert haben.

François Marie Arouet, der es vorzog, sich Voltaire (Lehnstuhl) zu nennen.

Einen freilich sollte man erwähnen, der etliche Tropfen mehr vom Wasser der Kritik in des dichtenden Potentaten Weinglas schüttete, als es diesem lieb sein mochte – Voltaire. Der ewige Intrigant, Patriarch der Aufklärung und *Sr. Königl. Majestät* philosophischer Mentor. Nicht eben enthusiastisch entledigte sich dieser der Aufgabe, die ihm aus den Hauptquartieren in Schlesien oder Sachsen, aber auch aus böhmischen Feldlagern, in unregelmäßigen Abständen zugesandten gereimten königlichen Ergüsse zu korrigieren. Um sie auf Bitten des Krieg führenden Dichters im Französischen ins rechte Versmaß zu rücken. Genüsslich zog er darüber her und verglich die Tätigkeit als Lektor seines monarchischen Freundes mit dem ihm aufgenötigten Waschen schmutziger Wäsche.

Für diese und andere abfällige Äußerungen revanchierte sich der Herabgesetzte gewohnt bissig. Neben seiner Bewunderung für dessen Geistesgröße, bescheinigt ihm der König in einem Gespräch mit de Catt, *»der größte Schurke der Welt«* zu sein. Um dann ein andermal ebenso gallig wie respektvoll zu bekennen: *»Es ist unmöglich, mehr Geist zu haben als dieser Kerl!«* Letztlich beteuert er auch gegenüber seinem aufklärerischen Lehrmeister Voltaire, was er verfasst habe, wenn ihn der *Schreibkitzel überfallen* hätte, *»war gut, mir die Zeit zu vertreiben; aber ich wiederhole unaufhörlich: doch auch nur dazu«.*

Königliche Majestät, wie aufrichtig ist es denn wirklich gemeint?

Ihrer Lust am gegenseitigen Austausch verbaler Hakeleien werden sich die beiden Akteure, die sich mit einigem Recht zu den hervorstechendsten ihrer Epoche zählen dürfen, treu bleiben. Eine Männerfreundschaft verbindet sie, zu der einem nur die Worte »chaotisch-bizarr« einfallen wollen. Nach Bruch und Versöhnung bis zu ihrem seligen Ende. Der in besseren Zeiten mit dem »*Pour le mérite*« dekorierte Philosoph musste zum Beispiel in einer Phase der Trennung seinem verschnupften Ordensspender die Preußen-Ehrengabe zur Strafe wieder herausrücken. Fridericus Rex bestand darauf. Der kauzige Monsieur François Marie Arouet, der sich den Namen Voltaire zulegte, schied nach 84 Lebensjahren, am 30. Mai 1778, für immer von dieser Welt.

Von Juli 1750 bis März 1753 weilte der gelehrsame Franzose auf Einladung seines unbeirrt grenzenlosen Anbeters am königlichen Hof in Potsdam. Er gehörte, wie etwa auch sein Landsmann Marquis d´Argens, zum Kreis jener Auserwählten, die zu Friedrichs berühmter Tafelrunde auf Schloss Sanssouci gebeten wurden. Eine um einen runden Tisch gescharte reine Männergesellschaft war es, die regelmäßig zum Dinieren und Disputieren, zum Pöbeln und Possentreiben zusammenfand. Nicht selten gefiel sich dabei der Hausherr in einer Rolle, die dem einen oder anderen seiner Gäste schon recht bitter aufstieß, wenn er vor versammelter Runde Opfer des Königs bloßstellender Spottlust wurde. So war es nun mal seine Art, daran fand er sein royales Vergnügen. Eine andere Marotte *Sr. Königl. Majestät* war, die Exklusivität ihrer zur Männersache erklärten Zusammenkünfte dadurch zu wahren, indem Damen aus dem elitären Tafelkreis strikt ausgeschlossen blieben.

Ausnahmen von dieser streng beachteten Regel waren freilich schon mal aus bestimmten Anlässen geduldet. Wenn etwa Wilhelmine, vergötterte Lieblingsschwester des Königs und verheiratete Markgräfin von Bayreuth, zu Besuch weilte. Dann glänzte ihr Bruder als ebenso aufmerksamer Gastgeber wie eindrucksvoll auf der Flöte brillierender Musikus. Als die geliebte Schwester mitten im Krieg gestorben und eine Stafette am 17. Oktober 1758 Überbringerin dieser Trauernachricht war, weinte Friedrich in seinem Feldlager bitterliche Tränen der Rührung. Unter heftigem Schluchzen während de Catts Gegenwart, hätte er über den Tod der 49-Jährigen verzweifelt ausgerufen: »*Das ist der entsetzlichste Schlag, der mich treffen konnte!*«

Ansonsten bezog sich das gegen die holde Weiblichkeit gerichtete Verdikt auf die gesamte Residenz und ihre Parkanlagen, wohin selbst Friedrichs Angetraute, die Königin Elisabeth Christine, ihren Fuß niemals setzen durfte.

Ihr Zuhause war in den Sommermonaten das Lustschloss Schönhausen, und da hatte sie nach dem Willen des sich ihr im wahrsten Sinne des Wortes zugeknöpft gebenden Gatten auch zu bleiben. Erbprinzen oder liebreizende Erbprinzessinnen zeugen, so etwas schloss sich auf diese räumliche Distanz natürlich aus. Und so erfüllte kein fröhliches Königskinderlachen die Gemächer und Fluren der Residenzen dieses recht seltsam anmutenden Ehepaares.

Sr. Königl. Majestät Wunsch war Befehl, auch wenn die verordnete Absenz alles Weiblichen nicht allen Herren geschmeckt hat. Der eher sinnenfreudig ausgerichtete Freigeist Voltaire beispielsweise empfand die frauenlose Atmosphäre bei Hofe entsetzlich steril. Darin gleichend einem anderen Gast, der das Dasein am Potsdamer Hof mit einem allen irdischen Genüssen entsagenden Klosterleben verglich, und den königlichen Gönner belustigend *»unseren Pater Prior«* taufte. Der quirlige Monsieur Voltaire fühlte sich unter seines Freundes Fittichen zu gepflegter Langeweile verdammt. Ein viel zu eintöniges Umfeld empfing ihn in

Friedrichs Gemahlin: Elisabeth Christine von Preußen.

diesem Potsdam, das für seinen feinfühligen Geschmack à la française wirklich nichts auf Dauer sein konnte.

Wobei er durchaus auch freudvolle Erinnerungen mit seinem fast dreijährigen Aufenthalt in Friedrichs spartanischem Preußen-Reich verband. Auf seine wesenseigene Art gab er dies mit lockerer Zunge bereitwilligst zu: *»Hier bin ich in Frankreich. Französisch ist die einzige Sprache; deutsch redet man nur mit Soldaten und Pferden.«* Anlass für seinen königlichen Protegé, sich über ein solches Bonmot herzlich zu amüsieren. In Puncto Sarkasmus, und sich über etwas lustig machen, lagen die beiden ja bekanntlich auf gleicher Wellenlänge.

Und dahin, in sein vielgeliebtes Schloss Sanssouci, trieb es nun den heimwehkrank und kriegsmüde gewordenen König mit aller Macht zurück. Endlich wieder in seiner ihm behagenden eigenen Welt die Luft atmen zu dürfen, in einem nach seinen Vorstellungen errichteten Refugium von Fantasie und Philosophie. Letztmalig hatte er seinen Potsdamer Wohnsitz am 13. Januar 1757 für einen einzigen Tag zu Gesicht bekommen, zu mehr als diesem kurzen Abstecher reichte die Zeit damals nicht. Zwar herrschte gefechtsfreie

Winterpause, und dennoch stand er im Krieg, der sich im Januar 1757 anschickte, in sein zweites Jahr zu wechseln.

Wird ihm bei all der geistigen Zerstreuung, nach der er sich seit langem sehnt, jemals aus dem Kopf gehen, wie vielen Menschen der zurückliegende Krieg das Leben gekostet hat? Wie viele Opfer durch diesen Krieg in tiefes Unglück gestürzt wurden? Oder welch hohe materielle Schäden allerorten zu beklagen waren?

Zur gleichen Zeit, da *Ihro Königl. Majestät in Preußen* sich als dankbarer Gast erweist und die Herzogin Luise-Dorothee und ihren Gemahl, Herzog Friedrich III., in deren sich über Gotha erhebende, weithin sichtbare Schlossresidenz Friedenstein mit einem erfrischenden Morgenständchen auf der Flöte beehrt, bewohnt Bruder *Henri* das *Hochgräfliche Bünauische* Schloss zu Dahlen. Nach eigenem Bekunden verbringt er dortselbst ein paar erquickliche Tage. Da sich das militärische Operationsgebiet seiner Armee in diesem Krieg in der Hauptsache auf Sachsen erstreckte, dürfte der Prinz vom vielfachen Hin- und Herziehen seiner Truppen mit den Gegebenheiten dieses Landesteils bestens vertraut sein.

Dass es jetzt zu Anfang Dezember 1762 dem hohen »Gast« an nichts zu dessen Wohlbefinden gefehlt hat, dafür wird schon Johann Adam Räubig persönlich gesorgt haben. Desgleichen wird sich die Aufmerksamkeit des Dahlener Schlossverwalters auf die Entourage des Prinzen von Preußen gerichtet haben. Dessen Adjutant von Kalckreuth, Offiziere des Militärstabs, Leibgardisten sowie eine Vielzahl Regimentsangehörige von Infanterie und Kavallerie werden zu seinem Anhang gehört und Dahlen und Umgebung in ein ansehnliches Heerlager verwandelt haben.

Zu fragen wäre: Sind sich *Se. Prinzliche Hoheit*, der preußische General, und Räubig, der *Hochgräfl. Bünauische* sächsische Schlossverwalter, jemals in diesen Tagen persönlich begegnet? Derartiges ist zwar nicht auszuschließen, doch für eine definitive Beantwortung dieser Frage fehlt es an schriftlichen Überlieferungen. Da es jedoch überhaupt nicht zu Prinz Heinrichs Art passte, den Leuten aus dem Weg zu gehen, er als freundlich und leutselig beschrieben wird, würde das eher die Annahme stützen, beiden Herren könnte sich das eine oder andere Mal die Gelegenheit zu direkten Kontakten geboten haben.

Wer auch vom gräflichen Dienstpersonal im Dahlener Schloss, wenn nicht Räubig selbst in seiner exponierten Stellung, sollte als adäquater Ansprechpartner der Preußen in Betracht kommen? Wer auch sollte sich stets zur Verfügung halten, um preußische Befehle – vielleicht ja auch gegebenenfalls mit Artigkeit vorgebrachte Wünsche – entgegenzunehmen? Als derjenige, der die Oberaufsicht über alles führte, was das Schloss anging, kam somit nur Räubig in Betracht.

Eigens der preußischen Einquartierung wegen in den Gemächern des Schlosses Platz zu schaffen, war nicht vonnöten. Denn seinem Erbauer, dem Reichsgrafen Heinrich von Bünau, war lediglich an einer Nutzung seines kleinen schmucken Adelssitzes zu Repräsentationszwecken gelegen. Der barocke Neubau verfügte zwar nach des Prinzen eigenen Worten über »bezaubernd eingerichtete« Salons. Um diese Zeit aber bewohnte niemand von der gräflichen Familie das herrschaftliche Anwesen.

Gleichwohl mögen den Kastellan Räubig ungute Gefühle beschlichen haben, dem Prinzen von Preußen Anfang Dezember 1762 Schloss und Park Dahlen zu dessen Verfügung öffnen zu müssen. Aus den Worten, mit denen sich der Schlossverwalter in Privatbriefen vom 26. Februar und ein zweites Mal am 14. März 1763 über die Hinterlassenschaften preußischer Militärs Luft machen wird, ist zu erahnen, dass ihn auch schon während Heinrichs Dezember-Aufenthalt ähnliche Empfindungen befallen haben könnten.

Räubigs schriftlich geäußerter Unmut im Februar und März 1763 richtet sich augenscheinlich nicht allein gegen das Benehmen der preußischen Besatzer, nachdem diese das Dahlener Schloss vom 19. Februar an drei Wochen lang in Beschlag genommen hatten. Mutmaßlich hat es auch damit zu tun, dass die traurigen Vorgänge um die Person des Reichsgrafen von Bünau in den vorangegangenen beiden Jahren seither als etwas Bedrückendes auf dem *Hochgräflichen* Schloss lasteten. In Räubigs Briefen vom 26. Februar und 14. März, dieses Eindrucks kann man sich nicht erwehren, spiegelt sich auch die Bitterkeit seiner von diesen Vorkommnissen beeinflussten Grundstimmung wider.

Der Prinz mag Dahlen, wo er sich für einige Tage sein Standquartier einrichtete, als eine Art Belohnung empfunden haben. Redlich verdient, nachdem ihm am 29. Oktober 1762, mithin vor fünf Wochen, ein bedeutsamer Sieg gegen eine zahlenmäßig überlegene Infanterie und Kavallerie der Reichs- und Österreicharmee gelungen war. Die nur dreistündige Schlacht nahe dem Bergbau-Städtchen Freiberg im östlichen Erzgebirge, die *Se. Prinzliche Hoheit* an der Seite seines Kavallerie-Generals Friedrich Wilhelm von Seydlitz (1721-1773) zum Vorteil preußischer Waffen erfocht, sollte sich als die letzte dieses Krieges erweisen. Sein davon so überaus beeindruckter königlicher Bruder fühlt sich im Überschwang der überbrachten Siegesbotschaft sofort um zwanzig Jahre verjüngt. Sicherlich liegt er nicht ganz falsch, wenn er seinen »Mon cher frère« schriftlich beglückwünscht, hübsch garniert mit einer aufrichtigen symbolischen Verbeugung: »...werden Sie den Ruhm für sich in Anspruch nehmen können, der österreichischen Hartnäckigkeit den letzten Stoß versetzt zu haben.« Nun, was die Frage der Hartnäckigkeit anbelangt, in dieser Hinsicht schenkten sich beide Seiten wirklich nichts, weder die Österreicher noch die Preußen. Alles andere wäre nach dem Selbstverständnis der Zeit unehrenhaftem Verhalten gleichgekommen.

Am 14. Dezember, einem Dienstag, heißt es erst einmal für Prinz Heinrich Abschied nehmen vom schönen Schloss auf dem Lande und der stillen Provinzstadt Dahlen. Indes nur auf einige Tage bis zum Monatsende. Schon zu Neujahr, am 1. Januar 1763, ist sein Aufenthalt hier wieder bezeugt. Bruder *Federic* schickt ihm aus dem zirka fünfzig Kilometer entfernten Leipzig, seinem derzeitigen militärischen Hauptquartier, in herzlichem Ton gehaltene Neujahrsgrüße. *Henri* erwidert sie noch am selben Tage ebenso nett und verknüpft mit diesen die Ankündigung: »*Ich kann nicht eher hier abreisen als am 4.*«. Wozu es dann auch tatsächlich am 4. Januar gekommen ist. Heinrich begab sich mit Teilen seines Militär-Trosses nach Berlin.

Warb beim Bruder für Schloss Dahlen: Königliche Hoheit Prinz Heinrich.

Selbst wenn er nun nie mehr leibhaftig nach Dahlen zurückkehren sollte, in Gestalt eines gemalten Porträts hat er dann doch wieder für einen langen Zeitabschnitt Einzug ins Schloss gehalten. Das Jahr, in welchem ihm diese Ehre zuteil geworden war, lässt sich nicht mehr genau bestimmen. Auf Leinwand, ohne den Zierrat eines vergoldeten Rahmens 62 mal 78 cm messend, war es diesem sympathischen Mann vergönnt, bis zum Ende des Zweiten Weltkrieges 1945 von seinem Platz an der Wand wohlgefällig auf seine Betrachter herabzublicken. Und diese wiederum hatten das Konterfei eines Preußen-Prinzen vor Augen – gepuderte und gerollte Locken, Zopf und Rüstung, Ordensband und Hermelinmantel –, welches die Selbstsicherheit eines ehemaligen Siegers ausstrahlte. Dass den Schlosseigentümern an einer auf diese Weise zum Ausdruck gebrachten Wertschätzung des Feindes von einst gelegen war, muss schon seine besondere, jedoch unerforschliche Bewandtnis gehabt haben.

Ist Heinrichs Anwesenheit in Dahlen durch die von hier getätigte Korrespondenz mit dem Bruder hinreichend belegt, so sorgten auch die unter seinem militärischen Oberbefehl stehenden Truppen um diese Zeit dafür, unauslöschliche Spuren im hiesigen Städtchen zu legen. Wenigstens in einem Fall gelingt ein konkreter Nachweis. Im vorliegenden Taufregister der Kirche zu Dahlen lässt sich diese Spur unter den *Pathen* eines am 12. Januar 1763 geborenen *Söhnleins* des preußischen Grenadiers *Joh: Christian Müllers* und *deßen Mutter Anna Dor*(othea)*: Elisabeth* ausfindig machen: *»1.) H. Martin…Sattelknecht beym Prinz Heinrich 2.) Fr. Johanna Christiane, Joh: Jacob Löbtens, Reutknechts beym H. Hauptmann Schwerin 3.) Joh: Heinrich Prude, Bedienter bey des Prinz Heinrichs Leib-Jäger«*, heißt es da, seien die Namen der damaligen Taufzeugen gewesen.

Fast auf den Tag ein Jahr ist es her, da gab es für den in Schlesien überwinternden König Anlass, seiner offiziösen Kriegspost an den Bruder noch eigenhändig vier weitere Sätze anzufügen. Sie betreffen Friedrich Albert von Schwerin (1717-1789), in dessen Diensten der im Kirchenbuch erwähnte *Reutknecht Johann Jacob Löbt* – sein Name könnte auch *Löbte* gelautet haben – stand. *»Wissen Sie«*, fragt der König am 16. Januar 1762 in seinem Brief aus Breslau, *»das Schwerin heiraten will? …Man sollte sicher sein, dass es eine anständige Frau ist. Alles ist Schicksal! Wenn er seine Wahl für ein kleines Häuschen getroffen hätte, würde mich das weniger in Unruhe setzen«*.

Preußens Landesvater brachte damit seine grundsätzliche Haltung in bezug auf Familiengründung seiner Offiziere zum Ausdruck – er hielt, solange sie jung waren, nichts davon. Dem Zeit-und Korpsgeist entsprechend, bestimmte der Monarch und oberste Kriegsherr, ob und wann Angehörige seiner elitären Offizierskaste sich vermählen durften, an ihn hatte ein Heiratswilliger das entsprechende Gesuch zu richten. Im Unterschied zu niederen Armeechargen, die auf die Zustimmung ihres jeweiligen Regimentskommandeurs angewiesen waren. Der *»Königl. Preuß. Fußilier Melchior Bräuer«* ist einer dieser Glücklichen gewesen. Von seinem Vorgesetzten, *»dem Herrn Obrist Wachtmeister von der Infanterie u. Commandanten zu Torgau v. Billerbeck«*, bekam er im Frühjahr 1761 den begehrten *»Trauschein«* ausgestellt. Damit war für den schlichten *Fußilier* der Weg frei, das seiner Braut *»Maria Rosina Neumanin«* gegebene Eheversprechen an Dahlens TrEckert einzulösen. Ein beim Durchmarsch das sächsische Städtchen passierendes Paar, welches *»d. 26. May alhier copuliret«* wurde.

Insbesondere jungen Männern im Offiziersrang gewährte Friedrich so gut wie gar nicht die Erlaubnis zur Eheschließung. Bei ihnen fürchtete er, sie könnten als Jungvermählte zu viele Flausen im Kopf haben und infolge dessen den Militärdienst vernachlässigen. Wer wollte in diesem Fall der Befürchtung des Königs ernsthaft widersprechen? Und noch einen Grund führt er für seine ablehnende Haltung an. In Kriegszeiten, moniert er, würde sich auf die Mobilität der Armee negativ auswirken, wenn im Tross mitziehende Offiziersfrauen durch ihre Anwesenheit unnötigerweise dafür sorgten, dass sich *»zu viel Geschleppe im Felde«* breit mache.

Ob der König einer Vermählung letztendlich zustimmte, entzieht sich unserer Kenntnis. Bemerkenswert an der Begebenheit ist, dass er den Obersten Friedrich Albert von Schwerin just am 27. Februar 1762, und damit fast zeitgleich mit dessen eingereichtem Heiratsgesuch, in den Grafenstand erhob. Verstand der Monarch die Ernennung zum Grafen möglicherweise als eine Art Trostpflaster für die verweigerte Trauung? Oder war es am Ende gar ein großzügiges royales Hochzeitsgeschenk für einen verdienstvollen Soldaten? Eher wohl Letzteres darf man vermuten. Denn mit bald 45 Jahren hatte der Heiratswillige ein Alter erlangt, bei dem *Se. Königl. Majestät* für gewöhnlich ein wohlwollendes, *allergnädigstes* Einsehen haben und nicht mehr nein sagen würde.

Es sollte niemanden verwundern, wenn sich alle vaterländisch Gesonnenen plötzlich als Sieger von Freiberg fühlten und sich einem patriotischen Freudentaumel ohnegleichen hingaben. Trug ein preußisches Heer in einer Schlacht den Sieg davon, so glich das Überbringen der frohen Botschaft etwa nach Berlin, Magdeburg oder Leipzig – beziehungsweise zu allen größeren Militär-Standorten, wo immer diese sich befanden – einem wahren Triumphzug. Die gute Nachricht überbrachten Eilkuriere unter Begleitung blasender Postillione. Zwölf, vierundzwanzig und mitunter mehr an der Zahl, die im Vortrab für »freie Fahrt« und bei den staunenden Menschen an den Straßenrändern für gewünschtes Aufsehen sorgten.

Wie die freudige Reaktion auf den Freiberg-Sieg im fernen Leipzig ausfiel, das steht am 1. November 1762 in der Ortspresse zu lesen. *»Auf Befehl und Anstalten des Hrn. Commandanten, Hrn. Majors von Keller«*, heißt es da, *»sind darauf gestern von den zur Zeit hier befindlichen Königl. Preußischen Truppen Victorie geschossen, die Canonen gehöret, und andere gewöhnliche Freuden-Bezeugungen beobachtet worden«.*

Neben »*Trompeten- und Paukenschall*«, notierte sich Leipzigs Ortschronist Johann Adam Riemer mit gewohntem Fleiß in seinem Tagebuch, hätte das preußische Siegesprogramm aus einem angeordneten Dankgottesdienst bestanden. Das Lied »*Großer Gott wir loben dich*« beschloss die Kirchenfeier. Makaber: die Leipziger zwang man, mit diesem »*Te Deum laudamus*« dem göttlichen Schöpfer für den Sieg der verhassten Preußen zu danken, die diese gegen Sachsens Verbündete errangen. Vielleicht haderte ja deswegen mancher fromme Sachse im Stillen mit dem gütigen Allmächtigen und fragte sich verstört, warum er seine schützenden Hände ausgerechnet über das Heer des Feindes gehalten hatte. Sie aber den eigenen Soldaten und den mit ihnen verbündeten Waffenbrüdern entzogen habe.

In Städten und Dörfern, überall da, wo im Lande preußische Truppen stehen, ist es zu ähnlichen patriotisch beseelten Gefühlsausbrüchen mit Gewehrsalven, Geschützdonner und Gottesdank gekommen. Riesengroße Niedergeschlagenheit hingegen beim österreichischen Militär, das vom sächsischen Territorium besetzt hält, wo preußische Waffen dies nicht zu verhindern wussten. Die Hauptstadt Dresden zum Beispiel. Sie war, so bringen es die »*Leipziger Zeitungen*«, am 4. September 1759 »*Abends um 6 Uhr durch Accord an die combinirte Kaiserl.-Königl. und Reichs-Executions-Armee übergegangen, und von dieser noch selbigen Abend*« seien »*die Thore besetzet worden.*« Bis Kriegende vermochten Preußens Feinde sowohl in der Residenzstadt als auch in den Ortschaften der näheren Umgebung ihre Stellung zu behaupten. Nöthnitz etwa fiel darunter. Ein Schloss und ein Rittergut des Grafen Heinrich von Bünau. Und nach dessen Tod, im Besitz seiner Witwe. Auf diese Weise ergaben sich zwischen den Armeen immer wieder Kampf- und Besatzungszonen von unterschiedlicher Dauer und Größe. Sie verliefen kreuz und quer durch alle Landesteile Sachsens.

»*Madame meine liebe Cousine. Ich kann Ihnen nicht ausdrücken, wie sehr mich die Affäre vom 29. betrübt hat*«, wird Kaiserin Maria Theresia an Sachsens Prinzessin und Gattin des Erbprinzen Friedrich Christian zum unglücklichen Ausgang der Freiberger Schlacht fassungslos nach Dresden schreiben. Durch und durch Realpolitikerin, wird der bekümmerten Monarchin sofort die unheilvolle Bedeutung dieser militärischen Niederlage für ihre anstehende Verhandlungsposition gegenüber dem Feind bewusst. »*Dies ist nicht der Verlust unserer guten Truppen oder des Ruhmes der Armee, sondern dies ist eine schlecht gewählte Zeit in einem höchst kritischen Moment dadurch, dass meine ganzen Vorstellungen ihre Wirk-*

samkeit verlieren«, formuliert sie in ihrem Brief vom 6. November 1762 an Maria Antonia. Das *Allerhöchste Oberhaupt* des Deutschen Reiches treibt die verständliche Sorge um, bei den Friedensgesprächen, die irgendwann einmal kommen müssen, zu unzumutbaren territorialen Zugeständnissen gezwungen zu werden.

Obgleich die Kriegsfeinde nicht müde wurden, sich ständig zu belauern und auszuforschen, so dass keinem verborgen blieb, wie es kräftemäßig um den anderen bestellt ist, scheute doch jede Seite, mit dem Ansinnen eines Friedensschlusses auf den anderen offiziell zuzugehen. Ebenso wie der preußische König, zierte sich die Kaiserin. Weil sie beide in der Vorstellung lebten, ihnen könne vor lauter Stolz ein Zacken aus der Krone fallen. Neben diesem überzogenen, vom damaligen Standpunkt aus betrachtet aber ehernem Ehr-Verständnis, wog die Sorge, die Gegenseite könne den Vorstoß zu einer Friedensinitiative als stilles Eingeständnis von militärischer Ohnmacht auslegen.

Doch Daun, der vor zwei Jahren auf der *Walstatt* von Torgau knapp geschlagene kaiserlich-königliche Heerführer, mahnte intern seine Herrscherin in genauer Kenntnis des Zustands seiner demoralisierten Truppen: »*...sehe ich nicht, wie Majestät den Krieg werden fortführen können.*« Stünde Österreichs *General-Feld-Marschall* Graf von Daun treu zur Fahne mit dem einköpfigen schwarzen Adler, dem Banner des preußischen Königs, er hätte zu dieser Zeit Anlass, ihm denselben wenig hoffnungsvollen Satz zu schreiben. Zu einem alles entscheidenden Gefecht in diesem Krieg, das wissen sie alle, stehen keiner Seite mehr die unabdingbaren militärischen Kapazitäten zur Verfügung.

Neben den eigenen materiellen Unzulänglichkeiten fällt ins Gewicht, dass ab 1761 auf eine Hilfe seitens der Verbündeten keiner mehr zählen kann. Den Anfang machte Preußens Kriegsunterstützer England, hervorgerufen durch einen radikalen Personalwechsel innerhalb der Londoner Regierung. Auf William Pitt (1708-1778) war auf dem Posten des Premierministers John Stuart Earl of Bute (1713-1792) gefolgt. Ausgelöst hatte diese unerwartete Kabinettsrochade König Georg II. plötzlicher Schlaganfall-Tod. Allein und ohne Beistand, sackte Britanniens Herrscher am 25. Oktober 1760 in einem seiner Gemächer vom Stuhl, und keiner konnte ihn mehr retten.

Auf Hannovers Schloss Herrenhausen vor siebenundsiebzig Jahren geboren, war der Verstorbene Friedrichs ex-deutscher Onkel auf Englands Thron im St. James Palast. Obwohl die beiden alles andere als ein Herz und eine Seele galten, gewährte *Oncle George* dennoch der Kriegskasse des Berliner

Neffen pro Jahr einen erklecklichen Finanzzuschuss. Ein vermeintliches Geldgeschenk nicht ohne handfesten Eigennutz. Friedrich sollte als Gegenleistung mit seiner Armee möglichst viele französische Truppen auf dem Kontinent binden, um sie an einer Verschiffung nach Übersee zu hindern. Dort nämlich rangen um diese Zeit England und Frankreich um die koloniale Vorherrschaft. Und diese einige Millionen Pfund Sterling schweren Subsidien-Zahlungen, zu denen sich gemäß einem am 11. April 1758 geschlossenen Vertrag London gegenüber Berlin verpflichtete, strich nun der frisch ins Amt gekommene Premier. Im Gegensatz zu Pitt, war Lord Butes Politik nämlich auf einen baldigen Frieden mit Britanniens Feind in den nordamerikanischen und indischen Kolonien ausgerichtet. Begünstigt durch die Tatsache, dass sich Frankreich letztlich zur Anerkennung der englischen Überlegenheit gezwungen sah. Der sich daraufhin schmählich verraten gefühlte Friedrich, der ja ebenfalls den französischen König zum gegenwärtigen Feind hatte, reagierte erkennbar sauer. In der Art und Weise seiner Verachtung für den Lord blieb er sich wieder einmal selbst treu. Indem er auf den trotzigen Einfall kam, eines seiner Reitpferde, das er für das störrischste hielt, mit dem Namen *»Bute«* zu belegen.

Ähnlich wie Preußens König mit England, handelte sich die Kaiserin in Wien Ärger mit ihrem einstigen Bündnispartner Russland ein. Dessen nicht vorhersehbare Abtrünnigkeit hat ihr einen gehörigen Dämpfer versetzt. Mehr noch, die Abkehr des Zarenreiches kostete Maria Theresia den zum Greifen nahen Sieg. So sah es dieser Tage selbst ihr Kriegsgegner. Wieder einmal wähnte sich ihr Widersacher an einem nach unten führenden Scheideweg angelangt, und demzufolge machte er sich über seine Lage keine Illusionen. Er verglich diese mit der *»eines Helden in einem Trauerspiel; stets in Gefahr, stets dem Untergang nahe.«* Doch es wäre nicht der echte Friedrich, wenn er nicht einen Rest an Zuversicht in sich verspürte. Darin sich ausdrückend, dass er unverzagt *»auf eine günstige Wendung der Dinge hoffe«*, wie er seinem *»lieben Marquis«* d´Argens zu Jahresbeginn 1762 anvertraute.

Der Zufall als Bundesgenosse spielte Preußens König in die Hände – wieder einmal. Die Hoffnung, der er sich hingab, das Blatt möge sich zu seinem Vorteil wenden, wurde überraschend Wirklichkeit. Ein radikaler, völlig unerwarteter Schwenk der russischen Kriegspolitik führte zu einer dramatisch neuen Situation.

Was war geschehen?

Zunächst das Ableben der Zarin Elisabeth am 5. Januar 1762, einer unbeherrschten Person, die so verliebt in ihren täglichen Wodka war wie in die strammsten Kerle ihrer Gardesoldaten. Nichtsdestotrotz bündnistreu von absoluter Zuverlässigkeit. Ihr Neffe und Nachfolger, Sohn russisch-deutscher Eltern, befahl noch am Tag seiner Thronbesteigung als Peter III. (1728-1762), jegliche Kampfhandlungen gegen die Armee Friedrich II. einzustellen. Daraufhin hatte dieser allen Grund, über so einen unverhofften Glücksumstand in Jubel auszubrechen. *»Dank dem Himmel, unser Rücken ist frei«*, frohlockte er in einem Brief an Bruder Heinrich. Zweifellos war es die glückliche, zu diesem Zeitpunkt alles entscheidende Rettung. Das von ihm längst befürchtete Schlimmste war für den Rest des Krieges, wie er auch weitergehen würde, abgewendet.

Glaubte er. Doch nur wenige Tage darauf überschlugen sich förmlich die Ereignisse am kaiserlichen Hof zu St. Petersburg. Plötzlich musste Friedrich um die gefeierte Rettung wieder bangen. Hinter einem gegen den Zaren angezettelten Palastkomplott verbarg sich dessen eigene Gemahlin, von Geburt eine deutsche Prinzessin aus dem kleinen Fürstenhaus Anhalt-Zerbst. Von einer harmonischen Ehe, zu der sich die erst sechzehnjährige Sophie Friederike Auguste einst hingeben musste, wird sie gewiss andere Vorstellungen gehabt haben, als mit einem infantilen, preußenhörigen Sonderling unter die Haube gebracht worden zu sein. Also putschte sie.

Damit schienen die Tage dieses Pjotr III., über den die inzwischen dreiunddreißig Jahre alte Ehefrau per *»Manifest«* am 15. Juli 1762 öffentlich verbreiten ließ, *»seine wenige Fähigkeit, ein so grosses Reich zu regieren«*, zwangsläufig gezählt zu sein. An gleicher Stelle dekretierte die mit aller Entschlossenheit handelnde Gattin: *»Wir, Catharina die Zweyte thun hiermit allen getreuen Unterthanen… kund und zu wissen, Unsere Gelangung auf den Rußisch-Kayserl. Thron ist ein Beweis der Wahrheit, daß die Hand Gottes würke, wenn die Herzen der Menschen ohne Heucheley das Gute auszüüben suchen«*. So gewunden hörte sich die Proklamation in deutscher Übersetzung an, welche die frisch gebackene *»Kaiserin und Selbstherrscherin aller Reussen«* anlässlich ihrer staatsstreichartigen Thronbesteigung in ihrem Riesenreich verlauten ließ. Mit einmonatiger Verspätung bot sich den Beziehern der *»Leipziger Zeitungen«* die Gelegenheit, den vollständigen Text am 23. August 1762 nachzulesen.

Da erfreute sich die vom Schicksal des Schwachsinns geschlagene, leidenschaftlich mit Soldatenfiguren spielende *Rußisch-Kayserl. Majestät* schon nicht mehr ihres Lebens. Nicht jedoch die *Hand Gottes würkte* und hatte Peters irdisches Ende besiegelt. Es waren die Hände seines Mörders, welche zwei Tage nach dem veröffentlichten Manifest unter dessen letzte Mahlzeit das todbringende *Gift* mischten. Die Zarin wusste allen Verdacht einer Mitwisserschaft oder gar Anstiftung zur Mordtat, mit einer Menge *Heucheley* von sich zu lenken. Weil sie aber nicht Willens war, die Kampfhandlungen gegen Preußen wiederaufleben zu lassen, verkündete sie Russlands Neutralität. Zum Glück für Friedrich, die Habsburger Regentin dagegen hatte auch unter der neuen Zarin im Krieg gegen ihren Erzfeind das Nachsehen. Angesichts all dieser einschneidenden globalen Veränderungen war es folglich nur eine Frage der Zeit, bis auch Frankreich die Segel streichen würde. Mit dem südöstlich von Paris, im Prunkschloss Fontainebleau unterzeichneten Vorfrieden zwischen der englischen und französischen Krone, stellte sich die von Maria Theresia insgeheim befürchtete Situation am 3. November 1762 schließlich ein.

Damit waren die beiden übrig gebliebenen Lager, die Kaiserlichen mit den Sachsen auf der einen Seite, und die Preußen auf der anderen, am Zuge. Als Verhandlungsort fiel die Wahl auf Wilsdruff, seinerzeit ein für den Reisenden, der in Dresden die Postkutsche bestieg, in drei Wegstunden erreichbares Städtchen. So zeigt es eine auf Wilsdruffs Marktplatz heute an historischer Stelle als Replik wieder errichtete Distanzsäule aus hellgrauem Sandstein an.

Im Rathaus zu Wilsdruff, dieser an dem Bach »Wilde Sau« gelegenen Kleinstadt, fand nun das Treffen der bevollmächtigten Unterhändler statt. Am 24. November, dem vierten Verhandlungstag, war man sich über alle Modalitäten einer Feuerpause einig geworden. Je zwei hochrangige Offiziere der *Kayserl. Königl. Armee* und der *Königl. Preuß. Armee* setzten an diesem Tag ihre Unterschriften unter den Wilsdruffer Waffenstillstand. Der Namenszug eines Militärs vom kursächsischen Hof befindet sich nicht auf dem Dokument.

Reiseauskunft in Stein gemeißelt auf der Distanzsäule zu Wilsdruff: 13 Stunden bis Wermsdorff, 18 Stunden bis Torgau, 40 Stunden bis Berlin. (Foto: Autoren)

Und doch ist seine Beteiligung am Zustandekommen der Waffenruhe unbestritten. Den Anstoß zur Beendigung des Krieges nämlich hatte Sachsens Herrscher ergriffen – wenigstens nach außen hin sollte es so aussehen. Denn wie es heißt, wäre die Initiative dazu insgeheim von der Kaiserin in Wien ausgegangen. Womit sich diesbezüglich gehegte Erwartungen des preußischen Kriegsherrn erfüllt haben. Er zeigt sich überzeugt, der Dank gebühre seinem Bruder. *»Das ist eine Folge Ihres Sieges«*, gratuliert er dem Prinzen am 25. November aus Meißen, *»wenn die Stolzeste der Sterblichen gefügig und versöhnlich wurde.«* Um ihr Gesicht vor Friedrich II. wie gleichermaßen vor der Öffentlichkeit zu wahren und nicht den Eindruck von Schwäche zu erwecken, schickte sie den kleineren Bündnispartner voran. Kurfürst Friedrich August II. ließ in Abstimmung mit Friedrich Christian, seinem durch eine unheilbare Knochenkrankheit gesundheitlich schwer gezeichneten Sohn, die Haltung des Gegners zur Frage eines Friedensabschlusses ausloten.

Mit dieser Spezialmission betraut war der gebürtige Leipziger Verlegersohn Thomas Freiherr von Fritsch. Mit einem Handschreiben des Prinzen Friedrich Christian versehen, wurde v. Fritsch beim sich in Meißen aufhaltenden Preußenkönig vorstellig. Zunächst an den beiden Tagen 28. und 29. November im Anwesen eines Kammerherrn v. Hachenberg, welches Friedrich, sooft er in Meißen Station machte, als Hauptquartier diente. Dann aber im Dezember, der König hatte seinen Wintersitz zwischenzeitlich nach Leipzig verlegt, empfing er den sächsischen Bevollmächtigten in seinen Privatgemächern, die er im stadtbekannten Apel´schen Haus am Markt mit der späteren Hausnummer 2, bezogen hatte.

Der Schloss und Gut Seerhausen bei Oschatz besitzende Fritsch, sah sich nicht nur in strikter Gegnerschaft zum Premierminister Brühl, dem er die unheilvolle, zum Nachteil Sachsens gereichende Politik ankreidete, die dieser mit großem Eigensinn betrieb. Er mahnte auch frühzeitig, beispielsweise in einer Denkschrift vom 16. November 1758, angesichts einer Lage, die sich stetig verdüstere, zu Sachsens raschem Ausstieg aus diesem Krieg. Es sei absehbar, legt er darin eindringlich dar, dass man unaufhaltsam auf eine Katastrophe zusteure, sollte der Krieg nicht schnellstens gestoppt werden. Auf offene Ohren stieß der aufs höchste um sein Land Besorgte beim Erbprinzen Friedrich Christian.

Sachsens designierter Thronfolger war noch bei andauerndem Krieg, am 30. Januar 1762, mit seiner Frau Maria Antonia und den Kindern wieder an den heimatlichen Dresdener Hof zurückgekehrt. Stürmisch bejubelt von der Bevölkerung, und selbst den unter Zensur stehenden *»Leipziger Zeitungen«* war es gestattet, von diesem Ereignis gebührend Notiz zu nehmen: *»Aller Orten, wo Selbige* (gemeint ist das Prinzenpaar) *paßirten, ist die Armee unter dem Gewehr gestanden, so bald man Selbige auf den Anhöhen von Gorbitz ansichtig ward, wurden die Canonen dreymal um die Stadt gelöset … Dresden fängt wieder an aufzuleben.«* Es ist das offiziell unter dem Schutz kaiserlich-königlicher Truppen und der *Reichs-Executions-Armee* stehende Dresden. Aber egal, wer die Kommandogewalt fast nach Belieben über Sachsens Untertanen ausübt, ob die Österreicher mit einem *Reichs-General-Kriegs-Kommissariat* oder die Preußen mit ihrem *General-*

Feld-Kriegs-Directorio, beider Militärverwaltungen sind der Bevölkerung gleicherweise verhasst.

Es zeigt sich, die Menschen wünschten nichts sehnlicher als Frieden, denn die Lebensumstände in Sachsen hatten ein schier unerträgliches Ausmaß erreicht. Wie es um die Gefühle dieser armen Untertanen bestellt war, wussten alle Verantwortlichen. Staatsraison und die katastrophale Lage auf allen gesellschaftlichen Ebenen forderten sie daher zu dringlichem Handeln heraus. Ein »*EXTRACT*«-Korrespondent zeichnet am 4. Dezember 1762 dieses düstere Bild eines sozialen und ökonomischen Tiefpunktes, in den das kriegsgeschüttelte Kurfürstentum mittlerweile abgerutscht ist, mit folgenden Worten: »*Da in verschiedenen Gegenden Posten, Correspondenz, Umgang, und, so zu reden, die menschliche Gesellschaft, Handel und Wandel beynahe aufhöret, ein trauriges Schicksal dem anderen die Hand bietet, an manchen Orten das Elend auf den höchsten Grad gestiegen, und fast mit Gefahr des Lebens einer dem anderen seine Noth klaget, so ist es nicht möglich, daß das Publicum von dem wahren Zustande der Sachen durch die öffentlichen Blätter unterrichtet werden kann.*«

So couragiert wie unverblümt verweist der Berichterstatter auf die Allgewalt der Besatzer-Zensur. Es mag erstaunen, dass ein Schlusssatz wie dieser, unbeanstandet in Druck gehen durfte. Oder ist es der sträflichen Nachlässigkeit eines preußischen *Officiosus´* geschuldet, wenn die offen geübte Kritik am Regime der Invasoren nicht seinem Stift zum Opfer fiel? Allein was dem *Königl. Preußischen General-Feld-Kriegs-Directorium,* und somit der Person des Königs, opportun erscheint, erhält in den *Zeitungs-Blättern* die Druckfreigabe. Der von einigem Mut zeugende Hinweis, man müsse in diesen schweren Zeiten dem Lesepublikum die Wahrheit verschweigen, gehört mit Sicherheit nicht zu dem, was eine preußische Zensur-Bevormundung veröffentlicht sehen möchte.

Und was *Se. Königl. Majestät von Pohlen und Churfürstl. Durchlaucht zu Sachsen*, seit dem 16. Oktober 1756 mit einem vom preußischen Eroberer Friedrich ausgestellten Passierschein huldvoll auf sein Königsschloss an der Weichsel entlassen, sonst noch zum energischen Handeln im Herbst des Jahres 1762 antrieb, versucht er erst gar nicht zu verschleiern. Was sich einem absolut regierenden Souverän wie ihm, schon von selbst verboten hätte. Ein von *Gottes Gnaden* auf den Thron Gelangter besitzt die Freiheit, jederzeit das zu machen, wozu es ihm beliebt.

Es dränge ihn zurück nach Hause, bekennt er mit allem Freimut, um endlich wieder das Amüsement einer Parforcejagd in den heimischen Forsten genießen zu können. Allerdings wird er sich darauf einstellen müssen, dass vieles nicht mehr so sein wird, wie es vor diesem unseligen Krieg einst gewesen war. Dazu zählt, dass beispielsweise sein geliebtes *Lust-und Jagdschloß Hubertusburg*, welches ihm und seiner Gemahlin Maria Josepha ein letztes Mal im Frühjahr 1756 auf der Rückfahrt von der Leipziger Ostermesse als Übernachtungsdomizil diente, von einem harten Schicksalsschlag getroffen wurde. Da der Kurfürst-König nur noch einige Monate zu leben hat, wird er diesen Schmerz, man kommt um diese pietätlos klingende Feststellung nicht umhin, nicht allzu lange mit sich herumschleppen müssen. Spürt er wohl sein nahes Ende, und ist das der Grund, weshalb er es eilig hat mit der ersehnten Heimkehr nach Dresden?

Hereingebrochen war das Unheil über den Jagdsitz Hubertusburg am 18. Januar 1761, verursacht von einer entfesselten Soldateska, Angehörigen eines berüchtigten preußischen Freibataillons. Auf Geheiß ihres wutschäumenden Kriegsherrn Friedrich II. zogen diese Freibeuter raubend und zerstörend durch beinah all jene herrschaftlichen Gemäuer, die dem Schloss-Ensemble seinerzeit sein majestätisches Gepränge gaben. Wie auch ein Sturm des Schreckens und der Verwüstung über die Zierde der Parkanlagen, über Wirtschaftsgebäude und Stallungen mit sprichwörtlich preußischer Gründlichkeit hinweggebraust war.

Entsprungen ist die beispiellose Strafaktion vom 18. Januar 1761 gegen das Jagdschloss dem Rachebedürfnis des preußischen Königs, als Antwort auf das ungezügelte Treiben des Feindes in seinen Schlössern zu Berlin, Charlottenburg, Schönhausen und Potsdam Anfang Oktober 1760. Dazumal lagen die Berliner Residenzen von ihrer adeligen Herrschaft verlassen da, nur ein Teil der Schlossdienerschaft war verblieben, *»nachdem Se. Königl. Majestät gut gefunden, den Aufenthalt des Hofes wiederum auf eine Zeit lang nach Magdeburg zu verlegen«*, unterrichten die *»Leipziger Zeitungen«* am Montag, dem 24. März 1760, ihre Leser. *»So sind«*, fährt der Berichterstatter in seiner am 18. März verbreiteten Meldung aus dem preußischen Berlin fort, *»Ihro Majest. die Königin, nebst den übrigen hohen Personen des Königl. Hauses, heute dahin aufgebrochen.«*

Weitaus schlimmer noch als ihre kaiserlichen und russischen Waffenbrüder, welche in der Nacht vom 8. auf 9. Oktober 1760 in die verteidigungsunfähige, zur Kapitulation gezwungene Preußenmetropole für vier bis fünf Tage eingedrungen waren, tobte sich ein Kavallerie-Regiment sächsischer Ulanen bevorzugt im königlichen Wohnsitz zu Charlottenburg aus. Ein prächtiges

Lustschloss, damals noch in einem eigengeprägten Städtchen Charlottenburg, eine Meile von Preußens Residenzstadt entfernt. Noch war kein Gedanke daran, einmal ein bekannter Ortsteil Berlins zu werden. Jenes *Chevauxlegers-Regiment*, welches sich die Taten von Charlottenburg nicht ohne ein Gefühl der Genugtuung auf seine Fahnen schrieb, trug den Namen des Mannes, den Friedrich II. am innigsten verabscheute. Den Namen des Grafen v. Brühl.

Bis dahin gehörte der *Hr. Prem. Ministre Graf von Brühl Excellenz* zu den Hauptgeschädigten, dessen riesiger Besitz an Schlössern, Palästen und Landgütern den preußischen Soldaten von ihrem Kriegsherrn zum Räubern und Brandschatzen frei gegeben wurde. Dass er Brühl nicht nur mit Worten aufs Schärfste attackierte, dahinter verbarg sich Friedrichs abgrundtiefer Hass auf den Grafen. In Anbetracht dessen, weil er diesem die Schuld zuschob für eine Diplomatie, die in eine gegen Preußens Existenz gerichteten Kriegskoalition mündete. Geschmiedet aus den Mächten Österreich, Russland und Frankreich, und mit Sachsen im Bunde. Und auch Schweden, das Königreich im Norden Europas, war einbezogen. Eine Situation, bei der sich allerdings die Frage stellt, ob Preußens Herrscher aus dem Blick geraten ist, dass er selbst einst den unheilvollen Ausgangspunkt dieser übermächtigen Militärallianz seiner Feinde geschaffen hatte. Im Dezember 1740, durch seinen überraschenden Einfall in die von Maria Theresia wie ihren eigenen Augapfel gehütete Provinz Schlesien.

»Etwas Unruhe« stiften, beliebte Friedrich II. verharmlosend zu formulieren, wenn er wieder einmal eine seiner geheimen *Ordres* zum Plündern Brühlscher Besitz- und Reichtümer erließ. Freilich sollte alles in einer Weise ablaufen, dass der Eindruck entstehe, es würde sich um eine spontane Aktion nach alter Landsknecht-Manier handeln. Als habe er, der König, der sich gern als kunstsinnig gerierte, mit all diesen unappetitlichen Dingen rein gar nichts zu tun. Geradezu ängstlich war er darauf bedacht, dass niemand ihm solches als dunkle Seite seines Wesens ankreiden könnte. Er wollte nach außen hin ganz und gar seine Hände in Unschuld waschen. Doch die wenigsten sind bereit, ihm diese Mär zu glauben. Zumal schon bald, was das Zerstörungswerk seiner Soldaten im *Pallais Hubertusbourg* angeht, dank der Enthüllungen einer Top-Quelle, nicht zu widerlegende Beweise offen auf dem Tisch liegen werden. In Dresden, am mehr oder weniger verwaisten königlich-kurfürstlichen Hof.

War es deshalb verwunderlich, wenn die Sachsen darauf brannten, es dem Feind im Herzen seines Reiches, der Haupt- und Residenzstadt Berlin, endlich heimzahlen zu können? Wenn sie sich bedenkenlos über alles hergemacht haben, was dem Preußen-Herrscher heilig ist? Aus Wut darüber, dass er seit mehr als vier Jahren ihr Land besetzt hält?

Die Spirale der Gewalt, die sich scheinbar unaufhaltsam weiter nach oben dreht, dem König ist augenscheinlich entfallen, dass er es war, der sie erst in Gang gesetzt hatte. Am Beginn von alledem stand 1757 das unbotmäßige Vorgehen gegen das Stadtpalais des Grafen in Dresden. Und im Jahr darauf musste eines der Landsitze, wie jenes bezaubernde Anwesen zu Nischwitz bei Wurzen, daran glauben. In Schloss und Rittergut Nischwitz bezog Sachsens Premierminister immer dann mit Vorliebe Logis, wenn alljährlich die *Messzeit* kam, und er gleichsam mit der hochtrabenden Attitude eines Regenten nach Leipzig aufbrach. Im Schlepptau einerseits die Ehefrau Maria Anna Franziska (1717-1762), von der es geheißen hat, die Gräfin Brühl könnte es hinsichtlich Maßlosigkeit locker mit ihrem Gemahl aufnehmen. Und andererseits in des Premierministers nachfolgender Entourage ein Pulk beflissener Hofbeamter und in gräfliche Livree gekleidetes Dienstpersonal.

Mit der Ausflucht, Waffenverstecken auf die Spur kommen zu müssen, fiel der preußische Oberst Johann von Mayr (1716-1759), ein um seinen Ruf als kaltschnäuziger Beutemacher wenig besorgter Freischärler, mit 150 Mann über Nischwitz her. Was sich von der Vielzahl großer und kleiner luxuriöser Gegenstände nicht zu Geld machen ließ, machte dieses Mayr´sche Freibataillon, welches schon zuvor die Bevölkerung in Franken und der Oberpfalz gewaltig das Fürchten lehrte, an jenem Januartag des Jahres 1758 zu Kleinholz, Schrott und Müll. In gehorsamer Befolgung des Königs geheimer Anordnung, *»etwas Unruhe zu verursachen«*. Aber so, dass auf keinen Fall ruchbar werde, wer der wahre Urheber der dem edlen Grafensitz Nischwitz zugefügten Schäden sei.

Noch befand man sich in der Winterpause. Es ist dies die Zeit, da ein beim Feind in Kriegsgefangenschaft Geratener üblicherweise hoffen durfte, ausgetauscht zu werden. Von einer Freilassung könnte demzufolge Baron Guttenberg *»von den bischöfl. Würzburgischen«* betroffen gewesen sein, ebenso dessen Kamerad Eisenberg, *»Obrist-Wachtmeister von den fränkischen Kreistruppen«*. Beide jungen Adligen hatten das Pech, in Gotha in die Fänge eines Preußen-Kommandos zu geraten. Sie hätten sich im Gasthof *»Zur Silbernen Schelle«* am Hauptmarkt, so verzeichnet es unter dem 19. September 1757 das herzogliche Tagebuch von Schloss Friedenstein, *»versäumt«*.

Das klingt nicht gerade nach Pech, vielmehr nach eigenem Verschulden. Und wenn die Quellen nicht trügen, hat es sich auch so verhalten. Im Eisenacher Hauptquartier der Reichsarmee sorgte der Fall für erheblichen Wirbel. Mit Schreiben vom 22. September wurde das Vorkommnis dem *»Hochwürdigsten Bischof«* in Würzburg zur Kenntnis gebracht. Ein *»dienstwilligst ergebenster«* Prinz zu Hildburghausen beschrieb dem Bischof Adam Friedrich Graf zu Seinsheim, wie es zu *»diesem Unglück kam, welches sie sich aus Saumseeligkeit, und weil sie sich in der Stadt mit Essen und Trinken... aufgehalten, zugezogen haben.«* Als militärischem Vorgesetzten der *»zwey Volontärs von mir«* machte den Prinzen deren sträflicher Leichtsinn und gleichzeitiges Ignorieren *»denen gegebenen Ordres«* mächtig wütend: *»So ist Mir doch sehr leyd, dass der Feind zwey Staabs-Officiers und an mit* (somit) *eine Trophee überkommen hat.«* Vier Wochen nach ihrer Gefangennahme seien die beiden dem Oberst von Mayr in Naumburg überstellt worden. Es heißt, der Plünderer von Schloss Nischwitz, ansonsten für sein raubeiniges Verhalten gefürchtet, begegnete den zwei beim Gaumenschmaus in der *»Silbernen Schelle«* aufgegriffenen *Tropheen* mit gebührendem Respekt.

Mochten Preußens König durchaus Skrupel überkommen, den teuflischen Reigen von Ausplünderung und Verwüstung setzte er trotzdem unbeirrt fort. Ein Landsitz des verhassten *Herrn Prem. Ministres Grafen von Brühls Excellenz* folgte dem anderen. Und immer gingen damit große Verluste an Kunstgütern von unschätzbarem Wert einher. In all diesen Fällen hätte sich *Ihro Königl. Majestät* hinsichtlich seines Verhaltens mit der bekannten Spruchweisheit aus dem Alten Testament belehren lassen müssen: »Wer Wind sät, wird Sturm ernten.« Bibelworte, die ihm hätten ein wenig Trost spenden müssen, wenn er nun bitter beklagt, welche verheerenden Auswirkungen der Sturmlauf der sächsischen Ulanen am 12. Oktober Anno 1760 in seinem schönen Schloss Charlottenburg gezeitigt haben.

Friedrichs Vergeltung auf die Revanche der Sachsen – so stellten sich die Berliner Vorgänge bei Licht betrachtet dar – folgte auf dem Fuß. Allerdings ließ er drei Monate verstreichen, ehe er das Signal zum Losschlagen gab. Solange räumte der zornige Preußenregent der Gegenseite ein, den angerichteten Schaden zu ersetzen und sich, was ihm fast noch wichtiger erschien, zu entschuldigen. Doch sowohl aus Warschau wie aus Wien blieb eine Reaktion des Bedauerns auf sein *»Circular-Rescript«* aus. Eine Kränkung, die sich mit Friedrichs leicht aufbrausendem, nachtragendem Charakter ganz und gar nicht vertrug. Nun war ihm auch der alte Kriegsbrauch völlig egal, wonach der Besitz eines feindlichen Herrscherhauses unangetastet bleiben müsse. Oder volksmundhaft ausgedrückt: »Eine Krähe hackt der anderen kein Auge aus«.

Jetzt also sah er sich im Recht und bestimmte als Termin einer Schloss-Plünderung den 18. Januar 1761. So ganz nebenbei ein großes Datum in Preußens jüngster Geschichtsschreibung: Höchster Staatsfeiertag, und 1761 noch dazu verbunden mit einem Jubiläum. An diesem Tag vor sechzig Jahren setzte sich sein kurfürstlicher Großvater selig die Krone zum künftigen Monarchen Preußens aufs Haupt. Friedrich I. sein offizieller Königstitel. Es war die feierliche, von der hochadligen Konkurrenz nicht unbedingt mit Wohlwollen begleitete Geburtsstunde eines neu begründeten Königreichs aus einem Kurfürstentum hervorgehend, im Staatsverbund des *Heiligen Römischen Reiches teutscher Nation*. Es war der Taufakt der hochmögenden Hohenzollern-Dynastie unter all den bis hinein ins 20. Jahrhundert regierenden Friedrichs und Wilhelms auf dem Berliner Preußenthron.

Ausgerechnet an diesem symbolträchtigen Tag zeigt sich der Enkel entschlossen, seiner Rachsucht freien Lauf zu lassen. Nach den kapriziösen Adelssitzen Nischwitz und Pförten in der Lausitz, ist nun das wegen seiner Größe und Schönheit vielbewunderte Jagdschloss Hubertusburg an der Reihe, für die aus Sicht des preußischen Herrschers erlittene Schmach von Berlin zu büßen.

Einzig der katholischen Schlosskapelle mit ihrem kostbaren, goldverzierten Innenleben taten Friedrichs Soldaten und ihre gedungenen zivilen Komplizen keine Gewalt an. Dass diese nur um Haaresbreite der totalen Ausraubung entging, soll sie dem beherzten Eingreifen ihres Kaplans, des *Geistl. Raths Pater* Schubert, zu verdanken haben. Worauf einschlägige Publikationen in berührenden Schilderungen zu dessen bleibendem Nachruhm gern Bezug nehmen. *»30 und ein halbes Jahr«*, habe er *»der geistlichen katholischen Gemeinde mit Liebe vorgestanden«*, würdigt der Sterbeeintrag im Kirchenbuch von Hubertusburg Anton Norbert Schuberts seelsorgerisches Wirken anlässlich seines am 22. Mai 1782 sich im Alter von 75 Jahren vollendeten irdischen Lebens.

Anderswo kümmerten sich besorgte Gläubige ebenfalls um eine Rettung der *Cappelle* in letzter Minute. Zu diesen engagierten Fürsprechern zählt ein vor 64 Jahren in Leipzig geborener Untertan: George Samuel Götze. Durchaus vorstellbar ist, Götze war mit Johann Adam Räubig bekannt, denn beide versehen sie bei ihrer jeweiligen hohen Herrschaft die verantwortungsvolle Stelle eines Schlossverwalters. Der eine auf Hubertusburg, und der andere auf dem weniger als zwei Meilen entfernten Dahlener Landadelssitz. Wahrscheinlich ist, als *chursächsische* Schloss-Kollegen, und somit als Vertreter des gleichen bürgerlichen Standes, kennen sich die beiden persönlich. Und noch etwas ist ihnen, nun aber nachweislich, gemeinsam: Ihre verzweifelte Lage treibt sie dazu, nach Feder, Tinte und Streusanddose zu greifen. Unabhängig voneinander produzieren sie, ohne dass es ihnen vermutlich jemals in den Sinn gekommen wäre, Dokumente von zeitgeschichtlicher Bedeutung.

Im Fall des *Schloß Inspectors* Götze ist es dessen *»Unterthänig-gehorsamster Bericht wegen Ausräumung und Zerstöhrung Hubertusburg«* betiteltes mehrseitiges Schriftstück, worin er die Heftigkeit und Brutalität des Vorgehens preußischer Soldaten gegen Personen und Sachwerte anprangernd in den Blick nimmt. Nachzulesen ist darin aber auch, wie er dem Beispiel des *Königl. Hof Capellans* Schubert folgt und mit ihm gemeinsam oder allein, vehement für die Unversehrtheit der von Plünderung bedrohten Schlosskirche eintritt.

Aller Wahrscheinlichkeit nach handelt es sich bei diesem Rapport um das einzige, auf die Nachwelt gekommene Beweisstück, welches Aufschluss darüber gibt, was sich vom 18. Januar 1761 an gerechnet, in dem Prunkschloss tatsächlich abgespielt hat. Das Original blieb unversehrt und wird heute vom Sächsischen Hauptstaatsarchiv Dresden verwahrt. Es stellt eine Art Rechenschaftsbericht dar, der durch eine Fülle verblüffender Details hervorsticht. Mit einiger Berechtigung darf man in ihm ein Dokument von erheblicher Beweiskraft sehen. Desgleichen es keinen triftigen Grund zu geben scheint, die Integrität des Autors, der schon 1732 dem Schloss als Verwalter vorsteht, ernsthaft in Frage zu stellen. Die Anschaulichkeit, mit der er sich auszudrücken versteht, mit der er Situationen analysiert, Personen wie auch Begebenheiten beschreibt und beurteilt, und diese ins rechte Licht zu rücken versucht, spricht für sich. Zudem gelingt es ihm, sobald Einflüsse von außen auf ihn einstürmen, eigenen Gefühlsregungen glaubhaft Ausdruck zu verleihen.

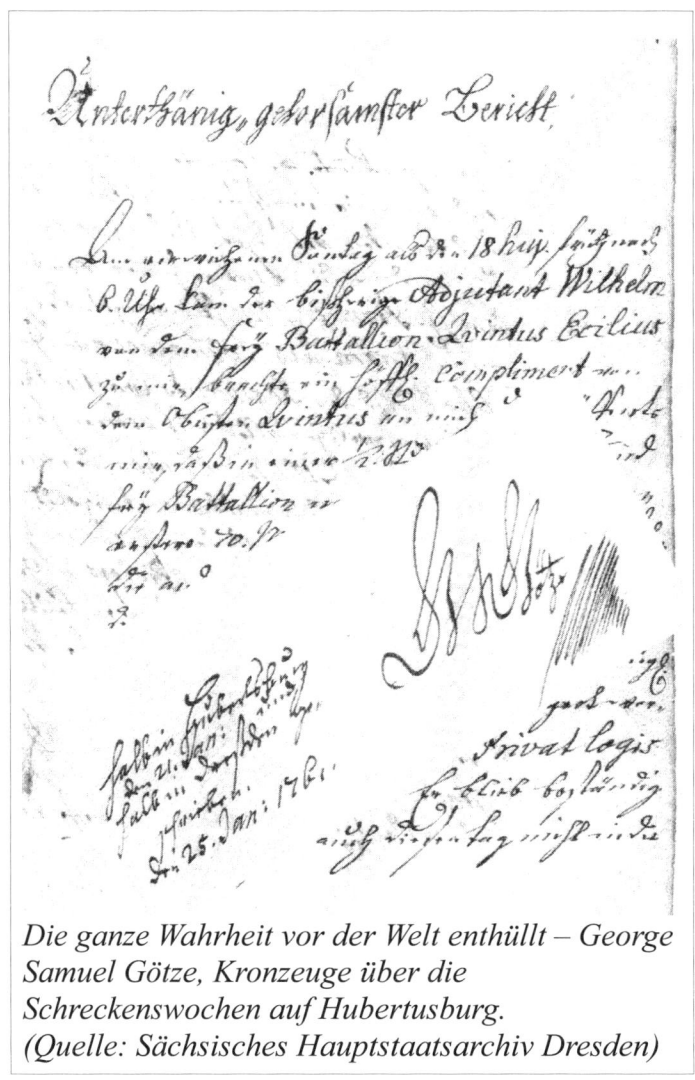

Die ganze Wahrheit vor der Welt enthüllt – George Samuel Götze, Kronzeuge über die Schreckenswochen auf Hubertusburg. (Quelle: Sächsisches Hauptstaatsarchiv Dresden)

Das bemerkenswerte Papier trägt gleich drei unterschiedliche Daten, die auf eine Entstehung in ebenso vielen Phasen verweisen: *»halb in Hubertusburg den 21. Jan. und halb in Dreßden geschrieben, den 25. Jan. 1761«* sowie den 15. Mai desselben Jahres wiederum in Dresden. In diesen Zeitraum fällt am Sonnabend, dem 24. Januar, *»Sr. Königl. Majestät, unsers allergnädigsten Königs und Herrn«* 49. Geburtstag, welcher durch ein *»großes Trachtament«* beim Leipziger Stadtkommandanten, Major von Keller, auf der Pleißenburg feierlich begangen worden sei. Wie darüber hinaus der *»Adel beyderley Geschlechts und alle andern Standes-Per-*

sonen« in Preußens Hauptstadt des hohen Tages gedachten, darüber gewährt eine Woche später Magdeburgs Lokalblatt seinen Lesern einen flüchtigen Blick durchs herrschaftliche Palast-Schlüsselloch. Abends sei »grosse Galla« gewesen, »auch sehr zahlreiche Cour, und es ward daselbst an verschiedenen auf das prächtigste servirten Tafeln Soupee gehalten.«

Angesichts der unbeschreiblich großen Not könnte manchem gemeinen Untertan, gleichgültig ob Preuße oder Sachse, bitter aufgestoßen sein, was er über üppig veranstaltete Festmahle seiner Obrigkeit zu hören bekam. Insbesondere der Dienerschaft auf Schloss Hubertusburg, für sie nämlich begann gerade die Parforcejagd der besonderen Art Fahrt aufzunehmen. Auf insgesamt 38 Seiten im DIN-4-Format schildert der sich zur »Romisch Catholischen Religion« bekennende Witwer Götze, was er während dieser barbarischen sechzehn Wochen sah und erlebte. Unter anderem auch dieses: »Ich ladete ihn auf den andern Tag, als den 28. Januar mit seinen 5 Officiers zu mir zu Tische, er kam und ward so wohl von mir als meinen Kindern gebethen die Kirche zu verschonen, so er auch versprach sambt allem was zur Kirche gehöret.«

Der dieses Versprechen in der Wohnung des Schloß Inspectors abgab, war der »Obriste Quintus Icilius« (1724-1775), Kommandeur eines Freibataillons, der nun schon seit zehn Tagen darüber wacht, dass der kaltblütige Plünderungsbefehl nach dem Willen seines obersten Kriegsherrn Friedrich II. ausgeführt wird. Von der Berliner Hofgesellschaft wird er sich dafür wenig später mit galligem Humor, und in launiger Verdrehung der Tatsachen, den Spitznamen »Tapezierer von Hubertusburg« erwerben. Der langjährige Kammerherr der Königin – Friedrichs Gemahlin Elisabeth Christine – erwähnt dies in seinem Tagebuch und dokumentiert damit ganz nebenbei, der Witz à la Berliner Schnauze lässt sich auf eine jahrhundertealte Tradition zurückverfolgen. »Ich mache auch die Bekanntschaft…des Quintus Icilius, des berühmten Tapezierers von Hubertusburg«, hält Graf Ernst Ahasverus Heinrich von Lehndorff unter dem 1. April 1763 in einem persönlichen, nach seinem Tod veröffentlichten Kalendarium in ironischem Tonfall fest. »Wir nennen ihn so«, fügt der seinerzeit 35-Jährige zur Erklärung an, »seitdem er dieses Schloß in gemeiner Weise ausgeplündert hat.« Götzes Bericht wird zeigen, ob er sich zu Recht dieser pauschalen Schmähung ausgesetzt sieht.

In Erinnerung gerufen sei, dass der Tapezierer der Bataillonsführer jenes ungezügelten Trupps Soldaten ist, der von ihrem Hauptmann Schack am 6. Juni 1760 dazu angestachelt worden war, unter den verängstigten Bürgern des Städtchens Grimma Furcht und Entsetzen zu verbreiten.

Der dreiste Raubzug von Hubertusburg wird diesem Quintus Icilius auf immer als eine der schmählichsten, in diesem Krieg begangenen Schandtaten anhaften. Dass es einmal dazu kommen würde, war vor Jahren nicht vorauszusehen. Ging doch seiner Hinwendung zum »Kriegshandwerk« ein erfolgreich absolviertes Universitätsstudium in den Fächern Theologie, klassischer Latein- und Griechisch-Philologie voraus, einschließlich des Erlernens der *morgenländischen Sprachen* Syrisch, Arabisch und Chaldäisch. Wenn nun ein von den dramatischen Ereignissen zutiefst verstörter Schlossverwalter Götze um Gnade für das Kircheninnere bat, durfte er dies zumindest in der Gewissheit getan haben, an die richtige Adresse geraten zu sein. Sozusagen in einem ökumenischen Pakt sicherte der *lutherisch* ausgebildete Gottesmann und Kriegsherr Quintus Icilius dem katholischen Hüter des Schlosses zu, sich schützend vor den von preußischer Demolierung bedrohten Sakralraum zu stellen.

Ein heller Kopf dieser Kriegsmann also, welcher, als er noch an den renommierten Gelehrtenanstalten von Halle, Magdeburg, Herborn und im holländischen Leiden ganz friedfertig theologische Studien betrieb, den Namen Karl Theophil Guichard trug. Erst der preußische König, der lebhaftes Interesse an den analytisch klugen militärhistorischen Schriften über die alten Griechen und Römer bezeugte, die sein forscher *Freischarenführer* und geistreicher Gesprächspartner vormals verfasst hatte, taufte ihn nach einem launigen Disput um gelehrte Fragen des Altertums in Quintus Icilius um.

Nach dem Krieg wird sich erweisen, wie einträglich der räuberische Coup auf Schloss Hubertusburg für den in Magdeburg in eine Hugenotten-Familie hinein geborenen *Obristen* war. Das in Sachsen zusammengeraffte Geld fließt in den Erwerb eines »*Wassersuppe*« genannten Rittergutes bei Rathenow. So sehr der Hubertusburger Gewaltakt den Ruf dieses Herrn dauerhaft beschädigte, so gewinnbringend war er für ihn. Hier in der brandenburgischen Havelland-Provinz fand der von Natur aus feingeistige Haudegen wieder vom Saulus zum Paulus zurück. Das gelang ihm innerhalb Jahresfrist nach Kriegsende durch eine ehrenvolle Berufung zum ordentlichen Mitglied der Preußischen Akademie der Wissenschaften zu Berlin. Das »*Unternehmen*« Hubertusburg, welches für den inzwischen entmilitarisierten, ins Zivilleben zurückgekehrten Quintus finanziell einiges abgeworfen hat, mag er da gedanklich schon hinter sich gelassen haben.

Jagdschloss Hubertusburg – das Hauptpalais. Im Flügel links vom
Portal: Pater Schuberts Schlosskapelle.

Die von den Plünderungsexzessen überraschten *Schloß Domestiquen* auf Hubertusburg dagegen dürften diesen Sonntag, den 18. Januar 1761, aus vollem
Herzen verwünscht und aus ihrer Erinnerung niemals gestrichen haben. Selbst
wenn das eigentliche Verderben erst nach einigen Tagen mit voller Wucht über
sie hereinstürzte. *»Im Haupt Gebäude sind alle marmorne Camine, alle Vasen, alle*
Schlößer, alle bastenen Vorhänge, alle Fußböden wo Parquet… gelegen, alle Comoden,
Schräncke, Tische, alles Eißen Werck in Caminen…sogar die Eißen daran Laternen ge-
hangen, genommen worden«, zeigt sich ein selbst noch nach Wochen mühsam um
Fassung ringender Schlossaufseher geschockt über das erschreckende Ausmaß
der angerichteten Verwüstung in dem prunkvollen Herzstück »seines« Palais´.

Der militärische Chef der sich wie Vandalen gebärdenden Soldaten,
Quintus Icilius, hielt sich da allerdings schon nicht mehr in Hubertusburg auf.
Götzes schriftlicher Berichterstattung an das *Königl. Ministerium* in Dresden ist
sogar zu entnehmen, der vielgeschmähte Herr *Obriste* ließ sich im Verlauf der
sechzehn Schreckenswochen lediglich zweimal am »Tatort« blicken. Er zieht
es vor, aus dem Verborgenen heraus zu agieren.

Zunächst ist er am 21. Januar auf Hubertusburg. Es ist ein Mittwoch und
inzwischen der dritte Tag des ungestümen Beutemachens seines Jäger-Corps.

Streng genommen ist die Jagd auf all die Herrlichkeiten aus königlich-kur-fürstlichem sowie gräflichem Besitz noch gar nicht richtig eröffnet worden. Noch nämlich sehen sich die preußischen *Officiers*, von Zivilisten begleitet, mit einer anderen zeitraubenden Aufgabe ausgelastet. Sie besteht darin, das Mobiliar seit *»Montag früh…zu inventiren und zu taxiren; nach Mittags continuirte man, biß zur Zeit des Caffé trinkens«*, beschreibt Götze den Fortgang der bis dahin noch relativ harmlosen Vorkommnisse. Man merkt schon, penibles Ausbreiten der Fakten geht dem Schlossverwalter über alles. Genauso wie den potentiellen Plünderern das pünktliche Einhalten einer Kaffee-Pause, die sie als wohlverdient betrachtet haben mochten. Sie versehen letztendlich ihren Job in Sachsen, dem Land der enthusiastischen Kaffeetrinker.

Gegen 6 Uhr in der Früh jenes 21. Januars wäre Icilius aus Oschatz ge-kommen, *»alswo er sich dar wieder aufgehalten u. tägl. rapportiren ließ.«* Gerademal eine Stunde Zeit habe er sich für seinen Aufenthalt genommen. Und um sein *»Incognito«* zu wahren, hätte sich der *Freischaren Commandeur* nicht nur diese sechzig Minuten in der Wohnung des *Bett-Meisters* Kuntze aufgehalten. Er hätte auch dessen Pferdekutsche zur Fahrt von Oschatz nach Hubertusburg benutzt. Da drängt sich doch die Frage auf: Warum diese seltsam anmutende Heimlichtuerei?

Obwohl auf selber Etage im selben Seitenflügel wie der *Bett-Meister* woh-nend, wurde der Schlossverwalter nicht gerufen. Er revanchierte sich mit der Weigerung, aus freien Stücken zum preußischen Militärchef zu gehen, *»und zwar darum, weil ich den Tag zuvor geschrieben, ich hätte gewünscht ihn bey uns zu sehen, um uns für die iederzeit gegen uns gezeigte Leutseligkeit u. Moderation zu ergötzen, u. ihm zu seinem Avancement als Obrister zu gratuliren.«* Entgegen manch anders lau-tenden Quellen, die die Beförderung erst mit dem Jahr 1769 in Verbindung bringen, scheinen Götzes Angaben unter Verweis auf eine Zeitungsmeldung zu stimmen. Die bestätigende Notiz findet sich in *EXTRACT* vom 17. Ja-nuar 1761, worin auf die soeben erfolgte Bestallung verwiesen wird: *»Der Major Quintus Icilius, oder der gelehrte Hr. Guichard, der das Werk von der Tactik der Alten geschrieben, ist zum Obersten ernennet.«*

Ein Zeitpunkt, dem eine Auffälligkeit anhaftet: die Nähe zur bevorste-henden Schloss-Plünderung auf Hubertusburg. Der zeitliche Kontext könnte den Eindruck aufkommen lassen, des Majors Quintus Rangaufstieg habe im Zusammenhang mit diesem Ereignis gestanden. Wollte ihm der König den lausigen Job damit ein wenig versüßen? Nachdem sich schier Undenkbares in

Preußens stolzer Armee zugetragen haben soll: ein ranghoher Offizier hätte *Sr. Majestät* den Gehorsam verweigert. Den Gehorsam auf seine *militärische Ordre*, das Kommando über die Schloss-Plünderung in Hubertusburg zu übernehmen. Der Angesprochene lehnte ab, weil er dies mit der Würde eines Offiziers für unvereinbar hielte. Bei dem couragierten Befehlsverweigerer, der für seine aufrechte soldatische Haltung vom aufgebrachten König mit einem zeitweiligen Beförderungsstopp bestraft wurde, soll es sich um den General-major der Kavallerie Johann Friedrich von der Marwitz (1723-1781) gehan-delt haben.

Der wahre Grund, weshalb der *Schloß Inspector* Götze dem just beförderten *Obristen* diesmal die kalte Schulter zeigt, ist ein tiefer sitzender. In seinem chro-nikähnlichen Bericht steht, er »vermelde«, dass Quintus vor »*ohngefehr 3 Wochen bey mir logirt, über Nacht geblieben u. mit mir gegeßen, dann mir auf meine Besorgniß wegen Plünderung des Pallais versicherte, daß er, wann er dergl. commission erhielte, unmög-lich dazu sich verstehen würde.*« Götze schließt aus diesen Worten, »*dieses ist wohl itzo die Uhrsache, daß er in Oschatz geblieben, auch incognito hier geweßen.*«

Wer hätte das für möglich gehalten. Ein gemeinhin gefürchteter Chef eines preußischen Freibataillons, offenbar vom schlechten Gewissen eingeholt, ent-zieht sich der Wahrnehmung eines harmlosen Zivilisten. Geradezu symbol-haft schlüpft er bei der Familie eines *Bett-Meisters* unter und sucht einem Auf-einandertreffen mit dem Schlossverwalter verschämt aus dem Wege zu gehen. Sollte der »*wie alle Welt weiß, wie ein Räuberhauptmann*« sich Aufgeführte weniger als soldatischer Feuerkopf, denn als ein Militär von rauer Schale und weichem Kern entpuppen? Ausgerechnet der König war es, der sich Jahre später an-lässlich einer Abendgesellschaft spottend über seinen »*Räuberhauptmann*« Ici-lius ausließ.

Aber warum flüchtet sich dieser in die Anonymität? Kann es etwa sein, er meinte es aufrichtig mit seiner um die Jahreswende abgegebenen Versiche-rung, erhielte er den Befehl zur Hubertusburg-Plünderung, er dann »*unmöglich sich dazu verstehen würde*«? In Kenntnis dieser bislang unbekannten Zeugenaus-sage wirft es natürlich die Frage auf, ob das Bild, was man lange von Quintus Icilius im Zusammenhang mit den Vorgängen auf Hubertusburg gezeichnet hat, differenziert genug gewesen sei. Manifestierte man seine unzweifelhaft unrühmliche Rolle dennoch zu seinem Nachteil zu eindimensional?

Im Licht des jüngst entdeckten Aktenfundes widerfährt dem *Freischarenführer* eine gewisse Rehabilitierung der ihm bisher angekreideten Alleinschuld an der

Schloss-Plünderung. Für den Berichtverfasser Götze gäbe es kaum einen plausiblen Anlass, Quintus Icilius von seinem schlechten Leumund zu befreien. Oder dessen Schlüsselrolle zu relativieren, hätte Götze sie anders erlebt, als er sie teilweise zu dessen Entlastung schildert. Gehörte er doch selbst zu jenen Unglücklichen, die am meisten in diesem Trauerspiel zu leiden hatten.

Empfand somit dieser Quintus Icilius nicht nur vor dem Schlossinspektor Götze Scham, sondern auch vor der öffentlichen Meinung? Eine besondere Verlockung könnte für ihn die Aussicht auf eine Menge schöner Taler dargestellt haben. Verleitete ihn dieser erhoffte Geldsegen zur Ausführung des königlichen Befehls? Oder übte das vorangegangene Beispiel seines Offizierskameraden, welches alsbald in Armeekreisen kursierte, eine so abschreckende Wirkung auf ihn aus, dass er zur Subordination keine Alternative sah? Fand sich der Freischärler Quintus nur deshalb zur Vollstreckung bereit, um sich nicht ebenfalls die Gunst seines auf strengste Disziplin achtenden Kriegsherrn zu verscherzen? Schlüssige Antworten auf all diese Fragen gibt es nicht, letztlich nur vage Mutmaßungen.

Auf der anderen Seite der tief gekränkte sächsische Schlosskastellan, nach dessen Einschätzung sich der Preuße eines schnöden Wortbruchs schuldig gemacht habe. Und weswegen er nun den Kontakt zu ihm meidet. Man kann, das legt des *Schloß Inspectors* Bericht nahe, in Götze und Icilius zwei natürliche Gegenspieler erblicken, die es sich ungeachtet bestehender Ungleichheiten bezüglich ihrer Person und ihrer Loyalitätspflicht ihren Obrigkeiten gegenüber angedeihen lassen, sich durchaus auf Augenhöhe zu begegnen.

Der ungestüme Gewaltakt, bei dem alle Säle und Salons *»im königlichen Palais demeubliret«* worden wären, hätte, so ist Götzes Aufzeichnungen an den Dresdener Hof zu entnehmen, ohne eine aktive Mitwirkung des *Tapezierers* stattgefunden. Der nämlich habe sich vom 29. Januar an, anlässlich seines zweiten Aufenthaltes auf Hubertusburg, von dort für immer verabschiedet.

Allein, die preußischen Schatzjäger vergriffen sich nicht nur im Hauptpalais an der Fülle der einzigartigen Kunstwerke. Am Gold von Stuck und Zierleisten gar, oder ganz einfach nur an profanen, aber dennoch begehrenswerten Haushaltsgegenständen. Was ihnen unbrauchbar erschien, zerschnitten sie kurzerhand, etwa die *»Bett-Vorhänge«*. Durchaus richtig erkennt George Samuel Götze, worauf Friedrichs verhängnisvoller Befehl in besonderer Weise abzielte. Indem er betont: *»am meisten aber in des Herrn Premier Ministres Grafen von Brühls Excell. logis«* wäre ein wildernder Mob eingefallen.

Quartier bezogen hätten die Soldaten in den dortigen Prachträumen, sowie Hab und Gut dieses neben dem Kurfürsten höchsten Staats-Repräsentanten an sich gerissen. Um *»theils verkauffet, theils consumiret und verschenket«* zu werden. Das obrigkeitstreue Schlossverwalter-Herz scheint dem betagten Witwer, der am 1. September 1753 seine zweite *Ehegemahlin* Anna Theresia zu Grabe getragen hatte, zu bluten, als er sich genötigt sieht, tief verbittert festzustellen: *»man hat allendhalben visitieret, um alles Herrschaftliche zu nehmen.«*

Und davon konnte eine alkoholberauschte Soldatenhorde wahrlich nicht genug kriegen. Neben Kachelöfen, Türen, Fenstern und französischen Seidentapeten, neben Geschirr aus Zinn und Kupfer, Besteck aus Silber, Meißener Porzellan und Bettwäsche, entging den Marodeuren ebenso wenig, welche Kostbarkeiten es in diesem bitterkalten Januarmonat sonst noch aufzustöbern gab. Beispielsweise in den Kellerräumen für *»1 200 Thaler an vorräthigen Kohlen und bey 500 Thaler an vorräthigen Holz.«* Zweifelsohne von den plündernden Trupps deshalb dem *Herrschaftlichen* zugerechnet, weil das Brennmaterial, wie Hubertusburgs oberste Schloss-Autorität bemerkt, *»zu Ihro Majestät des Königs Zimmern«* verfeuert werden sollte. Zur wohligen Behaglichkeit also in den Prunkgemächern seines *«allergnädigsten Herrn«* Friedrich August, des Königs von Polen.

Unterdessen kann der preußische König, wozu es sicher gekommen ist, mit größter Zufriedenheit dem mündlichen Rapport seines Freibataillonsführers Quintus Icilius entnehmen, wie gründlich dieser seinen Leuten befohlen habe, auf Hubertusburg *etwas Unruhe* zu stiften. Einerseits. Andererseits habe *»sein König sehr übel genommen«*, sagte der Herr *Obriste* dem *Schloß Inspector* anlässlich ihres gemeinsamen Mittagessens am 28. Januar frei heraus, dass *»ihr Unternehmen zu zeitig«* bekannt geworden wäre. Öffentliches Aufsehen, das ist das Letzte, was man sich seitens der Preußen wünschte. In Wiener, Frankfurter oder Erlanger Zeitungen hätte viel Unsinniges darüber gestanden. Eine wahrheitswidrige Unterstellung, mag Götze für sich gedacht haben, hat er doch selbst die Tragödie tagtäglich vor Augen. Wohingegen sich die Presse im knapp fünfzig Kilometer entfernten Leipzig den Eingriffen der strengen preußischen Zensur ausgesetzt sieht und die ergreifenden Vorgänge auf dem Schloss bislang ganz offiziell – totschweigt.

Götzes Schriftstück zufolge habe sich der Herr *Obriste Quintus* an jenem Donnerstag unter Zurücklassung eines Teils *»von seiner Leib-Compagnie in ohngefähr 80 Mann«*, vom Schloss Hubertusburg abgesetzt. Und er ward seit diesem

29. Januar dort auch nicht mehr in Erscheinung getreten. Es muss triftige Gründe gegeben haben, die ihn bewogen, sich in den darauf folgenden Plünderungswochen bedeckt im Hintergrund zu halten. Um von da aus die Strippen zu ziehen.

Er ist zunächst nach Leipzig abgegangen. Es liegt auf der Hand anzunehmen, zu seinem Kriegsherrn ins winterliche Hauptquartier, wo dieser mutmaßlich seiner schon mit einiger Ungeduld harrte. Einmal, weil den König ganz gewiss die Neugierde umtrieb, in Erfahrung bringen zu wollen, wie es denn auf Schloss Hubertusburg bis jetzt so gelaufen ist. Und zum anderen, weil sein *Tapezierer* sicher ein paar *schöne Pièces* im Gepäck haben dürfte. Hinsichtlich dieser Erwartung sollte *Se. Königl. Majestät* wirklich keine Enttäuschung erleben.

»Mit 6 Wagen Meubles« im Schlepp seines Trosses habe sich, bemerkt Götze, der Oberplünderer aus dem Staub gemacht, um das Raubgut, welches bis dahin überwiegend dem Pavillon des Grafen Brühl entrissen worden war, in Leipzig für seinen königlichen Gebieter und den eigenen Geldbeutel in klingende Münze umzusetzen. Obschon nun in der Messestadt sein Quartier beziehend, und später an anderen Orten Sachsens, Quintus Icilius wird, was Hubertusburg anbelangt, beständig auf dem Laufenden gehalten. Dementsprechend gibt er auch die Kontrolle über alles, was dort in seiner Abwesenheit abgeht, niemals aus der Hand.

Vor Ort aber bleibt dem 64 Jahre alten Schlossaufseher nicht erspart, nun einen Preußen von ganz anderem Schlag kennenzulernen. Als ob die unsäglichen Begleitumstände, die mit den Plünderungen – selbst bei Nacht im Schein von Laternen – einhergingen, nicht schon genug des Unheils wären, sieht er sich von jetzt an mit einem beinharten Burschen von einem preußischen Offizier konfrontiert.

In Götzes Berichtskladde lässt sich nachlesen, dass dieser Neue, ein gewisser *»Lieutenant Thielen, aus Halle«*, von nun an de facto das Regiment über Schloss Hubertusburg ausübt. *»Eines Fuhrmanns Sohn«*, notiert der Schlossverwalter akribisch, *»welcher erst 2. Wochen Soldat, weil er zuvor bey einem Preuß. Prov. Commissario Schreiber«* gewesen wäre. Das Schmannewitzer Gemeindebuch aus dem Dahlener Heimatmuseum hält diesbezüglich eine reizvolle Überraschung parat. Es bewahrt Unterlagen, die Götzes Auslassungen über Thieles Schreiber-Tätigkeit vollauf bestätigen.

Die Beweisführung besteht aus zwei in *»Dreßden«* ausgestellten Quittungen, welche im Original den Weg nach Schmannewitz gefunden haben. Auf ihnen steht, «*hat das Dorf Schmannewitz unterm Amte Oschatz*» Hafer, Heu und Stroh »*zum königl. Preuß. Magazin richtig abgeliefert*«. Zwei Bescheinigungen aus den Jahren 1758 und 1759, die namentlich ungenannt gebliebenen Bauern aus Schmannewitz für ihre Fourage-Fuhren zwecks ordnungsgemäßer »Buchführung« nach Hause mitgegeben wurden. Thiele hat sie eigenhändig ausgestellt und mit seinem Schriftzug versehen, als er sich noch mit dem Auftreten eines unauffälligen *Schreibers bey einem Proviant Commissario* bescheiden musste. Auf Schloss Hubertusburg wird er eine neue, eine nicht gerade rühmliche Karriere starten.

Mit diesem Menschen kriegt es jetzt die Dienerschaft auf Hubertusburg zu tun. Wer ihm den Posten übertrug, ob auf Befehl des Königs oder seines Vorgesetzten Quintus Icilius, auf diese Frage fehlt es an näheren Hinweisen.

Hafer-, Heu- und Strohquittung des Schreibers Thiele. Rund zwei Jahre später befehligt der zum Lieutenant Beförderte die Plünderungen auf Schloss Hubertusburg.
(Quelle: Gemeindebuch Schmannewitz)

Thiele folgt damit dem »*bißherigen Adjutanten Wilhelmi von dem Frey Battallion Quintus Ecilius*« in der Stellung eines Schloss-Kommandanten nach. Diesem war zuvor die *Ordre* zugefallen, »*Sonntag als den 18. Jan. früh nach 6 Uhr*« Götze mit der Nachricht zu überrumpeln, dass dem Jagdschloss einiges bevorstünde. Adjutant Wilhelmi »*brachte ein höffl. Compliment von dem Obristen Quintus an mich, und eröffnete mir, daß in einer halben Stunde das Jäger- und frey Battallion nachkommen würde.*« Das klang zunächst wie der Befehl, sich auf eine bevorstehende preußische Einquartierung gefasst zu machen. An derlei gebieterische Weisungen war ein *Schloß Inspector* in diesen zermürbenden Zeiten hinlänglich gewöhnt. Nicht aber unbedingt an die anschließende Empfehlung, die Götze mit den Worten wiedergibt: »*Ich sollte mich nur ruhig halten und nicht erschröcken, weil alles was Königl. wäre, weg genommen und zerstöret werden sollte, hingegen unseren Privat logis sollte nichts geschehen.*«

Was die Stunde geschlagen hat, der Schlossverwalter wird sich keinen trügerischen Illusionen hingegeben haben. Unter Umständen verriet ihm ja der

Herr Adjutant noch selbst, dass auf das Schloss nun schlimme Wochen zukommen würden. Gelegenheit zu einem Gespräch unter vier Augen bestand, denn »*er logirte sich bey mir*«, hält Götze in seiner Niederschrift fest, »*und ward von mir nebst seinen Leuthen mit Eßen und Trinken versorget.*«

Bevor die Preußen zur Tat schreiten, gewähren sie dem Schloss eine Art Galgenfrist. Schließlich hat einer der Ihren den Wunsch, noch heute in der Hofkirche vor den Traualtar zu treten und vor Gott das Ehegelöbnis abzulegen. Es wird ganz sicher Pater Schubert gewesen sein, der dem Hochzeitspaar den himmlischen Segen erteilt und darüber im kircheneigenen Register den folgenden Eintrag vorgenommen hat: »*18. Januar 1761 Ist getrauet worden der Ehr und Tugendsame Junggeselle Jacob Müller Pontons Knecht von den Hochlöbl. Preusischen Pontons Trains mit der verwittebten Frau Joanna Maria Lochmannin. Zeugen: Herr Neumann Leibdiener, Herr Feyerabend. Kutzscher beyde bey Herrn Hauptmann Ferster in Diensten.*«

Porträt Pater Anton Norbert Schubert. Wandschmuck im katholischen Pfarramt auf Schloss Hubertusburg. Abdruck mit freundlicher Genehmigung durch Pfarrer Martin Prause – Schuberts »Nachfolger«.
(Foto: Dirk Hunger, Oschatz)

Erst nach einer Pause von mehr als einem Jahr soll es wieder eine Hochzeitszeremonie in der Hofkapelle geben. Dass diese Trauung am 25. April 1762 in einer von Ausraubung und Zerstörung unbehelligt gebliebenen Schlosskirche vonstatten gehen konnte, ist Pater Schubert zu danken, und ebenso dem alten Inspektor Götze. Gemeinsam entwickelten beide eine unbändige Leidenschaft für die Bewahrung ihres Gotteshauses, das seit diesem verhängnisvollen 18. Januar nicht nur einmal in seiner Existenz bedroht war. Einen entsprechenden Hinweis gibt wiederum Götze: »*P. Schubert hat auch das Kirchen Geräthe und Geschirr vorzeigen müßen, ich habe aber eine Specification davon zerrißen in meinem Zimmer gefunden, daß* (ich) *glaube der Obriste Quintus Ecilius werde auf unser flehentlich Bitten die Kirche verschonen.*«

Götzes überraschende Entdeckung einer nur noch aus einzelnen Papierfetzen existierenden Bestandsliste religiöser Kultobjekte, von den Preußen achtlos weggeworfen, könnte sich als ein Indiz dafür erweisen, dass der *Freischarenführer* seinen Adjutanten Wilhelmi zurückgepfiffen und somit von der Kapelle Unheil abgewendet hat. Was ihr offenbar unweigerlich zu drohen schien.

Für das Schloss hingegen sollte der *Tapezierer* keinerlei Gnade kennen. In Leutnant Thiele, dem Nachfolger Wilhelmis, weiß er einen willfährigen Gehilfen als verlässlichen Standortkommandanten, der sich darauf versteht, das schmutzige Geschäft im Sinne seiner militärischen Vorgesetzten zu besorgen. Unnachsichtig wird Thiele von jetzt an die Plünderungsaktionen exekutieren. Hundert Tage wird er das machen. Und wie Götze nachweisen kann, in Einzelfällen sogar eigenmächtig gegen ausdrückliche *Königl. Ordre* handeln. Sein strenges Regime bekommt der Schlossverwalter augenblicklich am eigenen Leibe zu spüren.

Mit Beginn der Ausräumung des «*Königl. Palais*», welche sogleich am 29. Januar richtig in Schwung kam, beordert der frisch eingesetzte Befehlshaber Thiele »*den Bett-Meister Kuntzen, den Hoff-Gärthner Starken, den Jagd Secret. Pezoldt, den Bett-Schreiber Andreas Jacobi und mich den Schloß Inspector Götzen durch Soldaten Wachten zusammen in sein Quartier.*« Anders als seine vier Leidensgenossen, die schon nach einer halben Stunde wieder frei gekommen wären, bemerkt Götze in seinen Aufzeichnungen, sei er als einziger in Arrest gesteckt worden.

Unter dem Vorwurf, die Plünderungen zu behindern, lässt Thiele den aus Sicht der Preußen renitenten Schlosskastellan für zwanzig Tage festsetzen, »*und zwar in ein Dach Zimmer, wo der Ober Stall Meister sonst logiret, mit zwey Mann Wacht in der Stube, von den Meinigen durfte Niemand mit mir sprechen, Feder und Dinte waren mir untersagt, mein Eßen ward genau visitiret*«, schildert Götze die, wie er es bezeichnet, »*Unbilligkeiten*« seines schonungslosen Gewahrsams.

Darin sind anfänglich enthalten zehn Nächte Schlaf auf einem harten Strohsack. Keine Spur von einer langweiligen Lektüre, dieser Götze´sche »*Unterthänig-gehorsamste Bericht*«. Immerhin bot er den Kanzleibeamten in Dresden, womöglich auch seinem *allergnädigsten Herrn* in Warschau, ein weitgehend getreues Abbild der betrüblichen Geschehnisse auf Schloss Hubertusburg. Man kann es dem Bedauernswerten nachfühlen, er durchlebt einen Hausarrest unter bedrückenden Umständen. »*Vier mahl zum Verhör*« befohlen

135

worden sei er in dieser Zeit. »*100 Prügel*« und »*ein finsteres Loch, darinnen er ver-hungern sollte*« habe ihm Thiele unheilvoll angedroht. Und das für den Fall, würde er weiterhin »*gewiße Nachricht*« den Plünderern vorenthalten, die in Er-fahrung gebracht hätten, »*daß der Sachen in Hubertusburg annoch wären*«.

Der Quasi-Statthalter des Quintus Icilius spielt auf noch nicht gehobene Schätze an, deren die Preußen unbedingt habhaft werden wollen. Und er zählt auf: »*Das silbern Tafel Service des Königs in Pohlen, wo es vergraben wäre? wo die Jagd Garderobe und Büchsen Cammern verborgen, und wo die Königl. Weine vermauert wären.*« Götze lässt sich von den Strafandrohungen offensichtlich nicht ein-schüchtern. Davon zeugt, wie selbstbewusst er seinem Vernehmer entgegen-tritt: »*Was unterstehet sich der Hr. Lieut. gegen einen alten Königl. Diener in einer ganz ungegründeten Sache. Das wäre einem Officier nicht zu verzeihen… er kennte mich noch nicht, der ich weder Furcht noch Zaghaftigkeit kenne.*« Den preußischen Leutnant dürfte ein solcher Auftritt des Stolzes und der Unbeugsamkeit in Erstaunen versetzt haben. Von einem sächsischen Zivilisten, noch dazu von einem ge-schlagenen Feind, hätte er ein solches Maß an Aufmüpfigkeit sicher am aller-wenigsten erwartet. Für den *Schloß Inspector* aber war es eine Frage der Ehre, die seinem Selbstwertgefühl zu entsprechen schien.

Es sollte keinen plausibel klingenden Grund geben, den Wahrheitsgehalt des von emotionalen Ausbrüchen begleiteten Disputs zwischen dem allmäch-tigen Preußen und dem ohnmächtigen Sachsen ernsthaft in Zweifel zu ziehen. Der mutige alte Herr, der als junger Mann in Rom studierte und dort »*Catholisch worden*«, bietet seinem Widersacher unerschrocken die Stirn. Als »*Königl. Diener verlanget man von mir, daß ich die Erhaltung des Königl. Schloßes ver-folgen soll*«, verteidigt er sein Tun mit dem Trotz des unerschütterlich treuen Untertanen. »*Wer will sich unterfangen, mich meiner Pflicht und Schuldigkeit gegen meinen allergnädigsten Herrn zu entledigen. Der letzte Bluths Tropfen, so in meinen Adern sich noch rühret wäre alle Zeit für ihn*«.

Umso bekümmerter wird er während seiner erzwungenen Verwahrung von den nächsten Ungeheuerlichkeiten des preußischen Militärs erfahren. Dass man währenddessen vom Hauptpalais des Schlosses sogar »*das Kup-ferne Dach, die Glocken, die Uhr, die eisernen Gatter auf denen Treppen abgenommen*« habe, empört ihn an anderer Stelle im Bericht. Und als weiteren Gipfel preußischer Unverfrorenheit empfindet er deren Verlangen, »*daß ich denen Königl. Dienern befehlen sollte, daß sie zu Beraubung und Einreißung des Palais Hand anlegten*«.

136

Kupfer von gut 90 Zentnern Gewicht, so hat man später geschätzt. So manches Stück Schloss-Dachrinne des verschmolzenen Kupfers fand sich dann klammheimlich in Silbermünzen mit vermeintlich echten sächsischen Prägestempeln wieder. Solchermaßen *versuffene* – sprich gestreckte – Münzsorten, die in Massen unters Volk gebracht wurden, gaukelten den Leuten *innerlichen Valeur* vor. Die katastrophalen Folgen auf dem Finanz-und Wirtschaftssektor zeigten sich nicht nur während des Krieges, auch lange Zeit danach blieben sie noch schmerzlich spürbar.

Zudem stapelten sich auf den in langen Reihen vom Schlossgelände abfahrenden Packwagen reichlich schöne Dinge, von denen sich die Soldaten und ihre Kollaborateure erhofften, der Verkauf würde ihnen eine Menge Taler und Groschen einbringen. Möbelstücke, Leuchter, Gobelins, Skulpturen, Nippes und alles Erdenkliche vom herrschaftlichen Hausrat – die Mühen des Abtransports in kalter Jahreszeit dürften sich allemal gelohnt haben.

Beiseite geschafft wurden auch über zweihundertsiebzig kostbare Ölgemälde, mit denen erst vor sechs Jahren der Hubertusburger Jagdsitz ausgeschmückt worden war. Ursprünglich gehörten diese Bilder zum Fundus der Dresdener Galerie, seinerzeit eine der umfangreichsten Kunstsammlungen im Reich und zusammengetragen von August dem Starken und seinem Sohn, Kursachsens aktuellem Regenten. Und aus dem Delitzscher Barockschloss stammende acht Spiegel, vier *Fauteillen*, mehrere mit grünem Plüsch beschlagene *Taboaretts*, oder achtundvierzig Tafelstühle von rotem Lederbezug – auch dieses exquisite Mobiliar wurde ein Opfer der preußischen Raubgier. Gleich dem üppigen Bildersegen aus Dresden, waren diese und andere Pretiosen mehr, ebenfalls erst im Jahr 1755 aus Delitzsch in die Obhut von Schloss Hubertusburg gelangt.

Und schließlich muss eines dieser abgegangenen Beute-Fuhrwerke noch eine ganz besondere Fracht fortgeschafft haben – *»Porcellainen Tafel Service in 2. Kasten«*. Entwendet von skrupellosen Plünderern aus dem Privatbesitz des über diesen Verlust untröstlichen Schlossverwalters. Diesem fehlt jegliche Gewissheit, in wessen Hände sein teures Eigentum gelangt ist. Da neben christlichen und jüdischen Händlern auch eine beträchtliche Anzahl einheimischer Bauern nicht davon abzuhalten war, das eine oder andere Schnäppchen vom schönen Schlossinterieur zu erhaschen, könnte das *Porcellainen Service* schon auf dem Schlosshof den Besitzer gewechselt haben. Die Habgier dieser Bauern, in Götzes Augen war sie ein ungeheuerlicher Frevel. Weshalb er auch sofort angewidert *»solche Leute befraget, ob sie denn gute Unterthanen wären.«* Diese hätten ihm achselzuckend, wie man annehmen darf, zu verstehen gegeben, »unser allergnädigster Herr würde es doch lieber ihnen als denen Preuß. Unterthanen gönnen.« Ein Lehrbeispiel bauernschlauen sächsischen Untertanengeistes.

Indes soll der dreiste Diebstahl seines Porzellans nicht die einzige unliebsame Überraschung bleiben, die Götze nach seinem Arrest, den er auf Anordnung des *Tapezierers* Quintus Icilius endlich wieder verlassen darf, erwartet. »Man hat vier Zimmer in meinem Pavillon, wo sonst der … Ober Jäger Meister Hr. von Wolffersdorff logiret gäntzl. Spolirt, und alles an Tischen, Stühlen, Commoden, Schräncken und Betten ausgeräumet, auch hat man erst die Oeffen mitnehmen wollen«, entrüstet sich Götze nach den überstandenen eingesperrten zwanzig Tagen und vermerkt voller Abscheu, wie übel die Preußen zusätzlich gehaust hätten, nämlich »mit Durchschlagung einer Wand auf meinem Boden.«

Wie konnte das bloß passieren, fragt sich der *alte Königl. Diener* erschüttert, der nach diesen Vorfällen jetzt ebenfalls zu den massiv Geschädigten dieses Krieges zählt. Ihm und seinen Mitbewohnern ist bekannt, »daß es Königl. Preuß. Befehl wäre«, jegliches Eigentum der »Particulair Persohnen zu verschonen.« Hatte ihm nicht der Adjutant Wilhelmi am Morgen des 18. Januar 1761 dieses Versprechen feierlich gegeben? Die ihm zugefügten Verluste sind jedoch noch um einiges größer. »Auch ist mein Gärthgen am Opern Hauß nicht verschont blieben, man hat aus dem Garthen Häusgen die Fenster, die Schlößer an Thüren, die Garthen Geräthe genommen«, klagt er über weitere entdeckte Schadensspuren in seinem privaten Gemüsegarten.

Ausgerechnet im Fall von Götzes *Gärthgen* war dem Herrn *Obriste Quintus*, so erweckt es den Anschein, die Kontrolle über seine Soldaten entglitten. Vermutlich hätte er sonst verhütet, was dem *Garthen Häusgen* des alten Mannes angetan wurde. Denn unterdessen kann man aus Götzes Worten herauslesen, beide Herren haben zu einer Form des Umgangs gefunden, die es voreinander am nötigen Respekt nicht fehlen lässt. Vermittelt Götzes Niederschrift noch anfangs den Eindruck, es prallten zwei anscheinend sich unversöhnlich gegenüber stehende Welten aufeinander, so sieht das einige Wochen später schon ganz anders aus. Offenbar haben sich die beiden der Einsicht gebeugt, es geht auch ohne den Gebrauch anfeindender Rhetorik. Dem Sachsen wird nun nicht mehr mit einem Anflug von Geringachtung »befohlen«, zu Quintus Icilius nach Leipzig oder Torgau zu reisen. Er »ließ mich ersuchen, zu ihm zu kommen«, heißt es auf einmal in Götzes Bericht in beinah liebenswertem Tonfall, als »der Obriste… so auch in Meißen stehet.«

Und auch in ihrem Briefwechsel, soweit er seitens des *Schloß Inspectors* bekannt geworden ist, schlägt zumindest Götze zum Schluss hin versöhnliche Töne an. Er verbindet diese mit der Zusicherung auf Verschwiegenheit: »*Ich halte mein gegeben Wort, ich führe keine Correspondenz und schreibe an Niemand nach Dreßden*«.

Für den Augenblick mag sein *gegeben Wort* zutreffen. Nicht jedoch auf die Vergangenheit bezogen. Denn längst ist die Hofkanzlei in Dresden im Besitz seiner am 21. und 25. Januar verfassten ersten Enthüllungen über »*leider unsere wahre höchst betrübte Umstände*«. Gelegenheit zum Schreiben »*halb in Hubertusburg, halb in Dreßden*« bot sich Götze deswegen, weil er irgendwann zwischen dem 22. und 26. Januar die Erlaubnis zu einer Fahrt nach Dresden »*mit extra Post*« erhalten hatte. Ein Major aus dem Stab des Freiregiments sei es gewesen, der »*mir Urlaub zur Reise gegeben*«, erklärt er treuherzig. In Quintus Icilius, dem er dies erzählt, lösen die Worte helles Entsetzen aus. Seine Untergebenen sind augenscheinlich auf die List eines Greises hereingefallen, der so rasch als möglich seiner Obrigkeit seine intimen Kenntnisse über die Untaten der Preußen munter ausplaudern konnte.

Der *Freischarenführer* zeigt sich entsetzt, am liebsten hätte er »*mein Logis plündern*« lassen, schreibt Götze auf Seite 16 seines Berichtes, nachdem er bei seiner Rückkehr aus Dresden in Hubertusburg auf den Militärchef gestoßen ist. Tags darauf, am 28. Januar, war dieser bekanntlich mit fünf seiner Offiziere beim *Schloß Inspector* zum Mittagstisch geladen. Götze wird sich genüsslich eins ins Fäustchen gelacht haben, als der Preuße dem Sachsen anlässlich dieser Bewirtung eingestand, was Götze so darstellt: »*Der Obriste Quintus nennete seine Officiers dumme Jungen, daß sie mir die Reise erlaubet.*« Die Blamage der Preußen wird seiner malträtierten Seele richtig gut getan haben. Wie auch der 7. Mai dieses Jahres, der ein Donnerstag ist.

Es ist der heißersehnte Tag der Erlösung. Auf dem Schloss kam, notiert George Samuel Götze in seinem Berichtspapier, »*die Ordre zum Aufbruch der Mannschaft und Wagen an, da dann alles vermuthlich aus Furcht für* (vor) *die Oesterreichen Husaren, so in Borna und Zeitz stehen, gegen 4 Uhr abging.*«

Nach genau 110 Tagen hat der Spuk, der so unermesslich viel Leid über das Schloss und seine Bewohner brachte, ein Ende gefunden. »*Diese unsere Noth, Marter und fast tägl. Tod, haben wir bey 16 Wochen erduldet, als so lange man mit Spolirung das Palais zugebracht*«, wird der *Schloß Inspector* schweren Herzens zu Papier bringen. Seine Worte drücken tiefe Niedergeschlagenheit aus. Und dennoch spricht aus ihnen die Erleichterung darüber, dass nun alles überstanden ist. Es sind Worte, die sechzehn Wochen Hubertusburger Schloss-Geschichte erzählen, deren Teil auch er selbst ist. Wochen voller Drangsale, die mit dem kontrastieren, was Johann Matthias Burchardi über den 17. März 1761 in sein Tagebuch geschrieben hat: »*Den 17. Martii sind die K. Maytt. von Preußen von hier abgereiset…, solange die K. Maytt. hier gewesen, ist fast alle Abent Concert in Dero Zimmer gehalten.*«

Es waren jene unterhaltsamen Abende, an denen des Königs Freicorps-Plünderer ihr helles Vergnügen daran fanden, auf Hubertusburg ihre ganz eigenen Schloss-*Concerte* aufzuführen. Nicht zur Freude der Dienerschaft; besonders einem aus ihren Reihen schien alles auf den Magen geschlagen zu sein. »*Wieder war der Bett Meister durch Strapparzen erkranckt*«, hält Götze einmal fest.

Erhebliche Aufregung gab es noch am Schlusstag um drei Deserteure, die sich zum Ärger des Leutnants Thiele aus seinem elf Mann starken Trupp verdrückt hätten. Im Wald wurden sie »*wieder von 8 Feld-Jägern und Raub-Schützen eingefangen*«. Die Hubertusburger hätten sie, wettert der Schloss-Kommandant unter Androhung von Strafmaßnahmen, zur Flucht verleitet. Götze weist allen Verdacht zurück, aufgebracht schreibt er, »*daß man abermahls Hubertusburg solche ungegründete Beschuldigung zur Last legde.*«

Die Plünderung der Preußen war total. Nicht ganz. Zumindest eine winzige Genugtuung ist dem *Schloß Inspector* bei allen erlittenen materiellen Verlusten, und allen ihm zugefügten Kränkungen geblieben. »*Auch wollte man mir die Fische, so aufs ganze Jahr vorräthig habe entwenden, welche aber meine Kinder die Nacht noch Salviert und an andere Orte gebracht*«, freut sich der Vater von vier Söhnen und drei Töchtern über die geglückte Rettung der – offenbar eingesalzenen – Fischreserven vor einem befürchteten Zugriff der Preußen. Ein klitzekleiner Sieg des *Königl. Schloß Inspectors* George Samuel Götze über einen unritterlichen *Königl. Preußischen Lieutenant* Thiele, wenn dieser sich auch im »*aller letzten Verhör…excusirte, und auf mein Befragen, warum ich denn allein solange süzen müßen, antwortete, 1. Weil ich der vornehmste vom Palais* (sei).«

Auf diese Weise bringt der treue Kastellan doch wenigstens zum guten Schluss in Erfahrung, was seine Person den Preußen die ganze Zeit über wert gewesen ist. Und dem Historiker verhilft der nachgelassene Bericht dieses verlässlich wirkenden Kronzeugen zu der Erkenntnis, es war nicht Quintus Icilius, wie immer wieder beschrieben wurde und wird, der bei der Plünderung von Hubertusburg alleinig seine Hand im Spiel hatte. Bei aller Hauptverantwortung, die sich der *Freischarführer* anrechnen lassen muss, die Schuld verteilte sich auf weitere Schultern. Anfangs auf jene seines Adjutanten Wilhelmi, bei weitem schwerwiegender aber auf die des Leutnants Thiele, *eines Fuhrmanns Sohn* aus Halle an der Saale.

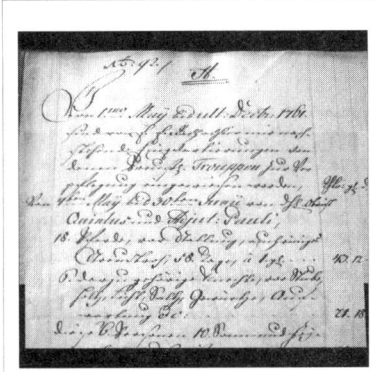

Dokumentiert im Stadtarchiv Meißen: Quintus Icilius' Quartieraufenthalt mit 6 Knechten und 18 Pferden »alhiro«.

In Meißen, der für ihre Porzellan-Manufaktur allseits berühmten Stadt, kommt es an diesem 7. Mai Anno 1761 noch einmal zu einem letzten Treffen der beiden Herren Götze und Guichard alias Quintus Icilius. Orts- und Datumsangabe des *Schloß Inspectors* lassen sich mit Einträgen auf einer im Meißener Stadtarchiv lagernden Liste des *»Raths alhiro«* über *»eingewiesene«* Quartierbelegungen *»deren Preußschen Trouppen«* in Übereinstimmung bringen.

»Den 4ten May bis 30ten Junii«, lautet ein diesbezüglicher Schriftvermerk, hätten der *»Obrist Quintus und Adjut. Pauli«*, bei *»58 Tagen à 1 Gulden«*, insgesamt Unkosten in Höhe von *»43 Thalern 12 Gulden«* verursacht. Achtzehn Pferde wären außerdem mit *»Stallung, auch einiges Streustroh«* versorgt worden. Dazu kommen *»21 Thaler 18 Gulden«* für sechs Knechte und alles *»darzugehörige von Stube, Holtz, Licht, Saltz, Gewürze, Aufwartung etc.«*, was die Meißener Quartiergeber für Unterkunft und Verpflegung offensichtlich in Rechnung stellen. Sehr wahrscheinlich ist, in Haus und *Stube* dieser anonymen Wirtsleute empfing der Preuße Quintus im Verlauf jenes 7. Mai seinen aus Hubertusburg angereisten Gast.

Nach ihrem trauten Tête-à-Tête bleibt nur noch ein Wunsch des Schlossverwalters unerfüllt. Er sehne herbei, sagt er dem *Freischarenführer*, mit seiner gütigen Hilfe wieder in den Besitz des ihm stibitzten Porzellangeschirrs zu gelangen. Der Fall erinnert an einen Treppenwitz. Denn eines mitempfindenden Sympathisanten dürfte Götze sich ganz gewiss sein – des preußischen Königs, des eigentlichen Verursachers seiner aufregenden Porzellan-Causa. Gibt sich dieser doch bei vielen Gelegenheiten gern als erklärter Liebhaber der Pretiosen mit den zwei elegant gekreuzten blauen Schwertern zu erkennen. Wann immer es die militärische Lage erlaubt, schlägt er in Meißen sein Hauptquartier auf. Wenn dem nicht etwas Makaberes anhaftete, könnte man es schon eine liebgewordene Tradition nennen. Denn bereits im zweiten Krieg um Schlesien übte auf ihn die Stadt an der Elbe große Anziehungskraft aus. *»Nuhn gehet es auf Meisen und der Portzelen-fabrique los…«*, ließ er damals am 6. Dezember 1745 den Freund Michael Gabriel Fredersdorff, der zugleich am Berliner Hof *»Geheimer Camerier«* ist, an seiner Vorfreude auf Meißen teilnehmen.

Jetzt, im März 1761, lag er mit seinen Truppen wieder in Meißen im Quartier und vergaß nicht, sich mit *»dieser zerbrechlichen Materie«* einzudecken. Das teilt der königliche Porzellan-Fan, schwärmend über das Erworbene, am 20. März der Gräfin von Camas mit. Darüber hinaus weiß er die Oberhofmeisterin seiner Frau mit einem kleinen erlesenen Meißener Souvenir galant zu erquicken: eine feine Dose, mit einem ruhenden Hündchen auf dem Deckel. Für ihre Verwendung rät er seiner mütterlichen Freundin: *»Sie können die Dose dazu gebrauchen, daß Sie Roth- oder Schönpflästerchen, oder Tobak, oder Bonbons, oder Pillen hinein thun«*. Und dem Hund und sich gleich mit, widmet er die Eloge: *»Denken Sie …, wenn Sie diesen Hund, dies Sinnbild der Treue, ansehen, daß derjenige, der es Ihnen schickt, an Treue und Anhänglichkeit für Sie, alle Hunde der Welt hinter sich läßt«*. Über einen Verwendungszweck musste die Gräfin nicht lange nachdenken. Ihren Schnupftabak, teilt sie dem Großherzigen dankend für das exquisite Geschenk mit, wolle sie darin künftig aufbewahren.

Mittlerweile rief die militärische Pflicht. Wieder einmal hieß es, vom reichverzierten Porzellan Abschied zu nehmen. In Erwartung kommender Schlachten und Scharmützel dieses Jahres, ist Preußens Kriegsherr am 3. Mai 1761 mit seinen Tausende Mann starken Armee-Corps vom Meißener Standort, den er in Briefen schon mal scherzhaft *»im Porzellan Quartier«* zu bezeichnen pflegt, abgezogen. Eine durchaus passende Positionsbestimmung, steht doch das Haus des Kammerherrn v. Hachenberg, in welchem der Preußenkönig regelmäßig abzusteigen pflegte, in direkter Nachbarschaft zur *Portzelen-fabrique*.

Vier Tage später war es dann zur schon erwähnten Begegnung zwischen dem Schlossverwalter Götze und dem Herrn *Obristen Quintus* gekommen. Der seines Tafelgeschirrs Beraubte wird im Anschluss an das gehabte Gespräch seinem *»Unterthänig-gehorsamsten Bericht«* Hoffnung schöpfend anvertrauen: *»Er versprach auch mir mein Porcelain Service wiedergeben zu laßen.«*

Ein Traum, zu schön, um wahr zu werden. George Samuel Götze wird nicht das Glück zuteil, jemals im Leben, aus dem er am 28. Juni 1767 schied, sein geliebtes *Porcelain Service* wiederzusehen. So wenig, wie 1763 sein *allergnä-digster Königl. Churfürstl. Herr,* Friedrich August II., das nicht minder geliebte Jagdschloss Hubertusburg.

Über welches im Jahr 1740 erstmals eine Buchveröffentlichung in einem Leipziger Verlag erschienen war. August Fleck der Name des Autors, ein *»Amt- und Land-Physico derer Aemter Muzschen zu Wermsdorff und Mügeln«* – ein praktizierender Arzt aus hiesiger Gegend also –, der seiner Publikation über den Schlossbau, verkürzt ausgedrückt, den Buchtitel *»Jagt-Palais, Hubertsburg«* gab. Der Befehl, den Herrschaftssitz auf einer Anhöhe außerhalb des Ört-chens Wermsdorf zu errichten, erging 1721 an Johann Christoph Naumann, ein im kursächsischen Heer dienender Oberst und Ingenieur. Zwölf Jahre später setzte Sachsens berühmter *Oberlandbau Meister* Johann Christoph Knöffel (1686-1752) auf Geheiß der kurfürstlichen Majestät eine umfassende Erweiterung der gesamten Anlage ins Werk. Imposant und zugleich von überwältigender Prachtentfaltung, so dass sich nicht wenige zeitgenössische Kenner überzeugt zeigten, in ganz Europa ließe sich kein größeres und schö-neres Jagdschloss als dieses finden.

Da ein noch heute vorhandener Vorgängerbau an Wermsdorfs Hauptstraße nicht mehr den Ansprüchen einer sich ständig verschwenderischer gerie-renden Jagdgesellschaft genügte, ordnete Sachsens August der Starke in be-sagtem Jahr 1721 die Errichtung eines weitläufig bemessenen Schloss-Ensem-bles an. Man taufte es auf den Namen Hubertusburg, den Schutzpatron der Jäger. Kurprinz Friedrich August erhielt das Prachtstück vom großzügigen Vater, der die ersten Baupläne selbst entwarf, zum Geschenk. Ab 1733 in dessen Nachfolge an der Macht, bestimmte der monarchische Jagdfreund Au-gust Friedrich II. eine opulente bauliche Umgestaltung, *»um Uns des Parforce-jagd-Plaisirs führohin mit mehrerer Bequemlichkeit bedienen zu können.«* In diesem be-eindruckend großformatigen Zustand, der auf das Fertigstellungsjahr 1751 und seinen renommierten Architekten Knöffel zurückgeht, ist das Schloss Hubertusburg über alle Zeitläufte hinweg, bis heute ein Anziehungspunkt für viele Besucher im Jahr geblieben.

Alles rundum finanziert aus den Taschen der ohnehin verarmten und – auch ohne Kriegseinwirkung – leergeplünderten Landeskinder Sachsens. Im Grafen Brühl, dem skrupellosen Premierminister, hatte der prunksüchtige Bauherr genau den richtigen Beistand, der Talent und Unverfrorenheit genug besaß, den nötigen Geldfluss trotz eklatanter Staatsverschuldung niemals

143

versiegen zu lassen. Ein Autor mit Namen W. Riemer erinnert in seiner 1881 herausgebrachten Schrift an die vielen Arbeitskräfte, die täglich die *Königl.-Churfürstl.* Baustelle bevölkerten: »Mehr als 700 Künstler, Maurer, Zimmerleute und Handlanger«. Der Verfasser verweist außerdem darauf, dass vier-*Compagnien Grenadiere* den Befehl gehabt hätten, in mühseliger Arbeit das Ausschachten der riesigen Baugruben zu besorgen.

Jetzt aber, nach sieben Kriegsjahren, insbesondere aber nach den angerichteten Plünderungsschäden der 110 Tage im Jahr 1761, boten die verheerenden Zustände rund um das Schloss ein erschütterndes Bild. Und welche Glanzzeiten hatte es doch einmal bis zum Ausbruch dieses Krieges erlebt.

Stand man unmittelbar vor der Jagdsaison, begann sich ein langer und bunter Pferdekorso von Dresden aus in Bewegung zu setzen. *Unter Vorreutung vieler hörnerblasenden Postillions*, welche der aristokratischen Karawane den Weg ebneten, im Mittelpunkt aber die Gala-Kutsche *Sr. Pohln. Churfürstl. Majestät*. Das Reiseziel inmitten ausgedehnter Wälder lag im Norden, das von Dresden acht Meilen entfernte Provinznest Wermsdorf. Damals hätte man die Strecke in einer Fahrtzeit von fünf Stunden bewältigen können, erwähnt August Fleck in seiner Schrift.

Für einige Tage, manchmal auch Wochen, verlagerte sich nun das Zentrum allen höfischen Lebens von der weltläufigen Elb-Residenz hierher in die Abgeschiedenheit einer ländlichen Idylle. Die den Vorzug besitze, viel »gesunde Luft« zu bieten, preist der *Amt- und Land-Physico* Fleck die wald- und wasserreiche Gegend.

Bedeutung und Wertschätzung erlangte der Marktflecken Wermsdorf bei Sachsens Herrscherelite dadurch, als er sich zum bevorzugten Standort pompös veranstalteter Jagden entwickelte. Ein rechtes Vergnügen für den Adel – für den Untertan eine zusätzliche Fron. Den von weit her stammenden Bauern ist in der Jagdsaison zur Pflicht gemacht, manche Woche des Jahres »2, 3 und mehr Tage zum Schweinehetzen, Rehklopfen, Dachsgraben und dergl. außer bei denen ordentlichen Hofe- und Baudiensten« zu erscheinen. Wagten es die Menschen, sich dieser Schuldigkeit aus welchen Gründen auch immer zu entziehen oder kommen ihr nur ungenügend nach, riskierten sie »personal arrest oder andere Zwangsmittel.« Und darunter verstand man im willkürlichen Obrigkeitsstaat: Geldstrafen, Gefängnis oder Festungskerker.

Mit dem stetigen Ausbau des alten *Jagt-Palais´* änderten die Behörden auf Befehl August des Starken den bisherigen Verlauf der alten Postroute. Ab

1725 führte sie über Wermsdorf, der Ort avancierte damit zum Verkehrsknotenpunkt und verband die Hauptstadt Dresden mit der Handelsstadt Leipzig auf die kürzeste mögliche Entfernung. Eine Distanz von 13 Meilen – etwa 93 Kilometer – trennte die beiden bedeutendsten sächsischen Städte seither voneinander.

Die drückendste Bürde am jahrzehntelangen Schloss- und Straßenbau trugen die Untertanen, die teils von weither zur Ableistung ihrer Frondienste strömten. Sie kamen aus den Ämtern *»Leißnig, Eilenburg, Grimma, Borna, Rochlitz, Colditz, Wurzen und Noßen zu dem Königl. Schloß Hubertusburg, zu prestirenden Spann-Hand- und Jagd-Dienste auch Bier- und andere Hof Lager-Fuhren samt was dem anhängig betreffend«*, wie eine *»Cammer Acta«* aus dem Jahr 1735 festhält.

Erdreisteten sie sich dennoch, die Obrigkeit auf ihre Not aufmerksam zu machen, erging es ihnen wie jenen Bauern, die meinten, sich mit einem Hilferuf an den gütigen Landesherrn wenden zu dürfen. Weil unter der erzwungenen Dienstbarkeit, die nie ein Ende nahm, ihre Arbeit auf den Feldern zu kurz kam, schrieben die Verzweifelten am 25. August Anno 1725: *»Wir flehen dahero Ew. Königl. Majst. fußfälligst an, in Königlichen Gnaden uns die Dienste nacher Wermsdorff zu erlaßen, damit wir armen Leute fernerhin unsern Bißen Brod im Schweiß unseres Angesichts mit unserer Hände Arbeit verdienen.«* Doch mit ihrem herzerweichenden Bittgesuch vermochten die täglich um ihre Existenz und die ihrer Familien bangenden Bauern ihren August den Starken nicht im Mindesten zu beeindrucken. Ohne einen Funken des Mitgefühls verfügt dieser kategorisch: *»Durch hinlängliche Zwangsmittel«* solle die *»geflißentliche Widersetzlichkeit einiger vermeldeter Unterthanen mit gebührendem Ernst«* bestraft werden. Die akute Notsituation, gegen die die Bauern beharrlich anzukämpfen hatten, die Schinderei, der sie sich fortgesetzt ausgesetzt sahen, dies alles war in den Augen des lieben Landesvaters eine aufs strengste zu ahndende *Widersetzlichkeit*.

Der *fußfälligste* Bittgang trug sich zu, wie gesagt, im August 1725. Es war im gleichen Jahr, als Wermsdorf, und damit das kurfürstliche Jagdrevier, seine Anbindung an ein verbessertes Wegenetz erhielt. So mancher Bürger des Ortes gelangte jetzt in die angenehme Lage, dadurch auf lange Zeit seinen mehr oder weniger bescheidenen Lebensunterhalt bestreiten zu können. Wer den mittelsächsischen Wohnort, ob im Post- oder Reiseverkehr, passierte, hatte etwa die Hälfte der Strecke zwischen Dresden und Leipzig zurückgelegt und kam nicht umhin, auf der Wermsdorfer Raststation frische Pferde einzuwechseln. Wie auch selbst in der Gaststube des hiesigen Posthauses etwas zur eigenen Stärkung zu sich zu nehmen.

Wer aber zum erlauchten Kreis des geladenen Jagdpublikums auf Schloss Hubertusburg zählte, den erwartete neben spektakulären Hetzjagden auf Hirsch und Wildschwein ein buntes Bukett an ausgefallenen Sinnenfreuden. Elegante Soirées und Bälle, glänzend besetzte Konzerte, Theater- und Opernaufführungen sowie üppige Gartenpartys in den barocken Parkanlagen – Feuerwerk, Wasserspiele und Fackelschein in lauen Sommernächten inklusive. Dazu die erlesensten Schlemmereien aus der Schlossküche, zubereitet von internationalen Kochkünstlern. Stets wurde Exklusivität geboten. Brühl kümmerte sich gewöhnlich ums Geld, und sein *allergnädigster Herr,* Friedrich August II., gefiel sich als großherziger Gastgeber. Zwei Genusssüchtige, die füreinander wie geschaffen zu sein schienen.

Den Freunden der Parforcejagd boten sich zu ihrem vollkommenen *Plaisir* die denkbar besten Voraussetzungen. Konnte man in den *Pferdestall-Flügeln* auf bis zu zweihundertachtzig Pferde zurückgreifen, so erscholl in den *Hundestall-Flügeln* das Gebell von bis zu vierhundert Tieren. Eine hochspezialisierte Meute, sich rekrutierend aus Jagd-, Spür- und Hetzhunden, die wie die Pferde nur parierten, wenn ihnen die Kommandos auf Französisch zugerufen wurden. Worüber man sich nicht vorschnell mokieren sollte, letzten Endes waren die Heimatländer dieser tüchtigen Jagdgehilfen vornehmlich die Königreiche Frankreich und England.

Und schließlich bot der Schlossherr zur Abschirmung seines von einer hohen Steinmauer umzogenen luxuriösen Jagdsitzes bis zu zweihundertvierzig kasernierte Grenadiere auf. Von Offizieren kommandiert, oblag ihnen die Aufgabe, darüber zu wachen, dass der gemeine Pöbel zum Adel geziemten Abstand hielt. Im Frühjahr 1763, nach Rückkehr aus seiner Warschauer Zweitresidenz, die wohl nur bedingt die Bezeichnung »Exil« verdient, wird sich Friedrich August II. lediglich noch der Erinnerung hingeben können. An all die Prachtfülle und die opulenten Festlichkeiten, die ihn einst auf seinem geliebten Schloss Hubertusburg umgaben.

Bis zu seinem Tod, am 5. Oktober desselben Jahres, sollte er diesen Ort der Glückseligkeit niemals mehr wiedersehen. Denn die mit preußischer Gründlichkeit der majestätischen Anlage vom Januar bis Mai 1761 zugefügten Wunden, machten alle ihre Gemächer unbewohnbar. Indes ist es in unserem Jahrhundert fleißigen Restaurateuren gelungen, die beeindruckende Wirkung dieses stattlichen Schloss-Ensembles heutigen und künftigen Generationen wieder lebendig werden zu lassen.

Zu weiteren, von der *Königl.-Churfürstl. Majestät* mit Hingabe gepflegten Steckenpferden gehörten Opernbesuche, Scheibenschießen und eine Sammelleidenschaft für teure Ölgemälde. Am harten Los der Untertanen zeigte das zweifache Staatsoberhaupt nicht annähernd so reges Interesse. Wenigstens gab sich sein für Kunst und Wissenschaft eingenommener Sohn Friedrich Christian in diesem Punkt wesentlich aufgeschlossener. Umso bedauerlicher, dass dem leider unheilbar kranken Thronprätendenten, auf dem in dieser schweren Zeit die Hoffnung vieler ruhte, gerade noch einige Monate zu leben vergönnt war. Zu seinem frühen Tod führte allerdings eine Pockenerkrankung. Am 17. Dezember 1763, da war er gerade mal dreiundsiebzig Tage lang im Besitz der Regentschaft gewesen, folgte er dem seligen Vater ins Grab.

Bezogen auf die aktuelle Situation an diesem 9. Januar 1763, dem heiter beschwingten Start ins Wiener Ballvergnügen, bedeutet dies konkret, die Kriegsparteien haben sich zunächst einmal auf eine bis 1. März gültige Waffenruhe verständigt. Nun bleibt es den Verantwortlichen vorbehalten, die ihnen seit dem 24. November 1762 zugestandene Frist von drei Monaten intensiv zu nutzen und unverzüglich in den Friedensprozess einzutreten. Die Erwartungen, die daran geknüpft werden, sind verständlicherweise hoch und zugleich definitiv. *»In Sachsen soll… wegen ruhiger Winter-Quartiere zwischen Österreich und Preussen bis zum März-Monate ein Vertrag geschlossen worden seyn«*, heißt es dazu in der vorerwähnten *»EXTRACT«*-Samstagsausgabe vom 4. Dezember 1762.

Nach sieben Kriegsjahren, in denen auf beiden Seiten unendlich viel Blut geflossen ist, herrscht ein Gefühl tiefen gegenseitigen Misstrauens vor. Zweifel und Ungewissheit stecken in den Köpfen der Mächtigen darüber, ob nicht doch die Kämpfe wieder aufflammen könnten. Ob es zur nächsten *Campagne*, einem weiteren Feldzug ab dem Frühjahr 1763 kommen wird. Dann hieße das, den bedauernswerten Menschen würde ein nächstes grauenvolles Kriegsjahr bevor stehen. Angesichts dieser überaus trüben Aussichten könnte mancher Zeitgenosse für sich gedacht haben, ob es denn nicht genug sei, und dieser verheerende Völkerkrieg machte als »Siebenjähriger« gruselige Geschichte statt noch länger als »Achtjähriger«.

Mag der Kampfeswille auch mehrheitlich erloschen sein, die Aktivitäten der im Zustand eines Waffenstillstandes verharrenden verfeindeten Mächte sind im

Augenblick noch ausnahmslos darauf ausgerichtet, sich für den Fall einer Kriegsfortsetzung gewappnet zu zeigen. Weil keiner weiß, ob es bloß ein befristetes Luftholen ist, wird weiterhin unbeirrt am alten Feindbild festgehalten.

Noch ist also nicht die Zeit, um entspannt Atem zu schöpfen. Noch ist im November des Jahres 1762 nicht einmal ausgemacht, ob die Feinde überhaupt bereit sein werden, sich an einen Tisch zu setzen, um eine tragfähige Friedensregelung auszuhandeln. So dass sich an den Aufgaben der Militärs, die traditionell in den Monaten der Winterpause anstehen, nichts ändert: Aufrüstung aller Truppenteile mit neuem Kriegsgerät, Instandsetzung dessen, was noch nicht unbrauchbar verschlissen ist. Sowie Eintreibung *frischer Rekruten-Lieferungen,* wie man das im nüchternen Militärjargon der Zeit zu bezeichnen pflegt. Die Kontrahenten Österreich und Preußen auf den Schlachtfeldern der letzten *Campagne* handeln nach der Devise: Stärkung der Armee, der Krieg könnte ja in die nächste Runde gehen. Notfalls auch ohne ein neuerliches Mitziehen der mittlerweile abgefallenen Waffenbrüder.

Ist eine dieser *Rekruten-Lieferungen* der Truppe zugeführt, haben die Ausbilder mit ihnen so zu verfahren, wie es Preußens Kriegsherr wiederholt reglementiert hat. *»Was die Ordnung der Regimenter angehet«,* lautet eine dieser Instruktionen, etwa jene aus dem Meißener Hauptquartier vom 4. Dezember 1760, vier Wochen nach der mörderischen Schlacht von Torgau, *»als Disciplin, Rekrutirung und Exerciren, wird sehr anrecommandiret* (ermahnt), *damit die Kerls auf das Frühjahr nicht so Bauers sind und man ihm so viel zum Soldaten macht, als die Zeit und Umstände zulassen... Es muss auch darauf gesehen werden, dass die Leute nicht so dicke auf einander liegen und wann die Regimenter ihre Rekruten* (be)*kommen, weiter aus einander und in mehrere Dörfer gelegt werden, dass keine Krankheiten entstehen.«*

Die beharrliche Einforderung von *Rekruten-Lieferungen* ist eine Angelegenheit, die im Fall der Preußen den Offizieren des *Feld-Kriegs-Kommissariats* obliegt. Sie erstreckt sich auf Sachsen, aber genauso auf jene Herzogtümer, in denen Friedrichs Truppen gerade im Einsatz stehen oder im Ruhequartier liegen. Beispielsweise auf den Territorien von Sachsen-Weimar-Eisenach oder Sachsen-Gotha-Altenburg. Dabei wird die Landesfürstin Luise-Dorothee zu ihrem nicht geringen Entsetzen gewahr, wie rüpelhaft und wenig rücksichtsvoll diese Rekrutierungskommissare zu Werke gehen. In ihrem Herzogtum, über dessen inneren Zustand die *»Leipziger Zeitungen«* bereits am 3. Juni 1761 aus Gotha berichteten, *»das schon ausgeleerte Land dieser Gegend«* leide entsetzlich unter den anhaltenden Drangsalen des gegenwärtigen Krieges.

Es handelt sich demnach nicht allein um preußisches Militär, das sich im Zuge diverser Kriegshandlungen in den Herzogtümern Sachsen-Gotha-Altenburg oder Sachsen-Weimar-Eisenach fortlaufend aufhält und an den unsäglich katastrophalen Zuständen Schuld trägt. Auch Truppen der französischen Streitmacht, an ihrer Spitze ein Günstling der Pompadour, der Marschall Prinz Karl von Soubise (1715-1787), der es stets sehr zu schätzen wusste, auf Schloss Friedenstein kultiviert hofiert zu werden. Oder es sind Regimenter der *Reichs-Executions-Armee*, die in schöner Regelmäßigkeit immer wieder in ansehnlicher Stärke auftauchen, um auf Kosten der einheimischen Bevölkerung Einquartierung zu nehmen und dazu noch alles mitgehen lassen, was ihnen zwischen die Finger gerät. Überdies durchstreifen sie, darin den brutalen Rekrutierungsmethoden ihres Feindes in nichts nachstehend, das Land Sachsen und die thüringischen Herzogtümer auf der Suche nach Männern im wehrtauglichen Alter.

Die vom rabiaten Benehmen der preußischen Kriegskommissare ehrlich betroffene Gemahlin des regierenden Gothaer Herzogs Friedrich III. wagt es, in Sorge um die Lage ihrer geschundenen Untertanen, dem König von Preußen gegenüber deutlich aufzumucken. Ein Novum in ihrer seit über zwei Jahrzehnten mit dem Berliner Monarchen vertrauensvoll geführten Korrespondenz, die bisher vorzugsweise geprägt war von einer Konversation auf gehobenem intellektuellen Niveau. Denn beide zeichnen sich nicht nur durch eine hohe Bildung aus, sie fühlen sich überdies als Seelenverwandte der Aufklärung – dieser für damalige Verhältnisse weltanschaulichen Revolution. Dem Sprung in die auf Vernunft und wissenschaftliche Erkenntnisse setzende Moderne. Es sind Themen, die Luise-Dorothee brennend interessieren. Ihr reger Briefaustausch mit der Wissenselite ihrer Zeit, wie den Philosophen Diderot, Montesquieu und vor allem Voltaire, sind sichtbarer Ausdruck ihrer geistigen Aufgeschlossenheit.

»Ich betrachte Sie als Freundin«, schreibt der gegenwärtig im Feld stehende Friedrich der Herzogin am 16. Februar 1760 aus seinem Winterquartier in Freiberg. Beide würden, wenn es die Umstände zuließen, einem Austausch tiefgründiger philosophischer Gedanken den Vorzug geben, statt sich über so profane Probleme unterhalten zu müssen, wie eine zu drastisch empfundene Rekrutenaushebung.

Obwohl, so völlig fremd ist ihnen dieses Thema auch wiederum nicht. Denn ganz am Beginn ihres von Berlin ausgegangenen Briefwechsels klopfte der eben gekürte König im August 1740 bei der thüringischen Regentschaft an, ob sie ihm bei der Aufstellung einer schlagkräftigen Armee mit jungen, kerngesunden Männern ihres Landes beispringen könne.

Mit diesem Schritt erreichte Friedrichs politische Haltung, wie sie Eingeweihte bisher gut zu kennen glaubten, eine neue Dimension. Bis zu seinem Machtantritt am 31. Mai 1740 war sein Image lange Zeit von dem eines konfliktscheuen, ausschließlich schöngeistigen Neigungen zugewandten Kronprinzen geprägt. Für diese verweichlichte, unmilitärische Haltung handelte er sich sogar die abgrundtiefe Verachtung seines despotischen Vaters, des *»Soldatenkönig«* genannten Friedrich Wilhelm I. (1688-1740), ein.

In Wahrheit hatte sich der Sohn in staatspolitischen Fragen längst anders festgelegt. Veröffentlicht in einer Schrift, worin Friedrich seine neue Gedankenwelt von der Legitimität eines militärischen Präventivschlags entwirft, sollte ein Herrscher eine von außen dem Staat drohende Gefahr erkennen. In einem solchen Fall würde dies dem Regenten das Recht einräumen, die Waffen gegen den potentiellen Feind zu ergreifen. Der bedrohte Fürst sei sogar verpflichtet, die Interessen des Staates und des Volkes notfalls unter Gewaltanwendung zu schützen. Folglich nennt er einen solchen, für gerecht gehaltenen Waffengang *»Interessenkrieg«*. Die Sicherung der Existenz eines Staates hänge allein von seiner Machtbasis ab. Die oberste Maxime erfolgreichen Regierens müsse daher darauf ausgerichtet sein, die Macht des Staates zu bewahren, und sie nach Möglichkeit zu stärken. Mit anderen Worten, wenn es den Zielen und Interessen des Staates diene, dürfe der Fürst einem territorialen Zugewinn nicht aus dem Weg gehen. Eine stets verfügbare wohlgerüstete Streitmacht, mit deren Hilfe sich sowohl Abschreckung wie Offensivkraft erzielen lasse, gebiete somit die Staatsräson.

Ein völlig neues Ideengut aus Friedrichs Feder. Der illusionslose, machtbesessene Realpolitiker ist bei ihm angekommen. Schon vor 1740 müssen in ihm diese Überlegungen gereift sein, denn in jenem Jahr hat er ihnen unter dem verkürzten Titel *»Antimachiavell«* zur Veröffentlichung verholfen. Nicht in einer Berliner Druckerei, sondern in der Stadt Den Haag, in den Niederlanden. Zu diesem Zeitpunkt befand er sich noch in weitgehender Abgeschiedenheit auf seinem Schloss Rheinsberg. Ein Kronprinz in Wartestellung auf den Hohenzollernthron, dessen Ansichten zu den größten Hoffnungen berechtigen. Das mag ihm einer der Gründe gewesen sein, seine auf die Realpolitik fixierten Gedanken in einer Publikation wie dem *»Antimachiavell«* zu verstecken, die nicht den Namen des Autors trägt. Preußens präsumtiver Monarch suchte seine Identität zu verschleiern, indem er die Schrift anonym herausbrachte.

Kaum ist er im Jahr darauf, am 31. Mai 1740, königliches Oberhaupt seines Staates Preußen geworden, da lässt er nur wenige Wochen verstreichen, bis er wegen der vorerwähnten Rekrutenanfrage nach Gotha schreibt. Bezeichnenderweise richtet er seinen Brief an die Herzogin. Ihr Gemahl, das besagt eines der Staatsdokumente, habe am 10. September 1740 einer zwangsweisen Aushebung zugunsten des Bittstellers zugestimmt. Schon sieben Tage später habe Herzog Friedrich III. dem 28-jährigen König in Berlin »versichert, dass viele junge Leute in Frédéric II. Dienste eintreten wollen, als Kadetten oder Offiziere« – Freiwillige, die dann freilich junge Leute von Adel waren. Pech für denjenigen, wer als einfacher Untertan in Sachsen-Gotha-Altenburg zur Welt kam. Der musste gewärtig sein, später einmal als Musketier oder Artillerist an fremde Armeen verschachert zu werden. Bereits mit dem Vater des frischgebackenen Berliner Souveräns nämlich trieb Herzog Friedrich III. seit 1734 zum Nutzen der herzoglichen Schatulle schwunghaften Soldatenhandel. Der Kreis der Fürsten, die ebenfalls ihre Landeskinder auf diese Weise verhökerten, war indes um einiges größer.

Wie es zwanzig Jahre später, nach einer Zeitspanne, innerhalb derer es Friedrich II. auf drei Kriege brachte, um sein Innenleben bestellt ist, offenbart er seinem »lieben Marquis« in einem Brief vom 18. August 1761. »Zwischen der Russischen und Österreichischen Armee« mit seinen Truppen eingeklemmt und in höchste Bedrängnis geraten, findet er Zeit, dem Freund d´Argens aus Schlesien zu schreiben, dass er sich als »mittlerweile einen militärisch-philosophischen Bastard« betrachte. Mag sich dahinter die für ihn typische Selbstironie verbergen, eine ernsthafte kritische Eigenwahrnehmung ist sie dennoch. Er hat damit, das darf man ihm zu gute halten, den Nagel auf den Kopf getroffen.

Da auch Gothas Herrscher Friedrich III. (1699-1772) die natürlichen Talente seiner agilen Gemahlin, deren Charme und Herzenswärme von vielen gerühmt wird, neidlos anerkennt, trägt sie die Hauptlast bei der Lenkung der Staatsgeschäfte im Herzogtum. So jedenfalls will es scheinen. Eingeweihte bei Hofe, die der Herzogin Handlungsstärke bescheinigen – was weniger Wohlmeinende ihr als Herrschsucht ankreiden –, wie gleichfalls einen Hang zur Launenhaftigkeit, dürfen sich in ihrem Urteil über Luise-Dorothee bestätigt fühlen. Jedenfalls könnte der Kontrast zwischen den beiden Eheleuten in bezug auf Temperament und Ausstrahlung wohl nicht größer gewesen sein, fand die Französin Marie-Hélène Cotoni bei ihren Recherchen heraus. Denn wollte man sich ein Bild von groben Zügen über den Herzog machen, schreibt die Historikerin im Jahr 1999, dann sei es das, »wie man sagt, eines zum Sterben langweiligen« Menschen.

Nicht eben sehr schmeichelhaft. Jedoch sollte es keineswegs zu der irrigen Meinung verleiten, am Hof zu Gotha werde Trübsal geblasen. Dies anzunehmen, wäre grundverkehrt. Selbstredend wusste sich das Herzogpaar allen Arten damaliger Lustbarkeiten hinzugeben. Beispielsweise bot sich ihm in dem *»Orden der Einsiedler vom vergnügten Gemüt«* die Gelegenheit, diesen Zielen vornehmlich in jüngeren Jahren zu huldigen.

Kesser Griff in den Schoß des Kavaliers – nach einer Tabakspfeife (Bild links). Naturnah auf Glas: Schloss Friedenstein zu Gotha. Eine Arbeit des Künstlers Georg Ernst Kunkel (1692-1750). (B. r.) –
(Quelle: Kunstsammlungen der Stadt Coburg)

Zu den geselligen Gepflogenheiten der Zeit gehörte es auch, mit anderen Höfen Geschenke auszutauschen. Zu feiernde Jubiläen ergaben dafür eines der zahlreichen Anlässe. So können heute in Schauvitrinen auf der Veste Coburg Glaspokale von filigraner Handarbeit und Schönheit bewundert werden. Darunter solche, die ausgeschmückt sind mit Motiven des Schlosses Friedenstein oder den Porträts der thüringischen Herzogin Luise-Dorothee und ihres Gemahls Friedrich III. Denen schon deshalb ein ehrenvoller Vitrinen-Platz an dieser Stelle zusteht, weil der majestätische Adelssitz hoch über dem Residenzstädtchen Coburg einst beiden – sie sind Cousin und Cousine – glückliche Stunden beschert haben soll. Am 24. Juli 1729 hätte sich der Erbprinz Friedrich von Sachsen-Gotha mit Luise-Dorothee, damals 18 Jahre jung und aus dem nahverwandten Fürstenhaus Sachsen-Meiningen stammend, auf der Veste Coburg verlobt.

Dass unsere Altvorderen von Adel durchaus auch ihren Spaß an den frivolen Dingen des Lebens besaßen, sei ihnen vergönnt. In Nachbarschaft der mit dem Gothaer Herrscherpaar verzierten gläsernen Kunstwerke kann der heutige Betrachter auf einem weiteren Unikat aus geschliffenem Glas den Beweis einer kleinen verbalen Unkeuschheit entdecken. Einen »Pokal mit Dame und Kavalier«. Auf ihm in geschnörkeltem Schriftzug eingraviert: *»Wie niedlich stehen die Pfeiffen wen*(n) *Jungfrauen danach greifen«*. Es lässt sich heute nicht mehr sagen, wie entzückt die mit diesem Pokal und dem ausdrucksvollen Reim bedachte Person reagierte.

In Gotha ist es die Herzogin, die sich vornehmlich den Regierungsgeschäften widmet und sie zur eigenen Sache macht. Eine starke Frau, wie sie gerade diese Epoche immer wieder hervorgebracht hat. Sie gebar zwei Töchter und sieben Söhne, von denen nur zwei das Mannesalter erreichten. Und sie ist es, nicht ihr Gemahl Friedrich III., die den kontinuierlichen Briefaustausch mit dem preußischen König in Friedens – wie in Kriegszeiten in die Hände nimmt.

Eingangs ihres Briefes umschmeichelt die 52-jährige Herzogin noch *Se. Königliche Majestät* als *»Unseren Beschützer…, stark und edelmütig«*, um dann leicht verstört zur Sprache zu bringen, was ihr am Auftreten der preußischen Beamten in ihrem Land missfällt: *»Ihre Anwesenheit sichert unsere Ehre wie auch unser Glück. Jedoch kann es uns auch schaden und eine ungute Tatsache verursachen, so dass ich es wage, die Unbefangenheit zu haben, den unerwarteten Befehl Ihrer Kriegskommissare anzusprechen, die unter Androhung militärischer Vollstreckung im Fall von Ungehorsam,* *von der Regentschaft in Altenburg 300 Rekruten nach Leipsic abzuliefern... Ich kann mir gut vorstellen, dass diese Anordnung der Kommissare ein Missverständnis ist...«*

Luise-Dorothee und Friedrich III. - der festliche Aufzug des Gothaer Herrscherpaares täuscht darüber hinweg, dass beide im Spannungsfeld des Siebenjährigen Krieges leben. Ölgemälde um 1760.

Missverständnis? »*Malentendu*«, wie sie auf Französisch schreibt? Wenn sich da mal nicht Friedrichs enge Vertraute mächtig getäuscht hat. Und richtig, die Erwiderung auf ihren Brief vom 25. November 1762 dürfte sie mit einiger Ernüchterung registriert haben. Aus dem *Haupt-Stand-Quartier* zu Meißen – es bleiben noch fünf Tage bis zu seinem avisierten Besuch in Gotha – teilt ihr der König seine Antwort von eigener Hand geschrieben mit.

Es erfreue ihn »*unendlich*«, wenn sie ihm anlässlich seiner bevorstehenden Visite am 3. Dezember die Ehrbekundung ihres Empfanges erweise, begegnet er der Herzogin mit ausgesuchter Höflichkeit. In der Sache jedoch, wie die nächsten Zeilen es aufzeigen werden, bleibt der auf Nachschub frischer Kräfte dringend Angewiesene unnachgiebig. Die geforderte Rekrutenzahl könne »nicht vernachlässigt« werden. Er macht damit zugleich deutlich, wenn auch unausgesprochen, dass es sich seinerseits keineswegs um ein Missverständnis handele.

Für das ungebührliche Verhalten seiner Rekrutierungsoffiziere entschuldigt sich der König zwar: »Die Herren des Kommissariats haben plump und übertrieben hart ihre Aufgaben durchgeführt«. In gleichem Atemzug findet er jedoch klare Worte der Rechtfertigung: »Aber besitzen Sie die Güte zu berücksichtigen, Madame, dass in Zeiten des Krieges keiner so handelt wie diese Männer, als unerlässlich notwendig.«
Wie haben sich doch die Zeiten gegenüber 1740 geändert – Friedrichs damaliger höflicher Bitte um die Zustellung von Rekruten aus Thüringen, sie ist gegen Ende des Jahres 1762 einer rigorosen Forderung nach ihnen gewichen.

Der Herzogin und ihrem Gemahl wird dieser ernüchternde Bescheid kaum zum Trost gereicht haben. Sollte das heikle Thema bei Friedrichs Besuch in Gotha neuerlich Gegenstand ihrer Gespräche gewesen sein, der König könnte wiederholt haben, was er auf ähnlich vorgebrachte Klagen dem Fürsten von Schwarzburg-Rudolstadt am 27. November erwidert hat. Diesem richtete er vor einer Woche aus, weil man in einem Krieg auf »unvermeidliche Beschwerlichkeiten« stoße, könne er es sich unmöglich leisten, der erflehten Verringerung preußischer Kontributions- und Rekrutenforderungen nachzugeben. Auf der Heidecksburg zu Rudolstadt, davon darf man getrost ausgehen, wird das königlich-preußische Sendschreiben für großen Frust und ziemlich lange Gesichter gesorgt haben.

Ganz ungemein in der Zwickmühle steckt das Herzogspaar. Und es ist klar, warum. Als zum Deutschen Reich gehörig, steht Sachsen-Gotha-Altenburg wie alle übrigen Gliedstaaten in der Pflicht, sich in diesem Krieg mit eigenen Truppen in die reichseigene Militärallianz gegen den als Aggressor gebrandmarkten preußischen König einzubringen. Ein brisanter Balanceakt, den der Hof zu Gotha da zu bewältigen hat. Denn dessen pro-preußische Gesinnung ist am Kaiserhof in Wien und im Reichstag zu Regensburg nicht nur wohlbekannt, die Friedrich-freundliche Haltung erzeugt intern auch eine Atmosphäre erheblichen Misstrauens. Von Strafmaßnahmen wie der Reichsacht ernstlich bedroht, muss Luise-Dorothees Gemahl schließlich den rechtmäßigen Forderungen nach der dem Kaiser beziehungsweise der Kaiserin zu

155

leistenden Heerfolge klein beigeben. Er hat sich lange dagegen zu wehren gesucht, bis er erstmals Truppen seines Landes unter das Oberkommando der *Reichs-Executions-Armee* stellt. Am 10. November 1757 habe der Gothaer Herzog zwei Schwadronen Dragoner von zweihundert Soldaten, und zwei Kompagnien Infanterie in der Stärke von dreihundert Mann, gegen preußische Armeekräfte in Marsch gesetzt. Der Witz war, er hatte vordem schon Friedrichs Armee durch zwei Bataillone verstärkt.

Für den Hof zu Gotha bestand die paradoxe Situation, gegen den gehuldigten Freund Friedrich II., den man aktiv mit Truppen unterstützt, gleichzeitig auch als Feind zu Felde rücken zu müssen. Schlimmer noch ergeht es allerdings den Gothaer Soldaten. Sollten sie das Pech haben, auf dem Schlachtfeld aufeinander zu treffen, beschießen und töten sie sich gegenseitig. Und wenn Preußen, Franzosen oder Angehörige der Reichsarmee nacheinander mit ihren Truppendurchmärschen in das Thüringer Herzogtum einfallen, dann muss das Regentenpaar jedes Mal dazu gute Miene machen. Dann sieht es sich als vorbildliche »Gastgeber« vor die Notwendigkeit gestellt, den Truppenführern einschließlich der sie begleitenden Offiziersstäbe einen freigebigen Empfang zu bereiten, einhergehend mit Quartierbezug und Festgelagen auf Schloss Friedenstein.

Empfängerin ebenso unerfreulichen Briefinhalts, wie ihn der Gothaer Herzogin in diesen Tagen durch Kurierpost zugestellt wurde, ist Anna Amalia, die junge, schon mit achtzehn Jahren im Witwenstand lebende Regentin auf Schloss Wilhelmsburg zu Weimar. Auch sie eine Reichsfürstin, die sich wie ihre thüringischen Nachbarn und Verwandten in Gotha – ihr verstorbener Mann war ein Vetter des Herzogpaares – in der gleichen prekären Lage sieht, zwischen zwei Stühlen zu sitzen. Einerseits verlangt es ihre oberste Pflicht als Reichsvasallin der beiden Fürstentümer Weimar und Eisenach, in treuer Gefolgschaft zu Kaiser und Kaiserin zu stehen. Andererseits sind der jungen Mutter zweier unmündiger Söhne familiäre Rücksichten auferlegt. Dahingehend, dass sie als Tochter des Herzogs von Braunschweig-Lüneburg-Wolfenbüttel eine nahe Verwandte des preußischen Königs ist – sie ist seine Nichte.

Ein hinreichender Grund für Wien, Zweifel an der Bündnistreue des Weimarer Hofes zu hegen und auf alle Vorgänge in dem kleinen Herzogtum argwöhnisch ein Auge zu werfen. Gereichen diese engen Verwandtschaftsbande in der gegebenen Situation nicht eben zum Vorteil der Herzogin, so kommt erschwerend hinzu, dass ihre drei Brüder in treuer Gefolgschaft zu Onkel Friedrich stehen, im Vertrauen darauf, als preußische Offiziere mit ihm auf dem Schlachtfeld militärische Triumphe feiern zu können. Leider aber auch bereit sein zu müssen, für die Kriegsziele des lieben Oheims notfalls ihr Leben hinzugeben. Wie es schicksalhaft vor etwas über einem Jahr, im August 1761, dem Prinzen Albrecht Heinrich widerfuhr. Er war Anna Amalias jüngster Bruder.

Und jetzt, im November 1762, hat die Herzogin vor vier Wochen ihren 23. Geburtstag feiern können. Ihr Erstgeborener, der kleine Erbprinz Carl August, hat bis dahin das zarte Alter von fünf Jahren erreicht. Als Erwachsener wird er einmal groß von sich reden machen. Nein, nicht der ihm nachgesagten Vaterschaft siebenunddreißig unehelich gezeugter Kinder wegen, die alle geeignete Taufpaten brauchen, in deren diskreter Suche auch hin und wieder Mutter Anna Amalia eingebunden ist. Ein bleibendes Andenken bewahrt sich ihr emsig schwängernder Sohn – besonders erfolgreich bei den Damen vom Weimarer Theaterensemble – dadurch, indem er als Freund Johann Wolfgang Goethes Eingang in die Literaturgeschichte gefunden hat. Das 1782 verliehene adlige »von« im Namen verdankt der in Diensten des Weimarer Hofes stehende omnipotente Dichter, Schauspieldirektor und Minister seinem generösen Förderer und Männerfreund Carl August.

Wie schon angedeutet, auch im Fall Anna Amalia lässt der kriegführende Ehemann ihrer Berliner Tante Elisabeth Christine nicht locker – er braucht ganz dringend frische *Rekruten-Lieferungen*. Sein ultimatives Verlangen ruft nicht nur im *Geheimen Consilium* zu Weimar blankes Entsetzen hervor. Auch die junge Herzogin-Witwe verfolgt mit Ingrimm, welche neuerlichen Forderungen der nimmersatte Onkel an ihr ausgeblutetes Land stellt. Ähnlich wie in Gotha auf Schloss Friedenstein provoziert er damit heftige Abwehrreaktionen bei seiner aufgebrachten Nichte. Onkel *Federic* kann sich´s bestimmt lebhaft ausmalen.

»Sire!«, lautet ihre förmliche Anrede im Brief vom 28. November 1762. Gedrechselte Eingangsfloskeln, wie sie zeittypisch sind, glaubt sich die dreiundzwanzigjährige *Hochfürstliche Durchlaucht* gegenüber dem hartnäckig insistierenden Onkel ersparen zu können. Zorn, Argwohn und Verzweiflung, das sind im Moment wohl ihre Gefühle, die ihr erkennbar die Feder führen. So dass sie ohne Umschweife gleich im ersten Satz kategorisch zur Sache kommt: »*Das Direktorium erhebt den Anspruch, 400 Rekruten seien durch das Herzogtum Weimar von jetzt bis zum Ende des Monats zu beschaffen…Angesichts des desolaten Zustandes des Staates ist dies absolut unmöglich.*«

Schön, klug, selbstbewusst: Anna Amalia, Herzogin von Weimar. Von Onkel Federic nicht enden wollende Rekrutenforderungen bereiten ihr großen Kummer.

Und was der ungeduldige Oheim im Weiteren von seiner spürbar verärgerten Nichte zu lesen bekommt, ist nichts als Klagen über die Zustände in ihrem Land. Zwar einigermaßen moderat in der Wortwahl, aber von eindringlicher Schilderung. Bis sie sich schließlich doch noch am Schluss ihres Schreibens dazu aufrafft, gemäßigte Töne anzuschlagen. Diese gipfeln in der *»inständigen Bitte an Sr. Majestät Güte«*, die hohe Zahl an eingeforderten jungen Männern aus ihrem Herrschaftsbereich reduzieren zu wollen.

Doch das echauffierte Weimarer Nichtchen muss aus der Antwort, welche der König am übernächsten Tag aus seinem Quartier in Meißen abschickt, tiefbetrübt zur Kenntnis nehmen, dass der als *»guter und treuer Onkel Federic«* Unterzeichnende absolut nicht willens ist, um nur einen einzigen Mann mit sich handeln zu lassen. *»Madame Meine Nichte. Ich bin bereit, Ihrer Hoheit gefällig zu sein, ich kann jedoch in diesem Fall nicht auf die Rekruten verzichten, die ich nötig brauche, um meine Truppen wieder aufzufüllen«*, lässt er sich herbei, ihr die zur Zeit gängigen Spielregeln zu erklären. Anna Amalia ist politisch gesehen dazu verdammt, sich mit einer ähnlichen doppelgesichtigen Rolle arrangieren zu müssen, wie sie dem Herzog und der Herzogin im benachbarten Gotha auferlegt ist.

Währenddessen verharrt man auch auf der Gegenseite nicht in militärischer Untätigkeit, denn natürlich verfolgt der Wiener Kriegsrat mit Argusaugen die regen Rüstungsaktivitäten des preußischen Widersachers. Um dessen angestrengtes Bemühen in der Zeit des geschlossenen Waffenstillstandes, überall neue Rekruten auszuheben und sämtliche Magazine mit dem Üblichen aufzufüllen – mit Kriegsgerät, Proviant und Fourage. Mit großem Ernst bringt dies die kaiserliche Monarchin in ihrem Brief vom 8. Dezember 1762 an Maria Antonia zum Ausdruck: *»Wir dürfen nicht fahrlässig sein«*, schreibt Maria Theresia der im Dichten und Komponieren äußerst begabten Gattin des sächsischen Thronerben nach Dresden, *»und müssen für den* (nächsten) *Feldzug Vorbereitungen treffen, im Gegenteil wir forcieren alle Anordnungen über die Vergrößerung des Heeres.«*

Befördern nach Kräften den sehnlichst erhofften Frieden: Sachsens Erbprinz Friedrich Christian (1722-1763) und Gemahlin Maria Antonia (1724-1780).

Auf Seiten der Österreicher wird also mit der gleichen Intensität mobil gemacht. Wiewohl außer Frage steht, auch die Kaiserin würde es vorziehen, richteten sich stattdessen *alle Anordnungen* auf einen baldigst zu erzielenden Frieden, eingedenk des beschwörenden Appells ihres obersten Heerführers Daun. Diesbezügliche Anstrengungen, ohne sich als Urheberin der Friedensinitiative erkennen zu geben, hatte sie bekanntlich unternommen. Und von den diskreten Sondierungsreisen zum preußischen Gegenspieler ist der sächsische Freiherr von Fritsch ja auch nicht gerade mit leeren Händen zurückgekehrt.

Erst mal aber verschlangen die Fahrten von Dresden nach Leipzig in der Postkutsche einiges an Reise- und Bewirtungsspesen, die sich der Emissär natürlich erstatten ließ. Sorgfältig stellte Fritsch die einzelnen Ausgabenposten zusammen, die ihm als Passagier, etwa am 18. Dezember 1762, entstanden waren. Von seiner Einkehr an diesem Tag in der Poststation zu Wermsdorf rechnete er ab: »*vor Zehrung daselbst 1 Thaler, 20 Groschen; Trink-u. Wachgeld 16 Groschen; Postillon 1 Thaler; Schmiergeld 4 Groschen und vor Postgeld 8 Thaler*«.

Die Reise setzte er über Wurzen fort, wo abermals eine Spesenabrechnung anfiel. Diese Liste umfasst: »*vor warm Bier 12 Groschen; Schmiergeld 4 Groschen; Trinkgeld auf der Fähre 4 Groschen; Postillon 1 Thaler; 25 Stück Austern 1 Thaler, 16 Groschen; Zwieback und Semmeln 4 Groschen, 2 Stück Pfeifen 2 Groschen sowie Postgeld 12 Thaler*«. Wenn er zusätzlich noch für »*1 Pfund Lichte 11 Groschen*« vorgestreckt hat, würde das für die Annahme sprechen, der Herr von Fritsch habe in Wurzen einen etwas längeren Reisestopp eingelegt. Dann sieht es ganz danach aus, als sei er im dortigen Postgasthof über Nacht geblieben.

In den vertraulich geführten Unterredungen mit *Sr. Königl. Majestät in Preußen* gelang dem beharrlichen Patrioten am folgenden Tag sogar ein diplomatisches Meisterstück, worüber er »*Ew. Königl. Hoheit*«, dem in Dresden überaus gespannt wartenden Erbprinzen Friedrich Christian, umgehend Bericht erstattete. In seinem protokollhaften *Memoire* vom 21. Dezember heißt es an einer Stelle: »*Tags darauf, als* (ich) *zur Tafel kam, fand* (ich) *den König zwar ziemlich gnädig, aber etwas finster, und über dem Essen sagte er, ohne sonderbare Veranlassung: 'Ich will Ihm nach Tische eine schöne Pièce zu Seiner Erbauung communiciren'.*«

»*Nach aufgehobener Tafel*«, fährt von Fritsch in seinem Rapport an Friedrich Christian fort, »*hiess er mich verziehen, ging ins Cabinet und holete das Antwortschreiben an Ew. Königl.Hoheit, gab es mir nebst Complimenten an Höchstdieselben und der königlichen Prinzessin Königl. Hoheit.*« Und nun der wohlberechnete Clou, die *schöne Pièce*, mit der Preußens Monarch sein Gegenüber offensichtlich aufs Angenehmste zu überraschen wusste: »*Befehl sei ergangen*«, notiert ein anzunehmen hochbeglückter Geheimrat die Worte des preußischen Herrschers, »*die weggenommenen 11 Beschäler aus Gefälligkeit gegen Ew. Königl.Hoheit wiederzugeben.*«

Ein preußisches Friedenssignal der besonderen Art. »11 Beschäler«, als Geste des guten Willens eines Kriegsherrn, der sich der höheren Einsicht fügt, allen Feindseligkeiten aus der Vergangenheit nunmehr ein Ende zu setzen. Mittels der huldvollen Rückgabe einer Handvoll aus dem Gestüt in Merseburg entführten Deckhengste. Und sozusagen als diplomatischer Einstieg in Friedensverhandlungen, an deren Zustandekommen sich im siebten Kriegsjahr keine der beteiligten Mächte ernsthaft mehr entziehen kann. Ein erster greifbarer Schritt vom Krieg zum Frieden ist getan.

Den Prinzen wird der Erfolg seines Emissärs Fritsch, den dieser im Zuge seines Geheimauftrags beim preußischen König für sich verbuchen konnte, mit Genugtuung erfüllt haben. Er war weitaus gewichtiger, als wir uns das vielleicht heute vorstellen können. Denn gerade beim Pferdebestand hat der Krieg große schmerzliche Lücken gerissen. Seine Verfügbarkeit beeinflusste den Ausgang einer Schlacht, er war der militärische Faktor, der über Sieg oder Niederlage ein entscheidendes Wort mitredete. Die Aufzucht des Nachwuchses sowohl für das Militär als auch für den zivilen Sektor ist daher ein Gebot der Stunde. Im 1-PS-Zeitalter hängt alles, was mit zügiger Mobilität zu tun hat, allein vom Pferd ab.

Das Kurfürstentum verfügte mit dem Hauptgestüt Graditz, fünf Kilometer östlich der Stadt Torgau, über

Hauptgestüt Graditz. Im Hintergrund der repräsentative Pöppelmann-Bau. (Foto: Autoren - 2010)

eine erstklassige Pferdezuchtstätte. Die Gründung derselben geht auf das Jahr 1686 zurück. Mit einem am 4. März 1722 ergangenen Befehl Augusts des Starken an seinen vielbeschäftigten Chefarchitekten Matthäus Daniel Pöppelmann, *»bey unserm Forwerge Gratitz ein neu Gestütte anlegen…zu lassen, und befehlen hiermit, Du der Oberlandbaumeister wollest Dich aus denen dieserwegen ergangenen und hierbey kommenden Commissions-Actis gnüglich informieren und ohnverzüglich nacher Gratitz begeben…«*, begann die glanzvolle Ära des an gleicher Stelle heute noch existierenden traditionsreichen Gestüts. Kaum dass die Preußen am 29. August 1756 ins Land eingefallen waren, ließen sie sich die Chance auf reiche Kriegsbeute in Gestalt vorzüglichen »Pferdematerials« nicht entgehen. Wenn es um Rassetiere ging, mit so robusten Hufen, dass sie eines Eisen-Beschlags entbehrten, dann gehörte die *Stutterey Gratitz* auf dem rechten Elbeufer zu Sachsens erster Adresse.

Landstallmeister Gottlob von Nostitz und seine Rossknechte brauchten nicht lange auf den unvermeidlichen Besuch der Preußen zu warten. Bereits am 1. September, dem dritten Tag ihrer Militär-Invasion, stellten sie sich auf dem *»Königl. Torgauischen Gestütt«* zu ihrem ersten Kommandoeinsatz ein. Es war zugleich der Tag, an dem auch die Menschen in Dahlen und Schmannewitz erstmals preußische Husaren-Uniformen zu Gesicht bekamen. Einem später verfassten *»Unterthänigsten Rapport«* gemäß, wäre ein Offizier in Begleitung mehrerer Grenadiere auf dem zu Gradlitz gehörenden Gestütshof Repitz angerückt. Dieser Offizier gab vor, so ist dem Bericht des *Landstallmeisters* zu entnehmen, einen Befehl des preußischen Königs ausführen und acht junge Hengste requirieren zu müssen. Die vermeintliche königliche *Ordre* stellte sich zwar schnell als augenscheinlich nicht erteilt heraus, dessen ungeachtet kommt es in der Stadt Torgau zu einem undurchsichtigen Verwirrspiel um sechs widerrechtlich fortgeschleppte Pferde. Ob verschollen oder mit voller Absicht vom preußischen Militär versteckt, die wertvollen Tiere werden schließlich in den Stallungen des Gasthofs *»Schwarzer Adler«* ausfindig gemacht, wo sie besagter *Landstallmeister* von Nostitz erleichtert in Empfang nehmen konnte.

Durften sich die ins Preußenlager entführten edlen Gäule diesmal noch eines Happy Ends erfreuen, so wird man in allen *Stuttereyen* des Landes in Zukunft auf härtere Zeiten gefasst sein müssen. Mit *Königl. Pohln. und Churfürstlich Sächs.* Hengsten, Stuten und Wallachen passierte im Verlauf der nächsten sieben Jahre noch so allerhand, waren sie doch nicht minder heiß begehrt als ihr menschliches Pendant, die *Lieferungen* von *tichtigen* Rekruten.

Jetzt aber, im Dezember 1762 beim sich ankündigenden Kriegsende, bilden den versöhnlichen Abschluss elf sächsische Hengste, die *Se. Königl. Majestät von Preußen* kurzer Hand in den Dienst der hohen Diplomatie stellt – als Ausdruck seiner ernsthaften Geneigtheit zum Frieden mit dem Feind. Wohin er die einst in der *Königl. Sächs. Stutterey* zu Merseburg ausgehobenen Pferde abliefern ließ, ist nicht mehr festzustellen. Es gäbe gute Gründe, für wahrscheinlich zu halten, meint der gegenwärtige Graditzer Gestütsleiter Steffen Bothendorf, dass sie hierher verbracht worden wären. Graditz war dem preußischen König wohlbekannt. Die Gestütsanlagen dienten ihm in den Kriegsjahren als Marstall des eigenen Pferdebestands, welcher sich auf weit über hundert Tiere in Graditz bemaß.

Der Nachfolger von *Landstallmeister* Nostitz in der soundsovielten Generation bedauert, für einen Nachweis seiner Annahme nicht mit entsprechenden Unterlagen aus dem gestütseigenen Archiv dienen zu können. Bothendorfs Büro liegt, wie ursprünglich im Bauplan des *Königl. Chursächsischen* Stararchitekten Pöppelmann (1662-1736) vorgesehen, unverändert im ersten Stock des Hauptgebäudes. Eines Schlosses, worin seiner ursprünglichen Bestimmung gemäß *»Director u. Officianten wohnen.«* Der Bedeutung künftigen Pferdenachwuchses Rechnung tragend, und daher in der historischen Baubeschreibung von 1722 ausdrücklich erwähnt: *»Demselben gegenüber ist der Hauptbeschäler-Stall«*.

Nach einem weiteren Kriegsschluss rund zwei Jahrhunderte später, des zu Ende gegangenen Zweiten Weltkrieges im Mai 1945, sollte Graditz abermals in den Mittelpunkt besonderen Interesses einer in Sachsen siegreich einmarschierten Armee rücken. Diese nahm sich sämtlicher Gestütsbücher als Beutegut an – und so ganz nebenbei: Deckhengste waren auch darunter. Man hielt sich schadlos für das, was die Deutschen dem Land, der damaligen Sowjetunion, im Krieg angetan hatten.

Diesem leidvollen Schicksal war auch »Voshod«, ein führendes Vollblutgestüt im Gebiet am Kuban-Strom, nicht entgangen. Die bis dahin mit zahlreichen Derbypreisen ihrer Rennpferde ausgezeichnete Zuchtstation wurde von der Wehrmacht »okkupiert, unterworfen und ausgeplündert«, schildert eine Broschüre vom Jahr 2000 die Auswirkungen des Krieges auf das Gestüt. Im April 1945 sei es einem »in die Region von Riesa an der Elbe verlegten Gardekavallerie-Corps« gelungen, einen Teil der aus »Voshod« stammenden Pferde ausfindig zu machen und an seinen Ursprungsort zurückzuführen. Viele der von den Nazis »in Staffeln« weggebrachten Tiere seien jedoch spurlos verschwunden.

Heute verwahrt das in der Gegend von Krasnodar am Kuban liegende »Konny Savod Voshod« sämtliche Archivbestände aus Graditz. Den persönlichen Bemühungen des Gestütschefs Steffen Bothendorf, Einblicke in die einstigen Graditzer Dokumente in dieser *Stutterey* im fernen Süden Russlands nehmen zu können, war bislang der Erfolg versagt. Solange es dazu nicht kommen kann, solange harrt auch diese Frage einer abschließenden historischen Klärung: Sind des Preußen-Königs Friedrich zurückgegebene elf Beschäler tatsächlich nach Graditz überstellt worden?

Seinen Friedenswillen bekräftigte Preußens Kriegsherr darüber hinaus mit einer schriftlichen Zusicherung, welche er seiner unverhofften Morgengabe aus dem Pferdestall beizufügen geruhte. Der *Geheime Rath* von Fritsch hat die Ehre, sie seinem Gebieter präsentieren und damit seine diplomatische Mission vorerst als erfüllt betrachten zu dürfen. Datiert vom 18. Dezember 1762, heißt es in Friedrichs Brief an Sachsens Thronfolger: *»Monsieur mein Bruder. Für das Wohl Deutschlands ist es zu wünschen, dass die guten Absichten Ihrer Königlichen Hoheit für einen Frieden sich erfüllen werden. Keineswegs zweifle ich an der Aufrichtigkeit Ihrer Absichten für dieses begrüßenswerte Ziel, und ich hoffe, alle können zum Besten beitragen, und sie denken ebenso, den Geist des Streites und der Schwierigkeiten nicht in die Verhandlungen zu tragen.«* Preußens Herrscher macht keinen Hehl aus seinen Erwartungen. Und zielt er nicht darauf ab, der anderen Seite diplomatisch verklausuliert zu signalisieren: Wir werden Frieden schließen, aber zu Bedingungen, wie ich sie, *Monsieur, mein Bruder*, diktiere?

Der tüchtige Diplomat und Besitzer der Rittergüter Seerhausen, Zschochau und Mautitz, Thomas Freiherr v. Fritsch, hat mit Erfolg angebahnt, wozu die Zeit längst reif war: endlich in Unterhandlungen mit dem Gegner einzutreten. Er empfahl sich damit für höhere Aufgaben, die ihm auch umgehend zuteil wurden. Fritsch und die Herren Heinrich Gabriel von Collenbach und Ewald Friedrich von Hertzberg waren nun als Bevollmächtigte ihrer *allergnädigsten* Herrscher ausersehen, ein Wunder zu vollbringen. Das Wunder einer vom guten Gelingen gekrönten Friedensmission.

Denn mittlerweile hat sich Entscheidendes getan. Zwischen dem 8. Dezember 1762, da Maria Theresia ihre sächsische Vertraute Maria Antonia in Österreichs fortlaufende geheime Kriegsanstrengungen einzuweihen geruhte und dem 12. Januar 1763, da die *»Leipziger Zeitungen«* über den musikalischen Wiener Ballauftakt berichteten.

163

Und das ist die sensationelle Neuigkeit: Ehe das alte Jahr 1762 zu Ende gegangen war, spielt seit dem 30. Dezember außer an der Donau auch noch woanders die Musik – auf dem Parkett der internationalen Diplomatie.

Doch die Örtlichkeit, in der sich die drei Friedensbeauftragten am vorletzten Tag des Jahres 1762, einem Donnerstag, um einen Verhandlungstisch versammelt haben, hat so gar nichts vom Glanz eines diplomatischen Parkettbodens. Nach einem solchen sucht man in diesen Tagen auf dem einst prachtvoll ausstaffierten Jagdschloss Hubertusburg vergebens. Nicht allein des begehrten Holzes wegen war dieser in Stücke zerlegt und abtransportiert worden. Schlossverwalter Götze erwähnt in seinen Aufzeichnungen, die Preußen seien durch Verrat dahinter gekommen, dass *»Französische Uhren, Porcellainen, Caminaufsätze, Betten einer Ordre gemäß gleich nach der Schlacht bey Torgau unter den Thüren, da doppelte Boden sind, wohlverstekt«* gewesen und in Sicherheit gebracht worden wären. Dem Mob Anreiz genug, intensiv nach weiteren verborgenen Schlupfwinkeln unter den Parkettböden aller Salons zu suchen.

Selbst wenn alle Hoffnung nun auf Wermsdorf, diesem kleinen Ort in Sachsens Mitte ruht, die Verheerungen der Plünderungswochen von vor zwei Jahren haben das Schloss und seine Anlagen gleichsam in einen Zustand der Agonie versetzt. So gut wie alle Einrichtungen hatten schweren Schaden genommen. Es war also gleich zu Anfang das organisatorische Problem zu lösen, wo den drei Friedensunterhändlern einschließlich der angereisten Mitglieder ihres Anhangs zumutbare Wohn- und Konferenzmöglichkeiten anbieten. Ein öder Ort ist seit der Ausplünderung aus dem Schloss geworden. Symbolhaft sich darin offenbarend an dem noch zurückgebliebenen kümmerlichen Rest von zwölf – vermutlich tatenlos herumlungernden – *Hirsch- und Leithunden* einer einst in besten Zeiten stolzen hundertfachen Parforcejagdmeute.

Einen erklecklichen Ausweg aus dieser peinlichen Klemme bot eines der zwei unversehrt gebliebenen Nebengebäude auf der zentralen Schlossanlage. Im Halbkreis zueinander angeordnet, haben sich die beiden zweigeschossigen, mit ihren jeweils 27 Fenstern im oberen Stockwerk beachtlich langen Rundflügel, bis heute erhalten. In ihnen befanden sich vornehmlich die vom Schlosspersonal, freilich dem distinguierten, bewohnten Appartements. Auch das *Logis* des Schlossverwalters und Witwers Götze mit seinen Kindern lag hier. Und hier nun musste den drei Verhandlungsführern auf die Schnelle zu einer geeigneten Bleibe verholfen werden. Obwohl zum Teil belegt, hieß man also die Wohnungsinhaber, einige Stuben für die hohen auswärtigen Herrschaften frei zu machen.

Dazu hätte sich, heißt es, der *Bett-Meister* Georg Friedrich Kuntze bereit finden müssen. Platz mag es in seiner Familie aufgrund des glücklichen Umstandes gegeben haben, weil Sohn Wilhelm Friedrich (1736-1805) seinem Theologie-Studium an der Universität Leipzig nachging. Verbürgt ist dies zumindest für den Sommer 1758, da habe er gemeinsam mit dem Kommilitonen Carl Friedrich Bahrdt seine Eltern und die 34 Jahre alte Schwester Luise besucht. Zu Fuß hätten sich die zwei angehenden Akademiker von Leipzig aufgemacht und in Hubertusburg acht Tage »höchst vergnügt« gelebt. So erinnert sich der Freund Jahre später an die genossene Gastfreundschaft bei den Kuntzes. Verständlich, wenn er in seinen Memoiren die eigentliche Ursache dieser Vergnügtheit preisgibt – es war die etliche Jahre ältere Luise, des *Bett-Meisters* Tochter, in die er sich unsterblich verliebt hatte.

Das *Bett-Meister*-Ehepaar, bei dem jetzt der sächsische Diplomat von Fritsch unterkam, wird es an der notwendigen Aufmerksamkeit nicht haben fehlen lassen Der Herr *Obriste* Quintus Icilius war, zwei Jahre ist dies jetzt her, ja auch schon mal in den Räumen der Familie Kuntze auf ein Stündchen abgestiegen. Am Tag seiner Abreise, dies geschah Mittwoch, den 16. Februar 1762, wird sich Herr von Fritsch mit dem Betrag von 50 Talern bei der *Bett-Meisterin* für Kost und Unterbringung bedanken.

Für den österreichischen Gesandten von Collenbach fand sich ein geeignetes Quartier in den Gemächern eines Kammerherrn namens Baron von Feullner. Der im Ruhestand lebende *Comandant der Parforce Jagdt* hatte das Vergnügen, schon einmal hohen Besuch bei sich begrüßen zu können. Ein zweifelhaftes Vergnügen, wie sich leicht denken lässt, wenn man erfährt, um wen es sich handelte. Sein damaliger Gast in den Wochen der Schlossplünderung war kein geringerer, als der gefürchtete Freischar-Leutnant Thiele.

Dem Freiherrn von Hertzberg aus Berlin bot sich schließlich eine passende Wohngelegenheit beim *Schloß Inspector* Götze. Wenn sich auch die Unterkünfte der drei Herren ein wenig beengt und bescheiden ausnehmen sollten, ein ordentliches *Logis*, mit dem sie einigermaßen zufrieden sein konnten, hat ihnen dennoch zur Verfügung gestanden. Sächsische Gastfreundschaft selbstredend eingeschlossen.

Zwei für geräumiger befundene Stuben bei einem weiteren Schloss-Kammerherrn, wären auserkoren worden, den Repräsentanten der drei Friedensdelegationen als Ort ihrer Verhandlungen zu dienen. Eine Aura des Besonderen, die ihrer historischen Aufgabe angemessen wäre, verströmte dieses mit dem privaten Mobiliar des Kammerherrn von Schulenburg ausgestattete Provisorium aber auch nicht. Glamouröses Diplomaten-Parkett sieht anders aus. Auf derlei Äußerlichkeiten Wert legen zu wollen, wäre den drei Friedenssuchenden aus Österreich, Preußen und Sachsen wohl auch gar nicht in den Sinn gekommen. Es ging schließlich um Höheres.

Es ging darum, endlich in Europa und im Deutschen Reich zum Frieden zurückzufinden. Und um diesen Frieden hätten auf Schloss Hubertusburg der Herr *Hofrath* von Collenbach aus Wien, der Herr *Geh. Cabinetsrath* von Hertzberg aus Berlin sowie der *Sächsische Geheime Rath* von Fritsch in langen, teils hitzig verlaufenen Sitzungen verbissen gerungen. Heftige Wortduelle, sanfte Überredungsversuche bis hin zu üblen Übertölpelungsattacken – die drei Herren legten in dieser Hinsicht wenig Zurückhaltung an den Tag. Alle bekannten Spielarten hoher und trickreicher Diplomatie wurden am einstigen Feind ausprobiert. Zum großen Entsetzen des Sachsen Thomas von Fritsch leider nicht nur am ehemaligen Kriegsgegner.

Damit sie von Einflüssen außerhalb des Konferenzbereichs ungestört wirken könnten, versetzte ein mit der Gegenseite abgestimmter Neutralitätserlass des preußischen Kriegsherrn den ohnehin verwaisten Ort in zusätzliche, aber notwendige Abgeschiedenheit. August Friedrich Eichel, Chef der *Cabinettskanzlei*, und als solcher seines Gebieters Friedrich II. getreuester Diener, kündigt an, wie im Einzelnen der von jedermann zu befolgende königliche Befehl, *»die Neutralité von Hubertusburg und Wermsdorf betreffend«*, strikte Beachtung finden solle.

Aus dem Leipziger Hauptquartier schreibt Eichel am 25. Dezember 1762: *»So haben des Königs Majestät beliebet, Dero Ordres zu stellen, dass vor der Hand und bis zu weiterer Ordres nichts von Militärs, Convois, Transports, Escortes noch nichts dergleichen solchen Weg gehen, viel weniger da bleiben oder sich einlegen und quartieren oder etwas daher gefordert werden soll.«* Ein Aufgebot von zehn Feldjägern solle nach dem Willen des Königs dafür Sorge tragen, *»um alles, was von vorg*(ed)*achten auf Hubertusburg und solche Strasse gehen wollte, geziemend zurückzuweisen und nicht zu gestatten, dass sich dorten etwas einlege oder Quartier nehmen wolle.«*

Eine gewisse Vertrautheit mit der Örtlichkeit in und um das Dorf Wermsdorf besitzt Eichel bereits, denn nicht zum ersten Mal haben ihn seine Wege hierher geführt. Es war im Anschluss an Götzes 20-Tage-Wohnungsarrest im Februar 1761, da *»kam der werte Preuß. Geh. Rath von Eichel auf der Post in*

166

Wermsdorff an, welchen schon andersmahl gesprochen«, hielt Hubertusburgs Schloss-kastellan in seinem Bericht vor zwei Jahren fest. Damals vom *Bett-Meister* Kuntze begleitet, hätte er den *Geh. Rath* in dessen Post-Unterkunft aufgesucht, und *»stellte ihn unser Elend und Plackereyen vor, besonders von dem Lieut. Thielen, welcher noch über unserer Noth Douceurs Gelder forderte.«*

Sich über alle *königliche Ordres* selbstherrlich hinwegsetzend, hätte Thiele bei der Schloss-Dienerschaft kräftig abkassiert. Als einstiger Schreiber eines *Proviant Commissarios* war er hinlänglich an derlei Gepflogenheit gewöhnt. Beim erzwungenen preußischen Abzug aus der königlichen Residenzstadt Dresden am 8. September 1759 bestaunten die Einwohner die schier endlosen Fahrzeugkolonnen, auf denen ihre bisherigen Besatzer hochzufrieden durch die Stadttore ausmarschierten. Ein zeitgenössischer Bericht kommentierte die wahrgenommene Szenerie bitter-ironisch: *»Wer, besonders von denen sogenannten Commissariis seine Habseligkeiten in Schub- oder höchstens in einem Mantelsacke nach Sachsen gebracht, der zog wenigstens mit einem Packwagen wiederum von hier aus.«* Thiele könnte auch Teil dieser Wagenkolonne gewesen sein.

Der Reihe nach nahm der *Lieutenant* vom *Bett-Meister* 100 Taler und vom *Hoff-Gärthner* 50 Taler, die der habgierige Preuße jedoch *»als etwas zu wenig refusiret«*, also zurückgewiesen habe. Außerdem hätte Thiele kaltschnäuzig *»vom Geistl. R. P. Schubert wegen der Cappelle 500. Thaler verblümter Weise, als hätte ers freywillig angetragen, verlangt.«* Die von höchster Autorität gegebene Zusicherung, wonach die Kirche unangetastet zu bleiben habe, sie ist offensichtlich nicht viel wert. Die Gefahr, der sich das Gotteshaus ausgesetzt sieht, scheint zu keiner Zeit während der Plünderungswochen so recht gebannt gewesen zu sein.

Eichel besaß soviel Autorität, dass sein Einschreiten Erfolg hatte. Vom Leutnant Thiele wird verlangt, die eingeheimsten *Douceurs* wieder herauszurücken. Er rächte sich umgehend, sobald der *Geheime Rath* abgereist war. Der Schlossverwalter, dem Thiele angelastet hatte, ihn bei Eichel angeschwärzt zu haben, wurde von neuem seiner Freiheit beraubt. Zum Glück nur für ein paar Stunden, denn ein großmächtiger Quintus Icilius, der von alledem unterrichtet worden war, *»kam Abends nach Wermsdorff, ließ mich aus unserm Arrest«*, schilderte Götze die damalige aufgewühlte Atmosphäre unter den preußisch-sächsischen Streithähnen. Der Herr *Tapezierer* beruhigte die erhitzten Gemüter und tat zwar alles als *»eine Bagatelle«* ab. Der *Geh. Rath* von Eichel aber, ein den hohen Ansprüchen des Königs stets gerecht werdender Untergebener, wird sich sicher dieses Tohuwabohus von Wermsdorf noch geraume Zeit erinnert haben. Mutmaßlich auch an jenem 25. Dezember 1762, als er die »*Königl. Ordre die Neutralité betreffend*« in Umlauf brachte.

Über Hubertusburg, und über das Örtchen Wermsdorf gleich mit, wurde nun eine Art Quarantäne verhängt, wodurch der Sicherheit der Delegationen Genüge getan werden sollte. An der ernüchternden Wirklichkeit, die mehrheitlich von einer überaus gereizten Verhandlungsatmosphäre gekennzeichnet war, vermochte dies freilich kaum etwas zu ändern. Selbst die Verbündeten untereinander, Sachsen und Kaiserliche, zeigen wenig Neigung, an einem Strang zu ziehen, zu unterschiedlich ist die jeweilige Interessenlage der beiden. Den sächsischen *Geheimen Rath* von Fritsch treibt nicht unbegründet die Furcht um, dass die Anliegen seines Landes nicht hinreichend durch Wien vertreten werden. Von gleichberechtigter Partnerschaft am Verhandlungstisch kann keine Rede sein. Wiederholt klagt er über mangelnde Fairness seines Kollegen Collenbach im Umgang mit ihm, dem Vertreter einer verbündeten Macht. Voller Sorge, mit Unmut und Verstimmung, sieht sich Fritsch daher veranlasst, seinem *allergnädigsten Herrn* in Dresden mitzuteilen, dass der Wiener Hof über seinen Abgesandten immer wieder zum Nachteil Sachsens versuche, durch doppeldeutiges Verhalten den Partner hinters Licht zu führen.

Dabei ist dem Verdacht entgegenzutreten, Fritsch sei möglicherweise ein Duckmäuser gewesen, der zu große Nachsicht walten und sich infolge dessen zu sehr in die Ecke drängen ließ. Ein von ihm stammendes Schreiben vom 13. Januar, das er im Zuge der Verhandlungen auf Hubertusburg an seinen preußischen Widerpart von Hertzberg richtete, zeugt vom Gegenteil. Der Anlass ergab sich aus dem anstehenden Abschluss eines Handelsabkommens mit Preußen. Fritsch sprach eine deutliche Warnung vor den Konsequenzen aus, die sich ergeben würden, sollte Berlin einem Warenaustausch Sachsens mit Polen und Ungarn Hindernisse in den Weg legen. Dann, so drohte der sächsische Bevollmächtigte rundheraus, sähe man sich gezwungen, die Handelswaren statt über das preußische Breslau, auf Routen durch das Königreich Böhmen, mithin durch österreichisches Staatsgebiet, zu transportieren.

Selbstverständlich musste Preußen in dieser sächsischen Warnung einen Akt von Einschüchterung, gar Erpressung sehen. Ein besonderer Nachteil im Falle einer Transferumleitung über Böhmen und Mähren konnte dem preußischen Zoll dadurch erwachsen, dass ihm wertvolle Einkünfte entgehen würden. Zu starker *Toback* für den preußischen Souverän. Sie, die Sachsen, würden sich der Sprache eines Siegers bedienen, empörte sich Friedrich II. in einem Brief am 11. Februar 1763 gegenüber seinem Delegationsleiter von Hertzberg.

Fritsch und Hertzberg erzielten in dieser heiklen Angelegenheit natürlich eine Einigung. Und wer will ausschließen, dass sich nicht am Rande der Hubertusburger Verhandlungen beiden beflissenen Staatsdienern, die zugleich Rittergutsbesitzer waren, die Gelegenheit bot zum privaten Plausch. Weshalb nicht über Fragen der Landwirtschaft? So beispielsweise über den rentablen Anbau von Maulbeerbäumen, welche der Zucht von Seidenwürmern dienten, und die der Preuße bei sich auf seinem Gut im Dorf Britz anpflanzte. Damals groß in Mode, um daraus knisternde Naturseide für die kaufkräftigen Untertanen zu gewinnen. Und damals war es auch, dass Britz an der Stelle seinen Standort hatte, wo sich heute im Süden Berlins der Stadtteil Neukölln ausbreitet.

Herr v. Fritsch hätte die Chance ergreifen und seinem Konferenzkollegen vorhalten können, dass eben ein solcher wertvoller Maulbeerbestand in Leipzig von den preußischen Besatzern völlig demoliert worden sei. Zwei Jahre nach Kriegsende aber waren Bäume und Hecken wieder erneuert, begeistert sich der in Leipzig studierende Goethe. Man könne sie, schreibt er der Schwester Cornelia, »jetzo Maulbeerstadt nennen«. Ohne weiteres hätten die

Zwei Jahre nach Kriegsende: Student Goethe äußert sich hocherfreut über das Leben in der »Maulbeerstadt« Leipzig.

169

zwei Chefdiplomaten auch zu einem anderen Thema wechseln können, zu einem wesentlich Erfreulicheren. Nämlich zu fachsimpeln über die Vorzüge und Möglichkeiten einer Direktvermarktung von frischer Kuhmilch. Davon nämlich schien Preußens Chefdiplomat, der sich dem Fortschritt in der Landwirtschaft nicht verschloss, ebenfalls eine Menge zu verstehen.

Der vom preußischen König 1765 zum Professor an die Berliner *»Zivil- und Militär-Academie«* berufene Monsieur Dieudonné Thiébault findet in seinen Memoiren jedenfalls anerkennende Worte über Hertzbergs bahnbrechende Vermarktungsstrategie. Der französische Gastprofessor schreibt rückblickend an seine Berliner Zeit: *»Zugleich betreibt er eine große Meierei. Auf der Freitreppe vor seinem Palais sah man jeden Morgen eine Bäuerin, die kannenweise die Milch seiner Kühe verkaufte.«* Man sieht, wenn Hertzberg und Fritsch es nur wollten, sie hätten abseits ihres diplomatischen Auftrags durchaus genügend interessanten Gesprächsstoff.

Ansonsten aber knirscht es heftig hinter den Kulissen dieses Friedensgipfels. Einmal, so verlautete es aus Verhandlungskreisen, hätte Collenbachs Kutsche auf dem Schlosshof gestanden, bereit zur vorzeitigen Abreise nach Wien. Und ein andermal, am 8. Februar 1763, entzündete sich ein heftiger Disput um sächsische Kriegsgefangene. An der Weigerung des preußischen Königs, diese Männer aus seinem Heer zu entlassen, drohte das Friedensabkommen im letzten Moment noch zu scheitern. Sachsens bevollmächtigten Unterhändler von Fritsch, der sich wiederholt diskriminierender Behandlung ausgesetzt sah, und zwar von beiden Seiten, brannte es unter den Nägeln. Mit jedem einzelnen Verhandlungstag mehr wuchs seine tiefsitzende Furcht, dass sich die Lage für die Bevölkerung dramatisch verschlimmern würde.

In seiner Verzweiflung erbat er sich Hilfe vom preußischen König persönlich, ersuchte um die Gewährung von Audienzen. Wenigstens zweimal fuhr Fritsch von Wermsdorf zu ihm nach Leipzig, so auch am 1. Februar 1763, *»um das mir anvertraute Schreiben…meines allergnädigsten Herrns«* – gemeint ist Kurfürst Friedrich August II. in Warschau – *»zu übergeben und mit denen dermaligen betrübten Umständen gemässen Vorstellungen zu begleiten.«* Erst am nächsten Tag *»gegen 11 Uhr«* wird Fritsch empfangen. Freilich konnte der sächsische Unterhändler im Nachhinein zu seiner Genugtuung erfahren, dass Preußens Souverän nicht aus Boshaftigkeit ihn 24 Stunden auf die Audienz hat warten lassen. *»Der König«*, erfährt Kronprinz Friedrich Christian als Adressat der Fritsch-Niederschrift, *»nahm alles sehr freundlich auf, entschuldigte seine gestrige Weigerung mich vorzulassen mit einer Hämorrhoidalkolik.«* Die

Hoffnung, seine gesundheitliche Pein könnte *Ihro Königl. Majestät* geruht haben, sich den gebeutelten Sachsen gegenüber ein wenig gnädiger zu geben, diese Hoffnung erfüllte sich jedoch leider nicht.

Fritsch rackerte sich weiterhin ab. Ein Auseinandergehen vom Konferenzort ohne ein greifbares Ergebnis in Händen, würde die Leiden seiner sächsischen Landsleute bis zur Unerträglichkeit vergrößern. Solange die Regeln eines Waffenstillstandes gelten, würden die Preußen fortfahren, ihr aggressives Besatzungsregime über Sachsen auszuüben.

Hauen und Stechen nicht allein hinter verschlossenen Diplomatentüren. Ganz offen auch laufen nach wie vor im Land in der gleichen schmerzlichen Weise Szenen ab, wie sie die Jahre zuvor den Alltag einer kriegsgeplagten Bevölkerung bestimmten: Steuereintreibungen und Kontributionsexekutionen, Rekrutenaushebungen und Plünderungen. So rigoros, dass sich der Eindruck aufdrängt, die Preußen legten es darauf an, es allen noch einmal so richtig zu zeigen.

So weiß die Stadt Grimma in ihrer Chronik zu berichten, dass *»der Major von Dyherrn von Leipzig aus unter dem 14. Januar«* die hiesigen Ratsherren in einem Schreiben ultimativ an ihre Ablieferungspflicht von *»Tuch- und Boylieferungen«* erinnerte. Die Preußen sind dringend auf Uniformstoff zur Einkleidung ihrer Soldaten angewiesen. Würde man dieser Aufforderung nicht fristgerecht bis zum 20. Januar nachkommen, setzt der Major die Angeschriebenen gehörig unter Druck, würden sowohl sie wie auch einige Handwerker des Tuchmachergewerbes am anderen Tag in den Arrest gehen. Damit nicht genug, zuzüglich würde eine Exekutionsstrafe von einhundert Talern pro Mann täglich fällig. Schon eine Woche zuvor, am 8. Januar 1763, war dem Städtchen an der Mulde der Befehl zugegangen, zwei Zentner und zehn Pfund Leinwand dem Armee-Lazarett der Preußen in Torgau abzuliefern.

Mit welcher Brutalität umherziehende Soldaten-Kommandos vorgingen, zeigte sich beispielsweise in Grimmas umliegenden Ortschaften an den Tagen 28. und 29. Januar. Wie in Neunitz und Golzern, haben die Preußen überall im Lande noch einmal richtig gewütet. In beiden Dörfern, so beklagten die Bewohner ihr unheilvolles Los, wären Fenster, Öfen und Hausrat zu Bruch gegangen, seien Vieh, Bettzeug, Wäsche und Kleider auf Wagen gepackt und abtransportiert worden.

Die sich abzeichnende Friedensvereinbarung, über welche das Gerücht umgeht, sie sei in greifbare Nähe gerückt, beschleunigte noch einmal den Beutedrang der Preußen. Offiziell sollte vom 1. Februar 1763 an damit Schluss sein. Die Ordre, wonach die Feindseligkeiten nunmehr eingestellt seien, und Kontributionen nicht mehr eingetrieben werden dürften, traf am selben Vormittag im Rathaus von Grimma ein. Glücklich über diese Fügung konnte ein größerer Schub Männer sein, die noch frühmorgens unsanft aus ihren Betten gescheucht und eskortiert von Reitern, nach Nerchau überstellt worden waren. Obwohl zur Gruppe der wahllos Arretierten auch etliche Alte gehört hätten, wären auch sie zum Weitertransport nach Leipzig und zur Einverleibung in die preußische Armee bestimmt gewesen.

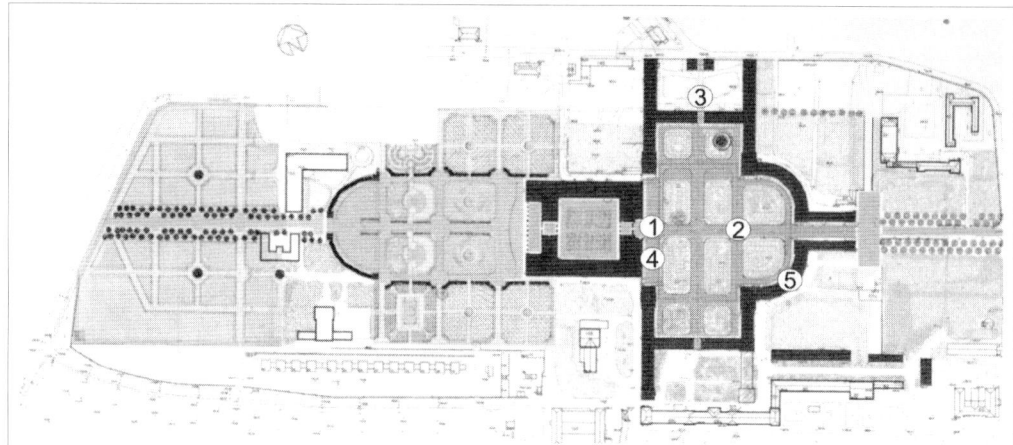

Grundriss Jagdschloss Hubertusburg: 1) Hauptpalais 2) Schlosshof 3)Schmiedehof, Pferdeställe 4) Schlosskapelle 5) Konferenzraum der Friedensverhandlungen sowie Logis der drei Bevollmächtigten in den Wohnungen der Schlossangestellten (Quelle: Hubertusburger Schriften – Sonderheft – Prof. Dr. Dr. Kurt Milde, Schloss Hubertusburg – Baugeschichte und Ausblick; Hrsg. Freundeskreis Schloss Hubertusburg e.V.)

Und die Verbündeten der Sachsen? Sie machten in diesen Tagen ebenso fortgesetzt unrühmlich von sich reden wie preußisches Militär. Beispielhaft sei auf eine im Kriegsarchiv München befindliche Niederschrift verwiesen. Ausweislich dieser Quelle hätte es am 9. Februar 1763 dringenden Anlass für die in Regensburg tagende »*Reichs Raths Versammlung*« gegeben, sich mit von »*Sachsen Gotha communicirten Beschwerden wegen deren herzoglich altenburgischen Landen von dem k. k. Kriegskommissariat ausgeübten noch immer anhaltenden Excessen*« zu befassen. Jede Seite sah also mit großem Aktionismus zu, was den Sachsen noch schnell zu entreißen sei.

Hinter den Fenstern eines Raumes, der einmal mit dem Namen *»Friedens-saal«* bedacht wird, entschied sich in jenen sechs Wochen Europas weiteres Schicksal. Lag auch oftmals eine angespannte Atmosphäre über den Konferenzrunden, so geräuschlos und diskret die Verhandlungen vor der Öffentlichkeit über die Bühne gingen, so schlicht und unscheinbar präsentierte sich diese Bühne selbst. Auf ihr haben ein Österreicher, ein Preuße und ein Sachse, denen zum Dank kein roter Teppich ausgerollt wurde, am 15. Februar Anno 1763 Geschichte geschrieben. Es war eine betont nüchterne Angelegenheit. Ohne Etikette und Zeremoniell setzten an diesem Tag die drei Herren ihre Namenszüge unter ein mühsam ausgehandeltes Vertragswerk, durch welches nun der Frieden wiederhergestellt wurde.

Während der Konferenztage ließen sich ihre Monarchen in Wien, Warschau und Dresden laufend über den aktuellen Verhandlungsstand unterrichten. Nicht nur hinter der Front der 27 Glasfenster auf der Beletage des halbrundförmigen Schloss-Pavillons war lebhafte Geschäftigkeit angesagt. Ebenso umtriebig wird es hergegangen sein in den *Pferdestallflügeln,* bei den Hufschmieden, Wagen- und Sattlermeistern auf Schloss Hubertusburg. Denn Reiterkuriere, mit immerwährend neuen Instruktionen auf Strecke geschickt, hatten Befehl, den Kontakt zu den Residenzen ihrer Herrscher niemals abreißen zu lassen.

Auch Ewald Friedrich von Hertzberg, mit seinen achtunddreißig Jahren der jüngste unter den drei Friedensdiplomaten, hatte Order, mehrfach bei seinem Herrn in dessen Leipziger Hauptquartier zu erscheinen. Die wahrscheinlich letzte wichtige Anweisung, die Friedrich II. seinem Bevollmächtigten aufgab, übermittelte ihm Graf Finck von Finckenstein (1714-1800) schriftlich an den Konferenzort in Wermsdorf. Der Brief des *Königl. Würklichen Cabinetts-Kriegs- und Staatsministers* von Finckenstein vom 13. Februar 1763 aus Leipzig enthielt an Hertzberg folgenden bedeutsamen Passus: *»Der König besteht darauf, dass die Unterschrift am Morgen des 15. vorgenommen wird. S.(eine) M.(ajestät) hat mich das soeben wissen lassen, indem sie lächelnd hinzufügte, dass ein Vertrag nicht am Abend unterzeichnet werden sollte, sondern dass dies nüchtern, gleich einem Eid, zu erfolgen habe.«*

Nᵣₒ. 22.

Magdeburg privilegirte Zeitung.

Anno 1763. vom 19. Februar. Sonnabend.

Magdeburg, vom 19. Februar.

Am vergangener Mittwoch, Nachmittags gegen 4 Uhr, langte alhier ein Cabinets-Courier, unter Vorreitung vieler blasenden Postillions, mit der erfreulichen Nachricht an, daß zwischen Sr. Königl. Majestät, unserm allergnädigsten Herrn, und Ihro Kayserl. Königl. Majestät von Ungarn und Böhmen, wie auch Se. Majestät dem König von Pohlen, ein erwünschter Friede geschlossen sey.

Gestern, Vormittags zwischen 7 und 8 Uhr, reiseten Ihro Königl. Hoheit, die Prinzeßin von Preußen, im höchsten Wohlseyn von hier nach Berlin ab.

Berlin, vom 15. Februar.

Bey dem Sablenzischen Infanterie-Regimente ist der gefreyte Corporal, Herr von Scheel, zum Fähnrich avancirt.

Bey dem Thaddenschen Infanterie-Regimente ist der Fähnrich, Herr von Dyck, Seconde-Lieute-

nant, und der Fahnjunker, Herr von Wallenrodt, Fähnrich geworden.

Se. Majestät, der König, haben dem General-Major von der Cavallerie, Herrn von Bülow, die Amtshauptmannschaft zu Memel, und dem Obersten und Kammerherrn, Freyherrn von der Golz, die Amtshauptmannschaft zu Brandenburg in Preußen, allergnädigst ertheilet.

Am Sonntage des Abends kamen Ihro Königl. Hoheit, die Gemahlin des Prinzen Heinrichs, mit Dero Hofstaat aus Magdeburg zurück.

Dieser Tagen langte der Rußisch-Kayserliche am hiesigen Königl. Hofe gestandene Gesandte, Fürst von Repnin, von Leipzig hier an. Aus gedachtem Leipzig ist auch der Königl. Geheime Finanzrath, Herr von Breuckenhof, nebst dem Krieges- und Domainenrath, Herrn von Bismarck, angekommen. Der in Rußisch-Kayserl. Diensten gestandene General-Major, Herr Graf von Rastrelli, reisete nach vorher gedachtem Orte ab.

Leipzig,

Text der Meldung: »*Magdeburg, vom 19. Februar. Am vergangener Mittwoch, Nachmittags gegen 4 Uhr, langte alhier ein Cabinets-Courier unter Vorreitung vieler blasenden Postillions, mit der erfreulichen Nachricht an, daß zwischen Sr. Königl. Majestät, unserm allergnädigsten Herrn, und Ihro Kayserl. Königl. Majestät von Ungarn und Böhmen, wie auch Sr. Majestät dem König von Pohlen, ein erwünschter Friede geschlossen sey.*«
(Quelle: Stadtarchiv Magdeburg)

Es muss als konkretes Detail unbekannt bleiben, zu welcher Stunde des Tages *S.M.* den eigenen königlichen Schriftzug unter den Hubertusburger *»Traite de Paix«* setzte. Zur Abend- oder Nachtzeit des 21. Februar, über diese Frage dürfte es unter den Fachgelehrten ausnahmsweise keinen Historikerstreit geben, wird sich dieser bedeutsame Akt auf Schloss Dahlen aber ganz gewiss nicht abgespielt haben.

Doch noch hat es bis dahin ein paar Tage Zeit. Erst einmal reisen am 16. Februar Fritsch und Collenbach in zwei sechsspännigen Equipagen von Hubertusburg ab und schlagen den Weg Richtung Meißen und Dresden ein. Ihr wertvollstes Gepäck: die Urkunden über den geschlossenen Frieden für ihre Majestäten in Wien und Warschau. Da sie auf zugefrorener Elbe ans gegenüber liegende Ufer gelangen müssen, wird *»denen Fehrleuten die Wagen übers Eis zu schaffen 1 Thaler«* ausbezahlt. Vor Abreise aus Wermsdorf oblag dem Freiherrn von Fritsch noch die angenehme Pflicht, den *»Preuß. Feldjägers«*, welche in den Verhandlungswochen zum Schutz der Delegationen aufgeboten waren, mit zweihundert Talern zu danken.

Doch bevor beide Herren es sich auf den Polstern ihrer Kutschen bequem machen konnten, war noch ein weiteres wichtiges Geschäft durch Sachsens Konferenzleiter zu erledigen. Dafür war die Summe von vierzig Talern aufzubringen. Diesen Betrag entrichtete Fritsch seiner Quartierswirtin *»vor Sammet, Tressen und Band zur Friedensurkunde«*. Was die Vermutung nahe legt, des *Königl. Pohln. und Churfürstl. Sächs. wohlbestallten Bett-Meisters Kuntze Ehegattin Anna Maria* (1709-1777) geschickten Hände könnten mitgeholfen haben, einem Bündel loser Blätter das perfekte Aussehen eines formvollendeten Friedensvertrages zu geben. Zu dem sie aus dem Vorrat ihres häuslichen Nähzeugs, wie man unterstellen darf, den vom Freiherrn von Fritsch erbetenen bunten Zierrat beisteuerte. Sollte die Annahme ihrer Mitwirkung zutreffen, es hätte sich um die einzige Frau gehandelt, noch dazu nicht von blauem Geblüt, im ansonsten männlichen Team der Friedensstifter auf Schloss Hubertusburg. Anna Maria Kuntze, *»gebohrene Schüßlerin«*, mit einem bislang unbeachtet gebliebenen Beitrag zum historischen Friedenswerk am 15. Februar Anno 1763. Sie wäre die erste weibliche Person gewesen, die den Vertrag zu Hubertusburg in Händen hielte – noch vor Maria Theresia, der großen Kaiserin in Wien.

»Am 23sten hat der von Hubertusburg zurück gekommene Kaiserl. Königl. Bevollmächtigte, Hr. Hofrath von Collenbach, das Königl. Preußische in Sammet sehr prächtig einge-

175

bundene Friedens-Ratifications-Instrument Ihro Kaiserl. Königl. Apostol. Majestät in einer ihm ertheilten sehr gnädigen Audienz überreicht.« Korrespondenten-Meldung aus der Donau-Metropole vom 26. März, in den *»Leipziger Zeitungen«* am 21. April 1763 der Welt zu Kenntnis gebracht.

Dritter Teil

Resident auf Schloss Dahlen
19. Februar – 13. März 1763

»Mon cher frère. Sie werden überrascht sein über das Datum meines Briefes. Ich bin hier angekommen, da ich damit beginne, die Truppen zurückzuführen.«

Das erwähnte Briefdatum ist der 19. Februar Anno 1763, ein Samstag. Und der erklärende Hinweis in Friedrichs Schreiben an seinen Bruder Heinrich, *»hier angekommen«* zu sein, steht für das kleine Landschloss des sächsischen Adelsgeschlechts derer von Bünau. Mit seiner Errichtung in Randlage des Provinzstädtchens Dahlen wurde Mitte der dreißiger Jahre begonnen. 1751 war das Schloss bis zur Rohbauphase gediehen. Acht Jahre darauf schließlich bezugsbereit, hielt kein stolzer Bauherr darin Einzug, wie man unbeschadet der herrschenden Kriegswirren annehmen möchte. Stattdessen nistete sich, wenn auch allenfalls sporadisch, preußisches Militär in diesem Schlösschen ein. Eine Adelsresidenz auf dem Lande, von erlesener Schönheit und mit viel Natur umgeben.

Ein sich durch unaufdringliche architektonische Eleganz präsentierender zweigeschossiger *Hochgräflicher* Herrensitz ist es, rechter Hand am Ortsausgang gelegen, an der Ausfallstraße Richtung Torgau. Dieser militärstrategisch bedeutsamen Stadt am diesseitigen Ufer der Elbe.

Ein Fluch erwuchs Torgaus Einwohnerschaft daraus. Denn es bürdete seinen Bürgern während der zurückliegenden Kriegsjahre die Last auf, ihr Schicksal aufs engste mit dem ihrer Stadt und der Festung Hartenfels verknüpft zu sehen. Torgau war stetiger Besatzung ausgesetzt, mit all ihren unschönen, nicht selten grausamen Begleiterscheinungen. Dabei spielte es keinerlei Rolle, ob von den eigenen Verbündeten verschuldet oder den Soldaten des preußischen Feindes, die im ständigen Wechsel jeweils über die Elbestadt die Oberhand gewannen. Keiner räumte dem anstürmenden Gegner kampflos das Feld; der Einwohnerschaft wurde dadurch stets aufs Neue ein hartes Los aufgezwungen. Torgaus Bevölkerung hatte infolge Kanonenbeschuss und Brandschatzung erhebliche Schäden sowohl an öffentlichen Gebäuden als auch an ihren Bürgerhäusern zu beklagen. Und natürlich wirkten sich schonungslos auf die Lebensumstände der Einheimischen die häufigen Gefechte aus, wenn diese innerhalb und außerhalb der Mauern ihrer Stadt

177

zwischen Preußen, Österreichern und Heeresteilen der *Reichs-Executions-Armee* verlustreich ausgetragen wurden.

Wer als Militärmacht Torgau in seinen Besitz bringen konnte, war *Meister* an diesem Elbe-Abschnitt, beherrschte die Stadt und insbesondere den Strom im Streben nach einer gesicherten Versorgung seiner Armee. Er sah sich in der strategisch vorteilhaften Situation, den Fluss gefahrlos als Transportweg oder – nach Niederbrennen der einzigen Brücke – auf *Pontons* zur Überquerung von Truppen und militärischem Nachschub zu nutzen. Hier wurden alle kriegswichtigen Güter angelandet, oder sie wurden von hier aus für den Weitertransport auf Lastkähne umgeladen. Und so war es nur natürlich, dass die Stadt ein von allen Kriegsparteien heiß umkämpfter Standort gewesen ist.

Mit Torgau, dem Friedrich II. durch seine Einquartierung in Dahlen an diesem 19. Februar 1763 auf zwei bis drei Meilen wieder nahe gerückt ist, verbindet sich für Preußens Kriegsherrn die Erinnerung an ein mittlerweile über zwei Jahre zurückliegendes Datum. Dieser Montag, der 3. November 1760, stellt für den Armeeführer Friedrich etwas Besonderes dar. Es waren der Tag und die Nacht, als die Heere der Preußen und Österreicher zu einer gigantischen Artillerieschlacht vor den Toren Torgaus aufeinanderstießen.

Als der König am Abend davor seine Generalität an einem Tisch zusammenrief, um die Herren *Officiers* auf seinen Schlachtplan und die *»Disposition zum Abmarsch der Armee aus dem Lager von Langen-Reichenbach gegen Torgau«* einzuschwören, war wohl jeder der Anwesenden in dem Raum ahnungslos bezüglich dessen, was auf den Einzelnen, und gleichwohl auf den Feind, am nächsten Tag zukommen würde. Die Entfernung vom Pfarrhaus im Dorf Langenreichenbach, dem Ort des nächtlichen preußischen Kriegsrats zum morgigen Gefechtsfeld, betrug allenfalls drei Kilometer. Ein offenes Gelände, zur Durchführung militärischer Operationen voller Tücken: mit Seen, Sümpfen, sandigem Untergrund und schmalen Hohlwegen.

Preußens oberster Kriegsherr ist vorgewarnt, denn Kundschafter und detailgetreues Kartenmaterial setzten ihn in den Stand, von der Unwegsamkeit dieses Terrains genaueste Kenntnis gewonnen zu haben. Aber auch über das kräftemäßige Aufgebot des sich in Stellung gebrachten Gegners dürfte er hinreichend unterrichtet gewesen sein. Unfreiwillig dazu beigetragen haben zweifelsohne in Gefangenschaft geratene *»5 Oester. Officiere«*, welche an diesem 2. November *»Mittags«* mit *»Suppe Julienne, Calbsz: mit Macronen«* und *»Hammelfleisch«* Kostgänger an *«Sr. Majestät Taffel«* waren. Auf der erhalten gebliebenen

Bewirtungsliste der erlauchten Gäste jenes Tages findet sich überdies »1 Deserteur«. Mutmaßlich auch auf die Aussagen dieses Mannes konnte sich der König bei seiner Einschätzung der militärischen Lage stützen.

Als sich Friedrich dem Nachtisch von »Compoot« und »Portugiesischem Kuchen« zuwandte, tat er dies in dem beruhigenden Bewusstsein, von der morgigen *Walstatt* als »vollkommener« Sieger abreiten zu können. Von einer solchen Annahme ist auszugehen, angesichts der kämpferischen Ansprache, die er vor seinen wichtigsten Kommandeuren am Abend halten wird. Knappe vierundzwanzig Stunden Zeit waren es noch vom Kuchen- und Kompott-Verzehr im schlichten Pfarrhaus zu Langenreichenbach bis zur großen Katastrophe von Torgau, welche über Preußen wie Österreicher gleichermaßen todbringend hereinbrechen sollte.

Eine an der Eingangspforte zum damaligen alten Pfarrgarten angebrachte Erinnerungstafel informiert den heutigen Besucher Langenreichenbachs, welches grauenerregende Ausmaß an Blutvergießen die Armeen beider Lager am 3. November 1760 zu gewärtigen hatten. »Die Schlacht war die größte, blutigste und modernste Massenschlacht des 18. Jahrhunderts«, klärt das blanke Messingschild den Leser auf. Rund 32 000 niedergemachte Soldatenleben lautete die erschreckende Todesbilanz. So viele, dass es bedeutet hätte, die vor dem Krieg ungefähr ebenso hoch vermutete Einwohnerschaft Leipzigs wäre innerhalb sieben Stunden restlos ausgelöscht worden. Es handelt sich nur um grobe Schätzungen.

Das alte Pfarrhaus zu Langenreichenbach. Ort der letzten »Königl. Taffel« am Vortag des blutigen Gemetzels auf dem Torgauer Schlachtfeld.
(Foto: Katrin Barden - 2010)

Wer von den Soldaten, ungeachtet ob Preuße oder Kamerad von der Feindesseite, zu den glücklich Überlebenden zählte, schleppte sich nach der strapaziösen *Bataille* total erschöpft und Schutz suchend vor Schneesturm, Nebel und Novemberfrost in ein Waldgebiet bei Dommitzsch. Einer Ortschaft nordwestlich von Torgau. Doch kaum einer findet in dieser kalten Nacht Ruhe und Entspannung. Erst am anderen Morgen sollte sich unter den frierenden Orientierungslosen herumsprechen, welche der Adlertragenden Fahnen letztendlich den Sieg davon getragen haben. Das Fahnentuch der Österreicher schmückte ein doppelköpfiger, das der Preußen ein Adler mit nur einem Haupt. So lange die Entscheidung von Sieg oder Niederlage auf sich warten ließ, so lange lagerten sich die entkräfteten Landser einträchtig vereint an den Wärme spendenden Wachtfeuern. Es machte keinen Unterschied, welche *Montierung* sie auf ihren müden Körpern trugen. Oder welche Militärzöpfe im Nacken baumelten; ob nach preußischer oder ob nach kaiserlich-königlicher Mode, was ein deutliches Unterscheidungsmerkmal war. So wenig wie die Frage in dieser eisigen Nacht von Belang war, unter wessen Befehlen sie vor wenigen Stunden noch in der mörderischen Schlacht aufeinander losgehetzt wurden. Wer wen kriegsgefangen nehmen dürfe, dieses Problem verschob man praktischer Weise auf den nächsten Tag. Garantiert keine Anekdote.

Derweil hatte bei einsetzender Dunkelheit Preußens Feldherr, der seine »*Disposition*« von Langenreichenbach mit dem aufrüttelnden Satz »*ich habe im übrigen das Vertrauen zu denen Officiers, dass ein jeder seinen Fleiss und Bravoure anwenden wird, dass wir einen vollkommenen Sieg über den Feind erhalten*« endigte, die Hoffnung auf diesen *Bravoure*-Sieg beinahe schon aufgegeben. Womöglich stand ihm nicht mehr der Sinn danach, noch an ein Wunder zu glauben, als er sich vom Schlachtgetümmel entfernte und in die kleine evangelische Kirche von Elsnig verfügte. Um sich hier, noch ehe in aller Herrgottsfrühe Punkt fünf Uhr des anderen Tages lautes Trommelschlagen zum Abmarsch rief, am Genuss frisch zubereiteten Bohnenkaffees zu laben. Nicht überliefert ist, ob mit weißem Senf. Ein Teelöffel pro Tasse, wie er das gerne mag. Nach seiner Überzeugung würde diese Vorsorge-Rezeptur nämlich vorm gefürchteten *Schlagfluß* bewahren. An welchem, acht Tage ist es her, *Oncle George II.,* Britanniens Throninhaber, in seinem Königspalast in Kensington verschieden war.

Zuvor suchte der Feldherr in dem winzigen und kalten Gotteshaus, ausgestreckt vor dem Altartisch auf dem einstufigen Fußtritt, ein wenig Schlaf zu finden. Dazu mussten ihm erst Angehörige seiner Eskorte die zugesperrte Kirchentür aufbrechen. Das vom Dorffriedhof umsäumte Kirchlein war der einzige Zufluchtsort, welcher *Sr. Preuß. Majestät* in dieser Schreckensnacht ein Dach über dem Kopf zu bieten hatte. Die Herbergssuche war nicht einfach, denn nirgendwo sonst im Dorf Elsnig fand man noch ein freies Plätzchen. Selbst für einen auswärtigen Regenten ein Ding der Unmöglichkeit. Weil sämtliche Wohnhäuser und jede nur denkbar geeignete Unterkunft brechend voll war, mit verwundeten, zu Krüppeln ohne Gliedmaßen verstümmelten oder elendig sterbenden Soldaten beider Armeen.

Umgeben von Grabsteinen, die Dorfkirche in Elsnig. Hier suchte nach verlustreicher Schlacht Preußens Feldherr wieder zu Kräften zu kommen – ausweislich des Küchenzettels mit kalter Brühe. (Foto: Autoren - 2009)

Ähnlich drangvolle Enge herrschte im kleinen Altarraum. Hier nun arbeitete der König in aller Eile an Rückzugsplänen, schrieb und diktierte, die katastrophale Niederlage und die sich zugespitzte Situation ständig vor Augen, Briefe und Verfügungen. Befehle und Verhaltensmaßregeln erteilte er den ihn umstehenden Begleitoffizieren. Diese verharrten in ebensolcher niedergedrückten Stimmung, wie ihr vor dem Tisch des Herrn auf einem knappen Altarsockel hockender, augenscheinlich vom Kriegsglück im Stich gelassener Oberbefehlshaber.

Ein reales Altarbild am lebenden Objekt: in der Darstellung eines Königs aus dem Abendland, der weder an Jesu Kreuzestod, noch an dessen Auferstehung und anschließende Fahrt gen Himmel glaubt. Und an das eigene Weiterleben nach dem Tod schon gar nicht. Der es als staatsmännisches Gebot auffasst, Religion zuvorderst unter dem Blickwinkel der Politik zu betrachten.

Und dennoch, Ironie der Geschichte: der geniale Kriegsstratege Friedrich hat sich darein zu fügen, ausgerechnet auf der bescheidenen Altarstufe einer Dorfkirche tief im Sachsenland, einer ungewissen Zukunft entgegensehen zu müssen. Demütigend für *Ihro Königl. Preuß. Majestät.*

Für mehr als diese eine Stufe reicht der Platz nicht aus, bei 3 Metern und 45 Zentimetern, die der Altarraum in seiner Breitenausdehnung exakt misst. Seither sind über diese einzige, aus roten Ziegeln gemauerte schlichte Stufe, welche sich bis heute an gleicher Stelle im Originalzustand erhalten hat, Heerscharen von Kriegsbeobachtern und Friedrich-Biographen gestolpert. Mit bemühter Hingabe ans Detail haben diese dennoch mit offenbar leichter Schreibhand übersehen, dass es nicht »Stufen« waren. Sondern nur diese eine vor dem Altar, auf der Friedrich II. die nächsten Stunden einschließlich einer kurzen Nachtruhe unter improvisierten Verhältnissen zubrachte. Das Abendessen hatte man ihm hier ebenfalls serviert. »Kalte Brühe« hätte es zu trinken gegeben, in einem nicht minder kalten Gotteshaus. Und als Brotbelag durfte *Ihro Majestät* unter »Butter, Hammelbraten, Ochsenzunge« oder auch »Schinken« auswählen. Weil er des »Mittags Nichts« zu sich nehmen konnte, ganz gewiss der tobenden Schlacht wegen, wird er gegen Abend hin einen – sein Aufenthalt ist in einer Kirche – gesegneten Appetit entwickelt haben.

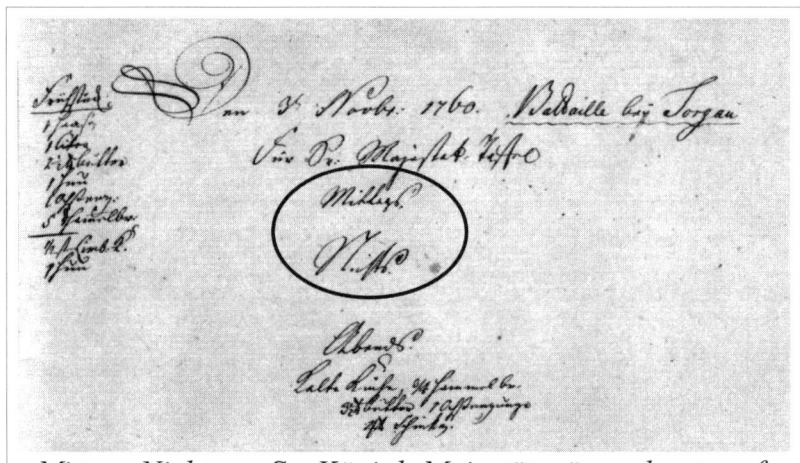

»Mittags Nichts« – Se. Königl. Majestät müssen heute auf die Taffel verzichten. Wegen des Aufmarschs der Armeen, der um diese Zeit in vollem Gange ist. (Quelle: Geheimes Staatsarchiv Preußischer Kulturbesitz Berlin-Dahlem)

Die erlösende Nachricht seines Sieges soll ihm irgendwann in der 21. Stunde überbracht worden sein. Hatte er da das Nachtessen schon eingenommen? Eine Fragestellung, auf die es wohl niemals eine Antwort geben wird. Die Heldentat von der kaum mehr für möglich gehaltenen Rettung vollbrachte in der Dunkelheit des späten Abends der auch nach heutigen Maßstäben nicht mehr ganz taufrische, eh und je aber ungestüme Haudegen Hans Joachim von Ziethen (1699-1786). Mit seinen *rothgekleideten Husaren* schien Friedrichs treuer Waffengefährte in diesem Krieg allgegenwärtig gewesen zu sein.

So auch an diesem 3. November 1760 im entscheidenden Moment auf den mit Weinstöcken – der Rebsorte »Müller Torgau«? – bepflanzten Höhen beim Dorf Süptitz. Drei Jahre ist es her, da waren die preußischen *Blauröcke* auf dem jetzigen Gefechtsgelände von ihren Befehlshabern noch zur Traubenlese abkommandiert worden. Nicht aber in Ausübung einer guten Tat den Sachsen zuliebe. Ganz im Gegenteil. Die Stadtchronik weiß zu erzählen, 1759 wären die Preußen über die Torgauer Schlosskellerei hergefallen und hätten vom edlen Süptitzer Rebensaft keinen einzigen Tropfen übrig gelassen. Was sie in Flaschen und Fässern vorfanden, vielleicht war's ihre eigene, inzwischen vergorene Weinernte aus dem Jahr 1757. Mit ebenso tollkühnen wie raffinierten Manövern erfocht nun hier bei Süptiz der – im Gegensatz zu seinem atheistisch angehauchten Herrn – gottesfromme Ziethen den Sieg von Torgau.

Wer weiß, ob es den *Rothgekleideten* jemals gelungen wäre, ohne die vorherige Schützenhilfe eines offenbar mit den Preußen sympathisierenden Amtsschäfers siegreich zu sein. Diesem wird lokalen Quellen gemäß zugeschrieben, einem Offizier des auf der *Walstatt* erschienenen preußischen Kavallerie-Generals Ziethen den Weg bezeichnet zu haben, wo es lang zu gehen habe. Mit dem goldrichtigen Tipp, dass der Damm zwischen den Schafweiden und der dahinter liegenden Anhöhe von nur wenigen Kräften der Österreicher gehalten werde. Die Schlacht von Torgau, Samuel Haase, der Schäfer aus Süptitz, könnte sie entscheidend beeinflusst haben. Ziethen jedenfalls folgte dem Hinweis und holte so für seinen Kriegsherrn, der sich am Altar zu Elsnig schon einer Niederlage unentrinnbar glaubte, doch noch die Kastanien aus dem Feuer.

Wenn auch der Ausgang der Schlacht hauchdünn war. Ärgerlich und peinlich zugleich war's für den *k. k. General-Feld-Marschall* Graf von Daun, der

183

etwas voreilig geruhte, seiner *»Allergnädigsten Kaiserin«* Maria Theresia, am Regierungssitz in der Wiener Hofburg ein triumphales Viktoria zu verkünden. Stolz textete er die von seinem Generaladjutanten überbrachte Jubeldepesche mit den Worten: *»Die gerechten Waffen Ew. Kaiserl. Königl. Apostolischer Majestät haben, durch den Beistand des Allerhöchsten, wider den König in Preußen heute einen vollkommenen Sieg bei Süptitz erfochten, und der Feind ist geschlagen den 3. November 1760 Daun«.* Kräftig in Trompeten und Hörner blasende Postillione, wie auch nicht enden wollende Hurra-Rufe, hätten den Eilkurier vom sächsischen Schlachtfeld bis in die Donau-Metropole geleitet. Zu Feldmarschall Dauns Ehrenrettung sei gesagt, er sah in diesem siebenstündigen Prestige-Duell lange Zeit als sicherer Bezwinger preußischer Waffen aus.

Nur für kurze Zeit und leider vorschnell durfte sich Maria Theresia, des Deutschen Reiches Kaiserin, dem Jubel über die Siegesmeldung von Torgau hingeben.

Damit der Hiobsbotschaften aus dem bitterlich enttäuschten kaiserlichen Lager nicht genug. Welch unerfreuliche Nachrichten darüber hinaus an die Öffentlichkeit drangen, das konnten etwa die Leser der *»Magdeburg: privilegirte Zeitung«* vom 22. Novembr. *Sonnabend Anno 1760 No. 141.* ihrem Blatt mit schaurigem Erstaunen entnehmen. *»Der Feld Marschall Daun«*, hieß es da frisch gedruckt, *»ist durch die Wade geschossen. Der General Buccow welchem der Feld-Marschall Daun das Commando übergeben, hat einen Arm verlohren.«*

Zunächst stand es also in den Gazetten, später dann in manchen Geschichtsbüchern: Buccow in der Schlacht von Torgau schwer verwundet. Mit nur noch einem Arm nahm für den gebürtigen Norddeutschen der Krieg ein vorzeitiges Ende. Man erinnere sich seiner, es war im Oktober vergangenen Jahres. Da weilte der auf österreichischer Seite kämpfende Kavallerie-Kommandeur für fünf Tage im Dahlener Quartier, währenddessen zwei seiner *Kayserl. Cuirassir-Reuter* durch ihre Vaterschaften ein bleibendes Andenken im Taufregister der Frauenkirche hinterlassen haben.

Indes sorgte das Schicksal für ausgleichende Gerechtigkeit, wenigstens ein bisschen. Indem auch Dauns und Buccows *Königlich Preußischer* Kriegskontrahent seine Blessuren auf Torgaus blutgetränktem Todesfeld abbekommen hatte. Der den Geschosshagel nicht scheuende Friedrich war eben verwundbar wie jeder andere Sterbliche auch; eine vom Feind herrührende *Kartätsche* brachte ihm einen Streifschuss bei. Und tragischer Weise wiederholte sich ähnliches, wie schon auf der *Walstatt* beim Dorf Kunersdorf: Kugeln des Feindes besiegelten das Schicksal drei seiner von ihm gerittenen Rösser.

Schlacht verloren und Schuss in die Wade abbekommen – k. k. Feldmarschall Leopold Graf v. Daun bleiben an die Walstatt von Torgau nur ungute Erinnerungen.

»Ich habe eine Quetschung an der Brust, aber ohne Gefahr«, beruhigt der Angeschossene den Grafen Finck von Finckenstein in Magdeburg noch in der Nacht des 3. Novembers. Zugleich ließ er in der Depesche aus dem *»Camp de bataille près Torgau«* – dem zeitlichen Ablauf nach dürfte es sich bei dieser martialischen Umschreibung um nichts weniger als die kleine Altarstufe von Elsnig gehandelt haben – seinem Staatsminister eine überaus freudige Mitteilung zukommen. Und diese formulierte er militärisch kurz und bündig: *»Wir haben Daun und die Österreicher geschlagen.«*

Ein glücklicher Kriegsherr Friedrich, der berechtigten Anlass zum Jubeln hatte. Des erfochtenen Sieges wegen, aber auch, weil der geschlagene Feind begehrenswerte Beutestücke zurückließ: 49 Kanonen und Haubitzen, 29 Fahnen sowie eine Standarte. Kriegstrophäen, ehrfürchtig staunenden Zeitgenossen und späteren Generationen zum stolzen Herzeigen im Zeughaus von Berlin. Doch der Gewinn der Schlacht konnte nicht darüber hinwegtäuschen, dass kräftemäßig so gut wie alles beim Alten blieb. Daun war zwar unterlegen, und bald auch wieder an der Wade genesen, aber den Krieg hatte er nicht verloren. Wie andersherum Preußens Feldherr weit davon entfernt war, ihn gewonnen zu haben. Im Prinzip wusste jeder lediglich zu behaupten, was er sich von den gebeutelten Sachsen ohnehin schon gesichert hatte.

Dem stand zur gleichen Stunde ein anscheinend vom Glück total verlassener Mensch gegenüber. Ein einfacher sächsischer *königlich-churfürstlicher Un-*

185

terthan, der sich verzweifelt an sein Hab und Gut klammerte, und doch ohnmächtig mit ansehen musste, wie dieses in der Nacht des 3. November gewaltsam fortgeschleppt wurde. Ihm gelang es nicht, seinen kostbaren Besitz zu behaupten. Johann Michael Reiche, ein Bauer, war zum Opfer beutegieriger Soldaten geworden. Was diesem widerfuhr, ist eine ebenso exemplarische wie alltägliche Geschichte im Schatten dieses Krieges.

Über seine Person, den mutmaßlichen Bauern aus Torgau, gibt eine zum Aktenbestand des Stadtarchivs Torgau zählende *»Specification«* so weit Auskunft, als dieser sich im Juni 1761 einer schreibkundigen Amtshilfe anvertraute. Von ihr ließ sich Johann Reiche die Höhe der *«Schäden und Unkosten«* zu Papier bringen, die er *»bey fortdauernden Krieges Troublen, durch Kayserl. Königl. Trouppes vom 20. Oct. bis den 3. Novembr. 1760 erlitten«* habe. Insgesamt kommt der Beraubte auf *»Summa 688 Thaler 8 Gulden«*, von denen er 12 Taler *»vor Verpflegung der Mannschafft an Brodt, Mehl, Fleysch, Zugemüse, Brandwein, Bier, Holtz, Licht und dergl.«* sich zu berechnen erlaubt.

Vor allem die sich auf seinem Hof zugetragenen aufregenden Ereignisse *»des 3. Novbr.«* dürften den Bauern Reiche noch oft in Gedanken und Träumen verfolgt haben. Da hätte ihn, wie der anonym gebliebene Amtsschreiber verzeichnet, *»in der Nacht derer Bataille, des Herrn Grafen v. Schollenberg Kutscher«* für den Betrag von 225 Talern 8 Gulden zentnerweise mit Korn, Heu und Stroh *»ausfouragiret«*.

Doch es kam noch schlimmer. Für den um sein Vieh, seine Erntevorräte und etliche landwirtschaftliche Gerätschaften geprellten Bauern sollte die Nacht auf den 4. November eine wahre Horror-Nacht werden. Denn es passierte, dass *»2 Pferdte, so von 4 Pferdten, welche der Herr General v. Schollenberg…mir nebst Wagen und Geschirr mitgenommen und meine ausfouragirte Fourage bis über Droßen* (Trossen) *fahren müßen gäntzlich ruiniret worden und crepiret sind«*, gibt er in seiner das Datum 10. Juni 1761 tragenden *»Specification«* mit Bitternis zu Protokoll. Vordem aber seien ihm schon *»7 Stück Rind Vieh«* sowie *»7 Stück Schaafe mit Gewalt in derer Nacht nach der Bataille«* weggenommen worden. Veranschlagter Wert der sieben Kühe: 143 Taler. Der sieben Schafe: 28 Taler. Der Hoffnung auf Entschädigung brauchte er sich nicht groß hinzugeben, denn kriegsüblich war, ein Geschädigter habe die Kosten letztendlich selbst zu tragen.

Für *Se. Preuß. Königl. Majestät* gehört dies alles nunmehr der Vergangenheit an. Die Schlacht von Torgau, wie auch die existenziellen Nöte des Bauern Johann Michael Reiche, von denen er ganz gewiss keinerlei Kenntnis besaß. Beide Geschehnisse liegen über zwei Jahre zurück.

Schloss Dahlen im Besitz der gräflichen Familie von Bünau – ab 19. Februar 1763 des Königs von Preußen vorübergehende Residenz. Aufnahme vor dem Brand 1973. (Foto: Schloss- und Parkverein e.V. Dahlen)

Jetzt ist er, so wird er sich sogleich am Ankunftstag dem Bruder brieflich mitteilen, in Dahlen eingetroffen. Sicher wird ihm gefallen, dass seine vorübergehende kleine Residenz innen wie außen den Charme eines Barockschlösschens ausstrahlt. Welches in seiner sympathischen, eher schlichten Präsentation voll und ganz Friedrichs Erwartungen entsprochen haben dürfte. Auf übertriebenen Luxus, dafür ist Preußens Monarch hinreichend bekannt, pflegt er keinen allzu großen Wert zu legen. Im Vergleich zur Herrscherelite seiner Zeit fallen seine persönlichen Bedürfnisse im Allgemeinen ausgesprochen bescheiden aus.

Nur wenige Stunden trennen den Preußen-König noch von dem Augenblick, da er sich der stillen Genugtuung hingeben kann, endlich am Ziel seiner politischen Wünsche angekommen zu sein. Und das heißt: den Frieden wiederhergestellt und seiner Person als auch seinem Land zu einem ansehnlichen Bedeutungszuwachs verholfen zu haben. Sich Geltung als Gleicher unter Gleichen gegenüber Europas Führungsmächten zu verschaffen, hatte er zu eines seiner vordringlichsten Kriegsziele erklärt. Eine ehrgeizige Herausforderung, zu der er sich frühzeitig berufen fühlte. Schon seit Übernahme der Königswürde im Jahr 1740 hatte er dieses Ziel fest im Blick. Die von ihm erstrebte Rangerhöhung als sichtbarer Ausdruck eines wehrhaften Staates, sie wird ihm als Ergebnis seines siebenjährigen Waffenganges nun nicht mehr zu nehmen sein. Wiewohl er sich darüber keinen Illusionen hingibt, diese machtpolitische Stellung gilt es auch nach einem Friedensschluss beständig zu verteidigen.

Dahlen wird dem König von Preußen als Ort der letzten Etappe dieses Krieges dienen. Dazu ausersehen, von hier aus die geordnete Heimkehr seiner Invasionsarmada – beziehungsweise was nach einem so gewaltigen personellen Aderlass von ihr übrig geblieben ist – auf dem Landweg als auch *»den Transport auf dem Wasser und ähnliche Dinge zu leiten.«* So erläuterte Friedrich es dem Bruder schriftlich, drei Tage vor dem 19. Februar aus dem Leipziger Hauptquartier. Prinz Heinrich hatte sich nach einem entspannten Aufenthalt, zu dem es noch vor dem König in dem kleinen herrschaftlichen Dahlener Schloss gekommen war, mittlerweile nach Berlin begeben. Und hier nun ist er auf dem besten Wege, von der erzwungenen militärischen Lebensphase, erleichtert darüber, dass sie vorüber ist, freudigen Herzens Abschied zu nehmen. Um nicht minder befreit aufzuatmen bei dem Gedanken, nicht länger mehr im Bannkreis einer alles beherrschenden Bruderautorität stehen zu müssen. Der er sich dennoch in den Jahren des Krieges zu unbedingter Loyalität verpflichtet fühlte.

Vorstellbar, aber nicht eindeutig zu belegen ist, Heinrich habe dem Bruder die Landidylle um Dahlen als Alternative zur Urbanität Leipzigs schmackhaft machen können. Nachweislich in den freundlichsten Farben geschildert hat er sie ihm allemal. Offenbar ist das kleine Schloss für Heinrich von großem Reiz gewesen. Eine Anmutung, die sich nun auch auf Friedrich übertragen wird. Ein Weggang von der Stadt an der Pleiße aber hieße für den König, sich von einer quicklebendigen Geisteshochburg, der Leipziger Alma Mater, vorzeitig verabschieden zu müssen. Während seiner hier verbrachten Winterpausen stand er bereitwillig mit einer Reihe von Professoren dieser berühmten Gelehrtenanstalt in direktem Kontakt. Den eigenen Worten zufolge hatte er seine Freude an den zahlreichen persönlichen Begegnungen mit der akademischen Welt dieser Stadt. Der ihm nahestehenden Gothaer Herzogin Luise-Dorothee schreibt er im Januar 1761 über den mannigfaltig gepflegten Dialog: »Ich befinde mich seit vier Wochen im Lande des Lateins und habe zu meiner Zerstreuung sämtliche Professoren der hiesigen Universität Revue passieren lassen.«

Vom Schloss in den Kerker – Friedrich Heinrich von Seckendorff bleibt auch nichts erspart. Trösten durfte sich der Hochbetagte damit, dass ihm acht Domestiquen zugebilligt wurden.

Selten hat es einen Menschen gegeben, der charakterlich so ambivalent in Erscheinung trat, wie Preußens König Friedrich II. Emotional aufgeladene Szenen wie jene, bei denen er Abordnungen des Leipziger Magistrats und der Kaufleute *Revue passieren ließ*, wie es der gewiefte Ironiker vielleicht auch in diesen Fällen bezeichnen würde, um sie aufs Schmählichste zu beschimpfen, waren bei ihm üblich. Er beließ es nicht beim schroffen Umgang, mit dem er ihnen seine ganze Missachtung zeigte. Konsequent nutzte er im Verlauf dieser zwangsweise einbestellten Audienzen auch das Mittel der Drohung. Zur Abschreckung verhieß er den Stadtvertretern brutalste Strafaktionen, sollten sie seinem Verlangen nach umfänglichen Kriegsleistungen innerhalb der ihnen gesetzten Frist nicht nachkommen. Oder sollten sie sich gar unterstehen, hinter seinem Rücken »verdächtige Correspondentz« mit seinen Feinden zu führen. Dann »will ich einem, dem andern zum Exempel mitten auf dem Marckte einen Galgen bauen und öffentlich aufhängen laßen«, suchte er etwa am 12. November 1757 einer hohen Magistratsabordnung Furcht und Schrecken einzujagen. So gesehen, nimmt sich vergleichsweise harmlos aus, womit er meistens auf eingeschüchterte Honoratioren Druck ausübte. Nämlich mit der Androhung, sie würden sich außer Landes im preußischen Magdeburg wiederfinden. Dann bliebe ihnen die unliebsame Bekanntschaft mit den dunklen und eiseskalten Kerkerzellen in der dortigen Zitadelle nicht erspart. Unter den obwaltenden eigenen Spielregeln des Krieges kannte Friedrich so gut wie keine Gnade.

Wie ernst es ihm jederzeit damit war, zeigt das Beispiel des Grafen von Seckendorff (1673-1763) aus dem damaligen sächsischen Meuselwitz in Nähe der herzoglichen Residenzstadt Altenburg. Als Gottesdienstbesucher »zu Ausgang des verwichenen Jahres« 1758 widerfuhr dem Herrn auf Schloss und Gut

Meuselwitz – wie auch Besitzers des Rittergutes im Dorf Starkenberg bei Posa – überraschende preußische Festnahme. Darüber schildert er in einem nach seiner Freilassung eigenhändig verfassten Lebenslauf, dass er »durch ein Husaren Commando« an jenem Sonntag arretiert und sofort auf die Festung Magdeburg verfrachtet worden sei. Bis zu seiner Freilassung am 10. Mai 1759 wäre er »beschwerlichem Arrest« ausgesetzt gewesen, bei »betrübten Alters und Leibes Zustände(n)«.

Zugegeben, ein Charakterdarsteller hätte sich in der Person des Grafen von Seckendorff den Zeitgenossen präsentiert, der nicht nur bei seinen Feinden im Ruf eines intriganten Diplomaten und ausgepufften kaiserlich-königlichen Feldmarschalls stand. In den Augen Friedrichs und seiner Schwester Wilhelmine hatte sich der in Österreichs Armee verdingende Konfident ihres Vaters gründlich verhasst gemacht. Vor allem wegen dessen trickreicher Lobby-Arbeit zugunsten des Wiener Kaiserhofes. Der Grund, weshalb ein rachsüchtiger König Friedrich nun nicht davor zurückschreckt, einem Greis von gesegneten 85 Jahren den Aufenthalt hinter Magdeburger Kerkermauern zuzumuten, war rein politischer Natur. Immerhin: acht Meuselwitzer Domestiquen – »1 Haushofmeister, 4 Cammerdiener, 1 Bedienter, 1 Koch, 1 Jäger« – gestatteten die Preußen dem prominenten Häftling zu dessen persönlichem Service.

Es hat den Anschein, als plagten Ihro Preußische Majestät niemals Gewissensbisse. Selbst dann nicht, wenn es sich wie beim Grafen von Seckendorff um einen Mann handelte, der dem König nicht nur als ehemaliger habsburgischer Gesandter am Hof seines seligen Vaters, des Königs Wilhelm I., wohlbekannt ist. Auch als derjenige, der maßgeblich die Verlobung Friedrichs, als er noch Kronprinz war, mit der Prinzessin Elisabeth Christine von Braunschweig-Wolfenbüttel einfädelte. Das aber hat nachweislich nicht an jenem Adventsonntag Anno 1758 zu dessen nachträglicher Festsetzung in Magdeburg geführt. Vielmehr gereichte dem hochbetagten Reichsgrafen zum Vorwurf, eine für Preußen nachteilige Korrespondenz mit Wien geführt zu haben.

Dem Historiker Bruno Kuntke gelang es, in seiner 2007 veröffentlichten Dissertation, eine weitere Haftbegründung herauszustellen. Demnach sei der im unterfränkischen Königsberg geborene habsburgische Feldmarschall v. Seckendorff eigens zu dem Zweck in Geiselarrest geraten, um gegen den auf gegnerischer Seite in Kriegsgefangenschaft gehaltenen, ähnlich hochrangigen Prinzen Moritz von Anhalt Dessau (1712-1760), ausgetauscht zu werden. »Character gegen Character« galt als standeskonformer Tauschmodus. Soll heißen: zwei im Kerker schmachtende Austauschkandidaten von gleicher aristokratischer Rangstellung. Fühlte Friedrich II. sich im Recht, kannte er wenig Rücksichtnahmen. Selbst wenn es sich nicht immer mit den Gegebenheiten vertragen sollte.

Am Beispiel des Herrn von Seckendorff, aber auch der ehrverletzenden Behandlung der Leipziger Honoratioren zeigte sich die eine Seite seines Verhaltens den drangsalierten Sachsen gegenüber. Die andere war, dass *Fridericus Rex* deutsche Geisteskoryphäen, wie den durch seine Fabeln berühmten Dichter Christian Fürchtegott Gellert (1715-1769) während der militärischen Winterruhe zum Gedankenaustausch zu sich beorderte. In eben jenes Quartier im Apel`schen Haus, wo er an gleicher Stelle Leipzigs oberste Stadtrepräsentanten aufs Übelste abzukanzeln beliebte. Um ihnen am Ende eines klar zu machen: der Krieg diktiere die Regeln, an die sich nun mal ein Kriegsherr gebunden fühle. Und so sind beides für ihn ganz normale Rollenspiele. Er versteht sich auf sie mit meisterlichem Können.

Allein, dem Gastgeber sind Name und Werk des schriftstellernden Universitätsprofessors Gellert völlig unbekannt gewesen. Der König aus Berlin und der Pfarrerssohn aus dem sächsischen Ort Hainichen führten dennoch ein höchst unterhaltsames Zwiegespräch, in dessen Verlauf sie eine Vielzahl sie interessierender Themen berührten. Diese streiften die Höhen des Geistes und bewegten sich bis herab zu den Tiefen der Qualen einer Gastritis. Weil beide Herren zu ihrem gegenseitigen Kummer feststellten, wie entsetzlich sie doch unter Verdauungsbeschwerden litten. Verständlich, wenn die zwei Leidgeprüften ein inneres Bedürfnis verspürten, sich einander Mut zuzusprechen. Wechselseitiges Entdecken gemeinsamer Gebrechen vermochte schon immer unter den Betroffenen ein vertrauenerweckendes Solidaritätsgefühl zu befördern. Voller Gegensätze man ansonsten auch sei.

Hoch angesehene Uni-Professoren sind Johann Christoph Gottsched (links) und Christian Fürchtegott Gellert. Beiden gewährt der Preußenkönig die Gnade der Audienz in seinem Leipziger Winterquartier.

Von wohlmeinenden königlichen Therapierezepten abgesehen, dass man »*mit Bewegung machen, alle Tage ausreiten und alle Wochen Rhabarber nehmen*« spürbar Linderung erzielen könne, lässt sich durchaus sagen, war das Gespräch für Gellert an diesem 18. Dezember 1760 auch sonst recht gewinnbringend gelaufen. »*Seitdem ich bey dem Könige gewesen bin, nehmen die Officiere unter dem Thore allezeit den Hut vor mir ab*«, teilt er sich amüsiert über die unerwartete preußische Ehrerbietung einem »*Gnädigen Fräulein*« mit. Von Vorteil erwies sich zudem, dass er dem mächtigen Preußen-Herrscher seine bescheidenen Lebensumstände offen eingestand. Er besitze zwar einen Gaul, sagte der allein stehende, stadtbekannte Poet, dieser aber sei bedauerlicherweise krank. Vier Jahre nach Kriegsschluss wird Gellert einem preußischen Briefpartner freudig gestimmt mitteilen: »*Ich reite täglich eine Stunde, auch im Winter eine halbe; habe ein stilles und gutes Pferd aus dem Stall Ihres lieben Prinzen Heinrichs, habe nie reiten gelernt, scheue keine Witterung, nicht Regen noch Schnee, nur den Wind, der mir Husten und Hüftweh verursachet.*« Verdankte der gefeierte Fabeldichter sein alltägliches

Reitvergnügen etwa einem diskreten Wink des Königs an Bruder *Henri* ? In Gesten wie diesen, sollte die Vermutung auf Wahrheit beruhen, zeigte sich Friedrichs mitfühlende Seite. Die er ebenfalls besessen hat.

Zwei Männern ist es im übrigen gelungen, dass sich der frankophil eingestellte Monarch Friedrich II. gnädig herab ließ, einen deutsch schreibenden Dichter und Gelehrten wie Gellert, dessen Klugheit er immerhin ein überschwängliches Lob zollen wird, in Audienz zu empfangen. Die beiden Gentlemen, die sich diesen Erfolg haben zugute halten können, waren Englands Botschafter am preußischen Hof, Sir Andrew Mitchell (1708-1771) – und, das mag etwas überraschen, der in vielen Dingen beschlagene, und nicht zu unterschätzende *Obriste* Quintus Icilius.

Mitchell, der Gesandte von der Britischen Insel, war ein in seiner Preußentreue durch nichts zu erschütternder Weggefährte des Königs, der die überwiegende Zeit des Krieges an dessen Seite ausharrte und sein Idol überall hin begleitete. So auch ins Leipziger Hauptquartier. Gleichwohl Quintus Icilius, der an diesem 18. Dezember 1760, dem Audienztag Gellerts beim preußischen Regenten, womöglich noch völlig ahnungslos zu sein scheint, zu welcher bösen Missetat in genau vier Wochen ihn sein oberster Kriegsherr auf Schloss Hubertusburg anstiften wird.

Auch im Fall des Literaturprofessors und Mitchells privatem Deutschlehrer, Johann Christoph Gottsched (1700-1766), war den zwei rührigen Protagonisten germanischer Kultur und Gelehrsamkeit drei Jahre zuvor ein schöner Erfolg beschieden. Der aus Königsberg – heute Kaliningrad – stammende Gottsched selbst hat in eigenen Veröffentlichungen über die mit seinem preußischen Landsmann Friedrich II. geführten Unterredungen, von denen es drei gegeben habe, Zeugnis abgelegt: *»Ich näherte mich Ihm, und küßete Ihm den Rock«*. So devot das Gebaren des für seine Eitelkeit bekannten *Hochehrwürdigsten* Professors, so zielgerichtet sein Vorsatz, sich in Zukunft auf eine pädagogische Heilsmission einzulassen: *»Leben Sie wohl«*, schließt der Kanzler der Uni Leipzig einen Brief an einen Bekannten, *»ich werde ferner arbeiten, den König zur deutschen Sprache zu bekehren.«*

Eine liebenswerte, leider illusorische Fehleinschätzung. *Se. Majestät* wird sich hüten, ihm diesen Gefallen zu tun. Viel zu sehr schwirren ihm Pläne und Probleme im Kopf herum, die ihm von größerer Wichtigkeit sind. Außerdem hält er sich für *»jetzo... einen zu alten Kerl...und habe keine Zeit mehr dazu.«* Dabei hat er aus seinem angespannten Verhältnis zur Muttersprache, in der er sich mit neun Jahren mündlich wie schriftlich bereits so geläufig auszudrücken verstand wie ein Dreizehnjähriger, dem berühmten Herrn Gottsched gegenüber keinen Hehl gemacht. Offenherzig hat er eingestanden: *»Ich habe von Jugend auf kein deutsch Buch gelesen.«* Bei einer Erziehung durch eine französische Gouvernante, die ihn jahrelang ausschließlich in der Sprache und vornehmlich in der Kultur ihres Heimatlandes unterrichtete, erscheint dies nicht allzu verwunderlich.

Die Folgen empfindet Gottsched fatal. *»Er nun gleich viele teutsche Wörter nicht verstund!«,* entfährt es der verständlicherweise aufs höchste erschrockenen Uni-Magnifizenz. Weiter hätte die *Durchlauchtigste Königliche Hoheit* in völliger Unbekümmertheit zugegeben: *»Je parle comme un coucher«* – auch das noch! Des Reiches anerkanntester Autorität in Sachen Sprachpflege der Deutschen mag es schier die Sprache verschlagen haben. *»Ich spreche es wie ein Kutscher«,* lautete die königliche Offenbarung auf Deutsch. Und tatsächlich, an diesem freimütigen Selbstbekenntnis ist einiges dran.

Denn nicht abwegig erscheint, dass des Königs eigenwillige Sprachkultur unter den jahrzehntelangen Einfluss eines Mannes geraten war, den er noch immer als seinen Leibkutscher in Lohn und Brot hält. Schon seit Anfang der 30er Jahre, Friedrich war ein junger Spund und in Wartestellung auf Preußens Königsthron, vertraute sich der Kronprinz den Fahrkünsten dieses Johann Georg Pfund an. Der auf die frühen Jahre im märkischen Rheinsberg unweit Neuruppin zurückgehende Umgang hat die beiden etwa Gleichaltrigen ungeachtet ihres krassen Standesunterschiedes eng zusammengeschweißt. Nur wenige Menschen konnten von sich behaupten, sie seien dem König im Leben so nahe gewesen, wie Kutscher Pfund es war. Es wird berichtet, dass sich dieser herausnehmen durfte, was keiner sonst seines geringen Ranges wegen aus Friedrichs Umgebung wagte. Er konnte seinem Gebieter jederzeit sagen, was er dachte, was ihn bewegte, was ihm missfiel. Ein gerader Typ, der aus seinem Herzen keine Mördergrube machte. Jeder andere würde sich unweigerlich der Gefahr aussetzen, bei so viel Mut zur Offenheit in Ungnade zu fallen – Pfund nicht.

Hohe Ehrung in luftiger Höhe: An den Zügeln über dem Portal des Kutschstalls am Potsdamer Neuen Markt Johann Georg Pfund. So soll Friedrichs legendärer Leibkutscher ausgesehen haben.
(Foto: Timin Yilmaz - 2010)

Und der Herrscher von gleichsam unumschränkter Machtfülle? Pfund sei praktisch der einzige gewesen, wird von Eingeweihten bekundet, dem *Se. Majestät* selten widersprochen hätte. Wohl auch einer dem König imponierenden Gabe wegen, die Pfund besaß – seiner Schlagfertigkeit. Und wenn sich dazu noch eine gehörige Portion Schlitzohrigkeit gesellte, wie Friedrichs Kutscher offenbar auch dieses Metier perfekt zu beherrschen schien, dann ergaben die beiden genau das richtige Gespann.

Der König und sein Kutscher – gut möglich, dass sich um dieses ungleiche Paar mehr Geschichten in Form anrührender Legenden und Anekdoten rankten, als sie jemals wahr sein konnten. Dennoch ist Realität, dass immer wieder in Friedrichs Leben Menschen aus einfachen Verhältnissen treten, denen er mit aufrichtigen Gefühlen zugetan ist. Die lebenslange Treue zu seinem selbstbewussten Diener auf dem Kutschbock ist so ein Beispiel. Und sehr wahrscheinlich scheint, dass *Ihro Königl. Majestät* von ihm manch derben Kraftausdruck aufgeschnappt haben dürfte. Sprach oder schrieb Friedrich auf Deutsch, zeigte er im Gebrauch unflätiger Worte und Redewendungen eine erstaunliche Kreativität. Sein Pferdekutscher, ein ausgemachtes Original und alles andere, nur nicht auf den Mund gefallen, könnte dabei durchaus Pate gestanden haben.

Es heißt, Johann Pfund hätte, solange der Krieg andauerte, in treuer Pflichterfüllung seinen Herrn chauffiert, und selbst im Jahr 1782 wollen Zeugen beobachtet haben, wie er bei den Inspektionsfahrten des *Alten Fritz* in die Provinzen seines Reiches noch die Zügel in Händen hielt. Man wird somit davon ausgehen dürfen, dass es kein anderer gewesen war als dieser altgediente »Pfundskerl«, der den königlichen Reisewagen an diesem 19. Februar des Jahres 1763 nach Dahlen gelenkt hat. Normalerweise mit acht aufs Tempo drückenden Pferdestärken im Geschirr. Unter dem machte es der hohe Passagier im Fond selten. *Se. Majestät* ist dafür bekannt, dass er eine ausgesprochene Vorliebe für rasante Geschwindigkeiten besitzt.

Und in dem Heide-Städtchen Dahlen wird der Herrscher über das Königreich Preußen in Kürze jene Handlung vollziehen, deren historische Bedeutung darin besteht, einen Brand zu löschen. Sozusagen ein irdisches Fegefeuer, welches er durch seinen Befehl zum Einmarsch seiner 60.000-Mann-Armee in das Kurfürstentum Sachsen im Spätsommer des Jahres 1756 von eigener Hand gezündet hatte.

Ein Kriegsbrand, der dem Verursacher binnen kurzem außer Kontrolle geriet. Der sich binnen kurzem zu einem militärischen Konflikt großen Ausmaßes ausgeweitet hatte. Von sechseinhalb jähriger Dauer schließlich, aufgerundet auf sieben Jahre, die der gegen seine Feinde zu Felde Gezogene leichtsinnigerweise so niemals einkalkulierte.

*Wilhelmine (1709-1758), Markgräfin von Bayreuth -
Friedrichs Lieblingsschwester und engste Vertraute in
allen Lebenslagen. Gemälde von Antoine Pesne um 1740.*

Am Vortag des Überschreitens der preußisch-sächsischen Landesgrenze
strotzte der Brandstifter vor Kraft und Selbstbewusstsein. Über die Umstände
eines Waffengangs aber war er sich nicht wirklich im Klaren. Nichts illustriert
dies überzeugender als das, was er in einem Brief an die Schwester Wilhelmine
zum Ausdruck brachte. Ihr gegenüber zeigte er sich bezüglich des von ihm er-
warteten Zeitrahmens noch dermaßen zuversichtlich, dass er der Markgräfin in
beschwingten Worten nach Bayreuth Grüße übermittelte und überheblich tönte:
»Ich will meinem dicken Nachbarn einen kleinen Besuch abstatten.« Am bitteren Ende
dann konnte es der sich einst blindlings in das Kriegsabenteuer gestürzte König
selber kaum fassen, wie *»petit«* diese Visite in Sachsen doch ausgefallen war.

Lange Zeit fehlte auf Seiten der involvierten Mächte der ernsthafte Wille, diesem Konflikt ein schnelleres Ende zu setzen, als man es dann tatsächlich zu Wege brachte. Überwiegend aus der allgemeinen Furcht heraus, ein friedenstiftender Schritt könnte möglicherweise vom Gegner als Zeichen der Schwäche gedeutet werden. Das soll nicht zu der irrigen Annahme verleiten, keine der Kriegsparteien hätte sich dazu aufgerafft, Friedensinitiativen zu ergreifen. Es gab sie, offen oder unter dem Siegel höchster Geheimhaltung. Denn letztendlich musste man sich eingestehen, es herrschte bei allen am Krieg beteiligten Nationen, wie es Maria Theresias *k. k.* Geschäftsträger in Frankreich, Georg Adam Graf von Starhemberg, in einem internen Papier vom 3. März 1761 aus Paris emphatisch in Worte fasste, *»eine sehr große Friedens-Begierde.«*

Eine dieser verdeckten Missionen, mit einigermaßen spektakulärem Verlauf, fädelte der preußische König mit tatkräftiger Unterstützung der Herzogin von Sachsen-Gotha-Altenburg selber ein. Dem gleichen löblichen Zweck diente offensichtlich ein Treffen seines Bruders mit der Gegenseite, über welches die *»Leipziger Zeitungen«* am Weihnachtstag 1761 berichteten: *»Vor einigen Tagen haben sich des Prinz Heinrichs und Prinz Albrechts v. Pohlen Königl. Hoheiten in Döbeln einige Stunden mit einander unterredet.«* Da die Bereitschaft zur Kriegsfortführung allseits rapide gesunken war, suchte man mittlerweile auf den unterschiedlichsten Ebenen ins Gespräch über einen Frieden zu kommen.

Wie jede dieser Anstrengungen, die alle in die gleiche Richtung wiesen, verpufften jedoch auch diese nach geraumer Zeit wirkungslos. Jetzt aber ist die historische Chance gekommen, nach den glücklich überstandenen Verhandlungsrunden auf dem Jagdschloss Hubertusburg, endlich zum ersehnten Frieden zu gelangen.

Auf preußischer Seite fehlen lediglich noch Signatur und Siegel des Königs unter die Ratifizierungsurkunden. Vereinfacht gesagt, es bedarf ergänzend einer Art Quittierung des vor vier Tagen zwar mühsam, und dennoch von den drei bevollmächtigten Unterhändlern zügig ausgehandelten Friedensvertrages. Einen triftigen Grund gibt es, wenn sich Preußens Souverän das weithin unbekannte Dahlen, welches im Sprachgebrauch der Zeit als *Ackerbürgerstädtchen* bezeichnet wird, ein letztes Mal auf sächsischem Territorium zum festen Stationierungsort ausgeguckt hat.

Ackerbürgerstädtchen deshalb, weil sich darin ausdrückt, auf welche Weise die hier lebenden Menschen ihr für gewöhnlich karges Dasein bestreiten. Ihr

Haupternährungszweig in dieser Kleinstadt im Herzen des kursächsischen Staates sind Ackerbau und Viehhaltung. Zusätzlich aber üben viele dieser bäuerlichen *Hüfer* und *Halbhüfer* noch ein Handwerk oder sonstiges Gewerbe aus und sind, wie das Dahlener Kirchenbuch häufig vor und hinter ihren Namen vermerkt, als *»Meister«* angesehene *»Bürger und Einwohner allhier«*. Um ihre Familien durchzubringen, bestellen sie die Felder, versorgen ihre paar Nutztiere und betätigen sich darüber hinaus in Berufen wie *Brandtweinbrenner, Brauer, Gastgebner, Weißbecker* und *Fleischhauer*. Oder sie verdienen ihren Lebensunterhalt als *Roßhalter, Sattler, Wagenbauer, Mühlenmüller, Schönfärber, Böttger,* und *Schuhmacher*. Aber auch als *Schloßer, Hospital Holzförster* oder *Zeug- u. Leineweber* gehen sie ihrer Arbeit nach.

Sie alle, wie auch ihre Nachbarn in etlichen umliegenden Dörfern, stehen in fester Vasallen-Abhängigkeit zur *Gräflich Bünauischen Herrschaft*. Womit ihnen die Ableistung verschiedener Formen von Frondiensten gegenüber ihrem Grundherren zur Pflicht gemacht wird. Dass von den lieben Untertanen keiner sich wage, aus der Reihe zu scheren, sprich alles hübsch seinen feudalistischen Gang gehe, darüber wacht in jenen Jahren unter anderem Dahlens höchste Amtsautorität. Ein Mann, der gleich mit zwei ansehnlichen Titeln aufwarten kann, dem des *»Königl. Pohln. u. Churfürstl. Sächs. General-Accis-Inspectors«* wie auch dem eines *»Hochgräfl. Bünauischen Gerichts-Directors«*. Im Auftrag seiner adligen Herrschaft untersteht ihm die Gerichtsbarkeit in Dahlen und in weiteren Ortschaften der Umgebung. Ein prestigeträchtiges Amt, welches der schon bei früherer Gelegenheit erwähnte Johann Heinrich Lorenz ausübt.

Sein Name ist sowohl in den Kirchenverzeichnissen von Dahlen und Hubertusburg, als auch in einschlägigen Akten, wie dem umfänglichen Schmannewitzer Gemeindebuch, ein mit erkennbarem Respekt häufig genannter. Der sinnfälligste Beweis seiner hohen gesellschaftlichen Stellung, die er als Amtsperson in der Region um Dahlen inne hat.

Dass dies zwangsläufig dazu geführt haben könnte, der Steuer-Inspektor und Gerichtsdirektor Lorenz hätte sich zwischenmenschlichen Beziehungen in der Dahlener Ortsgemeinde verschlossen, dieser irrigen Annahme treten gleich mehrere Einträge in den Taufregistern entgegen. Aus ihnen ist gleichzeitig gut ersichtlich, dass im Tausend-Seelen-Städtchen Dahlen untereinander ein breites Gefühl der Zusammengehörigkeit geherrscht haben wird. In den Kirchenvermerken taucht sowohl sein Name wie der seiner *»Eheliebsten Johanna Wilhelmina«*, die eine Tochter des *»Königl. Pohln. u. Churfürstl. Sächs.*

Hoffjägers und Wildmeisters« von Schloss Hubertusburg war, wiederholt auf. Dann sind beide als *»Pathen«* in Dahlen zur Welt gekommener Kinder von Eltern aufgeführt, die standesmäßig dem Ehepaar Lorenz gleichgestellt sind. So geschehen beim *Söhnlein* des *»Hochgräfl. Bünauischen Kunst- und Lust-Gärtners«* Johann Christian Pönisch oder beim *Töchterlein* des aus Oschatz stammenden *»Diaconi«* Flasch. Und ebenso am 5. August 1761 anlässlich der Taufe der kleinen Maria Magdalena, Neugeborenes des *Gastgebers »Zum Goldenen Engel«*, Carl August Jäger und seiner Frau Rosina Maria.

Auch in so entbehrungsreichen Zeiten wie den jetzigen unter den harten Bedingungen des Krieges, sind die Bürgerinnen und Bürger von Dahlen sichtlich darum bemüht, an ihrem gewohnten Lebensrhythmus festzuhalten. Es wird *Kirmes* gefeiert. Friederike Oeser lässt ihre Freunde in Briefen wissen, wie sehr sie sich als kleines Mädchen jedesmal dieser hohen Festtage erfreute.

Und es werden Hochzeitspaare getraut, Babys geboren und getauft. Sie sind entweder aus Dahlen oder Angehörige durchziehender Truppen. Alle am Krieg beteiligten Armeen geben sich in Dahlens Kirche aus unterschiedlichen Gründen ein Stelldichein. So sind am 25. August 1762 gleich zwei heiratswillige Paare vor den Traualtar getreten. Die Bräutigame, beides *»Unter-Officiere von den Königl. Preuß. …Schweitzer-Frey-Corps«*, wurden mit einer *»Wittbe«* und einer *»Jungfrau… allhier copuliret«*. Anna Dorothea Rademacher und Anna Maria Hanisch sind ihre aus dem Eheregister überlieferten Namen.

Und es finden Beisetzungen statt. Die Akten der Frauenkirche erzählen seitenlang von diesen traurigen Ereignissen auf Dahlens Friedhof. Pfarrer Rudolph Gottlob Bartsch (1698-1771) und sein Diakon Gottlieb Sigismund Flasch (1731-1801) bekommen vor Traualtar, Taufstein und durch Aussegnungen viel zu tun. Notgedrungen geht ihnen dabei auf dem Gottesacker mit Hacke, Schaufel und Schubkarre Samuel Dietrich emsig zur Hand. *»Bürger u. Todengräber allhier«* ist er in Dahlen.

Den Höhepunkt seiner traurigen Friedhofspflichten erlebt Samuel Dietrich mit 56 ausgehobenen Gräbern im Kriegsjahr 1762. Unter den zu Betrauernden ist auch am 7. Januar die kleine Maria Magdalena Jäger. Dem Gastwirtstöchterchen war nur eine kurze Lebensdauer beschieden. Ein *Medicin Practicus* wie Johann Gottfried Francke oder der *Chirugi* Friedrich Salomon waren, falls sie an die Wiege des erkrankten Kindes gerufen wurden, machtlos. Denn die Babysterblichkeit ist erschreckend hoch, und welche Ursache das haben könnte, da tappen die Mediziner zu dieser Zeit noch völlig im Dunkeln. *»Wegen der großen Unreinigkeiten, sich febres maligne ereignet«*, heißt es dann zur Begründung einer der häufigsten und unerklärlichsten Todesursachen. Ein »bösartiges Fieber«, dem auch viele Mütter nach ihrer Niederkunft erliegen. Erst rund hundert Jahre später wird der in Budapest geborene Arzt Ignaz Philipp Semmelweis (1818-1865) hinter das Geheimnis dieses todbringenden »Kindbettfiebers« kommen. Und welchen Schutz es dagegen gibt – nämlich keimfreie Reinlichkeit.

Nachdem das vieltausendfache Blutvergießen dieses Krieges vorüber ist, es aber auch mit den dauernden Durchmärschen der Armeen ein Ende hat, werden es erfreulicherweise deutlich weniger Tote sein. Und dann auch nur noch aus den Reihen der einheimischen Familien: 36 im Jahr 1764 und 29 im darauffolgenden Jahr, denen Samuel Dietrich auf Dahlens Friedhof ein frisches Grab schaufeln muss. Am 11. März 1790 wird sein Nachfolger es für ihn selbst getan haben.

Stadtkirche zu Dahlen.

Dahlens Kirche »Unser Lieben Frauen« mit Pfarrhaus um 1840. (Quelle: Sachsen Kirchengalerie, Band III, 1840)

Im Städtchen Dahlen letztmalig auf sächsischem Boden ein strategisches *Haupt-Stand-Quartier* zu errichten, war mit Bedacht gewählt. Zuvorderst dürften logistische Erwägungen den Ausschlag gegeben haben. Geschuldet der Tatsache, dass im übernächsten Ort Wermsdorf, nur rund eine kursächsische Meile weit entfernt, das Jagdschloss Hubertusburg liegt. Nun, da der Friede so gut wie geschlossen, wenn auch noch nicht durch die ratifizierenden Unterschriften der drei Monarchen in Wien, Warschau und Dahlen völkerrechtlich in Kraft getreten ist, reicht Friedrichs vorübergehende Residenz über den Status eines bloßen militärischen Hauptquartiers hinaus. Intensiver noch als sonst während der zurückliegenden Kriegsjahre, erwartet hier Preußens obersten Würdenträger die Fülle jener Alltagspflichten, die ihm als Alleinverantwortlichen für sein absolutistisch regiertes Staatswesen zufällt.

Hier bereits gelten seine Gedanken der Zukunft Preußens. Denn zweifellos ist er ein aufgeklärter Herrscher, der, wenn auch aus patriarchalisch empfundener Verantwortlichkeit heraus, das Wohl seiner Untertanen im Sinn hat. Etwa durch eine breit angelegte Förderung der Wirtschaft. Von den Bereichen Außenpolitik und Militär abgesehen, rücken ebenso ehrgeizig verfolgte zivile Nachkriegsaufgaben wie die Neuansiedlung einheimischer oder von außerhalb angeworbener Menschen in den Vordergrund. Desgleichen ist ein umfassendes Wiederaufbauwerk aller von Zerstörung und Verelendung heimgesuchten pommerschen und ostpreußischen Landstriche dringend angesagt. *»Peuplierung«* und *»Retablissement«* heißen hierfür die Schlagworte im 18. Jahrhundert.

Ein Bündel ehrgeiziger Pläne reift schon in Dahlen heran, und erste beschlossene Maßnahmen werden durch den König angeordnet. Entscheidungen, die das Regierungsgeschäft angehen, fällt er hier. Ihre schriftlichen Ausfertigungen lässt er durch Kuriere wahlweise nach Berlin oder Magdeburg befördern. Kaum zu glauben, der Herrscher Preußens beeinflusst und bestimmt das nationale wie internationale politische Geschehen von zwei, für seine Verhältnisse eher schlicht möblierten Zimmern aus. In ihnen wird er in den nächsten drei Wochen leben, arbeiten – und sich von Herzen wohlfühlen.

Zwei relativ kleine Räume vom ganzen Schloss nutzt er für sich. Sie genügen ihm, sich in dieser bescheiden ausstaffierten Privatsphäre häuslich einzurichten. Jedes dieser beiden Kabinette, ausgestattet mit Holzschnitzereien im Rokoko-Stil und einer Wandverkleidung von rotem Damast, besitzt annähernd die gleiche Größe. In der Breite sind es 5,60 Meter, nur in der Länge unterscheiden sie sich: 6 Meter der kleinere Salon mit zwei Fenstern, und 7,50 Meter das etwas größere Gemach mit drei Fenstern. Die königlichen Räume sind im Schlossparterre gen Norden angeordnet, direkt unterhalb davon breitet sich im Souterrain das Reich seines mitgebrachten Koch- und Küchenpersonals aus. Es dürfte in ähnlich starker Besetzung angetreten sein, wie es fünf Jahre zuvor eine *Acta Campagne 1758*, ein seltenes Fundstück aus dem Geheimen Staatsarchiv Preußischer Kulturbesitz in Berlin-Dahlem, genauestens auflistete. Unter Punkt *8) 3 Wagens für die Küche von 16 Maul Thieren*, und unter *9) Zwey Packwagens von 20 Maul Thieren für die Silber Cämmerer*. Sowie als vorletztem Posten auf dieser Aufstellung: *10) Zwey Packwagens von 16 Maul Thieren für die Kellerey*.

Über dem zentralen Bereich der Lieferanten das königliche Domizil – von seinen fünf Fenstern aus hat Friedrich II. stets alles Wichtige im Blick. (Foto: Lothar Voigtländer - 2010)

Küche und Keller vom Schloss sind von außen zugänglich, wenn man die Zufahrt der Lieferanten verwendet. Und über derselben, eine Etage höher, hält nun der Chef des Hauses Hohenzollern gleichsam Hof in den vier Wänden seiner beiden unauffälligen Gemächer. Preußens politisches, alles andere als prunkvolles Machtzentrum, geradewegs über einem schmucklosen *Domestiquen*-Eingang. Alles, wessen die Schlossbewohner an Speisen, Getränken und sonstigen materiellen Gütern täglich bedürfen, passiert diese Stelle. Statt eines attraktiven Ausblickes auf die entzückende Parklandschaft seines Domizils, wählte *Se. Königliche Majestät* ein Logis mit fünf Fenstern, welche dem Zimmerinhaber die Sicht auf einen profanen Wirtschaftshof darboten. Darauf geparkt, es wäre auch wegen der Nähe zum Schloss nicht anders denkbar, die *Packwagens* seiner vielköpfigen Dienerschaft. Zu der auch, auf der *»Acta Campagne 1758«* unter Punkt *11)* aufgeführt, ein Wagen für *Dero Durchlauchtigste Majestät »Leibwäscherin«* zu zählen wäre.

Indes, es kommt noch interessanter.

Um dessen gewahr zu werden, hätte er seine Augen etwas weiter schweifen lassen müssen. Dann nämlich würde sich ihm die reale Arbeitswelt auf einem Bauernhof eröffnet haben. Dazu hätte der zu Kurzsichtigkeit neigende Friedrich allerdings eine seiner Stielbrillen zur Hand nehmen müssen. Vielleicht konnte er einer solchen Verlockung nicht widerstehen, in der Absicht, hin und wieder einen neugierigen Blick auf den Innenhof vom *Hochgräfl. Bünauischen Rittergutbe* zu werfen. Und was ihm da, nur ein paar Schritte von seinem Fensterplatz entfernt, ins Blickfeld geriete, das wäre gewesen an rechter Hofseite – ein veritabler Misthaufen.

Ländliches Flair auf dem ehedem Bünauischen Rittergut um 1900.
Pferdewagen, Mägde und Misthaufen – ähnlich reizvolle An-und
Ausblicke dürften sich dem königlichen Auge auch hundertfünfzig Jahre
früher geboten haben. Foto aus dem Besitz von Ute Naumann, Terpitz.

Aufgehäufelter Stalldung im Karee, *Sr. Königl. Preußischen Majestät* wär´s sogar ein Objekt von einiger Vertrautheit. Wer hätte das für möglich gehalten. Der nun 51-Jährige könnte an die Tage seiner nicht immer einfachen Kronprinzenzeit vor dreißig Jahren erinnert worden sein. An jene Tage, da der nach soldatischer Zucht und Ordnung trachtende Herr Papa befand, dem ins Blaue hinein träumenden Filius sei ein Praktikum in der Landwirtschaft dienlicher, statt sich mit so unnützem Zeitvertreib wie Bücher lesen, Oden dichten, Musikstückchen komponieren und Flöte spielen abzugeben. Mit anderen Worten, in des alten Königs Augen das lasterhafte Leben eines Tunichtguts zu führen. Eine sinnvolle Büro-Tätigkeit in der Kreisverwaltung zu Küstrin hatte er auf Vaters Geheiß zu dieser Zeit bereits absolviert. So, dass Friedrich Wilhelm I. nunmehr in einer Instruktion vom 31. August 1733 über des Sohnes weiteren Bildungsweg verfügte: *»Nachdem er die Theorie der Wirtschaft kennengelernt hat, soll er sie nun praktisch durchmachen. Jederzeit soll einer von der Kammer ihn begleiten, um ihn in die Wirtschaft einzuführen, wie gepflügt wird, gemistet und gesät wird… auch mit der Viehzucht und dem Brauereiwesen soll er ihn bekannt machen.«*

Dass er diese kurze Lehrzeit unter Anleitung preußischer Agrarier freilich auf die leichte Schulter nahm, der väterlichen Majestät hätte dies niemals zu Ohren kommen dürfen. Jung-Friedrich riskierte also viel. Statt *»eine Herde Schweine vor mir hergehen«* zu lassen *»und dabei aus Leibeskräften nach Schweineart (zu) quieken«*, gab er sich lieber allerlei Vergnügungen hin, oder er stellte in jugendlichem Übermut groben Unfug an. Braven Küstriner Bürgern die Fensterscheiben einzuschlagen, zum Beispiel. Trotzdem hat er sechs Monate lang die vom Vater verordnete Landluft zu schnuppern bekommen.

Und das sagt doch schon einiges über ihn aus. Inspirierte etwa der bäuerliche Schloss-Hintergrund einen zum Scherzen aufgelegten König dazu, in einem Brief vom 25. Februar an seinen Freund, den Marquis d´Argens, die kleine Residenz von Dahlen mit einem *»Landhaus«* zu vergleichen? Selbst wenn mehr Nähe zu einem Misthaufen kaum möglich scheint, seinem Königsgefühl tat es keinen Abbruch. Soweit dem nachgegangen werden konnte ist auszuschließen, dass ihn sein Logis mit Widerwillen erfüllt hätte.

Denn es gibt so gut wie nichts, wofür er sich nicht interessiert zeigte. Wenn *Ihro Königliche Majestät* es wollte, konnte sie von ihren Schlossfenstern aus die unter ihr zu erwartende Anlieferung von Lebensmitteln aller Art verfolgen – Gemüse, Milch, Käse, Eier, Wurst, Fleisch, Fisch. Und womöglich aus der gutseigenen Orangerie frisches Obst, dessen Genuss Friedrich besonders schätzte. Dazu *»Austern, Sardellen, Citronen, Orangen, Soja, Magdeb: Cartsch.«* und der delikaten Köstlichkeiten mehr, wie sie sich auf der Bestellliste anlässlich von *»Sr. Majestät Taffel«* am 2. November 1760 im Pfarrhaus zu Langenreichenbach wiederfinden. Allein der Essensverzehr am Tag vor der Schlacht von Torgau belastete die Kriegskasse mit insgesamt *«107 Thalern, 5 Groschen, 3 Denaren«*.

Außerdem hätte er sein Augenmerk auf das Abladen der mit Wein, Bier und Branntwein gefüllten Eichenholzfässer lenken können. Seit jeher ein heiß begehrtes Elixier bei allen Soldaten. Auch der König ist bekennender Weingenießer und einem Schoppen nicht abgeneigt. Er mixt allerdings seine bevorzugte Lieblingsmarke aus der französischen Kleinstadt Bergerac bei Bordeaux gern mit einem Schuss Wasser im Glas zur verdünnten Weinschorle.

Alkoholisches ist also eminent wichtig. Nicht zuletzt zeigte sich seine ständige Nachfrage daran, dass schon in den ersten Kriegstagen die preußischen Besatzer die Sachsen zur Herausgabe großer Mengen an Wein nötigten. Wenn es hierfür eines Beweises bedarf, die zeitgenössische Abschrift einer Quittung, welche das Stadtarchiv Meißen verwahrt, ist hierfür ein schöner Beleg. Darauf ist nachprüfbar festgehalten, dass bereits am »Ankunftstag« in Meißen, dem 6. September 1756, preußischer Durst gigantisch sein musste. Unter diesem Datum habe der *«Königl. Preußische Feldjäger Johann Großkopff«* den Empfang von *»Vier und Vierzig Faß Wein als 2 Faß nach Lommatzsch und 42 Faß nach Tanneberg in die Königl. Preußische Haupt Quartiere…*hierdurch *erkennet.«* Und zudem wird bestätigend durch den *Feldjäger Großkopff* vermerkt, die Fässer seien von der *»Stadt Meißen…richtig geliefert«* worden.

Gipsabdruck aus dem Weißen Saal im Schloss Dahlen (Quelle: Heimatmuseum Dahlen)

Und von alledem wird im Schloss zu Dahlen in diesen Tagen und Nächten reichlich konsumiert. Die Essensaufzüge, deren es zwei nicht allzu große gibt, und einer sich gleich nebenan von Friedrichs Zimmer befindet, werden zwischen Küche, Parterre und der Beletage in rumpelndem Handbetrieb pausenlos auf und ab bewegt worden sein. Womöglich auch unterlegt von störend quietschender Geräuschkulisse.

Es sind nicht allein die Person des Königs und diese beiden Aufzüge, die das wie verträumt dastehende Schloss mit einem Mal zum Leben erwecken. Friedrich Wilhelm, den Neffen, hat er zu sich nach Dahlen kommen lassen. Ein blonder, hoch gewachsener Schlacks von 18 Jahren. Und ein blendend aussehender Jüngling, lauten die Komplimente, die man allseits über ihn zu hören kriegt. Offiziell der Kronprinz, welcher nach dem Willen des Onkels ihm einmal als Preußens regierender Souverän nachfolgen soll. Und schließlich nach Friedrichs Tod auch den vakanten Herrscherthron besteigen wird. Dann als König Friedrich Wilhelm II., von 1786-1797 die Geschichte Preußens fortschreibend. Dann aber auch längst nicht mehr mit vorbildlichen Body-Index-Maßen. Seit den glücklichen Tagen von Dahlen nämlich hatte sich der hünenhafte F. W. II. zu einer Landesvaterfigur von üppiger Leibesfülle gemausert. Der von seinen überschüssigen Pfunden nicht herunterkam, so zahlreichen Mätressen er auch sein königliches Herz schenkte. Und des-

207

halb passend zu seinem flatterhaften Lebenswandel die Sticheleien des Volkes als der *»Vielgeliebte«* über sich ergehen lassen musste.

Gipsabdruck aus dem Weißen Saal im Schloss Dahlen (Quelle: Heimatmuseum Dahlen)

Beiden preußischen Hoheiten bietet sich tagsüber reichlich Abwechslung durch Spazierengehen im Schlosspark oder Ausritte in die schöne Natur rund um das Städtchen. Onkel und Neffe ziehen es allerdings vor, sich den willkommenen Vergnügungen an frischer Luft getrennt hinzugeben. Der Verwalter auf dem Schloss hat dieses Verhalten der zwei *Durchlauchtigsten* Herren scharfsinnig beobachtet, seit diese vor einer Woche nach Dahlen gekommen sind. Johann Adam Räubig wird seine Wahrnehmungen am 26. Februar mit den Worten zusammenfassen:

»Ihro Majestät den König und den Cronprinz wird man sonderlich nicht gewar; außer daß selbige bey schöner Witterung sich in den Garten sowohl Vor- als Nachmittags, und jeder vor sich ganz allein begeben, auch wenn der König oder der Prinz ausreiten, weiter niemanden als 2 bis 3 Reitknechte bey sich haben.«

Ebenso erfüllt eine Menge preußischen Militärs in diesen Tagen das Schloss mit reichlich Leben. Es ist ein Großteil des Offizierscorps, welches auf dem kleinen Adelssitz um seinen vielbewunderten Feldherrn versammelt ist. Die Herren, denen die beiden Prunksäle im Parterre und erstem Stock zur Benutzung frei gegeben sind, trifft man in ausgelassener Friedensstimmung an. Sie delektieren sich an Speisen und Getränken, um sich an ihren siegreich gefochtenen Schlachten zu berauschen. Und ebenso aufgekratzt die verlorenen dieses Krieges möglichst rasch vergessen zu machen. Froh darüber, dem Tod noch einmal ein Schnippchen geschlagen zu haben. Dahlen verspricht ihnen, ein angenehmer Aufenthalt zu werden. Nach ihrem Abzug hinterlassen sie in dem edlen Schloss-Ambiente ein heilloses Chaos. Die Spuren ihrer Ausschweifungen wieder zu beseitigen, hat der darüber in Zorn geratene Johann Räubig von der *Hochgräflichen Dienerschafft* seine liebe Mühe.

Die Herren Offiziere vom Stab des Königs werden täglich an großer Tafel bewirtet. So mag der penibel aufs Geld achtende Friedrich bei den Massen, die vor seinen Augen abgeladen und die Reste von all dem als Schweinefutter aufgeladen werden, mit einigem Schaudern an die Kosten gedacht haben. Denn offiziell ist die preußische Besatzung verpflichtet, seit dem 11. Februar

1763 den Unterhalt der Truppe aus eigenen Mitteln zu bestreiten. Das regelt der Artikel II eines zwischen Preußen und Kursachsen geschlossenen Vertrages. Darin ist festgehalten, alle Feindseligkeiten haben aufzuhören *»und vom selben Tag an Seine Preuß. Majestät wird ganz und vollständig alle gewöhnlichen und außergewöhnlichen Kontributionen einstellen, alle Abgaben von Mundvorrat, Futter, Pferden und anderes Vieh oder andere Sachen.«*

Gipsabdruck aus dem Weißen Saal im Schloss Dahlen (Quelle: Heimatmuseum Dahlen)

Wer aber will die Hand dafür ins Feuer legen, dass nicht weiterhin Forderungen nach Kriegsabgaben, wie all die Jahre zuvor, auf Sachsens notleidende Bevölkerung abgewälzt werden. Nach Lage der Dinge verhält es sich so, und offensichtlich zum Missfallen des Königs. Noch Ende Februar hat er begründeten Anlass, in seinem Dahlener Quartier eine deutliche Mahnung zwein seiner Kommandeure zu diktieren: *»...so müsset Ihr die Beitreibung und Bezahlung dessen, was noch an Contribution ausgeschrieben worden, alsofort sistiren, auch dem General-Major von Beckwith von diesem Meinem Willen sogleich Nachricht geben, auf dass solches seines Ortes auch geschehen müsse.«*

Se. Majestät knausert nicht nur wo es irgend geht. Friedrich II. ist ebenso gefürchtet für sein tiefsitzendes Misstrauen. Er besteht darauf, in alles eingeweiht zu werden, und genauso behält er sich vor, jede Entscheidung selbst zu treffen. Praktisch sorgt er sich um alles, weshalb ihm nichts verschwiegen werden darf. Unterstehe sich einer, dieses Gebot zu unterlaufen. Es könnte den erzürnten Monarchen zu unkontrollierten Wutausbrüchen verleiten. Einer seiner Adjutanten, der Hauptmann Georg Wilhelm von Marwitz, soll einmal verzweifelt über soviel königlichen Argwohn ausgerufen haben: *»Aber warum, zum Teufel, will er auch alles sehen und alles hören! Welch verhängnisvolle Neugier!«*

Der Blick hinunter auf das geschäftige Treiben vor der Schlossküche, wo seine *»Küchenmeisters, Küch-Schreibers, Mund-Köche, Bey-Köche, Brathmeisters, Schlächter, Knechte und Frauens in der Küchen Stube«* ein- und ausgehen, die notorisch neugierige *Königl. Majestät* könnte durchaus Gefallen an einer kurzweiligen Abwechslung wie dieser gefunden haben. Dass er jemals Klage über einen Mangel an beschaulicher Aussicht aus seiner Dahlener *»Zweiraum-Wohnung«* geführt hat, ist so unbekannt wie bei ihm unwahrscheinlich.

Grund genug für das kleine exklusive Grafenschloss, die etwas längere Verweildauer des preußischen Monarchen, in seinen Annalen mit einigem Stolz zu stehen haben. Ein allseits willkommener Gast also?

Wohl kaum. In den Augen der Dahlener Einwohnerschaft bleiben König Friedrich und die mit ihm eingerückte Streitmacht preußische Besatzer in ihrem Städtchen. Der Stolz auf die zweifelhafte Ehre, die Preußen unter sich zu wissen, wird mitnichten grenzenlos gewesen sein. Und gewiss wäre Heinrich Graf von Bünau, der Bauherr des Schlosses, von Unbehagen und Besorgnis ergriffen, hörte er von der fremden Einquartierung auf seinem herrschaftlichen Besitz. Zwei Briefe des sich sorgenvoll gebenden *Schloß Inspectors* lassen kaum einen Zweifel darüber aufkommen. Johann Adam Räubig, wie auch der Gerichtsdirektor Johann Heinrich Lorenz, tragen gegenüber ihrem Dienstherrn und Brotgeber die volle Verantwortung für Schloss, Rittergut – und Schnapsbrennerei.

Doch der Dahlener Schlossherr mit dem Patronatsrecht über Stadt und Kirche, kann sich zu alledem nicht mehr äußern – seit fast zehn Monaten ist er tot. Räubigs Briefe vom Februar und März 1763 sind folglich an die Witwe gerichtet. Verschieden sei er *»den 7. April des 1762 Jahres, vorm. gegen 9 Uhr in einem Alter von beynahe 65 Jahren«*, berichtet des Grafen einstiger Bibliothekar und Sekretär, Johann Friedrich Burscher (1732-1802), über Heinrich von Bünaus vielerorts betrauerten Heimgang auf dessen Landgut im thüringischen Oßmannstedt.

Die im Herbst 1759, mutmaßlich Anfang September, durch Adam Friedrich Oeser zu Ende gebrachte künstlerische Ausgestaltung des Dahlener Schlosses wird sein Eigentümer wahrscheinlich niemals zu Gesicht bekommen haben. Denn die mit seinen zahlreichen Staatsämtern verbundenen beruflichen Verpflichtungen könnten Heinrich von Bünau an Fahrten nach Dahlen gehindert haben.

Nicht allein deswegen. Denn immer auch sah sich ein Reisender, weil es nun mal keine harmlosen Zeiten waren, der Gefahr für Leib und Leben ausgesetzt. Oeser warnt am 16. September 1759 in einem Brief vor einer solchen anhaltenden Bedrohung auf den Landstraßen: *»...durch Räuber ja auch durch eine Bande welche in unsern gegenden Wüthet«*. Der besorgte Hinweis des Künstlers, der um die Sicherheit von Ehefrau und den vier Kindern fürchtet, schließt die Umgebung von Dahlen ausdrücklich mit ein. Die Abreise seiner Familie, die sich bis dahin noch auf dem Bünauischen Anwesen aufhält, steht unmittelbar bevor. Während der *Michaelis Messe,* also ab dem 29. September, seien die Oesers dann doch wohlbehalten beim in Leipzig wartenden Vater und Ehemann eingetroffen.

»Wir mußten, so geschwind wir konnten, bitteren Abschied von unserem lieben Dahlen nehmen«, wird sich Friederike Oeser Jahre später wehmütigen Kindheitserinnerungen hingeben. Welche Gründe zu dem überstürzten Aufbruch geführt haben, lässt sie in ihrem Brief unerwähnt. Dass die Maler-Familie aber gut daran tat, Dahlen zum Monatsende September zu verlassen, sollte sich in einigen Tagen noch herausstellen. Da entbrannte am 12. Oktober das Kanonengefecht von Lampertswalde, und da ergossen sich in dessen Gefolge kaiserlich-königliche Truppen unter General Adolph Nikolaus Freiherr von Buccow in das *Ackerbürgerstädtchen.* Erstmals in diesem Krieg den Preußen aus Dahlen den Laufpass gebend.

Unter Umständen hat der Bauherr aber doch den Fuß über die Schwelle seines neuen Schlosses gesetzt. Denn im nämlichen Jahr, am 14. Mai 1759, sei Heinrich von Bünau von seinem Wohnsitz im Dorf Oßmannstedt bei Weimar zu einer ausgedehnten Dienstfahrt ins Altenburger Land aufgebrochen. Und es wird berichtet, er habe gelegentlich dieser Reise Abstecher dazu nutzen wollen, um seine auf kursächsischem Gebiet liegenden Güter, die er vor drei Jahren ein letztes Mal gesehen hätte, aufzusuchen.

Heinrich von Bünau (1697-1762). Präsent auf Dahlen nur in Gestalt eines Ölgemäldes. Der Krieg hinderte den Grafen daran, sein Schloss zu bewohnen.

In diesem Fall möchte man ihm die Neugierde unterstellen, sich einen persönlichen Eindruck vom Stand der Arbeiten in seinem vor der Vollendung stehenden Dahlener Schlossbau verschaffen zu wollen. Nicht zuletzt auch deswegen, weil ihn das kriegsbedingte Ausbleiben der regulären Einnahmen aus den Rittergütern inzwischen vor finanzielle Schwierigkeiten stellte und sich demzufolge kritisch auf seine wirtschaftlichen Verhältnisse auszuwirken begann. Es liegt auf der Hand anzunehmen, dass ein in Finanzdingen versierter Experte wie der Graf, natürlich aufs Genaueste im Bilde sein will, welche Kosten noch auf ihn als Bauherrn zukommen.

Höhen und Tiefen, sowohl beruflich als auch privater Natur, kennzeichnen den Lebensweg dieser außergewöhnlichen Persönlichkeit, deren Leistungen als Staatsmann und Attaché an verschiedenen Höfen des In- und Auslands von Kaiser Karl VII. 1742 mit dem Reichsgrafenstand belohnt wurden. Bünau, im Auftrag des sächsischen Hofes als Bevollmächtigter zur Kaiserwahl 1740 an den Rhein ins erzbischöfliche Mainz entsandt, hatte für Bayerns Kurfürsten Karl Albrecht als Nachfolger des verstorbenen Vaters von Maria Theresia votiert. Nach dessen erfolgter Wahl zum kaiserlichen Oberhaupt, stand der Bayer als Karl VII. bis zu seinem Ableben am 20. Januar 1745 an der Spitze des Reiches. Doch Graf Bünau bestach nicht nur als Diplomat mit geschickter Handhabung seines Metiers, ebenso verdienstvoll war, was er als Autor historischer Veröffentlichungen leistete. Wovon sein vier Bände umfassendes Hauptwerk mit dem Titel *»Genaue und umständliche Teutsche Kayser und Reichs-Historie aus den bewährtesten Geschichtsschreibern und Urkunden zusammengetragen«* Zeugnis ablegt, und welches er bereits mit einer *»Probe«* zu schreiben begann, als er Anfang zwanzig war.

Als besonderes Verdienst kann sich *»der gelehrte Herr«* von Bünau in wissenschaftlicher Hinsicht die Einführung einer entscheidenden Neuerung zurechnen. Die Ehre, neue Wege in der Geschichtsschreibung eingeschlagen zu haben, teilt er sich allerdings mit dem Leipziger Historiker Johann Jakob Mascov (1689-1761). Bünau und Mascov nutzten für ihre detailreichen Publikationen ausschließlich Archivdokumente, die sie im Sinne und als Nachweis größtmöglicher Authentizität akribisch recherchierten. Und sozusagen eine Pioniertat stellte dar, dass Bünau eine wissenschaftliche Abhandlung dieses Umfangs, wie die *»Kayser und Reichs-Historie«*, auch auf Deutsch drucken ließ.

Der belesene König kannte sich natürlich auch darin aus. Er habe, sagt er, die französische Fassung ein wenig studiert. Autor wie Opus, erfährt man vom Leipziger Literaturpapst Gottsched, sei eines der Gesprächsgegenstände beim König gewesen. Allerdings wäre *Sr. Majestät* Urteil nicht gerade vorteilhaft ausgefallen, der König hätte von einer Lektüre des Werkes abgeraten. Sicher eine herbe Enttäuschung für den Professor. Denn Gottsched und Bünau schätzten und halfen einander – unter anderem mit begabten Studenten, die beim Grafen eine Anstellung als Bibliothekare erhielten.

Ein junger Mann namens Johann Joachim Winckelmann gehörte ebenso zu jenem vom Reichsgrafen Bünau eingestellten studentischen Nachwuchs, wie der vorerwähnte Johann Friedrich Burscher. Beiden Jungakademikern bot sich die Chance, gründliche Berufserfahrung in der gräflichen Bibliothek auf Schloss Nöthnitz bei Dresden zu sammeln, um hernach in der Welt der Wissenschaft Karriere zu machen. Winckelmann, einst Kommilitone des seinerzeit gleichfalls in Halle an der Saale studierenden Quintus Icilius, wird sich Jahre später in Rom den international geachteten Ruf des Begründers der neueren Archäologie erwerben. Während der nachmalige Theologe Burscher gleich siebenmal zum Rektor Magnificus der Universität Leipzig gewählt und damit würdig in die Fußstapfen seines akademischen Förderers Gottsched treten wird.

Vom Archäologen Johann Joachim Winckelmann wären sicher noch weitere herausragende wissenschaftliche Leistungen zu erwarten gewesen. Allein, dieser Hoffnung vermochte er auf tragische Weise nicht gerecht zu werden, weil er 1768 einem Mordanschlag zum Opfer fiel. Die Bluttat in einem Hotelzimmer ereignete sich am 8. Juni in Triest, der damals habsburgischen Hafenstadt an der Adria. Bevor der Gelehrte starb, kämpfte er in angstvollen Minuten dramatisch um sein Leben. Denn der anfängliche Tötungsversuch seines Zimmernachbarn, ihn mit einer Schlinge hinterrücks zu erdrosseln, scheiterte. Erst mit einem Dolch gelang es dem Mörder, der es offensichtlich auf die Barschaft von etlichen Silbermünzen sowie wertvollen Medaillen aus Gold abgesehen hatte, seine Tat zu vollenden. Der im Hotel Locanda Grande an der Piazza San Pietro meuchlings Getötete, geboren als Sohn eines Schuhmachers in Stendal, wurde 51 Jahre alt. Nicht minder unbarmherzig wie der anonym als »Signor Giovanni« aufgetretene Johann Winckelmann, starb der Delinquent wenige Wochen nach seinem Verbrechen. Die Menschen strömten an diesem Juli-Tag des Jahres 1768 herbei, um auf der Piazza Grande von Triest das grausige Spektakel mitzuerleben, wie ihn seine Henker öffentlich aufs Rad flochten und hernach die Leiche vor dem Stadttor ausstellten.

Johann Joachim Winckelmann (1717-1768), Graf Bünaus einstiger Bibliothekar. Heute pflegen auf Schloss Nöthnitz die jetzigen Eigentümer, Freiherr und Freifrau v. Finck, das Andenken an den berühmten Gelehrten.

Was sich strebsamen jungen Leuten an Arbeit beim Grafen Bünau bot, war keine Kleinigkeit. Der Besitzer der Schlösser Dahlen und Nöthnitz, der Rittergüter in den Dörfern Domsen, Oßmannstedt, und Göllnitz mit Großtauschwitz bei Altenburg – er konnte auch eine zu großen Teilen von ihm selbst zusammengetragene Privatbibliothek vorweisen. Mit ihren gut 42.000 Bänden, darunter unschätzbaren Raritäten, stellte sie etwas Einmaliges dar.

Er hütete diesen Literaturschatz, öffnete ihn aber ebenso bereitwillig der lesekundigen Allgemeinheit. Zu der sich ganz gewiss auch Preußens König hat zählen dürfen, Büchernarr und Schreibbesessener in einem. Wenn er nur wollte und die Zeit es ihm erlaubt hätte, gäbe es in seinem Dahlener *Landhaus* reichlich Gelegenheit zum Schmökern in dieser bedeutenden *Bibliotheka Bunaviana*. Ein Teil von ihr, wenn auch kein erheblicher, füllte nämlich inzwischen die hiesigen Regale. Und wenn dem passionierten Bücherleser die gräfliche Handbibliothek nicht genügte, stand ihm jederzeit noch die Möglichkeit offen, auf den eigenen bibliophilen Fundus zurückzugreifen. Auf etliche Wagen geladen, bestand Friedrichs persönliche *Bagage* aus einer an jeden Ort mitziehenden umfänglichen »rollenden Bibliothek«. In diesem Fall vermag wiederum die *»Acta Campagne 1758«* einen Eindruck zu vermitteln, auf welche Weise der Transport *Dero Majestät* kostbarer Präsenzbibliothek zusätzlich vonstatten ging: *»Außerdem waren noch 8 biß 10 Maul Thiere, die des Königs Zelt, die Körbe mit denen Büchern und die Carthen tragen mußten.«* Eine Büchersammlung in Flechtkörben verstaut, und offensichtlich nicht nur auf Packwagen über Stock und Stein in die Nähe aller Schlachtfelder dieses Krieges gekarrt.

Sehr war der König darauf bedacht, immer sofort in den Besitz aller französischen Literatur-Neuerscheinungen, insbesondere philosophischen Inhalts, zu kommen. Beispielsweise konnte es passieren, dass er sich am Vorabend eines Aufeinandertreffens mit dem Feind genauso intensiv in die aktuellsten Geistesergüsse seines vergötterten Philosophiegenies Voltaire vertiefte, wie in die Ausarbeitung einer Kampfstrategie für den anderen Tag. Für gewöhnlich hieß er in solchen Fällen seinen Gesellschafter Henri de Catt (1725-1795) gegen Abend zum »Literarischen Duett« zu sich in sein Quartier kommen. Der König verwickelte diesen dann in lange Gespräche über buchstäblich Gott und die Welt. Um im Anschluss daran noch in Erinnerung zu rufen: *»Wir wollen Ihren kleinen militärischen Lehrgang fortsetzen!«* Nach Meinung des Monarchen in der hehren Absicht, einem Schweizer Zivilisten die Geheimnisse der hohen preußischen Kriegskunst nahezubringen. Vernähme es der eingefleischte Pazifist Voltaire, er hätte wieder einmal Gelegenheit, spottend und missbilligend darüber herzuziehen. Gegenüber de Catt, der dem König für ein Jahressalär von 900 Talern die Zeit zerstreut, äußert Friedrich II. einmal, Bücher seien ihm *»Nahrung«*. Er würde sie verschlingen und *»in ihnen nützliche Ablenkung finden.«*

Henri de Catt, König Friedrichs Weggefährte und ausgewiesener Seelentröster in der Zeit des Siebenjährigen Krieges.

Friedrichs Dahlener Residenz auf Zeit befand sich einst im Eigentum eines Schlossherrn, der dank der zahlreichen hohen Staatsämter, die er bis zu seinem Abgang als Sachsen-Weimar-Eisenacher Premierminister inne hatte, einer der berühmtesten und angesehensten Männer seiner Zeit war.

Indes, auch ein glanzvoller Name schützte nicht davor, dass die Chemie zwischen ihm und seiner Weimarer Landesherrin, der *Hochfürstlich Durchlauchtigsten* Anna Amalia, nicht stimmte. Als die gebürtige braunschweigische Prinzessin sich nach dem frühen Tod ihres Gemahls – Herzog Ernst August II. Constantin starb, erst 21 Jahre alt, am 28. Mai 1758 – zur Übernahme der Regentschaft genötigt sah, bekleidete Graf Bünau das Amt des Premierministers in ihrem Fürstentum. Eingesetzt in die Würde des Premiers durch den schon todkranken Herzog am 29. Dezember 1755, zeigt sich nicht erst nach dessen Ableben, dass Bünaus Machtfülle gewiss ein Hindernis darstellt für Anna Amalias eigene ehrgeizige Ambitionen. Ein auf Vertrauen beruhendes Verhältnis zwischen den beiden Protagonisten der Weimarer Staatsführung konnte sich auch deswegen nicht entfalten, weil es zu viele interne Widersacher des Reichsgrafen am Herzogshof gab. In Verfolgung der eigenen Interessen machten diese sich die Unerfahrenheit ihrer jungen künftigen Gebieterin zu Nutze und ließen keine Gelegenheit aus, gegen den ersten Mann in der Regierung zu konspirieren.

Tatsächlich agiert der unbestritten tüchtige Premierminister selber nicht immer glücklich. Genügend Zoff also, woran sich Bünau und Anna Amalia, obwohl erst seit 30. August 1759 mit kaiserlicher Genehmigung offiziell *Landes Regentin,* immer häufiger rieben. Wie so oft, wenn Eitelkeiten und Emotionen im Spiel sind, liegen Schuld und Verantwortung für den entstandenen Unfriede auf beiden Seiten. Im Weiteren trug zu ihrem eskalierenden Psychokrieg zweifellos ein klassischer Generationenkonflikt bei. 1759, im Jahr ihrer Trennung, war die Nichte Friedrich II. erst 19 Jahre jung. Der Graf aber schon 62 Jahre alt.

Des sich von Tag zu Tag mehrenden Ärgers überdrüssig, kommt der Reichsgraf auf dem traurigen Höhepunkt zu der Einsicht, dass es Zeit zum Rücktritt sei. Am 4. September 1759 unterzeichnet *Von Gottes Gnaden Anna Amalia, verwittibte Herzogin zu Sachßen* seine Demission, um die er zehn Tage zuvor nachgesucht hatte.

Zwar ledig des Dienstes bei Hofe, und zurückgezogen lebend auf seinem Oßmannstedter Gut, welches ihm anlässlich seiner Berufung zum Premierminister vom Weimarer Herzog übereignet worden war, bleibt er nicht gänzlich ohne Einfluss auf die Geschicke im Staat. Ein am 1. September 1761 aus begründetem Anlass an Onkel *Frédéric* verfasster Brief der *Ober-Vormünderin und Landes Regentin* bestätigt, dass »*der Graf von Bünau, obgleich sich zur Ruhe gesetzt vom hiesigen Hof, noch immer fest eingebunden ist und eine beträchtliche Einwirkung besitzt, durch dessen Stellung im Direktorium der Landstände des hiesigen Fürstentums.*«

Bünau steht diesem staatstragenden Stände-Gremium lange vor, auch noch bei Anbruch des sechsten Kriegsjahres 1761. Was niemand vorhersehen kann, 1761 wurde zum Schicksalsjahr im Leben dieses Mannes, der verwitwet war, geschieden und ein drittes Mal geheiratet hatte. Zweien seiner Ehen entsprossen fünf Kinder, von denen noch drei am Leben sind.

Durchs Netz der Zensur geschlüpft? Die »Leipziger Zeitungen« melden Bünaus Arretierung. (Quelle: Stadtarchiv Leipzig)

Am 7. April 1761 kommen die »*Leipziger Zeitungen*« mit einer Meldung heraus, die unter der Rubrik »*Auszug einiger Nachrichten aus Thüringen und den Gegenden des Elb-Stromes in Sachsen, 4. April*« abgedruckt ist. Darin heißt es bezüglich einer Datierung nur vage: «*Die aus dem Leipziger Creisse nach Leipzig vor einiger Zeit gebrachte Geiseln waren der Graf von Vitzthum…; die aus dem Thüringischen Creisse nach Merseburg geführte, der Graf von Bünau, und die Herren von Funk, Heßler, Werther und Brand gewesen. Die mehresten haben wieder ihre Befreyung erhalten.*«

Um es vorweg zu nehmen: der 63-jährige Reichsgraf gehörte nicht unter die glücklichen *mehresten,* die ihre Freilassung so schnell wieder erlangten. Was, um Himmels willen, war geschehen?

Heinrich von Bünau war also von den Preußen festgesetzt worden. Die Veröffentlichung in der Presse machte diesen Tatbestand in gewisser Weise amtlich. Zudem wäre es eine Bestätigung für die bisher angenommene zeitliche Einordnung, wonach sein Arrestbeginn auf einen unbestimmten Tag des Monats März 1761 gefallen sei. Verhängnisvoll wirkte sich für den Grafen das Amt eines Direktors der Landstände vom *»Thüringischen Creyß«* aus, eine herausgehobene Stellung, die ihm die volle Verantwortung für die Erfüllung aller diesem Landesteil gestellten preußischen Kriegslasten aufbürdete. Da er dieser Aufgabe trotz unermüdlichen persönlichen Einsatzes nicht gerecht wurde, hatte sich Graf Bünau in das Unvermeidliche zu fügen – er musste mit seinem Kopf dafür geradestehen. Mit ihm schnappten sich die Preußen *»einen der vornehmsten des Standes des Thüringischen Creyßes«.* Die offenbar hochrangigste Persönlichkeit, die jemals wegen dieses Deliktes den Weg in Geiselhaft antreten musste.

Diese währte insgesamt bis Ende August 1761. Letzter Haftaufenthalt ist im preußischen Magdeburg bezeugt, der Stadt an der Elbe, die zu einem militärischen Bollwerk ausgebaut war. Als Festung und gefürchteter Gefängnisort vergleichbar mit Spandau, damals noch vor den Toren Berlins. Oft genug bedeutete der harte Spandauer Knast für manch einen dort Einsitzenden das sichere Todesurteil. So für den der Tötungsabsicht beschuldigten Kammerdiener Glasow, der es mit einer Giftzumischung in Friedrichs *Caffée*-Tasse versucht haben soll. Nur ein halbes Jahr lang hätte der treulose Sünder die schweren Haftbedingungen hinter Spandaus düsteren Kerkermauern lebend durchgestanden.

Über die Domstadt Merseburg, wie man dem Zeitungsbericht noch heute entnehmen kann, führte Bünaus Leidensweg zunächst nach Leipzig. Der König verließ die Messemetropole mit seiner militärischen Streitmacht am 17. 03. 1761, einem Dienstag. Unbekannt muss bleiben, an welchem der Tage des Monats März der prominente Adelsherr in Gemeinschaft seiner Unglücksgefährten, aus Merseburg kommend, nach Leipzig überstellt wurde.

Üblicherweise landete ein wegen rückständiger Kontributionen Beschuldigter auf der Pleißenburg. Dieser innerhalb der Stadtmauern angelegten, zur damaligen Zeit noch von einem Wassergraben ringsum eingeschlossenen trutzigen Festung. Den Leipzigern auch, so steht es in den Tagebuchaufzeichnungen des *Vice Capitaine Lieutenant* Johann Matthias Burchardi, als *»Schloß«* geläufig. Der Zugang ins Innere war nur über zwei hölzerne Brücken möglich. Hatten sich die Preußen eines solchen *«Delinquenten«* bemächtigt, setzten sie ihn in der *»Bürgerl. Contribution Stube wo er auf Execution gelegen«* fest. Das geht aus verschiedentlichen, von wechselnden Schreibern vorgenommenen Vermerken im *»Ausgabenbuch...für die Besatzung in der Pleißenburg 1746-1763«* hervor. In der Weise wird man ganz sicher mit den nach Leipzig Verschleppten um den Reichsgrafen Bünau verfahren sein. Auch bei Burchardi lässt sich dies als eine von den preußischen Besatzern allezeit geübte Praxis nachlesen.

Ein Brief, welcher es dem prominenten Häftling erlaubt, ein Lebenszeichen von sich zu geben, trägt das Datum des 16. Mai. Die Art der inhaltlichen Formulierung deutet darauf hin, es handele sich seit Bünaus Festnahme um die erste, ihm gestattete Nachricht aus seinem derzeitigen bedrückenden Verbleib. Nicht in der Handschrift des Grafen sind die drei weißen Blätter beschrieben. Aber er hat den Text erkennbar jemandem diktiert und persönlich ein *»ganz ergebenster Diener«*, versehen mit seinem Namenszug, darunter gesetzt. Zu diesem Zeitpunkt, das beweist dieses schriftliche Zeugnis, sitzt der Unglückliche schon seit ungefähr zwei Monaten in Leipzig hinter Gittern. In der Stadt, die er so gut kennt, denn 1713 immatrikulierte er sich an der hiesigen Universität in den Fächern Jura, Theologie, Philosophie, Mathematik und klassische Sprachen.

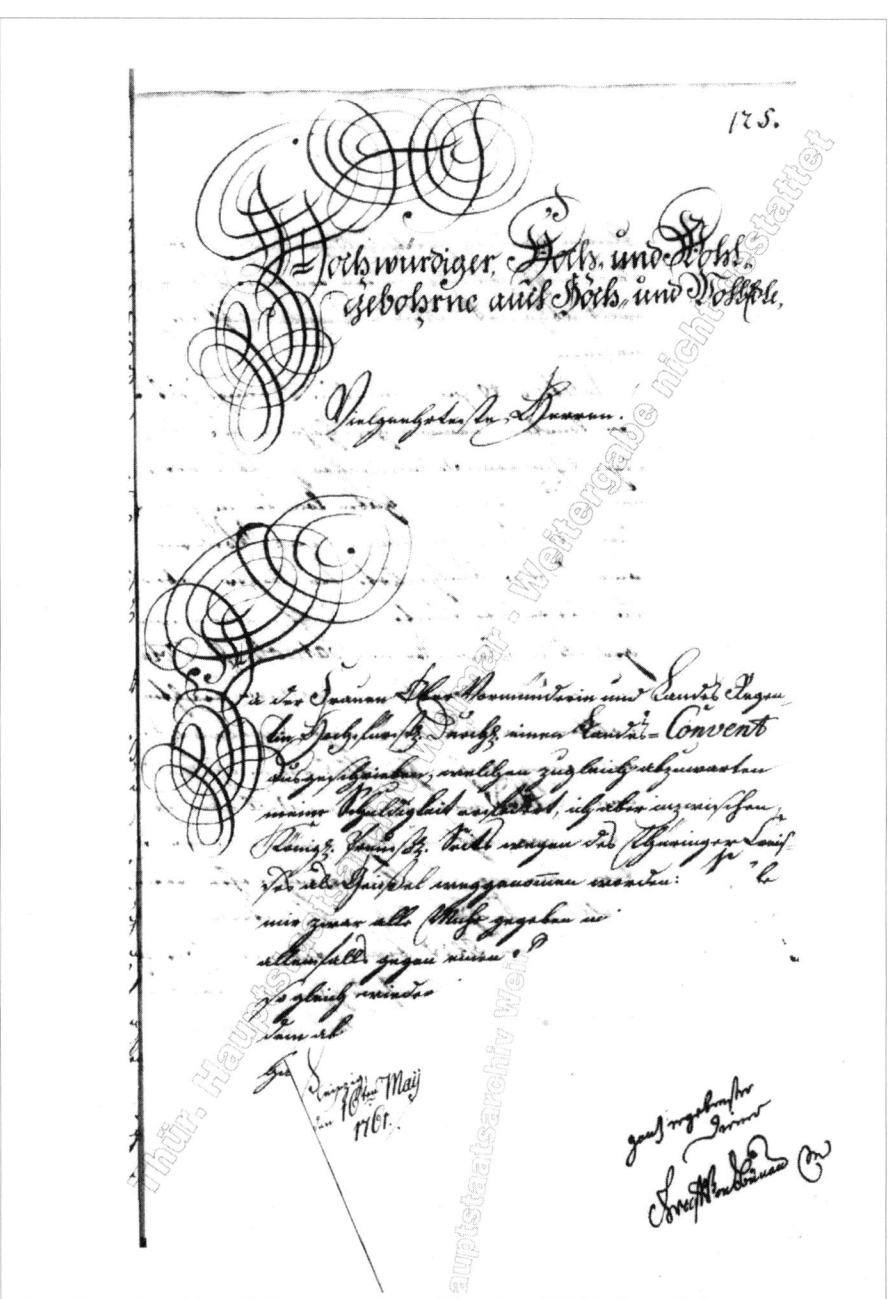

Anrührendes Zeitdokument vom 16. Mai 1761. Brief des zum Geiselopfer gewordenen Grafen Bünau aus seinem Leipziger Arrest. (Quelle: Thüringisches Hauptstaatsarchiv Weimar)

Adressaten von Bünaus beklemmendem Gefängnisbrief sind in Weimar die *»Vielgeehrtesten Herren«* des *Landschaftlichen* Direktoriums. Das Kollegium, in welchem er den Vorsitz führt. Ihnen lässt er zunächst die Mitteilung zukommen, dass er *»inzwischen Königl. Preußischer Seits wegen des thüringer Kreisses als Geißel weggenommen worden«* sei. Um im weiteren zu beteuern, er habe sich *»zwar alle Mühe«* gegeben, mit einem Gesuch *»meine Loßlassung«* zu erreichen, damit er an dem durch die *»Hochfürstliche Durchlaucht«* einberufenen «Landes Convent« teilnehmen könne. Aber *»solches (sei) völlig abgeschlagen worden«*, drückt er sein tiefes Bedauern aus. Da half ihm auch nicht, dass er seinen Bewachern zugesichert hätte, nach Beendigung der Landtagssitzung *»allenfalls gegen ein Revers mich…sogleich wieder einzufinden«* – einzufinden im Leipziger Preußenknast. Leider liefert das Schreiben keinen Anhaltspunkt, an wen er das Bittgesuch *»meiner Loßlassung«* richtete. Und wer es ihm ablehnend beschieden hat.

Bei Ansehen und Bekanntheitsgrad dieses Ehrenmannes drängt sich ein schlimmer Verdacht auf – war es *Se. Preuß. Majestät*, der König höchstpersönlich?

Ein Verdacht, der nicht abwegig erscheint. In diesem Zusammenhang verdient ein den Leipziger Geiseln vor einem Jahr durch den *Obrist Wachtmeister* Keller überbrachter Bescheid in Erinnerung gerufen zu werden. Als sich die seinerzeit eingesperrten Herren angesichts bedrückender Haftverhältnisse kleine Erleichterungen erbaten, gestand ihnen der Kommandant der Pleißenburg seine Machtlosigkeit ein. *»Weil allein es von dem Befehl des Königs Majestät abhienge«*, hätte Keller den sich ungerecht behandelt fühlenden Notabeln bedeutet. Mit Verweis auf diese strikte *Ordre* habe er daher ihr Anliegen abweisen müssen.

Warum sollte sich für den Reichsgrafen Bünau im Mai 1761 die Art und Weise seiner Verwahrung grundlegend geändert haben? Als Geisel der Preußen befand er sich in vergleichbarer Situation wie die arretierten Leipziger Ratsleute, nur war er um einiges gesellschaftlich höher gestellt als diese. Sodass auch in seinem Fall alle Zuständigkeit ausnahmslos in den Händen des Königs läge. Kellers Verweis auf die alleinige Entscheidungsgewalt des Königs wäre ein Indiz für eine Vermutung in dieser Richtung. Außerdem würde sich fügen, dass Major von Keller auch während Bünaus Arrest das Kommando über die Pleißenburg ausübte. Und er dem Urlaub-auf-Ehrenwort-Gesuch des bekannten Häftlings ganz so wie vor Jahresfrist bedauernd entgegnet haben könnte: *»Weil allein es von dem Befehl des Königs Majestät abhängt.«*

Andererseits findet sich in einschlägigen Akten nichts Erhellendes über die Frage, ob sich die Weimarer *Hochfürstliche Durchlaucht* eventuell schon während Bünaus Haftzeit in Leipzig oder Magdeburg mit einem Ansinnen an den königlichen Onkel wandte. Oder erst zu einem Zeitpunkt, nachdem ihr ehemaliger Premierminister in den Genuss seiner *Loßlassung* gekommen war.

Darüber kann kaum ein Zweifel bestehen, Anna Amalia als *Landes Regentin* dürfte die Existenz des Bünau-Briefes, welchen die *»Prälaten, Ritterschaft u. Stände«* umgehend am 20. Mai 1761 beantworteten, zu Ohren gekommen sein. Immerhin enthält das Schreiben des Grafen die Absage seiner Teilnahme des von ihr einbestellten *Landes Convents*. Er ist in seiner Eigenschaft als *»Landschaftl. Directori«* eine der Hauptpersonen dieses Gremiums. Von seiner durch außergewöhnliche Umstände herbeigeführten Verhinderung keine Kenntnis zu besitzen, scheint daher so gut wie ausgeschlossen. Acht Herren sind es, die dem Inhaftierten Mut zusprechen und ihm *»allstets«* versichern, *»alles, was zu Deroselben Beruhigung und Zufriedenheit dienen kann von Herzen«* tun zu wollen. Gemeinsam unterzeichneten sie das *»An den Herrn Grafen von Bünau Exzell. dermalen zu Leipzig befindlich«* gerichtete zweiseitige Schreiben, worin sie sich einer Erwähnung ihrer Landesfürstin allerdings enthalten. Aus welchen Gründen auch immer.

Doch nichts konnte die Preußen erweichen, ihre hochgestellte Geisel durch eine großherzige Geste zu einer früheren Frist als Ende August, auf freien Fuß zu setzen. Diese muss sich ähnlich elend gefühlt haben, wie der zwei Jahre vor ihm eingesperrt gewesene Graf von Seckendorff, der über seine Leidenszeit im düsteren Magdeburger Knast schrieb: *»Man kann sich also leicht vorstellen mit was vor Kummer ich Tag und Nacht bishero zugebracht.«* Als besonders erniedrigend werden Bünau und seine Familie es empfunden haben, dass die preußischen Kerkermeister es dem alten Herrn zumuteten, den 2. Juni in tristem Gewahrsam einer Arrestzelle verbringen zu müssen.

An diesem Dienstag des 2. Juni beging er seinen Geburtstag, 64 Jahre alt ist er damals geworden. Ob er ihn noch in Leipzig erlebte, oder schon in Magdeburg, darauf gibt es bislang keinen Hinweis. Ein wenig Licht in das Dunkel der trostlosen Haftumstände bringt Anna Amalias bereits erwähnter Brief vom 1. September 1761, der sich als eigenhändiger Entwurf von ihr erhalten hat und heute in den Dokumenten des Thüringischen Hauptstaatsarchivs Weimar abgelegt ist.

Dieses Schreiben an *»Eure Majestät«* setzt sie, wie sie hervorhebt, auf ausdrückliches Ersuchen der *»Comtesse de Bünau«* auf. Bemerkenswert, *»M. de*

Keller, Kommandant à Leipzig«, wird am 25. September eine Abschrift dieses Bittbriefes durch Kurier zugesandt. Darauf deutet ein nachträglich links unten auf dem Original angebrachter Vermerk hin, welcher in der Handschrift einer unbekannten Person hinzugefügt wurde.

In ihrer Korrespondenz ist die Herzogin bemüht, beim Oheim für den inzwischen bei seiner Ehefrau Christiane Elisabeth (1699-1783) in Oßmannstedt Weilenden, *»der eine beträchtliche Zeit in Magdebourg gefangen gehalten worden war«,* ein werbendes Wort einzulegen. Wegen *»einer gefährlichen Krankheit, die ihn fast in Todesgefahr gebracht hätte«,* bittet die Nichte aus *»Weymar«* um Gnade und künftighin um Schonung für den gesundheitlich stark angeschlagenen Grafen.

Leider zu spät, die heraufbeschworene *Todesgefahr* ließ sich nicht mehr bannen. Sein ehemaliger Bibliotheksleiter Johann Friedrich Burscher schildert in einer Leben und Wirken des Grafen von Bünau würdigenden Biographie, dass ihn eine *»verzehrende Krankheit, die im August des vorhergehenden Jahres zu Magdeburg, wo Er einige Monate als Geißel des Thüringischen Creißes seyn mußte, zuerst anfieng, Ihn täglich mehr entkräftete und zuletzt tödtete.«*

So beurteilt und verurteilt wohl die Mehrzahl der Zeitgenossen den anrührenden Fall, der mit des Grafen Tod am 7. April 1762 sein betrübliches Ende fand. Wer will es seiner verbitterten Familie verdenken, wenn sie die Schuldfrage für beantwortet hält. Einer seiner Söhne aus erster Ehe, der zweitgeborene Günther, trat nun die Herrschaft als *»Erb-Lehn-und Gerichtsherr auf Schloss Dahlen«* an, welches hinfort vom traurigen Schicksal seines Erbauers überschattet wird. Doch an einen Einzug in das ursprünglich nur zum Zwecke der Repräsentation erbaute Schloss, ist schon aus Gründen des noch tobenden Krieges nicht zu denken.

Und auch deswegen nicht: *»des Heil. Römischen Reichs Grafen von Bünau«* sieht sich nämlich im Heeresaufgebot des Feindes gegen die Preußen kämpfen – im Range eines *»Königl. Französischen Obristen von der Cavallerie«.* So steht es über Günther von Bünau im Kirchenbuch zu Dahlen, aus Anlass des Ablebens seiner ersten Gemahlin *»Johanne Erdmuthe von Schönfeld«,* die es habe *»gebracht als auf 37 Jahr 3 Monath 2 Wochen«.* Sie verstarb am 14. Februar 1779 an *»einer Brust Krankheit«.* Nur zwölf Ehejahre waren dem Paar, das sich am 8. April 1766 vermählte, vergönnt. Die dahingeschiedene Gräfin war eine an Künsten und Literatur sehr lebhaft interessierte Frau, deren Kontakt zum Dichter Gellert etwa dazu führte, dass sie ihn einige Male zu sich auf ihr Schloss Dahlen eingeladen hätte. An der Seite *»ihrer in die Ewigkeit vorangegangenen lieben«* Söhne Rudolph und Heinrich fand sie ihre letzte Ruhestätte.

Hat womöglich kein Mitglied der Familie Bünau jemals einen vollen Tag in den Räumlichkeiten ihres Schlosses zugebracht, so ist es dafür Friedrich, der Chef des Königreichs Preußens, der den gräflichen Besitz unweit des Dahle-Flüsschens seit dem 19. Februar 1763 mit seiner Anwesenheit beehrt.

»Ich habe Sachsen nicht geschont; ich bin streng gewesen, das gebe ich zu...Es ist wahr, diese Leute sind sehr unglücklich«, gestand der König dem Schweizer Henri de Catt ein. Sein gleichsam unverzichtbarer Gesellschafter, der vier Jahre lang beständig zur persönlichen Entourage gehörte, erlebt am 12. Januar 1760 einen jener Momente, in denen sich *Se. Majestät* selbst kritisch hinterfragte. Offiziell Friedrichs Vorleser, sah sich de Catt mit der Zeit mehr noch in der Rolle eines geduldigen Zuhörers und gescheiten Ratgebers, obwohl doch wesentlich jünger als der Monarch. Das Gespräch zwischen beiden Herren, in dessen Verlauf Friedrich seine gegenüber Sachsens Bevölkerung angewandte Härte offen einräumte, fand seinerzeit in Freiberg statt. Im Haus des Bürgermeisters hatte der König sein Wohnquartier aufgeschlagen. *»Er und seine Frau sind brave Leute«*, sprach sich der preußische Logiergast lobend über die vielen Aufmerksamkeiten aus, mit denen das sächsische Ehepaar ihn geflissentlich zu erfreuen verstand.

Nun aber könnte er in diesen Tagen des Februar Anno 1763 unfreiwillig an sein Schuldeingeständnis von damals erinnert worden sein. Ebenso wenig möchte man ausschließen, dass eines der Opfer seines strengen Vorgehens gegen die Sachsen bis vor kurzem noch Hausherr auf Schloss Dahlen gewesen war. Geiselarrest von einem halben Jahr in Leipzig und Magdeburg hatte die Gesundheit des Grafen stark angegriffen. Als Folge davon wäre er *»fast in Todesgefahr«* geraten, ist ihm, wie wir gehört haben, von der Weimarer Nichte aus mitfühlender Besorgnis heraus brieflich mitgeteilt worden. Ihr preußischer Oheim war also den Zustand des Grafen von Bünau betreffend, absolut im Bilde. Es darf angenommen werden auch darüber, dass nach fester Überzeugung der gräflichen Angehörigen ihn die Schuld am frühen Hinscheiden ihres Familienoberhauptes treffen würde. Denn für gewöhnlich zeigte sich Friedrich über alles stets bestens informiert. Ein hoch notpeinlicher Umstand, das Schloss eines Mannes zu nutzen, der sich unter preußischen Arrestbedingungen den Tod geholt hat. Dem König müsste dies eigentlich Skrupel bereitet haben. Aber nichts dergleichen ist überliefert.

Wie auch Ungewissheit über die Frage herrscht, ob *Ihro Preußische Majestät* den Herrn von Bünau allein nur vom Hörensagen kennt. Sollte der König bislang keinerlei Vorstellung vom Angesicht des Reichsgrafen gehabt haben, jetzt bietet sich die Gelegenheit dazu. Er verdankt dies einem Porträt, welches in einem der kleineren Kabinette als Supraporte über einer der Salontüren zu sehen ist. In golden glänzendem Rokokorahmen präsentiert sich Dahlens vormaliger Hausherr ordensbehangen in seiner ganzen Stattlichkeit. Der König wird nicht umhin kommen, an dem Manne, der vielen als tragisches Opfer preußischen Kontributionsterrors erscheint, mehrmals am Tag vorüberzuziehen. Will er nämlich ohne Umweg in seine Privatsuite gelangen, oder aus ihr heraustreten, wäre das auf die bequemste Art über dieses mit dem gräflichen Bildnis ausgeschmückte Kabinett möglich. Quasi im Vorbeigehen schaut ihm dann jedesmal Graf Bünau aus seinem Goldrahmen heraus über die Schulter. In späterer Zeit wird dieser kleine Salon einmal die Bezeichnung »Speisezimmer« tragen.

Dieser Mittelraum bietet sich geradezu als Durchgangszimmer an. Denn aufgrund seiner räumlichen Anordnung stellt es eine Verbindung her zwischen dem rechts gelegenen Vestibül und dem links befindlichen königlichen Hauptgemach. Begünstigt durch den direkten Zugang zu Friedrichs Privatlogis, könnte das »Speisezimmer« noch einem weiteren Zweck gedient haben. Als Wohnbereich *Sr. Majestät* Dienerschaft. Ähnliches darf man bei der Nutzung jenes Raumes vermuten, der von Süden her eine direkte Türverbindung zur Suite des Monarchen besitzt. Der Nebenraum mit besagter Installation des seilzugbetriebenen Küchenliftes. Der König pflegt mit einer Handklingel zu läuten, wenn er es wünscht, dass ihm *Cammer-Laquayen, Leib Pagen* oder *General-Adjutanten* unverzüglich zu Diensten sein sollen. Tag und Nacht erreichbar können sie aber nur sein, wenn sie ihren Aufenthalt beständig in seiner unmittelbaren Nähe nehmen.

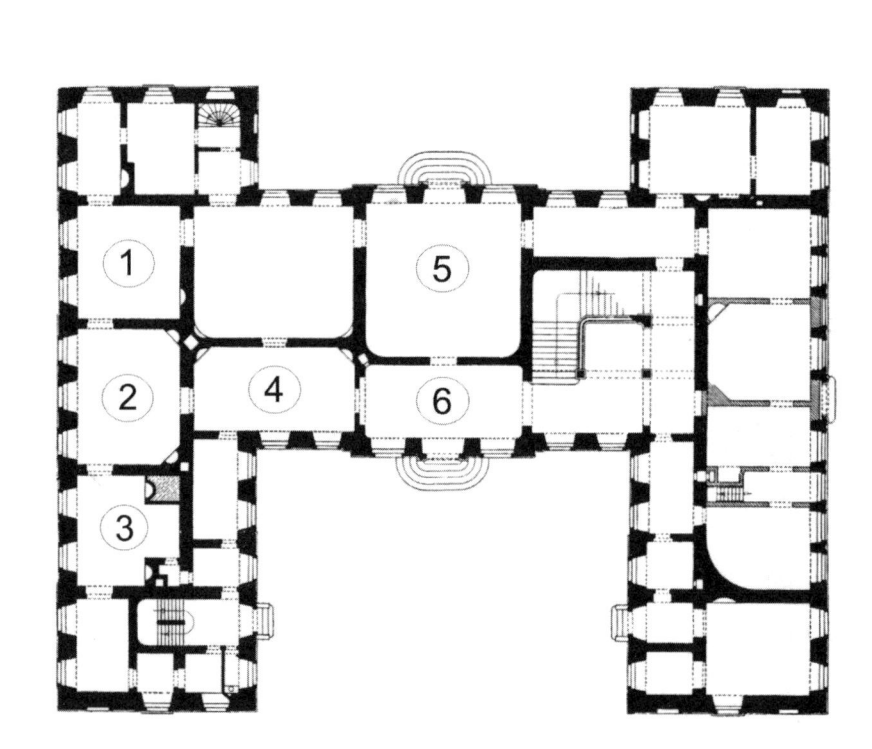

Grundriss Parterre Schloss Dahlen:
1) und 2) Friedrichs Gemächer 3) Raum mit Küchenaufzug
4) »Speisezimmer« 5) »Weißer Saal« 6) Vestibül
(Quelle: Beschreibende Darstellung der älteren Bau- und
Kunstdenkmäler des Königreichs Sachsen, Dresden 1905)

Majestät könnte für den Grafen so etwas wie Sympathie empfunden haben. Als verwandte Seelen gar könnten sie sich betrachtet haben, angesichts ihrer Leidenschaft in Bezug auf Bücher und alle schöngeistigen Werte. Angesichts auch ihrer Befähigung, historische Werke von Bedeutung zu verfassen.

Dagegen gehörig in die Nesseln gesetzt hat sich Graf Bünau ganz sicher mit einem *»Kurze und gründliche Information über die Ansprüche des Hauses Sachsen auf Jülich-Cleve-Berg«* betitelten staatsrechtlichen Gutachten. Veröffentlicht zwar zu einer Zeit, als Preußens jetziger Monarch noch im Kronprinzenalter steckte. Da aber neben Deutsch und Latein auch in französischer Sprache herausgegeben, wird Friedrich das gegen preußischen Landbesitz gerichtete Werk von 1733 gelesen und augenscheinlich auch Zeuge des Zorns gewesen sein, den es damals bei seinem Vater unweigerlich ausgelöst haben dürfte. Der sich stets an alles erinnernde Friedrich wird dies dem Grafen ewig angekreidet haben. Aber zwischen beiden gäbe es doch noch eine große Übereinstimmung. Sie hätten sie entdeckt, hätte sich ihnen jemals die Gelegenheit geboten, auf einen Mann zu sprechen kommen, den beide aus tiefstem Herzen verachteten: Sachsens amtierenden Premierminister, den verschwendungssüchtigen Grafen Brühl.

Und anscheinend gibt es noch etwas, worin sich eine innige Verbundenheit zwischen König und Reichsgraf ausdrückt. *Ihro Majestät* dürfte auf dem Supraporte-Gemälde eine herzerwärmende Interessantheit sofort ins Auge gefallen sein. Das bemerkenswerte Detail, womit Adam Friedrich Oeser sein Werk kunstfertig dekorierte, ist im Vordergrund ausgestellt. Ein Hund.

Nicht irgendeines Hundes Abbild ist zu bewundern, sondern das eines Windspiels. Der vielleicht hagersten Hunde-Spezies, die sich denken lässt. Und ausgerechnet jenem eigensinnigen Zuchtresultat aus Bella Italia ist der König in Preußen von ganzem Herzen zugetan. Augenscheinlich auch Graf Bünau, dem der Maler ein Windspiel als Begleithund zugesellt hatte. Was jedoch nicht unbedingt heißen muss, es sei der eigene gewesen. Denn oftmals gelangt so ein edles Geschöpf ohne realen Bezug zur porträtierten Person auf die Leinwand. Einfach so, als modisches Dekorationsstück.

Keine Menschenseele auf der Welt aber scheint sie so zu lieben und ist fähig, sie bei ihrem Tod so tränenreich zu bejammern wie Preußens königlicher Hundehalter. Unter ihrem Verlust leidet er ähnlich heftig, als wär´s das Hinscheiden des Vaters, der viel geliebten Mutter, des Bruders oder der vergötterten Schwester Wilhelmine. Nach einem Beweis seiner Hundeliebe muss man indessen nicht lange suchen. Als am 3. Juli 1740, Friedrich hatte vor dreiunddreißig Tagen Preußens Königsthron bestiegen, sich einer seiner Lieblinge erdreistete, von zu Hause auszubüchsen, war ganz Berlin über einen im *»Intelligenzblatt«* abgedruckten Hunde-Steckbrief zur Fahndung aufgerufen: *»Es ist den 3. Julii…ein Englisches Wind-Spiel braun und weiß, der Kopf halb braun und weiß Weibl. Geschlechts, verlohren worden; Wer solches wieder bringen wird, kann selbigen bey Ihro Königl. Majestät Svite…bringen, und eines guten Recompenses gewärtigen.«*

Ohne die Gegenwart seiner Pfötchen und Küsschen gebenden Hunde kann er nicht sein. Ihre Anwesenheit erfülle ihn mit grenzenloser Freude, gesteht er seine blinde Vernarrtheit in die beigefarbenen Spielgefährten. 35 Zentimeter

227

erreichen sie, eine Größe, so hoch wie die possierlichen Äffchen, die ihm in seiner Kronprinzenzeit dazumal noch die gewünschte Kurzweil verschafften.

Die stürmische Liebe zu seinen Windspielen aber übertrifft alles. Und so ist nur verständlich, dass sie ihn in diesem Krieg während der Wintermonate besuchen durften. 1759 in Breslau war es der Fall, und im Jahr darauf in Leipzig, wo die filigranen Rabauken nach Herzenslust in den Hauptquartieren herumtollten. Nicht anders, als sie es vom heimischen Schloss Sanssouci in Potsdam her gewohnt sind. Wo der König seiner jeweiligen Lieblingshündin die Freiheit gewährt, vom Tisch zu speisen und mit ihm während der Nacht das Bett zu teilen. Und wo allesamt dank Herrchens antiautoritärer Erziehung die Bezüge aus Samt und Seide auf Kanapees oder Stühlen beschmutzen und zerkratzen dürfen. Oder kein Lakai dagegen einschreiten würde, wenn des Königs windschnittige Kläffer ihr vergnügliches Zerstörungswerk an den kostbaren Stoffen der Fenstervorhänge verrichten. Mit anderen Worten: Herrchen wacht strengstens darüber, dass es seinen kurzhaarigen Lieblingen auf vier Pfoten an nichts zu ihrem grenzenlosen Wohlbefinden fehlen möge. Umso rätselhafter bleibt, wie er in den sich oft einstellenden depressiven Stimmungen während des Krieges auf die Idee kommt, zu klagen, er führe ein elendes »Hundeleben«. Unmöglich kann er sich dabei auf »Biches«, »Alcmenes«, »Thisbes«, »Phillis´«, »Dianas« oder »Amorettes« irdisches Dasein in Luxus berufen haben.

Des preußischen Königs vierbeinige Lieblinge: Windspiele.

Eine Schar von drei bis vier ist es, welche er zu seiner ständigen Begleitung wünscht. Um die königliche Gunst wetteifern manchmal bis zu zwanzig dieser exotisch anmutenden Exemplare, auf die es *Se. Majestät* gelegentlich bringt. Hündinnen zieht er den Rüden vor, weil sie ihm anhänglicher erscheinen, und intelligenter. Er liebt seine Hunde. Die spannende Frage ist, wenn sie ihm schon nach Breslau und Leipzig nachfolgten, erlaubte ihr Gebieter es ihnen, ihm auch nach Dahlen hinterher zu fahren?

Im Falle eines »Ja«, wären sie standesgemäß in eigener Kutsche, vier- oder sechsspännig, angereist. Betreut von sanftmütigen Pagen, die angewiesen sind, sich ihrer spindeldürren Schutzbefohlenen mit der allergrößten Zuvorkommenheit anzunehmen, und sie auf Französisch mit »Sie« anzureden. Auch die komplette Konversation mit ihnen sei von den Lakaien in französischer Sprache zu führen – wie es die zerbrechlich wirkenden Racker, als wären sie kostbare Figuren aus Meißener Porzellan, nicht anders von Herrchen kennen. Gewiss hätte sie im Schloss wie im Park zu Dahlen im Unterschied zum Leipziger Stadtaufenthalt eine wahre Wohl-Fühl-Oase erwartet. Leider hüllen sich die verfügbaren Dokumente darüber in Schweigen, ob das *Hochgräflich Bünauische* Schloss Anno 1763 vom Bellen und Jaulen verwöhnter preußischer Windspiele widerhallte.

Sollten Friedrichs seltsame Gesellschafter aber doch das Kriegsfinale auf dem Dahlener Parkettboden verpasst haben, so wird auch ohne sie mächtig Wind gemacht an diesem bislang so stillen Ort. Der König, den man wohl schwerlich als »Gast« bezeichnen kann, hält seine militärischen wie zivilen Stäbe – *»Ihr habt Euch darnach zu achten!«* – gehörig auf Trab. Solches im wahrsten Sinne des Wortes, denn ein beständiges Kommen und Gehen der *Estafetten* und *Couriere* zu Pferde sorgt für ein geschäftiges Gewusel. Sowohl auf dem Schlossareal, als auch in den umliegenden Dörfern und in Dahlen selbst. Die Bürger des Städtchens sind traditionell an die Ruhe und Behäbigkeit des Provinzlebens gewöhnt. Und obwohl sich daran seit Kriegsbeginn vor über sechs Jahren vieles geändert hat, werden den Einheimischen Zustände zugemutet, die für sie trotzdem nur schwer erträglich sind.

Ein sich darüber bitter beklagender Gewährsmann ist Johann Adam Räubig. Mittels seiner hinterlassenen Briefe ist er ein mit George Samuel Götze, dem Kollegen auf dem benachbarten Schloss Hubertusburg, gleich zu stellender Augen- und Ohrenzeuge. Seine unter dem 26. Februar und 14. März 1763 datierten Stimmungsberichte an Heinrich von Bünaus Witwe, lassen Räubigs Gereiztheit über die quälende Situation bei sich zu Hause deutlich spürbar werden.

Nicht weiterhin nach Oßmannstedt sei seine Post abgegangen. Bisherige historische Darstellungen sprachen irrtümlicherweise davon, Räubig habe sie nach Dresden gerichtet. Denn nicht lange nach dem Tod ihres Gatten, schon Mitte August 1762, war der Verkauf des Oßmannstedter Rittergutes abgeschlossen worden. Tatsächlich führt die Gräfin aber selbst den Nachweis mit eigenhändig verfassten Briefen zwischen dem 26. Dezember 1762 und dem 26. April des Folgejahres, dass hinsichtlich ihres mutmaßlichen Wohnsitzes eine Fehlinformation vorliegt. Aus ihren Schreiben geht hervor, dass zu der

Zeit, da sich ihr Dahlener Schlossverwalter an sie wendet, sie nicht in Sachsens Residenzstadt lebt. Vielmehr vermerken ihre Briefe als Aufenthaltsort das thüringische Weimar der Herzogin Anna Amalia, welches sie erst im Juni für eine vorübergehende Übersiedlung nach Dahlen verlassen soll. Von dort wird sie sich am 27. Juni 1763 an ihre leitenden Nöthnitzer Schlossangestellten sowie den *Guths-Pachter* Gottlob Keck wenden und den Herren zur Kenntnis geben, dass *»meine persönliche Ankunft in Nöthnitz sich noch eine Zeitlang verzögern dürfte.«*

Kein Hinweis ließ sich auf die Frage ermitteln, seit welchem Tag im Monat Juni *Ihro Excellenz, die verwittibte Frau Gräfin von Bünau* in ihr Dahlener Schloss gezogen ist. Vermutlich hat sie sich darin zunächst einmal mit Räubigs Hilfe zurechtfinden müssen. Denn es könnte sich um ihren allerersten Schlossbesuch in Dahlen überhaupt gehandelt haben. Im einst von *Sr. Preußischen Majestät* bewohnten Kabinett wird sie ein Holzkästchen vorgefunden haben: 50 Zentimeter lang, 30 Zentimeter breit und 20 Zentimeter hoch. Keine vom ungewollten Schlossgast versehentlich vergessene Hinterlassenschaft. Ein königliches Präsent stellt es dar, und zugleich ein Souvenir, welches an ein historisches Ereignis erinnern soll. Stattgefunden im Schloss ihres verstorbenen Mannes am 21. Februar dieses Jahres – unter Zuhilfenahme der in dem braunen Kasten aufbewahrten Schreibutensilien. Friedrich II. habe diese »Devotionalien«, so die Überlieferung, der gräflichen Familie zum Geschenk gemacht.

Nöthnitz, das Stammschloss ihrer Eltern entging so wenig seinem Schicksal als oftmals genutzter Armee-Standort wie das kleine Dahlener Adelspalais. Nicht von ungefähr weckte die günstige Lage von Schloss Nöthnitz und dem ihm angeschlossenen *»Ritter Guth mit Rosentitz«* bei den Militärs immer wieder Begehrlichkeiten einer Inbesitznahme. Da es die preußische Armee nicht schaffte, bis hierher vorzudringen, machten sich die Österreicher und Angehörige der Reichstruppen nur allzu gern das weitläufige Schloss zu Nutze. Pächter Keck hielt auf einer *»Schäden-Rechnung«* für seine gräfliche Herrschaft fest: *»Die vom 1. Juny 1758 bis ult: Febr. 1759… bey den gehabten Haupt-Quartieren Sr. des Herrn General-Feld-Marschall Grafens v. Daun Excellenz erlittenen Schäden sind bereits speciciret, und vermittels Vergleich d. 7. Juny 1759 reguliret worden.«*

Und den *»Leipziger Zeitungen«* zufolge hätte sich *»der Herr General-Feld-Marschall bey der Kaiserl. Königl. Armee«* nach ausgeheilter Wadenschuss-Verletzung aus der Torgauer Schlacht, ab dem 25. März 1761 wiederum in Nöthnitz auf nicht näher bezeichnete Dauer eingefunden. Es war jener Monat, da Graf Bünau vom Komfort eines – geschweige denn seines – Schlosses nur träumen konnte. Denn anscheinend zu dieser Zeit schmachtete der Herr auf Nöthnitz und Dahlen bereits als preußische Geisel in einer der berüchtigten *Contributions Stuben* auf der Pleißenburg.

Von ihrem Schlossinspektor Räubig erfährt die Gräfin von Bünau nun aus dessen am 26. Februar 1763 aufgesetzten Brief: *»Seit der Zeit, daß der Friede mit den Herren Preußen soll geschlossen seyn, sieht es bey uns und in Dahlen noch recht kriegerisch aus.«*

Oben Bürgermeister, unten Bierausschank - 99 Jahre lang. Der denkmalgeschützte Gasthof »Zum Goldenen Engel« heute. (Foto: Hartmut Finger - 2010)

Getrost lässt sich davon ausgehen, so ähnlich beurteilen es alle Ortsbewohner der kursächsischen Kleinstadt am Flüsschen Dahle. Jene, die uns schon namentlich begegnet sind, oder die uns noch Unbekannten. Etwa wie die beiden ehrwürdigen Mitbürger Johann Christian Vogel oder Andreas Büchner. Der eine hat seinen Arbeitsplatz im Rathaus, der andere geht einer Beschäftigung auf Dahlens nachtdunklen Gassen nach. Mit Öl betriebene Straßenbeleuchtung, wie schon in Leipzig seit Jahren in Gebrauch, lässt in der tiefen Provinz noch auf sich warten. Technischer Fortschritt, teils auf schwarzen Pfählen, teils an den Häusern angebracht. Auf den Dreh mit den Nachtlaternen seien einst die Stadtväter von Amsterdam gekommen. Souverän hätten diese sich über alle Unkenrufe hinweggesetzt, welche unheilvoll verkündeten, künstlich von Licht erleuchtete Gassen würden die Nacht zum Tag machen. Andere wiederum erhoben warnend ihre Stimme, indem sie prophezeiten, Straßenbeleuchtung würde dem Verbrechen Vorschub leisten.

Anlässlich einer Brandkatastrophe, welche im Jahr 1719 über Dahlen gekommen war und unzählige Menschen um Hab und Gut brachte, ist auch das Rathaus bis auf die Grundmauern in Flammen aufgegangen. Damals wurde

Portal-Schmuck am Gasthof »Zum Goldenen Engel«.
(Foto: Hartmut Finger - 2010)

ein Großteil der Stadt Opfer dieses fürchterlichen Infernos. Und so ist Bürgermeister Johann Christian Vogel (1713-1777) in diesen harten Zeiten von militärischer Besetzung, Einquartierung und fortwährenden Durchmärschen darauf angewiesen, vom ersten Stock des Gasthofs *»Zum Goldenen Engel«* aus, in provisorisch eingerichteten Amtsstuben das *Ackerbürgerstädtchen* zu verwalten. Fürs Rathaus bestimmte Befehle der Besatzer haben es nicht weit, denn zwischen Marktplatz und Schloss, wo nun der König einer fremden Macht residiert, liegen nur wenige Häuser. Kaum drei Minuten Fußweg, und um die sechzig Sekunden im Sattel, mögen es sein, die das Stadtoberhaupt von Dahlen und das Staatsoberhaupt von Preußen voneinander trennen.

Oder es ist ein Andreas Büchner (1695-1774), dem ebenfalls nicht geheuer sein dürfte, dass es nach Räubigs Schilderung überall *»noch recht kriegerisch«* aussieht. Besonders vermutlich auf dem Marktplatz und in den engen Gassen. Von denen es zur Zeit des Krieges ungefähr zehn gegeben haben soll. Örtlichkeiten, die er in seiner Vaterstadt auf den nächtlichen Streifengängen, ausgestattet mit einer Laterne, von Berufswegen einsam durchwandert. Andreas Büchner ist Dahlens Nachtwächter. Darüber hinaus darf er sich seit dem 4. Januar 1760, der Hochzeit seiner Tochter Maria Elisabeth, als Schwiegervater eines preußischen Soldaten betrachten.

Das Schicksal, so erzählt es das vom Diakon Gottlieb Flasch geführte Kirchenbuch, wird es einmal mit Büchners Schwiegersohn Johann Michael Kade nicht sehr gnädig meinen. Ein paar Monate nach Kriegsende, am 10. Juni 1763, wird er sowohl sein *Eheweib*, als auch das kurz zuvor geborene *Töchterlein* Johanna Rosina zu Grabe tragen müssen. Zwei Mädchen hatte das Paar bis dahin schon kurz hintereinander verloren. Grausame Heimsuchung nicht weniger auch für den Nachtwächter und die Angehörigen seiner Familie. Die Einträge vom 10. Juni im Sterberegister sind der letzte Beleg für Johann Kades Anwesenheit in Dahlen. Das über ihn gekommene familiäre Unglück wird ihn so sehr aus der Bahn geworfen haben, dass er sich von Dahlen abwandte. Danach verliert sich seine Spur für immer. Die bis dahin sichtbare Spur eines ehemaligen Soldaten aus dem Heer Friedrichs des Großen, dem es nicht gelang, bleibend in Dahlen Fuß zu fassen. Obwohl er es sicher vorhatte.

Was beim König, seinem obersten Kriegsherrn, überhaupt nicht auf Gegenliebe gestoßen wäre. Denn um das ambitionierte Programm der *Peuplierung* voranzutreiben, erlaubte Friedrich zwar *»denen Soldaten bei der Armee, so landes Kinder sind, mit solchen sächsischen Weibern, wann sie mit solchen etwas Geld und Mittel erwerben können, sich in ein eheliches Band einzulassen.«* Nach seinem Willen aber sollten diese Paare sich ihr neues Zuhause gefälligst in Preußens Königreich suchen. In den Landesteilen, wo sie am nötigsten gebraucht werden: den veröndeten Dörfern mit den schlimmsten Hinterlassenschaften des Krieges. *»Also«*, bestimmte er in seinem Brief vom 12. November 1762 an Bruder Heinrich, *»20 bis 30 Mann per Kompagnie, so viel es angeht, in Sachsen heirathen zu dürfen gestattet sein sollte.«* Er hält es mit Blick auf Preußens Zukunft für angemessen, als Kriegsbeute den Sachsen die Frauen und Mädchen weg zu heiraten. So manchem sächsischen Patrioten missfällt das natürlich. Einer, der sich mächtig daran stört, ist der Oberpfarrer und Zeitzeuge C. Schmidt aus Schkeuditz. *»Das liederliche Weibsvolk«*, schrieb der sittenstrenge Herr Pastor seinerzeit in seine Chronik, würde den Soldaten um den Hals fallen, *»und verschiedene ließen sich mit ihnen copuliren und zogen hernach mit ihnen fort.«*

Sie schwärmen von Dahlen aus, die Reiter und Equipagen, seit sie im Tross ihres preußischen Kriegsherrn aus dem Hauptquartier in Leipzig hierher gekommen sind. Ihre Wege führen sie europaweit in alle Himmelsrichtungen, mit Weisungen und Depeschen des Königs. Ausgehend von einer unbekannten Provinzstadt in Sachsens Mitte, sind so bedeutende Metropolen wie Wien, Moskau und Warschau genauso weit entfernte Ziele, wie Kopenhagen, London, Den Haag oder Konstantinopel. Vornehmlich expediert an die Herren Geschäftsträger der dortigen preußischen Gesandtschaften, oder adressiert an die jeweiligen regierenden Herrscherhäuser. Ein kleines *Ackerbürgerstädtchen* tief in Sachsen erweckt plötzlich den Eindruck, als sei es seit dem 19. Februar des Jahres 1763 der Mittelpunkt des preußischen Königreichs. Auf allen offiziellen wie privaten Schriftstücken *Sr. Preuß. Königl. Majestät* steht als Absenderort: »*Dahlen*«.

Vieles von großer Wichtigkeit bestimmt die preußische Tagesordnung. Insbesondere seien gegenwärtig alle Vorkehrungen zu treffen, damit »*nach wirklich geschehener Auswechslung der Ratifikationen*« das Ausland vom Inkrafttreten des Friedens unverzüglich unterrichtet werde. Des Königs gewohnt bienenfleißiger Kanzleichef August Friedrich Eichel instruiert in diesem Sinne den in Torgau weilenden Staatsminister Graf Finckenstein über die jüngst ergangene *Ordre* ihres Souveräns.

In welcher zeremoniellen Aufmachung aber sollen die Reiterstaffeln auf ihre Verkündigungsmission an Europas Residenzen losgeschickt werden? In diesem Punkt zeigt sich Eichel, wie sein königlicher Chef ein disziplinierter Frühaufsteher, für den Moment noch ziemlich ratlos. »*Ob diese alsdenn das Einreiten mit blasenden Postillons nochmals wiederholen müssen oder aber ob solches nunmehro in der Stille geschehen könne*«, schreibt er aus Dahlen nach Torgau, »*ist mir nicht bekannt.*« Er und Finck v. Finckenstein müssen also noch des Königs verbindliche Instruktion abwarten. Anlässlich des Friedensschlusses auf Schloss Hubertusburg, am 15. dieses Monats, waren die Boten zu Pferd oder in Equipagen noch von üppiger Postillion-Eskorte umrahmt. Soll der gleiche Aufwand noch einmal getrieben werden? Eine Frage, mit der die beiden hochrangigsten Staatsbeamten Preußens in ihrem zwischen Dahlen und Torgau laufenden Briefwechsel gegenwärtig intensiv befasst sind.

Anscheinend aber lohnt es den ganzen Aufwand, mit dem sich so wunderbar nach außen hin Eindruck schinden lässt. Die positive Reaktion auf Schloss Friedenstein zu Gotha belegt dies. Auf die Landesfürstin jedenfalls machte das Einreiten des preußischen Feldjägers in Postillion-Begleitung einen so bewegenden Eindruck, dass sie in ihrem Brief vom 19. Februar 1763 an den Freund Voltaire freudig darauf eingegangen war. Nicht mit Anerkennung für Friedrichs generöse Geste sparend, berichtet Luise-Dorothee dem Philosophen an den Genfer See, seinem Domizil auf Schloss Ferney: »*Der König hat Uns Seine Güte bezeugt und die außerordentliche Bevorzugung erwiesen, Uns dieses glückliche Ereignis durch einen Kurier bekannt zu geben, der von einer Anzahl Postillions begleitet wurde.*«

Se. Königl. Majestät wird sich die Entscheidung, ob ein zweites Mal mit oder ohne Postillione, *allergnädigst* vorbehalten. Wie jedermann aus seiner Umgebung weiß, der König hat auf alles stets ein wachsames Auge gerichtet. Zu allem trifft er die Entscheidung selbst; kein Detail von irgendeiner Sache darf ihm verschwiegen werden. Die Postillion-Frage wäre so ein heikles Detail.

Berlin, Potsdam, Magdeburg, Gotha, Weimar, Torgau – und nicht zuletzt das nahe Wermsdorf, sind, um nur einige Zielorte zu erwähnen, zusätzliche Adressen der preußischen *Couriere, Estafetten* und *Postillons*. Doch das genügt *Sr. Königl. Majestät* bei weitem nicht. Und so versichert er sich bei der Bewältigung seines umfangreichen »Postservice« wie selbstverständlich auch weiterhin der erzwungenen Dienste der Sachsen.

Obschon es den seit 11. Februar geschlossenen bilateralen Vertrag zwischen Preußen und Sachsen gibt, der »*Seine Preuß. Majestät*« dazu verpflichtet, »*ganz und vollständig alle gewöhnlichen und außergewöhnlichen Kontributionen einzustellen*«, pocht Friedrich auf eine fortgesetzte kostenlose Bereitstellung sächsischer Postpferde. »*Für meine Korrespondenz und ebenso meiner Truppen*« müsse die kurfürstliche Verwaltung mit Personal und Pferden auch fürderhin aufkommen. Die Sicherstellung dieser Forderung überträgt er seinem Friedensunterhändler Ewald von Hertzberg. Die Sachsen hätten sich so lange daran zu halten, gibt er diesem aus Dahlen mit Nachdruck auf, solange Preußens letzter Soldat noch nicht aus dem Land abgezogen sei. Hertzberg, inzwischen in Torgau, wurde noch drei Tage zuvor die Ehre zuteil, mit seinem königlichen Chef eine *Chocolade* trinken zu dürfen – locker und entspannt im Zimmer seines *Logis* beim *pohlnisch-chursächsischen* Schlossverwalter Götze.

Alles andere als entspannt geht es dieser Tage freilich auf dem Schloss in Dahlen zu. Die Anwesenheit der Preußen verursacht gehörige Unruhe; seit einer Woche läuft das nun schon so. Ein Grund für Johann Räubig, den lästigen Wirrwarr auf dem ihm anvertrauten Anwesen bitter zu beklagen. In seiner Korrespondenz an die Gräfin-Witwe heißt es nun weiter: »*Aber die Herren Offiziere, sowohl die im Hause logieren als die von den benachbarten Städten und Dörfern, können größeren Alarm machen, weil selbige täglich Vormittags sich einfinden; des Mittags, was die Herren Stabsoffiziere sind, mit dem Könige speißen…und nach der Tafel geht es auf die Billard und an die Spieltische bis des Nachts um 12 und 1 Uhr.*«

Er wagt sich einiges, so unverhohlen am Verhalten preußischen Militärs Kritik zu üben. Unterwegs von den beständig misstrauischen Besatzern abgefangen zu werden, diese Gefahr bestand unvermindert für jede aufgegebene Postsendung. Ein leerer Zellenplatz in der Zitadelle von Magdeburg war solchen aufmüpfigen Leuten immer reserviert. Es steht zu vermuten, Räubig wird seine gekränkt klingenden Zeilen bei sich zu Hause verfasst haben.

Gleich anderen höher gestellten Bediensteten von Schloss und Rittergut besitzt er, augenscheinlich ohne familiären Anhang, eine Wohnung im *Corps de logis.* Nur ein paar Meter sind es, die den aufgebrachten Kastellan vom ahnungslosen König trennen. Denn wie der Wirtschaftshof, sind auch die ihn rechts und links umgebende zwei Wohngebäude der *Hochgräflichen* Dienerschaft nahe an den Fenstern von *Sr. Preuß. Durchlaucht.* Und von diesen Fenstern aus sind die beiden zweigeschossigen Personal-Unterkünfte, eben das *Corps de logis,* für den König gut einsehbar.

Marquis d'Argens (1704-1771), Franzose und Freund des preußischen Königs.

Kein Wunder, wenn ein verständlicherweise genervter *Schloß Inspector* sich schwer damit tut, freundliche Worte für die Gäste zu finden, die ohnehin nicht zu den willkommenen zählen. Seit das Leben auf dem kleinen sächsischen Adelssitz fest in Preußenhand ist, herrschen nur noch Hektik, Rücksichtslosigkeit im Umgang mit dem kostbaren Inventar und ein unbeschreibliches Durcheinander. Tagtäglich muss der schmerzlich berührte Verwalter dieses Chaos mit ansehen.

Von alledem unberührt gibt sich ein mit der Situation auf Schloss Dahlen hoch zufriedener preußischer Resident. Denn alle Unrast kann Friedrich nicht davon abhalten, seinem schon seit 1741 am königlichen Hof lebenden Freund, dem Marquis d`Argens, scheinbar seelenruhig zu bezeigen: *»Ich bin hier in einem Landhause, wo ich mein Leben in der Einsamkeit zubringe und meinen gewöhnlichen Beschäftigungen nachgehe. Mir fehlt nichts als der liebe Marquis.«* Einer der vielen dienstbaren Reiterkuriere wird mit dieser äußerst erfreulichen Botschaft in Satteltasche oder Mantelsack am 25. Februar vom Schlosshof in Dahlen gen Norden losgetrabt sein. Den Befehl des königlichen Absenders für dessen in Berlin oder Potsdam wohnenden, freundschaftlich umworbenen Günstling zuverlässig auszuführen.

Zwei Tage vor seinem Eintreffen in Dahlen, am 17. Februar 1763, sagten *Se. Königl. Preuß. Majestät* dem Leipziger Winter-Hauptquartier im Apel´schen Haus am Markt Nr. 2 , wo er die erste Etage bewohnte, unwiderruflich Valet. Immerhin behielten sich die Preußen vor, die Wochen bis zum 3. März ihr Besatzungsregime über die Messemetropole aufrecht zu erhalten. Standortkommandant von Leipzig, mit Sitz auf der Pleißenburg, wird bis zum Tag des endgültigen preußischen Abgangs Major von Keller bleiben. Damit vollbrachten Friedrichs Truppen ein kleines statistisches Kunststück: Von zwei nur wenige Wochen währenden Unterbrechungen in den Jahren 1759 und 1760 abgesehen, hätten die Preußen die Stadt, sofern sich zahlenverliebte Statistiker nicht vertan haben, insgesamt sechs Jahre, sechs Monate und sechs Tage in ihre Gewalt gebracht.

Johann Salomon Riemer, einer jener Einwohner Leipzigs, welcher diese schwere Zeit ab der ersten Invasionsstunde an miterlebt und dokumentiert hat, ist uns auch hinsichtlich des preußischen Rückzugs aus den Mauern seiner Heimatstadt ein verlässlicher Chronist. Indem der Universitätsangestellte in seinem Tagebuch festhielt: *»Den 17. früh um 7 Uhr gingen Ihro Maj: von Preußen hier wieder ab und traten Dero Tour nach Meißen an.«*

Der aus Leipzig abziehende König hätte durchaus Anlass, auch in anderer Hinsicht auf diesen 17. Februar mit einiger Zufriedenheit zurückzublicken. Der Grund hierfür läge in einem am selben Tag erschienenen Beitrag in den *»Neuen Zeitungen No XIV von Gelehrten Sachen – Auf das Jahr 1763«*. Selbst für den Fall, Friedrich habe die Veröffentlichung persönlich nicht gelesen, irgendein bildungsbeflissener Adjutant seines Stabes könnte ihn dennoch darauf hingewiesen haben. Auf ein aktuelles Druckerzeugnis nämlich, welches Leipzigs vielgerühmter Büchermarkt offeriert. *»Allhier ist herausgekommen«* und könne ab sofort gekauft werden: *«Les Campagnes du Roi, avec des Reflexions sur les causes des événemens. 2 Theile zusammen 296 Seiten stark«*. Über den augenscheinlich preußenfreundlichen Verfasser dieses Werkes heißt es aus der Feder eines anonymen Rezensenten, dass er *»die Stelle, welche er damals bey dem Preußischen Kriegsheer bekleidete, ihn in den Stand gesetzt habe, alle Vorfälle von Erheblichkeit geschwind und zuverlässig zu erfahren.«*

Immer vorausgesetzt, der König zeigte sich hinreichend unterrichtet, wird ihn im Weiteren der Lobgesang des kundigen Literaturkritikers, man könne *»dieses Buch mit Recht unter die guten Hülfsmittel zur Geschichte der beyden ersten Schlesischen Kriege rechnen«*, höchst angenehm in den Ohren geklungen haben. Beruhigt dürfte Friedrich vor allem die Zusicherung haben, welche bezüglich der qualitativen Ausstattung einem jeden Käufer dieses Buches gegenüber verspricht: *»Die gegenwärtige Ausgabe ist sauber und richtig abgedruckt.«*

Sollte Friedrich von alledem tatsächlich erfahren haben, dann mag ihm das Erscheinen dieser Schrift, welche nicht nur *»erwiesene Richtigkeit, sondern auch* *eine Menge Anektoten enthält«*, wie ein symbolträchtiger Abschiedsgruß eines geschäftstüchtigen Leipziger Verlegers vorgekommen sein. Der zudem, was nicht auszuschließen wäre, ein Sympathisant des Preußenkönigs gewesen sein könnte. Denn nicht überall im Kurfürstentum schlägt ihm feindselige Gesinnung entgegen.

Bekanntlich stimmten erstaunlich viele Sachsen, und so auch ein ansehnlicher Teil der Einwohnerschaft in der Messestadt, in Bezug auf ihre Religiosität mit dem Preußenherrscher überein. Als evangelische Christen haben sie das Gefühl, der Preuße würde ihre Anliegen besser vertreten, als ihr eigener Landesvater, ein konvertierter Katholik. Nicht ungeschickt verstand es Friedrich II. daher, sich als wahrer Protektor *Lutherischer* Frömmigkeit hinzustellen. Glaubenstreuer Protestant zu sein, das war manchem sächsischen Untertan offenbar wichtiger, als heimattreuer Patriot zu sein.

Über den in Wermsdorf eingelegten kurzweiligen Zwischenstopp des königlichen Pferdegespanns mit einem Zufriedenheit ausstrahlenden Monarchen an Bord auf *»Dero Tour nach Meißen«,* musste Riemer naturgemäß in Unkenntnis gewesen sein. So dass wir uns hinsichtlich einer zuverlässigen Berichterstattung über Friedrichs Aufenthalt am Vormittag dieses 17. Februar auf jenen Mann als Kronzeugen verlassen, der das erste Reiseziel des Königs an diesem Tage war. Überliefert ist der Besuch durch eine private Niederschrift des aus Friedrichs Sicht höchst verdienstvollen Herrn von Hertzberg. Dieser empfing seinen königlichen Gebieter in seinem damaligen *Logis* auf der nahezu komplett ausgeplünderten, trostlos vor sich dahin dämmernden Schlossanlage zu Hubertusburg.

Demnach bewirtete der *Geh. Cabinetsrath* seinen *allergnädigsten* Herrn, wir haben es schon anklingen lassen, mit *Chocolade.* Neben einer geradezu unstillbaren Genusssucht nach Kaffee, gehört *Chocolade* zu Friedrichs Lieblingsgetränken. Aristokratische Sinnenfreuden, dank schwarzer Sklavenarbeiter auf den überseeischen Plantagen weißer Farmer.

Soweit hat *Seigneur* von Hertzberg das Zusammentreffen mit dem König getreulich und wohl auch korrekt überliefert. Nun aber zwingt die dürftige Quellenlage, eine kleine Spekulation zu wagen. Wer, so stellt sich die Frage, mag denn wohl diese »historische« Tasse Kakao zubereitet und womöglich kredenzt haben?

Eigenhändig Preußens Chefdiplomat, seit Beginn der Friedensverhandlungen »Untermieter« beim Witwer George Götze in dessen *Schloß-Inspectors-*

Wohnung? Möglich, aber doch wenig glaubhaft. Oder der mittlerweile 66-jährige Hausherr? Wohl auch auszuschließen. Für wahrscheinlicher ist dagegen zu halten, es könnte eine von dessen Töchtern das braune Kakaopulver in die aufgekochte Milch eingerührt haben. Oder gar beide Töchter? Anna Maria Josepha und Beatrice Xaveria, damals 28 und 17 Jahre alt, kennen sich zweifellos am besten in der Küche ihrer Familie aus. Besser jedenfalls als ihr derzeitiger preußischer Gast Hertzberg. Friderica, das Nesthäkchen der Götzes, sieht am 3. Mai ihrem elften Geburtstag entgegen. Sie dürfte noch zu jung gewesen sein, sich aber jetzt schon darauf gefreut haben, ihr nächstes Wiegenfest im dann hoffentlich wieder gewonnenen Frieden feiern zu können.

Man sieht schon: Ein müßiges Frage- und Antwortspiel um einen heißen Schoko-Trunk. Immerhin keinem Geringeren zugedacht, als *Sr. Preuß. Königl. Majestät*, die sich gemeinhin nicht an diversen Unsauberkeiten auf Hose oder blauer Uniformjacke zu stören beliebt. Speisereste, Hundehaare, Weinflecken oder Krümel von der mehrmals des Tages geschnupften Prise spanischen *Tobaks*, vorzugsweise nach Auskunft von Kabinettsrat Eichel der Marke *»´per il naso del Ré ´«* – alles dies und mehr findet auf der königlichen *Montur* seinen Platz.

Beinah sieben Jahre Kriegführung, geprägt von ständigem Auf und Ab, sind an Friedrichs physischer Verfassung nicht spurlos vorübergezogen. Die schlichte Uniform aus der Kleiderkammer seines Garderegiments zu Fuß, die er mit Ausnahme bei Festlichkeiten oder hochrangigen Empfängen stets zu tragen pflegt, steckt für jedermann erschreckend sichtbar, in einer schmächtigen, verbrauchten Gestalt. Sein körperlicher Verfall, der ihm inzwischen zur Zielscheibe sogar des eigenen Spottes geworden ist, dürfte sich am ehesten mit dem Zustand seines Uniformrocks vergleichen lassen. Dieser wirkt abgetragen, alt und ist geflickt. Mit nur wenigen dieser seltsam anmutenden Garderobenstücke sieht sich der genügsame Monarch für einen Kleiderwechsel hinreichend ausstaffiert.

Meine man nun nicht, ihm wäre dadurch der Sinn für alles Schöne und Ästhetische abhanden gekommen. Als sein Schweizer Vorleser de Catt unschlüssig fragt, was er seiner gegenwärtigen Angebeteten in eine ihr zugedachte Ode reinschreiben solle, hätte ihm der König schalkhaft empfohlen: *»Nun gut, so reden Sie von ihren Reizen; schildern Sie die elegante Taille, ihren schönen Busen, ihre elfenbeinweißen Zähne.«* Der Rat suchende Romeo vom Genfer See ist zwar des Dankes voll, indes muss er seinem wohlmeinenden Mentor kleinlaut eingestehen, dass auf besagte *Mamsell* all diese körperlichen Vorzüge nicht zuträfen.

Sollten sich heute in Hubertusburg ein paar getröpfelte *Chocoladen*-Kleckse auf dem blauen Offiziersrock mit den roten Aufschlägen zu allen schon vorhandenen Flecken dazu gesellen, was beim König geradezu etwas Selbstverständliches wäre, würde *Majestät* dieser kleinen Nachlässigkeit ebenso wenig Beachtung schenken.

Gefahr aufgrund mangelnder Achtsamkeit droht einem Staatsoberhaupt, zumal einem aktiven Kriegsherrn, ohnehin von anderer Seite. Unter Essen und Trinken könnte ja Gift gemischt sein. Und das soll ihm nicht noch einmal mit einer Tasse *Caffée* passieren. Damals im Frühjahr 1757 trachtete ihm sein Kammerdiener Christian Friedrich Glasow im Hauptquartier zu Lockwitz bei Dresden auf heimtückische Weise nach dem Leben. Ob es letztlich zur noch rechtzeitig entdeckten Tatausführung gekommen war, konnte niemals hinreichend aufgeklärt werden. Um jedem Risiko in der Wohnung des Schlossverwalters Götze aus dem Wege zu gehen, könnte der König angeordnet haben, der Herr Braatz möge die *Chocolade* auf den Tisch bringen. Der Herr Braatz?

Historischer Forscherfleiß, heißt es in einem von WELT-Autor Norbert Trunz gezeichneten biographischen Zeitungsartikel aus dem Jahr 1986, hätte den Beleg dafür erbracht, dass Friedrich Emil Fürchtegott Braatz (1729-1788) in den Wochen, da auf Hubertusburg um den Frieden gerungen wurde, den drei Delegationen die Speisen zubereitet habe. Aus der gleichen Quelle entstammt die Erkenntnis, der infolge der Schlacht bei Mollwitz am 10. April 1741 zum Waisenkind gewordene Braatz habe während des jetzigen Krieges zur engsten Gefolgschaft des Königs gezählt – als einer von Friedrichs II. ständigen *Leib-Köchen*.

Friedrich Emil Braatz dürfte also jenen privilegierten Status besessen haben, wie ihm üblicherweise einem *Leib-Medicus, Leib-Chirurgus,* dem Leibkutscher, Leibdienern oder der Leibgarde zusteht. Sie gemeinsam könnten Teil des Konvois gewesen sein, der sich am 19. Februar im Schloss und zwangsweise bei Dahlens Hausbesitzern einquartierten. An seiner Wirkungsstätte in der verwinkelten Schlossküche, mit Kreuzgewölbe-Decke über sich, wird Friedrichs damals 34-jähriger *Küchenmeister* aus Rücksicht auf seinen von Verdauungsbeschwerden geplagten Gebieter, am Herd sein Bestes gegeben haben. Eine mühselige, keineswegs beneidenswerte Aufgabe. Selbst für einen Profi wie Braatz nicht, der von Österreichs Niederlage bei Mollwitz an – seinem Dorf, in dem er geboren ist –, den Aufstieg vom blutjungen Trommler schlesischer Herkunft zum gestandenen Regimentsküchenmeister im Heer Friedrichs II. schaffte. Bei einem gnädigen Herrn, der für seinen Eigen- wie gleichermaßen Sparsamkeitssinn verschrieen ist, kann ein noch so guter *Mund-Koch* kaum jemals auf öffentliche Meriten hoffen.

Solches aber gelingt ihm ein gutes Jahr darauf. Schauplatz seines kulinarischen Triumphes in der Nacht vom 26. August 1764 ist die Küche von Schloss Sanssouci in Potsdam. Und so etwa soll es sich laut »Braatz-Forschung« zugetragen haben: Reichlich spät ist es, die Uhr wird gleich die 23. Stunde anschlagen. Da fährt noch ein hoher Gast vor und begehrt, von *Sr. Majestät* empfangen zu werden. Unmöglich, einem so achtunggebietenden Würdenträger wie dem französischen Grafen Hercule de Grasseville-Fraissac, diese Bitte abzuschlagen. Was Rang und Namen hat am preußischen Hof zu Potsdam kriecht schlaftrunken aus den Federn – der König, die Lakaien und Friedrich Emil Braatz.

Drängender Eile wegen, verlegt sich Friedrichs Chefkoch aufs Improvisieren: die Reste gekochter *Cartschoffeln* vom Tage in Scheiben geschnitten, auch Speck in Würfel, dazu Zwiebeln klein gehackt. Braatz vermengt das Ganze und brutzelt es in der Pfanne bis es schön durchgebraten ist. Das Experiment mit der exotischen Knolle aus der ursprünglichen Heimat Südamerika, damals auch unter dem Namen *Batáta* und in der Art der Zubereitung nur gekocht bekannt, wird ein durchschlagender Erfolg. Der König und sein nächtlicher Gast sind hingerissen, langen bei den *Cartschoffeln à la Braatz,* die obendrein noch so ein herrlich-würziges Aroma verströmen, kräftig zu. Der begeisterte *Comte* aus Frankreich lässt sich das Rezept aushändigen, und *Se. Majestät* lässt sich herbei, seinem Meisterkoch spontan einen Ordensstern an die Brust zu heften. Angeblich begleitet von den königlichen Worten: *»Ab heute soll Er von Braatz heißen.«*

So rasch wie Friedrich Braatz sein Schnellgericht kreierte, so rasch sprach sich seine genial-einfache Pfannenschöpfung überall herum. Es dauerte nicht lange, und die *«Braatz-Cartschoffeln»* entfachten eine weltweite Leidenschaft der Nachahmung, die weder soziale Schranken kannte, noch intellektuelle. Lessing und Gleim, die beiden Dichter, stehen wie Johann Joachim Winckelmann, Bünaus einstiger Bibliothekar, stellvertretend für die vielen prominenten *Braatz-Cartschoffel*-Esser. In ihren Briefen spendeten sie dem Kochkünstler von Sanssouci überschwängliches Lob. Dass Braatz sich als der »Erfinder« dieses rustikalen Gaumenhits betrachten darf, geriet deshalb in Vergessenheit, weil sich bei seinen Landsleuten mit den Jahren die etwas einpräg-samere Bezeichnung »Bratkartoffeln« einbürgerte.

Preußens Machthaber brachte von Leipzig offensichtlich gute Laune mit. Ein deutliches Zeichen hierfür ist das honorige Kompliment, mit dem er seinen tüchtigen Diplomaten Hertzberg während des gemeinsamen Kakao-trinkens zu erfreuen verstand. »Ihr habt«, spricht er seinem Gegenüber Dank und Anerkennung aus, »den Frieden gemacht, wie Ich den Krieg gemacht habe; ein ein-zelner gegen mehrere.«

Stillschweigenden königlichen Dank erntete der getreue Untertan wohl auch dafür, dass er die ihm am 28. Dezember letzten Jahres in Leipzig aufgetrage-ne »genaue mündliche Instruction« erfolgreich umgesetzt hat. »Ich soll«, hielt Friedrichs Unterhändler für sich privat schriftlich fest, »die Verhandlungen nicht vorantreiben, auf daß der König es nicht nötig hat Sachsen zu räumen vor Ende Februar.« Der Grund lag auf der Hand: Das vom Preußen-König »heilig« ge-sprochene sächsische Depot, welches seit 1756 so hervorragende Dienste ge-leistet hat, sollte so lange es nur irgend ging, ausgeschlachtet werden. Hertz-bergs Verhandlungsgeschick zahlte sich für Friedrich aus, und schon am 5. April wird er seinen rühmlichen Chefdiplomaten, der ihm den Hubertus-burger Frieden am Konferenztisch gegen harte Konkurrenz erfochten hatte, belohnen. An diesem Tag erhebt er ihn per Königlicher Ordre in den Rang eines »Wirklichen Geheimen Staats-, Kriegs- und Cabinetsministers«. Mit dieser Ernennung war Ewald von Hertzberg in Friedrichs oberstem Herrschaftszirkel ange-kommen. Ihm war damit der Aufstieg in eines der höchsten Staatsämter im Königreich Preußen gelungen. Obwohl erst 38 Jahre alt.

Ob die königliche Stimmungslage eine so aufgeräumte wäre wie heute, wenn Majestät gewusst hätte, was sich vor zwei Jahren hier in der Dienstwoh-nung des Schloß Inspectors abgespielt hat? Man muss es stark bezweifeln. Choco-lade aus der Küche, und womöglich auch noch aus einer Porzellantasse eines verruchten Denunzianten trinken zu müssen – der Appetit wäre Preußens König wohl gründlich vergangen, wäre ihm die unglaubliche Story vom 28. Januar 1761 bis dahin zu Ohren gekommen. Ob sie ihm überhaupt jemals hinterbracht worden ist? Wir wissen es nicht.

Die Schuld an einer zugleich brisanten wie auch peinlichen Affäre muss sich Quintus Icilius anrechnen lassen, der schillernde Freibataillonskommandeur und geschmähte »Tapezierer von Hubertusburg«, als der er unter diesem Spitz-namen inzwischen in den feinen Berliner Salons in aller Munde ist. Es geht um ein über die Maßen leichtsinniges Verhalten seiner selbst wie auch seiner fünf Offiziere anlässlich jenes 28. Januar 1761, als die Herren Militärs bei ihrem sächsischen Gastgeber Götze und dessen Kindern zu Mittag speisten.

Der *Schloß Inspector* hielt den unfassbaren Hergang, der sich im Anschluss an die gemeinsame *Tafel* zugetragen hat, in seinem Bericht vom Mai 1761 für die Hofkanzlei in Dresden fest. Der einige Jahre darauf die deutschen Bühnen mit burlesken Lustspielen beglückende Dramatiker August von Kotzebue, am 28. Januar 1761 seiner Geburt in ein paar Wochen – am 3. Mai – freilich erst noch entgegen sehend, hätte sich komische Szenen eines vergnüglichen Theaterstücks nicht origineller ausdenken können wie jene, die Götze in den Nachmittagsstunden dieses Tages als groteske Wirklichkeit erlebte. Eine Begebenheit, die ihn wohl so schnell nicht wieder los gelassen hat.

»Weilen nun der geschloßene Contract etliche mahl geändert worden, so fand (ich) *in meinem Zimmer die kleinen zerrißenen Stücken, von einem Wechsel, so alle zusammen gefüget und auf ein Pappier geklebet…«*, schildert Götze, womit er sich eilends beschäftigte, nachdem Quintus Icilius mit seinem fünfköpfigen Offiziersgefolge gegangen war. Der von Neugier getriebene *Schloß Inspector* muss sich vorgekommen sein, als würde er einzelne Puzzlesteinchen zu einem noch unbekannten geheimnisvollen Bild aneinander legen. Zuvor, *»nach Tische«*, habe er und *»die Meiningen«* auf Geheiß der Soldaten den Raum seinen preußischen Mittagsgästen allein überlassen müssen.

Hernach muss Götzes Erstaunen beträchtlich gewesen sein, was er auf seinem zusammengesetzten Puzzle hat entziffern können. Auf den von den Preußen tölpelhaft entsorgten Papierfetzen konnte er lesen, *»daß der Lifferant Jänichen, Fähndrich und Michel Abraham innerhalb 6. Wochen versprochen, Fünf und Zwanzig Tausend Thaler in Sächs. Münzen an den Sindicus Guischard in Magdeburg… zu zahlen«* hätte. Besagter *Sindicus*, versäumt Götze nicht seiner Dresdener Obrigkeit zu erklären, sei der leibliche Bruder vom Herrn *Obriste* Quintus. Der Schlossaufseher wird sich seinen Teil dabei gedacht haben.

Indessen treiben die Hubertusburg-Plünderer ihr Versteckspiel vor dem sich ahnungslos stellenden Schlossverwalter weiter. Und dennoch, soviel Mühe sie sich geben, der nun erst recht von kriminalistischem Eifer angestachelte alte Herr kommt ihnen auch diesmal auf die Schliche. Jetzt kriegt er Wind vom Abschluss eines streng geheimen *»Contractes«*, den Quintus Icilius mit drei in der Wohnung unvermittelt erschienenen *»Lifferanten«* abschließt. Trotzdem die Preußen alles daran setzten, ihren internen Packt mit diesen

Händlern nicht ruchbar werden zu lassen, der Schlossverwalter wird listigerweise gewahr, dass *»der Preußische Lifferant Jänichen von Magdeburg, der Lifferant Fähndrich von Berlin, wie auch der Jude Michel Abraham gleichfals von Berlin«*, den Verkauf des überwiegenden Teils vom Hubertusburger Beutegut übernehmen sollen.

Zwei Christen und ein Jude gaben sich dazu her, eine von größter Verschwiegenheit getragene Kumpanei mit den preußischen Plünderern einzugehen. Die erwähnte Beteiligung zweier christlicher *Lifferanten* und nur eines jüdischen, stellt sich damit als Faktum deutlich anders dar als bislang aus der Geschichtsschreibung bekannt. Tatsachenwidrig in die Welt gesetzt bereits zu Ausgang des 18. Jahrhunderts, begann sich in Deutschland fortan ein antisemitisch gefärbtes Bild zu verbreiten von ausschließlich jüdischen Händlern, als den alleinigen Spießgesellen der Preußen. In Kenntnis Samuel Götzes Augenzeugenschilderungen, dürfte sich das bisherige Wissen um den an der Plünderung beteiligten Personenkreis als nicht mehr stimmig und somit überholt erweisen.

Götzes Auslassungen über die mauschelnde Kooperation zweier Christen und eines Juden mit den Preußen gewinnen auch deswegen an Glaubwürdigkeit, als er über das aufdringliche Gebaren einiger jüdischer Fuhrleute und Händler, die mit dem *Contract* nicht in Verbindung stehen, höchst ungehalten ist. Hinter seinen wenig judenfreundlichen Bemerkungen, die ihm, einem gläubigen Katholiken, dabei aus der Feder fließen, steckt das typische Denken des 18. Jahrhunderts. Spätestens seit dem 15. Mai 1761 wusste die königlich-kursächsische Hofkanzlei in Dresden um so delikate Einzelheiten des vertraulichen Vertrages wie diese, dass *»auf 145 000 oder 150 000 Thaler für alles und jedes davon der König von Preußen 120 000 Thaler für sich«* bekommen solle. Aus anderer Quelle wurde bekannt, Friedrich habe eine Verwendung dieser Gelder zur Ausstattung seiner Armee-Lazarette bestimmt.

Friedrich II. bekam das Geld. Aber er bekam auch, was er tunlichst zu vermeiden trachtete: eine Herabwürdigung seiner Person in aller Öffentlichkeit, einhergehend mit einem erheblichen Ansehensverlust. Und wie blamabel für ihn, dass die auf Hubertusburg unter den Preußen und ihren Handlangern getroffenen Abmachungen, die doch strikter Geheimhaltung unterliegen sollten, schon bald in den Gazetten des In- und Auslandes bis in kleinste Details Verbreitung fanden. Soweit es sich um Zeitungen handelte, die nicht preußischer Zensur unterstanden.

Dass diese Enthüllungen so unmittelbar und überhaupt nach draußen dringen konnten, dafür gibt es einen Namen: George Samuel Götze. Auch wenn man in ihm einen Zeugen sehen muss, der die Geschehnisse allein aus seiner Sicht widerspiegelt, hat er dennoch dafür gesorgt, dass unwiderlegbare geheime Abmachungen der Preußen ans Tageslicht kamen. Er hat gleichzeitig damit auch den Chef des *Icilius'schen Freiregiments* der Lächerlichkeit preisgegeben. Doch als der eigentliche, vom Schlossverwalter Götze Bloßgestellte, darf sich zähneknirschend die *Preußische Majestät* Friedrich II. betrachten.

Erkenntnisse, die zu der Einschätzung berechtigen, die Rolle, die der *Königl. Pohln. Diener* Götze auf sächsischer Seite spielte, war keineswegs so klein und nebensächlich, als man bisher davon ausgehen konnte. Tatsächlich stellt sie sich während der sechzehn Plünderungswochen auf Schloss Hubertusburg als eine aktiv in das Geschehen eingreifende dar. Wodurch seine Person es zweifellos verdiente, ins Zentrum historischen Interesses zu rücken. Dies mit umso größerer Berechtigung, als nur ein ausgewählter Teil seines viele Seiten umfassenden *»Unterthänig-gehorsamsten Berichtes«* im vorliegenden Buch publik gemacht werden kann.

Die Wände in Götzes Wohnung – wenn sie sprechen könnten. So aber muss auch ein allmächtiger König von Preußen mit der simplen Spruchweisheit leben, die man wahrscheinlich damals auch schon kannte: »Was ich nicht weiß, macht mich nicht heiß.« An der heißen *Chocolade* aus dem Hause Götze hatte er anscheinend nichts auszusetzen.

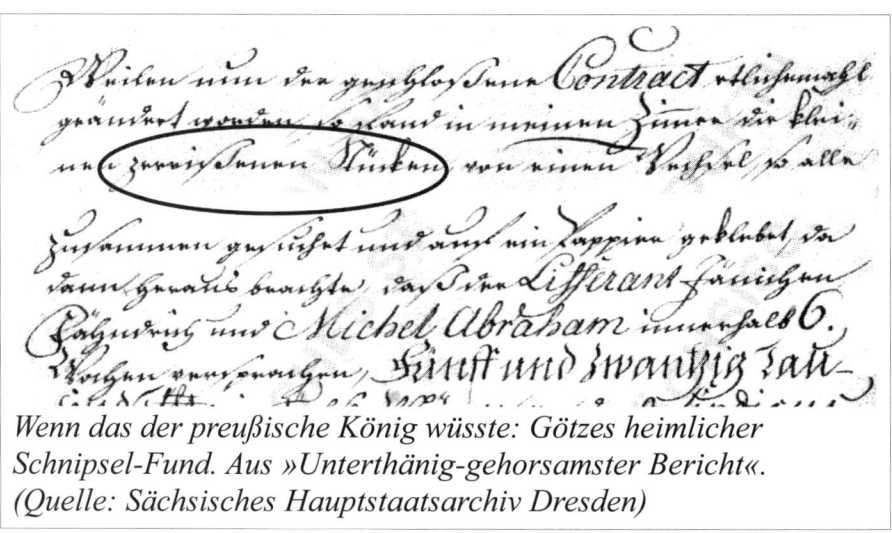

Wenn das der preußische König wüsste: Götzes heimlicher Schnipsel-Fund. Aus »Unterthänig-gehorsamster Bericht«. (Quelle: Sächsisches Hauptstaatsarchiv Dresden)

Wie nicht anders zu erwarten, der frisch von seiner Stippvisite aus der geliebten Porzellanstadt Meißen gekommene König hat sich schon am Tag seines Eintreffens auf dem *Hochgräflichen Bünauischen* Schloss leidenschaftlich in die Arbeit gestürzt. Die Fahrt im Reisewagen hatte ihn über das Städtchen Oschatz ins zirka sieben Kilometer entfernte Dahlen geführt.

Arbeit, unter anderem heißt das in den Wochen von Dahlen, Herr zu werden über die Berge täglich zu bewältigender Post. Auch diesbezüglich beharrt er darauf, über jeden Brief- und Depescheneingang durch seine Kanzleibeamten unterrichtet zu werden. Das selbständige Verfassen von Briefen gehört zum königlichen Alltag, persönlich greift Friedrich zu Federkiel, Tinte, Papier und Streusanddose. Ähnlich wie bei Tische, geht es aber auch hierbei nicht immer mit sauberen Dingen zu. Der König bekennt sich zu seiner *»schlechten Angewohnheit, mit der Feder über meine Manschetten zu fahren, um sie daran abzuwischen.«* Diese Marotte sei nicht gerade schön, räumte er bei früherer Gelegenheit gegenüber seinem Schweizer Gesellschafter de Catt ein, *»aber ich nehme es nicht so genau.«*

Auf das Tragen einer Brille beim Schreiben oder Lesen kann er trotz seiner frühen Vergreisung verzichten. Dreht es sich um Post privaten Inhalts, erledigt er diese in der Regel selbst. Dann bemüht er *»den guten alten Eichel«* weder zum Diktat, der sich das ihm Aufgetragene üblicherweise auf einer *Schreibtafel* notiert. Noch überreicht er seinem Kanzleichef ein *Concept* oder Weisungen für eine Antwort in Form von *Bleinotizen*. So er auch nach dem abgefertigten Brief vom heutigen Ankunftstag an den Bruder *Henri* weitere Zeilen, nun an die Herzogin Luise-Dorothee in Gotha richtend, persönlich aufsetzt. Aus »Dalen«, wie der König noch als Absenderort in nicht korrekter Schreibweise ohne »h« angibt. Ein Flüchtigkeitsfehler womöglich. Verzeihlich, in der nachfolgenden Post wird ihm ein solcher dann nicht mehr unterlaufen.

»Madame Ma Cousine. Ich habe in Meißen und heute hier die beiden Briefe empfangen, durch welche Sie mir bezeugen, meine liebe Herzogin, wie sehr Sie an unserem Frieden Anteil nehmen«, dankt Friedrich der Frau, die nach dem frühen Verlust der geliebten Schwester Wilhelmine in seinem Herzen die Stelle der wohl engsten und wichtigsten Vertrauten eingenommen hat. *»Könnte ich Sie jemals vergessen?«*, beteuerte er ihr seine immerwährende Treue im vorhergehenden Brief aus Leipzig. Er wird sich beim Schreiben dieser Worte in Erinnerung gerufen haben, welchen unschätzbaren Gunstbeweis die Herzogin ihm in der Vergangenheit entgegenbrachte, als sich ihr Anteil am Zustandekommen eines Sonderfriedens nicht nur auf beifällige Worte beschränkte. Wie sie ihm nach der vernichtenden Niederlage bei Kunersdorf treu zur Seite stand, nicht anders als nach dem militärischen *»Desaster«* preußischer Regimenter bei der Ortschaft Maxen im Katastrophenjahr 1759. Beide Male waren es für ihn böse, den Ruhm preußischer Fahnen befleckende Anlässe, das Heil in einer stillen Friedensdiplomatie suchen zu müssen. Den Ernst der Lage erkannte damals auch die Gothaer Herzogin. In gebotener Diskretion agierte sie hinter dem Rücken der Kaiserin in Wien als Friedrichs heimliche Verbündete, um den sich in ärgste Bedrängnis manövrierten Briefpartner vor dem totalen Absturz zu bewahren.

Seinerzeit verfolgte er das Ziel, mit dem französischen Kriegsgegner einen Separatfrieden abzuschließen. Dass sich Preußens Feinde ungeachtet ihrer Waffenbrüderschaft gegenseitig nicht über den Weg trauten, galt als offenes Geheimnis. In seiner besorgniserregenden Lage sah Friedrich also eine reale Chance, Ludwig XV. in Versailles aus seiner Allianz mit Österreich, Russland und Schweden loseisen zu können.

Nicht nur Preußens Monarch stand militärisch das Wasser bis zum Halse. Auch der Hof zu Gotha war es leid, die unsäglichen Belastungen, welche von den beständigen Kriegshandlungen auf seinem Territorium ausgingen, weiterhin ertragen zu müssen. Ein Aufhören aller Gewalt sehnte man also auch auf Schloss Friedenstein herbei – die rasche Beendigung der Durchmärsche,

Raubzüge, Brandschatzungen und Rekrutenaushebungen. Ganz zu schweigen von dem vielen Blut, das seither geflossen ist. Höchste Zeit, damit endlich Schluss zu machen.

Dokumentiert ist diese Sehnsucht nach einem baldigen Kriegsstopp durch zahlreiche Bekundungen, so beispielsweise am 5. März 1760 in einem Brief, worin die Herzogin ihren königlichen Freund geradezu beschwört: *»Es ist wahr, der Frieden ist sehr stark zu wünschen.«* Und so gewann Friedrich in Luise-Dorothee eine verlässliche Verbündete, die auf diskreten Pfaden half, Kontakte bis in unmittelbare Nähe des Königs Ludwig XV. zu knüpfen. Voltaire, mit dem sie seit Jahren per Korrespondenz enge freundschaftliche Verbindung hält, gehörte zu diesem Kreis weniger Eingeweihter, die Friedrichs verborgene Annäherungen zum französischen Hof in Versailles zu befördern suchten.

Und die Herzogin tat etwas sehr Entscheidendes. Sie präsentierte ihrem königlichen Konfidenten einen in Hanau geborenen jungen Adligen, den es – wir wissen nicht, wann und warum – auf ihr Schloss Friedenstein verschlagen hat. Ein Kammerherr ihres Gemahls ist es, gerade mal zwanzig Jahre alt, der einem begüterten fränkischen Adelsgeschlecht aus der hessischen Wetterau entstammt. Trotz seiner Jugend hält Luise-Dorothee ihn für geschickt und intelligent genug, Frankreichs Außenminister Choiseul (1719-1785) den Wunsch des preußischen Kriegsfeindes nach einer *Negociation secrette* über ein einseitiges Friedensangebot vorzutragen. Ein Geheimauftrag, zu dem der junge Baron Georg Ludwig von Edelsheim am 26. Februar 1760 von Gotha aus über Frankfurt am Main und Straßburg in die französische Hauptstadt aufbricht. Wohlversteckt am Körper und im Gepäck codierte Instruktionen, Spesengeld sowie ein Handschreiben seines königlichen Auftraggebers.

Edelsheim rechtfertigt das in ihn gesetzte Vertrauen, er zeigt sich seiner schwierigen Pariser Mission gewachsen. Die ersten Ergebnisse seiner auftragsgemäß aufgenommenen Kontaktgespräche nähren die Hoffnung, die Reise des Getarnten war nicht umsonst gewesen. Selbst dann war die Zuversicht noch ungetrübt, als sich französischerseits die Entscheidungen über Preußens diskrete Friedensvorschläge in die Länge ziehen, und er dadurch seinen Auftrag zu unterbrechen gezwungen ist. Erwartungsfroh kehrt er von seinen zwischenzeitlichen Aufenthaltsorten Haag in Holland, London, Freiberg und Gotha Mitte des Jahres an die Seine zurück. Umso größer die Ernüchterung – er hätte eben doch nicht einen Teil seiner *Bagage* in der Wohnung des in seine geheimen Pläne eingeweihten Gesandten des Malteser-Ordens zurücklassen sollen.

Nun erweist sich, die französische Metropole ist in diesen Kriegstagen für einen konspirativ auftretenden, relativ unerfahrenen Friedensakteur ein tückisch vermintes Pflaster. Strittig ist der genaue Tag im Juni des Jahres 1760, an dem zwei Herren zur Abendstunde beim jungen Baron in dessen Appartement im »Hotel d´Anjou« Einlass begehren. Die beiden sind Beamte der Pariser Polizei und halten dem Fremdling ein *Lettre de cahet*, einen Haftbefehl, unter die Nase. Von diesem Moment an geht alles sehr schnell: der Emissär aus dem feindlichen preußischen Lager landet zunächst in einer *Mietdroschke* und kurz darauf in einer Zelle des Gefängnisses Bastille. Hält man ihn für einen sich in Paris herumtreibenden Spion? Was ihn am folgenden Tag dann in Frankreichs gefürchtetstem Kittchen erwartet, gleicht einer billigen Räuberpistole.

Schlimmer konnte es für den jungen Baron aus der Wetterau nicht laufen. Doch ehe dieser die Zeit hat, trüben Gedanken über die Gründe der ihm unverständlichen Wendung seiner Pariser Mission nachzuhängen, tut sich die Zellentür auf – herein tritt Choiseul, der Marquis de Stainville. Des Königs von Frankreich mächtiger Außenminister und zuvor mehr als einmal Gesprächspartner des von König Friedrich II. an die Seine beorderten Edelsheim.

Ein netter, umgänglicher Mensch, so präsentiert sich Ludwig XV. hoher Staatsbeamter jetzt auch hinter den eisernen Gitterstäben der Bastille dem jungen Mann gegenüber. Im Verlauf des Gesprächs aber zeigt sich: Monsieur Etienne François Choiseul ist ein mit allen Wassern gewaschener Staatsmann. Sein bisheriger Aufenthalt in Paris, eröffnet ihm der Chef des Außenamtes, habe bedauerlicherweise auch unter den misstrauischen Augen des österreichischen Gesandten, des Grafen Georg Adam v. Starhemberg, gestanden. Dieser wittere eine Intrige der Preußen gegen die französisch-österreichische Allianz und überwache deshalb jeden Schritt des Barons. Damit war dessen Camouflage aufgeflogen. Ein Grund, weshalb sich weitere Kontakte, im Hotel oder am Sitz seines Ministeriums, ab sofort verbieten würden. Edelsheim könne im Übrigen völlig beruhigt sein, es sei ein als notwendig erachtetes Ablenkungsmanöver gewesen, dass man ihn aus Gründen der Tarnung habe polizeilich festsetzen lassen.

Beinah so schwer wie der Schreck seiner Festnahme wiegt für Friedrichs geheimen Friedensboten, mit welchem Zynismus ihm der Marquis unverblümt versichert, man sei in seinem durchsuchten Reisegepäck auf nichts gestoßen, was diesem zum Vorwurf gemacht werden könnte. Ein Argwohn von österreichischer Seite hätte sich somit nicht bestätigt.

War dies nur die halbe Wahrheit des für seine Gerissenheit berüchtigten Außenministers? Vermutet wird, bei der angeordneten Schnüffelaktion in den Gepäckstücken des Barons richtete sich Choiseuls wahres Interesse auf etwas anderes. Für wahrscheinlicher wird gehalten, der Außenminister spürte verborgenen Papieren nach, die ihm über etwaige verdeckte Pläne des Königs von Preußen Aufschluss hätten geben können. Aber, die Pariser Polizei war ja nicht fündig geworden.

Somit hatte für den in die Bastille geratenen Edelsheim das konspirative Unternehmen Friedensmission ein jähes Ende gefunden. Wer wollte ihm nicht beipflichten, als er sich später Rechenschaft über die Entsendung nach Paris ablegt und sie als »ma catastrophe« bezeichnet? Innerhalb weniger Stunden soll es gewesen sein, vom 5. Juni wird in den Quellen gesprochen, dass ihm ein *Lieutenant Général de Police* den Befehl des Außenministers verlesen hätte, sich nach der angeordneten Freilassung unverzüglich aus dem Königreich zu entfernen. Damit haben die abenteuerlichen Pariser Ereignisse vom Jahr 1760 den klandestinen Gesprächskanal zuschütten lassen. Dass die von ihm so heiß geliebten Franzosen sein Friedenswerben kein bisschen erwiderten, schmerzte den König sehr. Wie er überhaupt immer wieder Klage im Munde darüber führt, sich unglücklicherweise gezwungen zu sehen, gegen sie in diesem Krieg die Waffen erheben zu müssen.

Knapp drei Jahre später.

Sollte sich Georg Ludwig von Edelsheim durch ein plötzliches Klopfen an seiner Tür veranlasst sehen, diese zu öffnen, so hat er die beruhigende Gewissheit, es begehrt weder der Außenminister *Sr. Majestät* des Königs von Frankreich Zutritt, noch sind es zwei ihn zu einer Fahrt in die Bastille einladende Messieurs der Pariser Polizei. Es könnte aber, gestützt auf seinen Stock, den goldenen Handgriff umklammernd, der König von Preußen sein. Dem nebenbei gesagt schon mal passieren kann, dass er, aus Unbeherrschtheit von königlicher Contenance im Stich gelassen, sein spanisches Rohr zweckentfremdet. Dahingehend, dass er mit dem Stöckchen straft. Auch auf diese Weise gibt er sich in seiner komplexen Persönlichkeit zu erkennen.

Findet Friedrich, einer seiner Hofbediensteten hätte sich eine unverzeihliche Nachlässigkeit geleistet, so habe dieser eine Tracht Prügel verdient. Eine pädagogisches Mittel, das bis in die späten achtziger Jahre des vergangenen Jahrhunderts Schule machte.

Dergleichen Befürchtung braucht der Baron in diesem Augenblick nicht zu hegen. Und wenn schon nicht gleich der König höchst persönlich klopfend an seiner Tür auf sich aufmerksam macht, so wenigstens in *Ihro Durchlaucht Allerhöchstem* Auftrag einer seiner Lakaien.

Denn wie *Se. Majestät* zwei Zimmer im Dahlener Schloss bezogen hat, so ist anzunehmen, er habe seinem jungen Gast aus London eine Wohnräumlichkeit zugewiesen, bei der er ihn in seiner Nähe weiß. Es muss ungeklärt bleiben, aus welchem Grund Friedrich seinen einstigen Pariser Emissär, der seit Mai 1761 mit dem Segen des Königs an der preußischen Gesandtschaft in London Beschäftigung als Sekretär gefunden hat, zu sich nach Dahlen beorderte. Scheiterte zwar im Juni 1760 dessen Versuch, Preußens Interesse an einem Separatfrieden mit den Franzosen zum Erfolg zu verhelfen, Friedrichs Gefühle der Dankbarkeit gegenüber dem aus Hanau gebürtigen Freiherrn in preußischen Diensten hielten an, solange der Monarch lebte.

Und so wird durch sechs Briefzeilen bezeugt, dass sich aus dem Kreis derer, die sich zu den engeren Weggefährten des Königs zählen dürfen, auch Georg Ludwig von Edelsheim in Dahlen aufgehalten hat. Der Brief, der einen sicheren Hinweis auf die Person des Barons im hiesigen Schloss zulässt, trägt das Datum vom 22. Februar 1763. Der *»sehr treue Freund und Diener Federic«* schreibt darin seiner Vertrauten Luise-Dorothee: *»Ich konnte den Herrn Edelsheim nicht abreisen lassen, ohne ihm einen Brief für Sie mitzugeben. Er ist einer Ihrer Bewunderer, was mich in meinem Geiste unendlich beunruhigt, denn Madame, ich bin in Ihrem Kapitel wie den Katholiken es deren Religion ist«*, umschmeichelt der königliche Verehrer *»meine göttliche Herzogin«*.

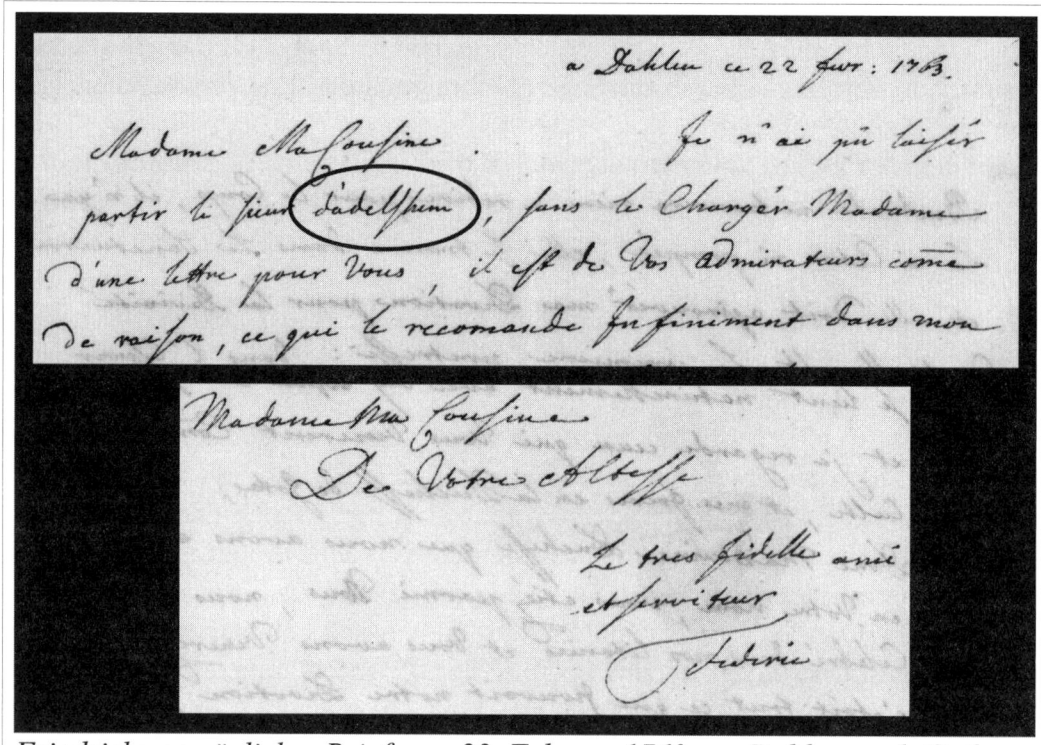

Friedrichs persönlicher Brief vom 22. Februar 1763 aus Dahlen nach Gotha:
«Ich konnte den Herrn Edelsheim nicht abreisen lassen...»
(Quelle: Thüringisches Hauptstaatsarchiv Weimar)

Der voraussichtlich an diesem Dienstag sich aus Dahlen verabschiedende Gesandtschaftssekretär wird zu seiner Rückreise nach London aufgebrochen sein, und er wird das thüringische Gotha zu einem Zwischenstopp genutzt haben. Anzunehmen, dass er der Überbringer eines für seinen Chef, Baron von Knyphausen, bestimmtes königlichen Schreibens ist. Darin unterrichtet Friedrich II. seinen Botschafter am Hof zu St. James, dass mit der Ratifikation des Friedens *»Ihre Majestät die Kaiserin-Königin«* seinen schlesischen Besitz *»mit allen Landesteilen, Städten, Dörfern, Plätzen und Festungen«* bestätigt habe. Er verbucht das Friedensergebnis als Erfolg, das ist unüberhörbar. Indessen wird der London-Reisende auf Schloss Friedenstein nicht nur den der hofierten Adressatin zugedachten Brief des *Freundes und Dieners Federic* überbringen. Er wird auch der ersehnte Glücksbote einer erlösenden Nachricht vom Geschehen des gestrigen Tages sein.

Lange erwartet, nun Wirklichkeit: Der Friede ist wiedergewonnen. Man schreibt Montag, den 21. Februar 1763. Der König und Kriegsherr von Preußen hat sich in eines seiner beiden Gemächer zurückgezogen. In jenes mit den drei Fenstern, also das etwas größere. Ein Bett steht darin und ein Ofen in Pyramidenform aus Porzellankacheln. Und soweit bekannt, enthält es als weiteres gräfliches Mobiliar einen schlichten Barocksekretär. »Friedens-zimmer« werden es in späterer Zeit die nachfolgenden Generationen auf Schloss Dahlen einmal nennen.

Aus Respekt vor einem bedeutenden historischen Ereignis. Denn in diesem Kabinett seines Wohnbereichs, das dem König auch als Schlafgemach dient, steht die zweifelsohne wichtigste seiner in Dahlen vorzunehmenden Amts-handlungen an. Hier signiert er mit einem einfachen »*Federic*«-Namenszug Dokumente, die zu den epochalsten des 18. Jahrhunderts zählen. Königlicher Vollzug eines Staatsaktes von erheblicher Tragweite – einhergehend mit der »*schlechten Angewohnheit, mit der Feder über meine Manschetten zu fahren, um sie daran abzuwischen*«?

Signaturen sind es, mit denen nach internationalem Völkerrecht der Frieden zwischen den im Krieg gegeneinander gestandenen Mächten um Österreich auf der einen Seite und dem Königreich Preußen auf der anderen, endgültig geschlossen wird. »*Wir haben*«, bekräftigt der unterzeichnende Monarch, »*die vorliegende Urkunde von Unserer Hand signiert und auf ihr Unser Königliches Siegel aufgedrückt*«. Es ist ein kurzer, in französischer Sprache nachträglich aufge-setzter Zusatz zum offiziösen Vertragstext, unter dem Friedrich seinen Namen anbringt. In diesem Nachtrag von unbekannter Hand einer Person aus des Königs Kanzlei-Gefolge, gibt der Unterzeichnende seinen Willen kund, »*alles zu befolgen und genauestens in die Tat umzusetzen, worüber man überein ge-kommen ist, ohne jemals dagegen zu handeln, weder direkt noch indirekt, auf welche Weise es auch sei.*« Die Identität des Schreibers dieser Sätze war nicht zu klären. Eindeutig aber scheidet nach einem Handschriftenvergleich der gewohnheits-mäßig mit allem Schriftlichen von Bedeutung betraute Kabinettsrat Eichel als Verfasser aus.

Eine Woche darauf, am Abend des 28. Februar, treffen die von *Ihro Kayserl. Königl. Majestät von Ungarn und Böhmen*, Maria Theresia, vier Tage zuvor in Wien ratifizierten und mit ihrer Petschaft besiegelten Dokumente auf Schloss Hubertusburg ein. Der nach Dresden gereiste Collenbach hatte sie dort in Empfang genommen. Aus Warschau, mit der Friedensunterschrift *Sr. Königl.*

Majestät von Pohlen und Churfürstl. Durchl. von Sachsen, liegt dem Verhandlungs-führer Thomas v. Fritsch die entsprechende *Ratification* zu diesem Zeitpunkt bereits vor.

Nur ein Katzensprung ist es bis Wermsdorf, so dass schon des anderen Tages im einstigen Konferenzraum auf Schloss Hubertusburg die fristge-rechte Aushändigung des *»doppelten Friedens-Tractats«* vorgenommen werden kann. Der Austausch zweier getrennter Vertragswerke zwischen den ehema-ligen Kriegsgegnern Preußen und Österreich einerseits sowie zwischen Preußen und Kursachsen andererseits. Dies alles vollzieht sich im Rahmen eines betont nüchtern inszenierten Protokolls, ohne den Anspruch einer her-vorgehobenen Feierlichkeit.

Die Kriegsbilder gehören der Vergangenheit an. Und nachdem der Schlach-tenlärm verrauscht ist, führt es die drei Chefunterhändler Collenbach, Fritsch und Hertzberg an diesem geschichtsträchtigen 1. März noch einmal in offizi-ellem Auftrag zusammen. Die Friedensvereinbarung zu Hubertusburg ist damit endgültig in Kraft getreten. Wie auch der Krieg endgültig Geschichte ist. Von heute an zählt eine 3-Wochen-Frist, binnen derer sich die preußische Armee vollständig vom kursächsischen Territorium zurückgezogen haben muss.

Indes ist ihr Abtransport bereits angelaufen. Über dahingehende Aktivi-täten preußischer Verbände berichtet die in Leipzig erscheinende Zeitung unter dem 23. Februar: *»Um und durch hiesige Gegenden siehet man viele Königl. Preußische Regimenter paßiren, welche nach und nach in die Brandenburgische Lande rücken, wie denn auch gestern das wohlberittene Löllhöffelsche Bosniaken-Corps durch die Stadt gegangen ist.«*

Ähnlich Lesenswertes erfährt die Magdeburger Bürgerschaft aus ihrem Blatt, wenn es dieser Tage abdruckt, was ein Korrespondentenbericht vom 26. Februar aus Potsdam vermeldet: *»Gestern rückte hier das 2te und 3te Bataillon von der Königl. Garde und das Saldernsche Grenadier-Bataillon, in schönster Ordnung und auserlesener Mannschaft, aus Sachsen kommend, wieder zur Besatzung ein.«* So heiß ersehnt diese Neuigkeiten, so groß die Hoffnung vieler Leser und der übrigen Bevölkerung, dass unter den Heimkehrenden auch ihre lieben Angehörigen sein mögen – die Väter und Söhne, *Pathen* und Freunde, *Soldatenweiber* und deren in der Fremde geborenen Kinder. Wie auch die Marketenderinnen und die Freudenspenderinnen der Soldaten, die Dirnen.

Zu denen, die als einer der ersten aus Friedrichs Feder am 1. März über die verbindliche Übereinkunft des Kriegsendes in Kenntnis gesetzt werden, gehört der Bruder in Berlin. Wenn nicht alles täuscht, wird Prinz Heinrich sogar der erste überhaupt gewesen sein, dem er aus Dahlen von dem glücklichen Ereignis Kunde gibt: *»Ich teile Ihnen den Austausch der Friedensurkunde mit, was heute auf Hubertusburg geschehen ist, und wo die Österreicher sich von Wohlwollen gezeigt haben«.*

Man kann darin eine Anspielung des Königs auf das erreichte Kernergebnis sehen: Die Provinz Schlesien, um die er seit 1740 drei erbitterte Kriege geführt hat, ist endgültig in preußischen Besitz übergegangen. Keine magere Ausbeute. Kam vordergründig nur der Status quo ante von 1756 bei alledem heraus, so ist des Königs Genugtuung darüber dennoch groß. Selbst wenn er insgeheim schon mal mit der kompletten oder wenigstens teilweisen Einverleibung Sachsens in sein Herrschaftsgebiet geliebäugelt hatte. Solchen expansiven Gedankenspielen gab er sich in seinem Testament von 1752 hin, und dann sogar noch einmal im Jahr 1768. Brandgefährliche Vermächtnisse, die nur zur Aufbewahrung im Potsdamer Giftschrank bestimmt waren.

Jahrzehnte später.

Friedlich ruht, ein zur historischen Figur aufgestiegener *»Alter Fritz«,* im Sarkophag der Garnisonskirche zu Potsdam. Da wird im thüringischen Weimar seiner inzwischen ebenfalls dahin geschiedenen Nichte Anna Amalia der geadelte Herr von Goethe im dritten Kapitel von Wilhelm Meisters Lehrjahren als Lebensmotto ausgeben: *Man verliert nicht immer, wenn man entbehrt.«* Ein Erfahrungsschatz, den zu diesem Zeitpunkt der König von Preußen mit seinem unfreiwilligen Verzicht auf das zauberhafte Sachsen längstens verinnerlicht und in den Sarkophag mitgenommen hatte.

Bei realistischer Beurteilung seiner Ausgangsposition, die vor Aufnahme der Friedensverhandlungen so wenig durch militärische Überlegenheit geprägt war, wie diejenige des Gegners, konnte Preußens Kriegsherr einfach nicht mehr erwarten. Relativ früh öffnete der Kriegsverlauf allen die Augen, dass er auf beiden Seiten nicht zum Sieg führen würde. Inzwischen hat Friedrich das Alter von 51 Jahren erreicht, er ist damit nicht mehr der Jüngste. Schon 1758 ist ihm diese ernüchternde Einsicht gekommen. De Catt gestand er damals am 19. Mai in schonungsloser Offenheit: *»Ich bin sehr müde, und ich fühle, daß ich anfange alt zu werden.«*

Nichts weniger ist er der Gesündeste. Zusätzliche plausible Gründe, seine innere Zufriedenheit über den erzielten Abschluss bei verschiedenen Gelegenheiten anklingen zu lassen. So etwa durch eine Bemerkung, die er gegenüber Ewald v. Hertzberg schon am Vormittag des 17. Februar hat fallen lassen. Das wohlschmeckende *Chocoladen*-Getränk vermochte *Se. Majestät* offensichtlich so zu stimulieren, dass er sich gut gelaunt über das am Hubertusburger Konferenztisch Geleistete äußerte. *»Es ist doch ein gutes Ding um den Frieden, den Wir abgeschlossen haben«*, zollte er an jenem Tag seinem Chefunterhändler höchste Anerkennung für dessen Tatkraft auf diplomatischer Bühne. Um wohlüberlegt seinem Lob mahnend hinzuzufügen: *»Aber man muß sich das ja nicht anmerken lassen.«*

Demgegenüber eine unsäglich aufgewühlte Maria Theresia. Die nun unumstößlich verhandelte Abtrennung Schlesiens, dem *»schönsten Edelstein ihrer Krone«*, heißt es erst einmal auf der Wiener Hofburg mental zu verkraften. Als hätte man einer liebevollen Mutter eines ihrer unschuldigen Kinder mit Gewalt entrissen, so nachhaltig ist der Schmerz, den die Kaiserin über diesen Verlust empfindet. In dieser verzweifelten Verfassung kann man der im Innersten mächtig Getroffenen denn auch in diesen Tagen überall begegnen. Das erfährt beispielsweise Anton Corfiz Graf Ulfeld. Als sich der Obersthofmeister bei seiner *Allergnädigsten* Monarchin skeptisch darüber erkundigt, ob es wirklich zutreffe, dass sie und der Feind von gestern inzwischen in moderatem Ton miteinander korrespondierten, verneint sie dies entschieden. Kein Wort sei daran wahr: *»Ich bin dem König wohl obligirt, dass er mir nicht geschrieben; meine Feder hätte ihm niemals geantwortet. Mein Herz sagt nichts dahin«*, erwidert sie dem Grafen schriftlich auf einem Billet.

Der Stachel empfundener Erniedrigung sitzt in ihr tief. Für alle Zeiten wird die unsagbar getroffene Kaiserin das *»Monstrum«* Friedrich II., dessen Frau immerhin Maria Theresias Cousine ist, zum Teufel wünschen. Zu einer Begegnung beider Monarchen wird es niemals kommen. Soviel Anstand in ihrer gegenseitigen Verachtung bringen sie denn doch auf, sich zeitlebens tunlichst aus dem Wege zu gehen.

Es hat also schon seinen guten Grund, wenn der Menschenkenner und gewiefte Taktiker ausdrücklich darauf verzichtet, sich am 21. Februar und den Tagen danach wirkungsvoll in Szene zu setzen. Es scheint, als wolle er seiner Intimfeindin in der Wiener Hofburg Zeit geben, sich damit abzufinden, dass der Territorial-Konflikt um ihr kostbarstes Juwel Schlesien besiegelt und zu ihren Ungunsten entschieden worden ist. Ein schier unmögliches Abverlangen der bald 46-jährigen Herrscherin, die sich in diesen Tagen so sehr in eine emotionale Erregtheit hineinsteigert, dass ihre Schreibhand gezittert hätte, als ihr am 24. Februar das *Friedens-Tractat* zur Unterschrift vorgelegen habe.

Preußens Friedrich hält jetzt die aus drei Waffengängen blutgetränkte Trumpfkarte Schlesien in Händen. Durch den Zugewinn dieser Provinz, mit ihrem arbeitsamen Menschenschlag, einer effizienten Landwirtschaft sowie dem immensen Reichtum unter Tage, den begehrenswerten Bodenschätzen, wird er seine Stellung als künftige Großmacht festigen. Die gewaltsame Einverleibung Schlesiens hat ihm den Weg dahin geebnet. Der *böse Mann* in Berlin hat nun, was die Kaiserin unter Aufbietung aller politischen Kräfte und militärischen Allianzen zu verhindern trachtete, die elementare Voraussetzung dafür geschaffen, zu Europas führenden Monarchien aufzuschließen. Mit gravierenden Folgen insbesondere auch für das Machtgefüge innerhalb des Reiches. Es bedarf keiner großen prophetischen Gabe sich vorzustellen, dass für Maria Theresia das Regieren gegen diesen lebenden Mythos *»Frédéric le Grand«* in Zukunft weitaus schwieriger sein wird, als es bisher schon für des Reiches *Allerhöchstes Oberhaupt* der Fall war. Nunmehr steuert der gesamtgesellschaftliche Prozess auf eine politische Konstellation hin, bei der sich die Gewichte innerhalb dieses *Römischen Reiches teutscher Nation* deutlich verschieben werden.

Aus Wermsdorfer Stein erschaffen – ein Werk des Oschatzer Künstlers Joachim Zehme zum Gedenken an Thomas von Fritsch.
(Foto: Paula Bumke - 2010)

Es kündigt sich das Zeitalter an, welches vom Ringen der beiden Mächte Österreich und Preußen um die Vorherrschaft auf deutschem Boden geprägt sein wird. Prussia ante portas.

So ohne eine versöhnliche Geste wollen *Se. Preußische Majestät* die tüchtigen Friedensstifter von Hubertusburg an diesem 1. März Anno 1763 denn doch nicht nach Hause ziehen lassen. Dem Bruder berichtet er, dass er die Herren Fritsch und Collenbach nach dem Mittagessen bei sich erwarte: *»Sie werden kommen wie die Tauben zu Weihnachten mit dem Olivenzweig im Schnabel«,* äußert er sich bildsprachlich gewohnt phantasievoll. Und in gelöster Stimmung versichert er im Weiteren, ihnen ein aufmerksamer Gastgeber sein zu wollen. *»Sie werden gut empfangen, denn die Neuigkeiten, die sie bringen, sind es wert.«*

Was der Resident auf Schloss Dahlen von den zwei Konferenzleitern der Gegenseite zu hören bekommt, wird sich um den vollzogenen Austausch der Friedensurkunden drehen. Ein anzunehmen nach

Dahlen voraus geeilter Hertzberg dürfte der *Ordre* seines Gebieters folgend, bereits *alleruntertänigst* Bericht erstattet haben. In der Equipage von Wermsdorf nach Dahlen mit sich führend, die begehrten *Friedens-Tractate*. In deren Besitz müsste der Monarch also schon vor Eintreffen der beiden österreichisch-sächsischen Friedensapostel sein.

Sollten Friedrichs preußische Untertanen in der Festungsstadt Magdeburg es nicht schon wissen, auf welch angenehme Weise dieser bedeutsame Tag für die Herren Collenbach, Fritsch und Hertzberg noch ausgeklungen ist, so bietet ihnen spätestens am 8. März 1763 die Lektüre ihrer Tageszeitung diese gewünschte Information. In ihrer *»Magdeburg: privilegirte Zeitung«* werden die Leserinnen und Leser auf folgende Meldung gestoßen sein: *»Den 1ten dieses (Monats) sind die Ratificationes des…geschlossenen Friedens zu Hubertusburg angekommen; worauf nach geschehener Auswechslung gedachter Ratificationen der Königl Geheime Rath, Herr von Hertzberg, mit den Bevollmächtigten Ihro Majestät der Kayserin-Königin, und Sr. Majestät dem Könige von Pohlen, Herrn von Collenbach und Freyherrn von Fritsch, von Hubertusburg nach Dahlen gegangen sind, und haben Sr Königl Majest. zu dem glücklich vollbrachten Friedenswerk, ihren Glückwunsch abgestattet, da sie denn auf das gnädigste empfangen wurden.«* Sozusagen ein von Preußens König arrangierter kleiner Friedensgipfel im *Hochgräflich Bünauischen* Schloss zu Dahlen, als krönender Abschluss zum großen Friedenstreffen auf dem *Churfürstlichen* Jagdschloss zu Hubertusburg. Gewiss wünschenswert, nach den reihenweise ausgefochtenen Wortscharmützeln, zu denen sich, aller gebotenen Contenance zum Trotz, das Diplomatentrio in manch nervenaufreibender Konferenzrunde hatte hinreißen lassen.

Die Heimat wusste den engagierten, mit viel Mühen verbundenen Friedenseinsatz der drei dankbar zu würdigen. Heinrich Gabriel von Collenbach zum Beispiel, wird sich am 23. März 1763 über ein *»Präsent«* aus den Händen *»Ihro Kaiserl. Königl. Apostol. Majestät«* gefreut haben, das in *»einem Ring und einer Tabatiere, die beyde mit Diamanten reich besetzet sind«* bestand. Und im selben Jahr noch belohnte Maria Theresia ihren Hubertusburg-Bevollmächtigen, den gebürtigen Westfalen, zusätzlich mit der Erhebung in den österreichischen Freiherrenstand. Der Preuße Friedrich Ewald von Hertzberg durfte sich über seinen fulminanten Karrieresprung zum *Wirklichen Geheimen Staats-, Kriegs-und Cabinetts-Minister* geehrt fühlen, der ihm Kraft königlichem Befehl am 5. April 1763 zuerkannt war.

Allein für Thomas Freiherr von Fritsch sollte sich ein verdienter Dank etwas in die Länge ziehen. Aber dann wurde er dem sächsischen Friedensbevollmächtigten doch noch zuteil. Ein Denkmal aus Wermsdorfer Stein zu dessen Erinnerung, postiert an der Südseite vom Hauptpalais auf dem Schlossareal. Jenem zentralen Prunkbau, der in den Wochen der großen Plünderung von 1761 durch blindwütige preußische Soldaten unter dem Befehl ihres Kommandeurs, des Leutnants Thiele vom Freibataillon Quintus Icilius, all seines Glanzes beraubt worden war. Vom »Freundeskreis Schloss Hubertusburg« gestiftet, wurde das Ehrenmal für den einstigen hohen Staatsbeamten Thomas von Fritsch feierlich am 24. April 2007 enthüllt. Da blickte der zu Hubertusburg geschlossene »Traite de Paix« auf stolze 244 Jahre zurück.

Seit diesem 1. März 1763 existiert nun der in ganz Europa herbeigesehnte Friedenszustand. Preußens Herrscher kann erleichtert aufatmen. Es ist ihm gelungen, die von seinen Feinden als ehernes Kriegsziel proklamierte Zerschlagung seines Königreichs Preußen mit einhergehender Degradierung zum *Marquis de Brandebourg* erfolgreich zu parieren. Seine seit 1758 bestehende »*Ordre an meine Generals dieser Armee, wie sie sich im Fall zu verhalten haben, wann ich sollte todt geschossen werden*« kann er erst einmal außer Vollzug setzten.

Gebrauch machen wird er jetzt ebenso wenig vom Inhalt jener Dose, von der er sich den ganzen Krieg über keinen Moment getrennt hat. Mehr als einmal in der Vergangenheit ist er versucht gewesen, nach diesem letzten Mittel, das ihm heilig war als wäre es eine Hostie, zu greifen. Zuletzt vor einem Jahr, im Januar 1762. Da klagte Friedrich dem Marquis d´Argens, seinem gelehrten französischen Günstling, sein Leid über die ausweglos scheinende militärische Lage. Resigniert beschrieb er sie dem treu ergebenen Freund, der verständlicherweise in Sorge um den König ist, mit den Worten: »*Kreisel, die Kinder peitschen, werden nicht ärger herumgetrieben, als ich bisher von 3 erbitterten Feinden.*«

Das war am 5. Januar, Preußens Feldherr hielt sich dazumal im Breslauer Winterquartier auf. Er konnte nicht ahnen, dass just an diesem Diensttag sein Schicksal eine unerwartete Wendung zum Guten genommen habe. Doch erst zwei Wochen darauf erfuhr er von der wundersamen Fügung, und am 1. Februar 1762 druckten auch die »*Leipziger Zeitungen*« ab, was vom Zarenthron als aufsehenerregende Nachricht den Weg in die Presse außerhalb des Russischen Reiches fand. »*Gestern des Nachmittags um 3 Uhr*«, so die als »*Manifest*« verbreitete Bekanntgabe vom 6. Januar 1762, wäre »*Ihro Majestät, unsere allergnädigste Kaiserin und Selbsthalterin aller Reußen, Frau Elisabeth Petrowna, nach einer schmerzhaften Krankheit mit Tode abgegangen*«.

Eine der drei *erbitterten* Feindinnen, die ihn wie *gepeitschte Kreisel herumtreiben,* war der gepeinigte König damit los. Übrig geblieben sind Maria Theresia und Madame de Pompadour. Zwei zum Kampf entschlossene Heroinen, die noch nicht gänzlich aufgesteckt haben. Dennoch bedeutete es nach menschlichem Ermessen Friedrichs Rettung, da Russlands neuer Zar, Peter III., mit dem von ihm bewunderten Preußenkönig umgehend einen umfassenden Frieden schloss. Womit sich auch dieses Mal zu Friedrichs Glück erübrigte, die kleine, unter seiner blauen Uniformjacke versteckte Dose zu öffnen und ihren teuflischen Inhalt herunterzuschlucken. In der von Verzweiflung getragenen Absicht, zum äußersten Mittel, der *Ultima Ratio,* zu greifen. Eine Handlung, die nicht ohne Pikanterie gewesen wäre. Hat er nicht dieses makabere *»Ultima Ratio Regis«* auf die Kanonenrohre seiner Artillerie stanzen lassen? Freilich dem Feind, und nicht sich selbst zum allerletzten Gruß.

Dass er eine Dose dauerhaft an seinem Körper barg, in dieses Geheimnis waren nur wenige Personen aus seiner Umgebung eingeweiht. Zum Kreis jener Vertrauenswürdigen gehörte der 1758 zum Gesellschafter und Vorleser des Königs avancierte Henri Alexandre de Catt. Seit einem zufälligen Zusammentreffen während einer Bootsfahrt in Holland im Sommer 1755, kannten sich Friedrich und der junge, seinerzeit 30 Jahre alte Gelehrte. Aus Morges stammend, einem Ort in der Gegend um Lausanne am Genfer See.

Die Überlieferung ihres Kennenlernens klingt nach klassischer Anekdote. Allein, sie soll wahr gewesen sein: Eine Inspektionsreise durch seine rheinischen Provinzen Jülich, Berg und Kleve nutzte der König seinerzeit zu einem Abstecher ins benachbarte Holland. Inkognito, als Bürgerlicher verkleidet mit schwarzer Perücke, sei er dahergekommen. Seiner Zufallsbekanntschaft habe er mit der ihm eigenen blühenden Phantasie vorgeflunkert, er sei Kapellmeister vom Orchester des Königs von Polen. Die Gefahr, mit dieser Lügenstory aufs Glatteis zu geraten, bestand nicht, denn von Musik versteht *Ihro Durchlaucht* erwiesenermaßen eine ganze Menge.

Seither riss der Faden zwischen den beiden nie ab, und drei Jahre später, am 18. März 1758, konnte der Stellungsuchende ein zustimmendes Schreiben des königlichen Kabinettsrats August Eichel in Händen halten. *»Seine Majestät ist zufrieden mit Ihnen und erfreut, Sie in ihrem Dienste zu haben. Sie bietet Ihnen neunhundert Taler, wie wir bereits besprochen hatten«,* stand darin. Es war de Catts Bestallung zum auserwählten *Domestiquen* des preußischen Monarchen, der dem Neuzugang gleich bei Arbeitsantritt eine glänzende Zukunft an seiner Seite verhieß: »*Ich wünsche, dass Sie mir während des elenden Krieges Gesellschaft leisten.*«

Ein mulmiges Gefühl dürfte Henri de Catt womöglich beschlichen haben, als er vom Fehlverhalten seines französischen Vorgängers erfuhr – und den Folgen, welche die Affäre für diesen nach sich zog. Der Ex-Kollege schmachtete zu diesem Zeitpunkt wegen des Verdachts auf Geheimnisverrat an den Feind hinter Magdeburger Festungsmauern.

Im Unterschied zum mutmaßlichen Spion Abbé Jean Martin de Padres, ließ sich der sympathische Schweizer de Catt nichts zu Schulden kommen. Binnen kurzem verband König und Vorleser ein enges Vertrauensverhältnis. Ohne die Spur von Standesdünkel gibt sich der Monarch offen und herzlich wie ein väterlicher Freund. Wieder einmal war Friedrich auf einen jener einfachen Menschen getroffen, zu denen er sich immer schon hingezogen fühlt. Was allein für Friedrich zählt, sind Intelligenz, Zuverlässigkeit und überzeugende Beweise unbedingter Loyalität.

Am 14. Oktober 1758, dem Tag der Niederlage eines Königlich-Preußischen Heeres nahe Bautzen, bei der sächsischen Ortschaft Hochkirch, ergab sich der Moment, sein Gegenüber ins Vertrauen zu ziehen. Der König »*öffnete seinen Kragen*«, beschreibt de Catt in seinem Tagebuch die ziemlich gruselige Szenerie im Feldlager von Hochkirch, »*und zog unter seinem Hemd ein Band hervor, an welchem eine kleine, ovale goldene Dose befestigt war, die auf seiner Brust ruhte*«. Beim Vorzeigen der Dose hätte sein Gebieter gesagt: »*Hier, mein Freund, ist alles, was man braucht, um dem Trauerspiel ein Ende zu machen*«. Der gefeierte Feldherr wäre also im Fall des Falles bereit, sich klammheimlich durch Freitod aus dem Leben zu stehlen, um einer etwaigen Gefangennahme zu entgehen.

Das goldene Döschen auf des Monarchen Brust enthielt Opiumpillen. Gemeinsam hätten sich König und Catt ans Abzählen gemacht: Achtzehn Stück waren es. Die Menge reiche aus, »*um einen zu jenem düsteren Gestade zu befördern, woher man nicht mehr zurückkehrt*«, verkündete *Se. Durchlaucht* damals. So in etwa artikuliert sich Stolz auf einen besonderen Besitz. Ausweislich seines Tagebuchs, welches der Autor zwei Jahre nach dem Tod Friedrichs II. veröffentlicht, wird de Catt bis Juli 1762 ein treuer Adlatus, Zeitvertreiber und Seelentröster von *Ihro Preußischer Majestät* sein. Zu seiner persönlichen Feldausrüstung zählen zwei preußische Armeepferde; eines dient ihm zum Reiten, und dem anderen bürdet er seine persönliche *Bagage* auf.

Nach Monaten vorübergehenden Verschwindens, unbekannt sind die Gründe, kommt der Schweizer seinem Monarchen plötzlich wieder unter die

Augen – in Dahlen. Welcher wichtigen Sache der geschätzte Vorleser in der Zeit seiner Abwesenheit unter anderem nachgegangen war, diese Neuigkeit verriet der mitteilungsfreudige Marquis d´ Argens. *»Herr von Catt hielt gestern Hochzeit«*, schrieb dieser dem König unter dem 10. November 1762 ins Meißener Quartier. Catt wäre so vernünftig gewesen, seine Eheschließung mit der Frau, *»über die alle Welt nur Gutes sagt«*, in aller Stille im Kreis engster Verwandter gefeiert zu haben.

Ungnade des *Allerhöchsten* kann schwerlich der Trennungsgrund gewesen sein, denn ein sichtlich hocherfreuter Gebieter bereitet dem Frischvermählten einen warmherzigen Empfang. Über de Catts Anwesenheit in Dahlen unterrichtet Friedrich denn auch sogleich seinen Dauerbriefpartner d´Argens am 10. März: *»Catt ist angekommen.«* Da aber *»mit einem Fieber, habe ich ihn in der Kur und schmeichle mir, ihn gesund wieder nach Berlin zurückzusenden«*, beruhigt der königliche Krankenpfleger. Schlussfolgern kann man aus dieser Darstellung, der kränkelnde Ankömmling sei ebenfalls im Schloss und nicht außerhalb beherbergt worden. Dass *Durchlaucht* selbst ein medizinischer Behandlungsfall wegen heftiger Verdauungskrämpfe ist, teilt der Betroffene dem Marquis ebenfalls mit: *»Ich habe heute Ader gelassen. Doch was tut das!«* Womöglich spielt er dies gegenüber seinem *lieben Marquis* bewusst herunter, denn der ist am preußischen Hof als Hypochonder verschrien. Und damit ein willkommenes Opfer *Sr. Majestät* steter Hänselei.

Der König fühlt sich selbst unpässlich, und trotzdem nimmt er seinen Gast persönlich unter seine heilenden Fittiche. Aber so kennt de Catt Preußens mächtigsten Mann. Er ist ihm vertraut von den vielen Begegnungen in den unterschiedlichsten Feldlagern und Quartieren während der zurückliegenden *Campagnen*, wo der im Kampf gestandene Kriegsherr beinah täglich seinen Gesellschafter zu sich beorderte. Je besorgniserregender die Lage, desto zwingender verlangte es den oftmals mit dem Rücken zur Wand Stehenden nach geistiger Zerstreuung. Dass sein Gesprächspartner den Erwartungen meistens entsprechen konnte, wusste der König sehr zu schätzen. Ohne dessen Anwesenheit wäre *Sr. Majestät* so manche schwere Stunde noch schwerer geworden. Nicht zuletzt auch wegen seines Hangs zur Launenhaftigkeit. *»Ja, das gebe ich zu.«* So ehrlich ist er denn doch gegen seinen dienstbaren Geist de Catt aus der Schweiz.

Und dann aber stellten sich auch immer wieder Momente ein, in denen der Untertan von niederer Herkunft den allmächtigen Herrscher eines Königreichs erlebte, wie sie einem normal Sterblichen niemals geboten werden. Eine *Königliche Majestät* präsentierte sich ihm, die lacht, flucht, tadelt, kommandiert, ihr Herz ausschüttet, schluchzt, musiziert, deklamiert, vorliest, tanzt, Grimassen zieht, Luftsprünge vollführt – und in bittere Tränen ausbricht, wenn *Durchlaucht* die Trauer um nahe Angehörige oder verdiente Offiziere übermannte. Ein mit autokratischer Macht ausgestatteter Regent, der weit davon entfernt ist, seine Gefühle vor einem Fremden zu verstecken. «Sire!», wie der Gesellschafter seinen königlichen Herrn korrekt anzureden pflegte, besaßen die Fähigkeit, so kenntnisreich über Heeresangelegenheiten zu dozieren, wie er das nicht anders völlig ungeniert über die Plage seiner Hämorrhoiden zu tun pflegte.

Nichts Menschliches ist dem König fremd. *»Gute Nacht!«*, verabschiedete er eines Abends seinen Unterhalter de Catt und mahnt: *»Denken Sie nicht mehr an den ´schwellenden Busen´ – das ist kein Schlafmittel für so junge Leute wie Sie!«*

Eine lang andauernde Pflegezeit *in der Kur* eines so sendungsbewussten *Medicin Practicus* wie dem König, der es für gewöhnlich vorzieht, sich erst einmal selbst zu verarzten, bevor er sich in die Hände seiner studierten Doktoren begibt, bleibt den beiden nicht. Der Abzug der preußischen Armee aus Sachsen ist in vollem Gange, und nun hält es auch ihren Oberbefehlshaber nicht länger in Dahlen. Dass die sächsische Dienerschaft auf dem Schloss schon viel eher auf einen baldigen Auszug gehofft hat, illustriert Räubigs erster Brief vom 26. Februar. Darin äußerte der Schlossbedienstete gegenüber der Gräfin Bünau schon damals verhaltenen Optimismus. Mit den Worten, dass *»man von Dero Abreise noch nichts gewisses erfahren kann, wiewohl einige sagen wollen, daß selbige den 7 oder 8 Mart. (März) von hier aus würden nach der Schleßigen gehen«*, verleiht er der allgemeinen Erwartung, die man allenthalben unter Dahlens Einwohnerschaft hegt, Ausdruck.

Doch inzwischen hat sich herausgestellt, Räubigs Freude ist leider etwas verfrüht. Die Leute im Städtchen und auf den Dörfern müssen weiterhin Geduld aufbringen und das fremde Militär bei sich tapfer ertragen. Am 10. März sind *Ihro Majestät der König von Preußen* immer noch hierzulande, und das bereits den zwanzigsten Tag. So mögen die Dahlener nicht müde werden, darüber zu orakeln, wann es denn endlich soweit sein wird mit dem Ausmarsch »ihrer« Preußen. Die *»von allen Orten her wie Schwalben im Herbst sich bey uns versammelt«*, wie der Schlossverwalter mit poetischer Metapher es der Gräfin ins thüringische Weimar schilderte. Bitter klingt freilich an, was dieser missliche Umstand den

Einheimischen bedeuten würde, denn *»unser Hof, das Städtchen, die ganze Gegend ist dermaßen davon überschwemmt, wie von einem Strom, der über seine Grenzen getreten.«*

Hinter den Kulissen des Schlosses ist die Entscheidung über den Ausmarsch allerdings gefallen. Ein vom 11. März 1763 datierter Brief an den Grafen von Finckenstein in Berlin, vermeldet dem *Staats-und Cabinetts-Minister* den jetzt dafür fest avisierten Tag: *»Mit des Königs hiesigem Séjour ziehet es sich nunmehro zu Ende; Höchstdieselbe gehen übermorgen, als den 13. dieses, nach Torgau«*, schreibt Eichel, durch dessen Hände wie gehabt alle Korrespondenz von Wichtigkeit geht. Die endgültige Ankunft des Königs in Berlin solle man aber erst nach dem 28. März erwarten, da von Torgau aus *»alsdenn Dero Reise nach Schlesien weiter fortsetzen werden.«*

Von einer Begleitung in die Städte und Ortschaften der Provinz Schlesien aber möchte der 65-Jährige *»bei meinen schwächlichen Umständen zu dieser Jahreszeit«* ganz gerne absehen. In besagtem Schreiben vom 11. März. verleiht der Kabinettsrat seiner Hoffnung Ausdruck, die Qual *»mich mehrenteils unterwegens und auf der Strasse halten«* zu müssen, möge ihm erspart bleiben. *»Dahero ich hoffe und glaube«*, gibt sich der des ewigen Herumziehens Überdrüssige zuversichtlich, *»dass des Königs Majestät mich wohl von Torgau ab nach Berlin abgehen lassen dörften.«*

Unwiderruflich kündigt sich die allerletzte Phase des Krieges an. Mit dem Abschied aus Dahlen würde man in sie eintreten. Enden würde zugleich die über Sachsen ausgeübte preußische Obrigkeit, die sich der Usurpator Friedrich II. über mehr als sechs volle Jahre angemaßt hatte. Für ihren Abzug aus Dahlen bleiben den Preußen noch 48 Stunden Zeit.

Schon Tage zuvor hat der König damit begonnen, sich auf die Rückkehr in seine Hauptstadt einzustimmen. Noch einmal wendet er sich am 6. März mit einem Brief an *»mein Gutmütterchen«*, die Gräfin von Camas. Er schickt ihr aus Dahlen liebe Sonntagsgrüße und schreibt in Vorfreude auf ein baldiges Wiedersehen: *»Ich…schmeichle mir, Sie eben so wohl und munter wieder zu finden, als ich sie verlassen habe.«* Ein frommer Wunsch; von ihm jedenfalls ist dergleichen nicht zu erwarten. Doch Friedrich wäre nicht Friedrich, wüsste er die Briefpartnerin nicht nach seinem Gusto auf Veränderungen seiner körperlichen Konstitution vorzubereiten. Mit Galgenhumor schildert er seine äußere Verwandlung: *«Mich werden Sie freilich gealtert und fast kindisch wieder finden, grau wie ein Esel, tagtäglich einen Zahn verlierend, und halb lahm vom Zipperlein«* – von der Gicht.

Ein seiner Ankunft mit Augenzwinkern vorausgeschickter Warnruf? In der Annahme, die Oberhofmeisterin seiner Gemahlin werde das Nötige schon veranlassen, damit die Botschaft über seinen beklagenswerten Zustand bei Hofe die Runde mache? So hat es den Anschein. Ein bewährtes Rezept aus der Vergangenheit, als der Gräfin Camas die Rolle einer zuverlässigen Übermittlerin der ihr bekannt gemachten Neuigkeiten über sein Tun und Lassen während der Feldzüge zugefallen war. Die betagte Dame, die gleich dem Marquis d´Argens regelmäßige Empfängerin seiner Feldpost war, nutzte *Sr. Königlichen Majestät* zuweilen als Sprachrohr bei Hofe. Allein, die eigene Gattin Elisabeth Christine, Preußens »First Lady«, würdigte der liebe *Federic* mit keiner einzigen Zeile.

In geringer Entfernung zum *Hochgräflichen* Schloss steht an Dahlens östlichem Stadtrand auf leichter Anhöhe die Kirche »Unser Lieben Frauen«. An diesem 6. März 1763 wird ein am Vortag zur Welt gekommener Säugling getauft. Das Neugeborene einer hiesigen Bürgerin. Ein nüchterner Eintrag im Kirchenregister von Hand des *Diaconis* Gottlieb Flasch bietet eine Erklärung dafür, weshalb der Taufakt diesmal eine Besonderheit aufweist. Seit Hans-Jürgen Barthen den Fall aus den Akten kennt, geht er ihm, sobald er an ihn denkt, selbst heute noch ein wenig nahe. Weshalb es der Nachfolger des Diakons von 1763 für angezeigt hält, die Aufmerksamkeit auf den bewegenden Taufvermerk seines Vorgängers Gottlieb Flasch zu lenken. Denn der Eintrag lässt erahnen, wie es um den Gemütszustand einer Mutter bestellt sein musste, die ihr Baby ungewollt bekommen hat. Das Verzeichnis dokumentiert eines der vielen tragischen Beispiele, dass «allergenaueste Mannes-Zucht» nicht immer eingehalten wurde. Keine noch so strenge Strafandrohung, die das Reglement im preußischen Heer vorsah, vermochte vor Übergriffen gegen Frauen und Mädchen wirksam zu schützen. Und so erfassen die Matrikel an diesem Sonntag im März des Jahres 1763 Geburt und Taufe eines »Johann Gottlob, ein unehel. Kind« der »von ihrem Ehemann nachgelaßenen Wittbe« Anne Marie Kurz, »welche von einem Preuß. Schwarzen Husarios genothzüchtiget worden…, u. deßen Nahme unbekannt ist.«

Samuel Dietrich, der «Todengräber alhier», steht der 31 Jahre alten, unschuldig mit einem Makel behafteten Mutter und ihrem *Söhnlein* bei. Er ist einer der drei genannten »Pathen«, kann sich dessen aber nicht lange erfreuen. Denn schon am 26. Oktober, sieben Monate nach der Geburt, wird er seinem kleinen Husaren-Patenkind auf dem Friedhof den letzten traurigen Liebesdienst erweisen müssen.

Der Krieg hat viele hässliche Gesichter. Eines davon ist das des Schicksals der »Anne Marien Kurzin« aus Dahlen. Die ihr zugefügten seelischen Verletzungen – es sind auch dies Wunden eines *elenden* Krieges. Die *Kurzin* wird nicht mehr heiraten, und ein weiteres Kind wird sie auch nicht mehr gebären. Am 20. Juni 1783, so erfährt man als letzte Nachricht über diese vor 51 Jahren in Dahlen geborene Frau, wird sie *»im Hospital alhier«* für immer die Augen schließen.

Der königliche Resident auf dem Schloss zu Dahlen wird diesen 6. März ganz sicher anders in Erinnerung behalten, als Anne Marie Kurz, das Vergewaltigungsopfer eines seiner Husaren. Diesen hartgesottenen Kerlen mit Schnauzbart und Säbel. Und schwarzer Flügelmütze, welche bei den Mannschaftsgraden ein furchteinflößendes Emblem ziert – das eines gestickten weißen Totenkopfs. Und doch verfolgen auch Friedrich an diesem 6. März traurige Gedanken. Unumwunden äußert er diese im vorerwähnten Brief an die Gräfin Camas: *»Wie ist mir bange vor Berlin und vor der Leere, welche ich antreffen werde!«*

Noch eine Woche werden der König und seine Eskorte in Dahlen bleiben. Indes rückt die Stunde des preußischen Abzugs unaufhaltsam näher.

Endlich, am 13. März, kann sich alles im *Ackerbürgerstädtchen* dem ersehnten Jubel hingeben. Der große Freudentag ist gekommen, da Dahlens Einwohner Abschied von ihren ungebetenen Gästen, allen voran dem fremden König auf ihrem Schloss, nehmen können. Sicher für jung und alt ein erlebnisreiches Schauspiel. Zu bedauern ist, dass der vom Schlossverwalter Räubig unter dem 14. März geschriebene zweite Brief nur bruchstückhaft bekannt geworden ist. So dass Einzelheiten mit Bezug auf den preußischen Abmarsch, sollte er diesem im Brief an seine gräfliche Herrin in manchem Aufmerksamkeit geschenkt haben, nicht überliefert sind.

Schon am frühen Morgen zur achten Stunde soll der Monarch die Reisekutsche bestiegen und sich Richtung Heimat abgesetzt haben. In Kürze wieder König auf Schloss Sanssouci und nicht länger mehr Besatzer in Sachsen, werden dann Wirtschaftshof und Mistkaute nur noch in seiner Erinnerung existieren. Über die Dörfer Schmannewitz, Sitzenroda und Beckwitz sei er zunächst nach Torgau abgezogen. Dass *Ihro Königlicher Majestät* die Zeit in Dahlen gut getan habe, bestätigt er seinem *»lieben Marquis«* noch kurz vor der Abreise persönlich. Am 10. März zeigt er ihm brieflich sein diesbezügliches Wohlbehagen auf dem Schloss an: *»Ich führe hier das mir sehr angemessene Leben eines Philosophen…und genieße etwas mehr Ruhe als in Leipzig.«*

Apropos Leipzig: Nicht allein der König von Preußen dürfte sich dieses Tages erfreut haben, auch ein sächsischer Untertan. Johann Matthias

Burchardi, der Aufseher über Zeughaus und Pulverturm, rückte am 10. März vom *Vice Capitaine Lieutenant* zum Rang eines *Capitaine Lieutenants* auf. Aus Sicht der Generationen nach ihm verdientermaßen: als Tagebuchschreiber, und damit neben Universitätspedell Riemer als Leipzigs verlässlicher Chronist in der Zeit dieses Krieges. Höhere Gewalt hatte ihn ab dem 28. Februar 1762 zu einer einjährigen Schreibpause gezwungen. *»In dieser Nacht hat Gott mir das Unglück zugeschickt, daß mir durch ein starker Schlagfluß die gantze lincke Seite auch Arm und Bein gelähmet worden«*, schrieb der wieder Genesene am Tag des Friedensschlusses zu Hubertusburg in sein *»Journal«*.

Indessen konnte Johann Räubig *»die drey Wochen«*, während derer das ihm anvertraute gräfliche Anwesen in preußischer Hand war, von Ruhe nur träumen. Sollte dem *Philosophen* Friedrich wirklich entgangen sein, wie wenig *angemessen* sich seine fröhlich das Schlossleben genießenden Soldaten aufgeführt haben? Oder verschloss der König und Feldherr seine Augen bewusst davor? Und es war ihm einfach nur gleichgültig, was seine Mannen anstellten?

Dem entsetzten Hüter des Schlosses bot sich ein Bild der Verwüstung, welches die lästigen Bewohner hinterlassen haben. Wie ramponiert sich die wertvoll ausgestatteten Schlossgemächer ihm präsentierten, darüber gibt er schon einen Tag, nachdem die Preußen abgezogen sind, der Gräfin Bünau entsetzt Auskunft. Aber erst einmal überwiegt bei ihm die Freude, dass man *»Ihro Majestät den König von Preußen«*, der *»uns viele Unruhe gemachet…mit Dero ganzen Suite, endlich gestern früh um 8 Uhr, Gott sey davor gedankt, doch loß geworden* (ist).«

Dann aber spricht der *Hoch-Reichsgräfl. Bünauische Verwalter* an, was ihn maßlos erzürnt, die Adressatin seiner Zeilen gewiss aber sehr bekümmert haben dürfte. Die Preußen, so beschreibt Räubig die desolaten Zustände auf dem Schloss, *»haben ein ziemliches Andenken hinter sich gelassen, die Zimmer und Möbeln sehr unscheinbar gemachet, theils beynahe gar ruiniret.«*

Was Räubig am 14. März schwerlich wissen kann, die Gräfin Bünau aber durch einen vom selben Tag stammenden Brief aus *»Noethnitz«* erfährt, ist, dass auch ihr dortiges Schloss böse unter die Räder einer militärischen Einquartierung geraten ist – durch Sachsens treue Verbündete. Fast wortgleich wie Schlossverwalter Räubig schildert *Pachter* Gottlob Keck *»gantz unterthänigst«* mit traurigen Worten, dass *»die Inventarien Stücke so meißtenteils ruiniret sind.«*

Einen glorreichen Abschied aus Sachsen haben weder die Preußen hingelegt, noch die Österreicher, mochten die Soldaten beider Armeen auch *»mit* *klingendem Spiel und wehenden Fahnen*« gen Heimat losgezogen sein. Und dennoch hat die *Königliche Majestät* aus Berlin dazu beigetragen, dass Dahlen einstmals im Brennpunkt der Geschichte stand. Freilich hat die Menschheit für diese Ehre einen hohen Preis entrichtet. Auch der Kriegsherr Friedrich II. persönlich. Als stark gealterter Mann wird er seiner 23-Tage-Residenz und dem Städtchen erleichtert ein französisches »Adieu!« zugerufen haben. Den tapferen Bürgerinnen und Bürgern von Dahlen war es gleichermaßen ein schöner Tag. Nicht eines strahlend blauen Himmels wegen, und genauso wenig lag es daran, weil dieser 13. März des Jahres 1763 zufällig auf einen Sonntag gefallen war.

Wir haben erfahren, weshalb das *Ackerbürgerstädtchen* Dahlen sich an diesem Tag so gefreut hat.

Die preußische Plage ist man zwar los, aber schon wartet die nächste harte Wirklichkeit auf die Menschen. Die aus der königlichen Residenz Warschau nach Dresden heimgekehrten Exilanten, *Churfürstliche Durchlaucht* Friedrich August II. und sein Günstling Graf Brühl, wussten nichts Eiligeres zu tun, als sogleich kräftig an der Steuer- und Abgabenschraube zu drehen. Den Reigen von Ausbeutung, Unterdrückung und Gängelei der Untertanen konnte Sachsens Herrscherelite nach dem Weggang der Preußen wieder in eigene Regie übernehmen. Alle beruflichen Anstrengungen des sicher rechtschaffenen *Königl. Pohlnischen u. Churfürstl. Sächsischen General-Accis-Inspectoris* Johann Heinrich Lorenz werden sich nunmehr wieder in Dahlen darauf richten, der angestammten Obrigkeit zu deren Wohlbefinden ein allzeit *untertänigster* Steuereintreiber zu sein.

Postskriptum.

Ihro Königl. Majestät ist seit dem 30. März wieder zu Hause angelangt. In Berlin und in Potsdam, auf seinem geliebten Schloss SANS, SOUCI. Alsbald wird Friedrich dort das Schreiben einer einfachen, aber gebildeten Bürgerin erreicht haben. Denn in perfektem Französisch wendet sie sich an den glücklich heimgekehrten Landesvater: »Sire«, beginnt diese Frau ihre Zeilen an den König, *»das traurige Schicksal der Stadt Cüstrin, hat auch mich schwer getroffen, durch die Feuersbrunst habe ich all meine Habe verloren, ich konnte nur mein armes Leben retten. So weiß ich mir keine andere Hilfe als die Güte Eurer Majestät, mich mit einer geringen Pension unterstützen zu wollen…und diese mir gnadenvoll in Aussicht zu stellen. Üben Sie Barmherzigkeit! Sire! gegenüber einer armen und verzweifelten Tochter, die ihr ganzes Leben lang die Wünsche des Himmels für Eure Majestät Wohlergehen und das des*

Staates erflehen wird.« Aufgesetzt hat diesen Bittbrief am 11. April 1763 in Berlin *»Eurer Majestät sehr untertänige und sehr ergebene Dienerin Marie Martin«.*

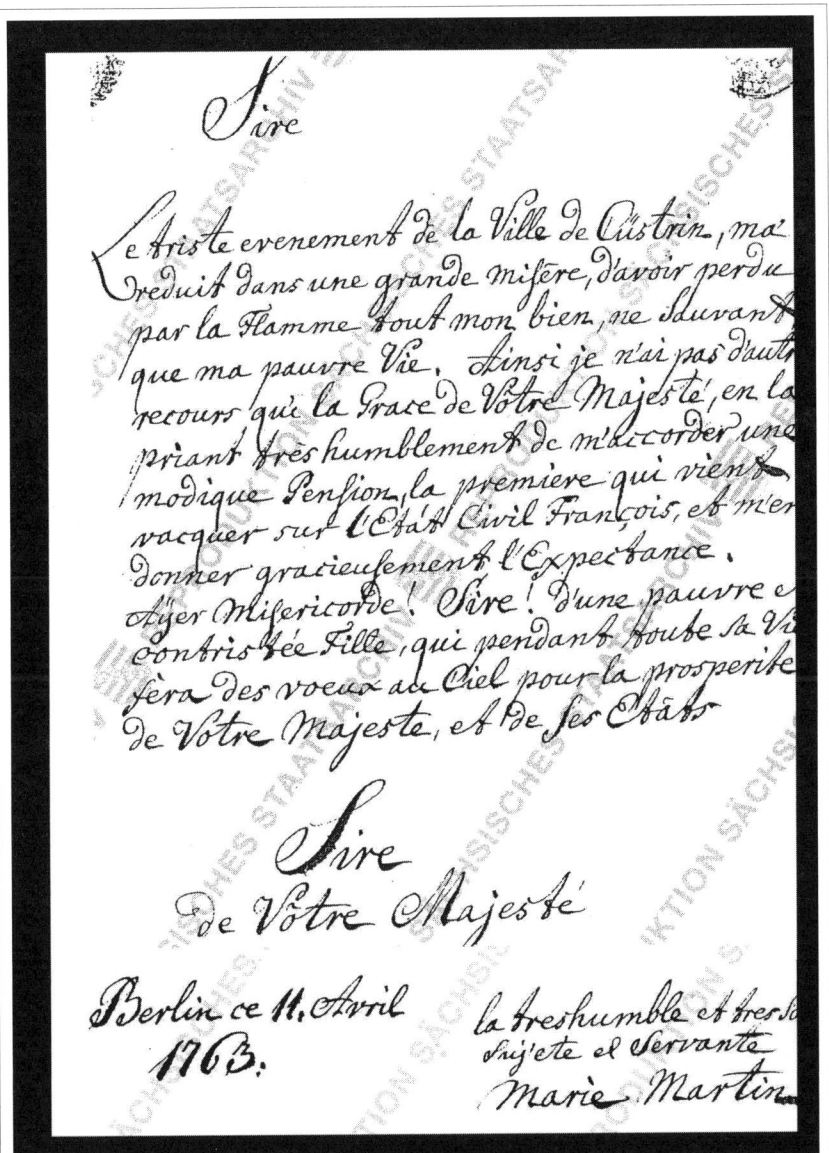

Entdeckt im Sächsischen Staatsarchiv Leipzig: Der Krieg ist zu Ende - nicht aber für Marie Martin aus »Cüstrin«. Ebenso wenig für Tausende und Abertausende von Kriegsopfern.

Zeittafel

24.01.1712
Geburt Friedrichs in Berlin. Ein Spross aus dem Geschlecht der Hohenzollern. Sein Vater, noch Kronprinz, erhält erst im Jahr darauf, am 25. Februar, als Friedrich Wilhelm I. Preußens königliche Insignien.

24.07.1729
Erbprinz Friedrich von Sachsen-Gotha verlobt sich mit seiner Cousine, der Prinzessin Luise-Dorothee aus dem Fürstenhaus Sachsen-Meiningen. Dass die Verlobung auf der »Veste Koburg« stattgefunden habe, war Karl Koetschaus Werk »Luise Dorothee. Eine Freundin Friedrich des Großen und Voltaires« zu entnehmen. Diese Angabe erweist sich jedoch als zweifelhaft.

05.08.1730
Friedrichs geheimer Plan einer Flucht nach England misslingt. Der despotische Vater ordnet dessen Verbringung in die Festung Küstrin an. Hans Hermann v. Katte, ein Freund Friedrichs und Mitverschworener der Fluchtabsichten, wird am 6. November 1730 hingerichtet. Der Vater zwingt seinen Sohn, die Exekution mit anzusehen.

01.02.1733
Tod Augusts des Starken. Nachfolger wird sein 1696 geborener Sohn Friedrich August II., Kurfürst von Sachsen, und als August III. in Personalunion König von Polen. Der Kurfürst-König stirbt am 5. Oktober 1763.

12.06.1733
Vermählung des Kronprinzen Friedrich mit Elisabeth Christine in Salzdahlum bei Braunschweig; Wohnung des Paares im Kronprinzenpalais in Berlin Unter den Linden. Drei Jahre später Umzug auf Schloss Rheinsberg bei Neuruppin in der Mark Brandenburg. Gemeinsame Hofhaltung bis Friedrichs Thronbesteigung im Jahr 1740.

31.05.1740
Preußens König Friedrich Wilhelm I. stirbt im Stadtschloss Potsdam. Sein Sohn folgt ihm als Friedrich II. auf den Thron. Die Königin Elisabeth Christine erhält Schloss Schönhausen als Sommerresidenz; die Wintermonate verbringt sie im Schloss Berlin. Nunmehr getrennte Hofhaltung von König und Königin.

20.10.1740
Tod Kaiser Karls VI., des letzten Habsburgers im Mannesstamm. Elisabeth Christine, Friedrichs II. Gemahlin, war die Nichte der Kaiserin-Witwe Elisabeth. Die Nachfolge hatte Karl VI. wegen des Fehlens eines männlichen Thronerben mit der *»Pragmatischen Sanction«* (1713) zu regeln gesucht. Diese sicherte seiner ältesten Tochter Maria Theresia das Recht zur Übernahme der ungeteilten Regentschaft in allen österreichischen Erblanden zu. Frankreich, Bayern, Spanien und Preußen stellen die Rechtmäßigkeit dieser Verfügung jedoch in Frage. Friedrich II. glaubte, die Gunst der Stunde nutzen zu können, um alten preußischen, aber vorgeschobenen Territorialansprüchen auf einige Fürstentümer in Schlesien gegenüber Maria Theresia Geltung zu verschaffen. Da sie seine umstrittenen Forderungen zurückweist, lässt der ungestüme König Mitte Dezember die Waffen sprechen - zum *»Rendezvous des Ruhmes«*.

16.12.1740
Preußens König gibt seiner Armee den Einmarschbefehl nach Schlesien, Erblande Habsburgischer Herrschaft. Es ist der sogenannte Erste Schlesische Krieg, mit Sachsen und den Franzosen als Bündnispartner der Preußen. Dieser und ein zweiter Waffengang bilden zugleich die Vorgeschichte zum 1756 beginnenden Siebenjährigen Krieg.

10.04.1741
Erster preußischer Sieg in der ersten Schlacht dieses Krieges bei der Ortschaft Mollwitz. Nicht gerade ruhmvoll für Friedrich II., der nur mit viel Glück der Gefangennahme durch die Österreicher entgeht. Ein elternlos gewordener 12-Jähriger namens Friedrich Emil Fürchtegott Braatz schließt sich den preußischen Truppen an –

als Trommler findet er zunächst Verwendung. In späteren Jahren gelingt ihm der Aufstieg zu einem der königlichen Leibköche.

28.07.1742
In Breslau Friedensschluss zwischen Preußen und Österreich. Friedrich hat sich Schlesien gesichert – vorerst. Denn Maria Theresia kann diese Schmach nicht verwinden. Schon am 10. August 1744 bricht der zweite Krieg um Schlesien aus.

25.12.1745
Beendigung des Zweiten Schlesischen Krieges durch Friedensschluss in Dresden zwischen Österreich, Preußen und Kursachsen. Friedrich II. verpflichtet sich zur Anerkennung Maria Theresias Gemahl als Kaiser Franz I. des Deutschen Reiches. Auf den Straßen Berlins bejubelt das Volk den heimkehrenden Friedrich als Kriegshelden, bedenkt ihn mit dem Beinamen »der Große«.

14.04.1745
Grundsteinlegung von Friedrichs Schloss SANS‚SOUCI in Potsdam; Einweihung am 1. Mai 1747.

29.12.1755
Weimar: Nach Erteilung der venia aetatis durch den Kaiser in Wien, übernimmt Ernst August II. Constantin (1737-1758), Anna Amalias Gemahl, in seinem sächsisch-thüringischen Herzogtum die Regierung. Am gleichen Tag ernennt er Heinrich Graf von Bünau (1697-1762) zum Premierminister.

16.01.1756
Neutralitätskonvention von Westminster – ein Abkommen zwischen England (auch in Hannover herrschend) und Preußen mit dem Ziel, fremde Mächte von einer militärischen Intervention im Deutschen Reich abzuhalten. Frankreich fühlt sich durch seinen Verbündeten Preußen (seit 1741) brüskiert, indem es darin den Versuch Friedrichs erkennt, sich aus dem englisch-französischen Kolonialkonflikt herauszuhalten.

01.05.1756
Auf Schloss Versailles kommt es zum Abschluss eines Beistandspaktes zwischen Frankreich und Österreich, dem sowohl die Russen als auch die Schweden beitreten. Das mit Geheimklauseln versehene Defensivbündnis richtet sich gegen einen eventuellen preußischen Angriff.

29.08.1756
In einer Gesamtstärke von 60 000 Mann überschreiten, aufgefächert in drei Kolonnen, Friedrichs II. Truppen die Landesgrenze zu Sachsen. Der Siebenjährige Krieg nimmt seinen Lauf. Es heißt, Preußens Feldherr sei seinen Feinden – Österreich, Russland, Frankreich, Schweden – eines auf das Frühjahr 1757 verschobenen Angriffs zuvorgekommen. Entsprechende Hinweise, so scheint bewiesen, lieferten ihm zwei Spione: der Kanzleibeamte am sächsischen Hof Menzel, sowie der Legationssekretär des kaiserlich-königlichen Gesandten in Berlin, Leopold Baron von Weingarten. Auch Zar Peter III., damals aber noch Großfürst von Russland, hätte sein Idol Friedrich II. mit geheimen Informationen versorgt.

01.10.1756
Erste Schlacht im Siebenjährigen Krieg bei Lobositz in Böhmen; sie endet mit Friedrichs Sieg.

16.10.1756
Kapitulation der sächsischen Armee bei Pirna an der Elbe. Friedrich II. befiehlt die Zwangsvereidigung der 20.000 in Gefangenschaft geratenen Soldaten, von denen der größte Teil desertiert.

15.01.1757
Der Reichstag zu Regensburg brandmarkt Friedrichs Aggression und verhängt gegen den König die Reichsexekution.

06.05.1757

Friedrich führt seine Truppen bei Prag zum Sieg. Die Schlacht fordert zwei prominente Opfer: Preußens Feldmarschall Graf Schwerin (1684-1757) und Österreichs Feldmarschall Reichsgraf Maximilian Ulisses von Browne.

18.06.1757

Schlacht bei Kolin in Böhmen. Während Friedrich II. in der heute zu Tschechien gehörenden Stadt eine schwere Niederlage erleidet, wird sein Bezwinger Laudon in den Generalsstand erhoben. Das ihm aus Wien zugesandte Patent erreichte ihn aber nicht, weil preußische Husaren es abfangen konnten. Der König zeigte sich von einer Seite, die typisch für ihn ist: er schickte es dem Beförderten durch einen Trompeter zu und ließ Glückwünsche ausrichten.

19.09.1757

In Gotha einrückende Preußen überraschen den Dragoner Christoph Philipp Frh. von und zu Guttenberg vom »Blauen Regiment« Würzburgischer Hilfstruppen beim Verzehr seiner Mahlzeit im Gasthof »Zur Silbernen Schelle«. Heute hat sich an dem historischen Ort der Gefangennahme ein Bankinstitut eingerichtet. Während in Nachbarschaft der damaligen »Silbernen« inzwischen die Gaststätte »Zur Goldenen Schelle« steht.

05.11.1757

Friedrich II. siegt bei Roßbach (heute in Sachsen-Anhalt) über *Reichs-Executions-Truppen* und deren französische Verbündete unter Marschall Prinz Karl von Soubise. Während diesem mit dem Rest seiner geschlagenen Armee die Flucht über Gotha gelingt, tröstet der König auf dem Schlachtfeld französische Verwundete und klagt: *»Ich kann mich nicht daran gewöhnen, die Franzosen als meine Feinde zu betrachten.«*

05.12.1757

Schlacht bei Leuthen (heute: Lutynia in Polen); Friedrich II. führt seine Soldaten zum Sieg über österreichische Truppen.

11.04.1758

Vertrag zwischen England und Preußen; die Kriegspartner kommen überein, keinen Sonderfrieden mit den Feinden ohne gegenseitiges Einverständnis zu schließen. In Friedrichs II. Kriegskasse sollen jährliche Zahlungen von 570 000 Pfund Sterling – entspricht etwa 4 Millionen Talern – als englische Subsidien (Hilfsgelder) fließen.

25.08.1758

Sieg Friedrichs II. über ein russisches Heer bei Zorndorf, einem Ort rechts der Oder nahe Küstrin.

14.10.1758

Friedrichs Lieblingsschwester, die Markgräfin Wilhelmine von Brandenburg-Bayreuth, stirbt. Am selben Tag gelingt den Österreichern unter Feldmarschall Daun ein Sieg über Friedrich II. bei Hochkirch in der Oberlausitz.

12.08.1759

Schlacht bei Kunersdorf (heute in Polen: Kunowice) rechts der Oder – Friedrich II. wird zwar vernichtend geschlagen, doch auch viermal ist das Glück mit ihm im Bunde. Der Schock über diese Niederlage sitzt bei ihm so tief, dass er für drei Tage den militärischen Oberbefehl seinem Generalleutnant Friedrich August von Finck (1718-1766) überträgt.

04.09.1759

Die Österreicher zwingen die Preußen zur Kapitulation in Dresden und halten seither die Stadt bis Kriegsende besetzt..

12.10.1759

Kriegsteilnehmer G. F. L. v. Tempelhoff legt die Kanonade von Lampertswalde bei Dahlen auf den 12.10.1759;

der Historiker Artur Brabant datiert sie jedoch vier Wochen später. Die Einträge im Dahlener Kirchenbuch scheinen Tempelhoff Recht zu geben. Insofern, als zwei Reiter aus Buccows Regiment ihre Neugeborenen am 14. Oktober taufen ließen und damit indirekt die Anwesenheit ihres kommandierenden Generals v. Buccow in Lampertswalde sowie in Dahlen schon für den Monat Oktober dokumentieren.

21. 11.1759
Schweres Gefecht nahe der Ortschaft Maxen bei Dresden unter widrigsten Winterbedingungen. Der preußische General v. Finck verliert gegen Österreichs Generalfeldmarschall v. Daun. Finck, und mit ihm General Wunsch, gerät in Gefangenschaft. »Finckenfang bei Maxen«, machen sich die Österreicher in Pamphleten lustig. Eine frühe Form erfolgreicher psychologischer Kriegführung. Friedrich II., im Hauptquartier Wilsdruff, fühlt sich gehörig in seinem Feldherrenstolz getroffen. Grimmig sagt er zu seinem Vorleser de Catt: »Schändlicher Verlust bei diesem verfluchten Maxen«.

15.08.1760
Österreichische Niederlage unter Gideon Ernst von Laudon gegen ein von Friedrich II. geführtes Heer bei Liegnitz (heute Legnica in Polen). Die »Leipziger Zeitungen« melden den Tod des österreichischen Feldmarschalls, des Friedrich-Bezwingers in der Schlacht bei Kunersdorf. Der preußische König kann sich einer drohenden Umklammerung durch österreichische und zaristische Truppen entziehen.

08.10.1760
Beginn der Plünderung Berlins, der Schlösser und Rittergüter, des Zeughauses und des königlichen Marstalls, des Gießhauses (Waffenschmiede) und der Pulvermühlen durch Russen, Österreicher, Kroaten und ein Kavallerie-Regiment sächsischer Ulanen. Gräueltaten, etwa am Kastellan-Ehepaar von Schloss Schönhausen und anderen Bediensteten, werden begangen. Während die Russen im Allgemeinen manierlich in Erscheinung treten, richten die Sachsen großen Schaden insbesondere auf Schloss Charlottenburg an. Friedrichs Potsdamer Schloss Sanssouci kommt glimpflich davon; es steht unter dem Schutz des österreichischen Generals Fürst Esterhazy, der sich als Souvenir lediglich die Mitnahme eines Gemäldes aus Friedrichs Besitz gestattet. Als sich der Ruf verbreitet, Preußens Feldherr sei im Anmarsch auf Berlin, hätten die Besatzer am 12. Oktober hastig das Weite gesucht.

03.11.1760
Schlacht bei Torgau. Zwar kein glanzvoller preußischer Sieg, Friedrich II. sieht immerhin die Ehre preußischer Waffen nach dem Debakel von Maxen wiederhergestellt. Von Dresden abgesehen, können die Preußen nahezu ganz Sachsen besetzen.

18.01.1761
Beginn der 110 Tage andauernden Plünderung von Schloss Hubertusburg. Eine drastische Antwort des preußischen Königs auf die Verheerungen seiner Berliner Schlösser vom Oktober letzten Jahres.

24.12.1761
Meldung in den »Leipziger Zeitungen« besagen, vor einigen Tagen hätten sich des «Prinz Heinrichs und Prinz Albrechts von Pohlen Königl. Hoheiten in Döbeln mit einander unterredet« – leider konnte dieser Prinz Albrecht nicht identifiziert werden.

05.01.1762
Tod der Zarin Elisabeth von Russland.

07.04.1762
Heinrich Graf von Bünau, Besitzer des Schlosses Dahlen, stirbt in Oßmannstedt.

05.05.1762
Preußen und Russland schließen in St. Petersburg Frieden. Mit Schweden kommt am 22. Mai ein Friedensvertrag in Hamburg zustande.

19.06.1762
Aufgrund eines Bündnisvertrages verstärken 20 000 russische Soldaten die preußische Armee.

09.07.1762
Palastrevolte in St. Petersburg: Katharina II. stößt den Gatten Peter III. vom Zarenthron. Graf Orlow ermordet den Kaiser am 17. Juli 1762 mittels Gift. Manche Quellen sagen aber auch aus, Katharinas Günstling habe sein Opfer erdrosselt.

11.07.1762
»Schriftliche Declaration der Kaiserin von Rußland Majestät…, welche dem Königl. gevollmächtigten Minister, Freyherrn von der Golz, zu St. Petersburg zugestellt worden, und deren Inhalt dahin gehet: daß Ihro Kaisel. Majestät fest und unveränderlich entschlossen wären, mit allen Höfen, und also auch mit des Königs von Preussen Majestät, in Friede und gutem Vernehmen zu leben«, berichten die *»Leipziger Zeitungen«* in ihrer Ausgabe vom 12. August 1762.

21.07.1762
Friedrich II. siegt über die Österreicher bei Burkersdorf, einer Gemeinde im damaligen Schlesien. Katharina II. steht zur neuen Politik - ihre Truppen bleiben Gewehr bei Fuß.

29.10.1762
Letzte Schlacht im Siebenjährigen Krieg – Prinz Heinrich, Friedrichs II. Bruder, erringt den Sieg bei Freiberg in Sachsen über Österreicher und Reichstruppen.

24.11.1762
Im Rathaus zu Wilsdruff schließen Preußen und Österreicher einschließlich Sachsen einen Waffenstillstand mit dem Ziel der Wiederherstellung des Friedens.

15.02.1763
Bevollmächtigte Unterhändler der österreichischen und preußischen Majestäten bringen den Friedensvertrag von Hubertusburg zum Abschluss. Einbezogen sind die jeweiligen Kriegspartner. Auf österreichischer Seite: Frankreich und alle verbündeten oder befreundeten Reichsfürsten. Auf Seiten des preußischen Königs u.a. England.. In einem gesonderten zweiten Vertrag unterzeichnen Preußen und Sachsen (einschließlich Polen), vertreten durch den Freiherrn Thomas von Fritsch, ebenfalls ein Friedensdokument.

21.02.1763
Der vor drei Tagen ins Dahlener Schloss der Grafen von Bünau eingezogene preußische Monarch setzt an diesem Montag, dem 21. Februar Anno 1763, seine historische Unterschrift unter das *Friedens Tractat* von Hubertusburg.

13.03.1763
Freudenstimmung in Dahlen: König Friedrich II. zieht aus dem Städtchen ab. Für den vor zwei Tagen gestorbenen Andreas Saar, ein Auswärtiger *»alhier unterwegens«,* findet auf Dahlens Friedhof an diesem 13. März das Begräbnis statt. Friedrich II. begibt sich nach Torgau und ist am 16. März auf Schloss Moritzburg Gast des sächsischen Kronprinzenpaares Friedrich Christian/Maria Antonia. Von da aus bricht er über Bautzen nach Schlesien auf und verlässt endgültig kursächsisches Territorium. Überall sind Jubel-Feste angesagt.

15.03.1763
Aus Berlin erreichen die *»Leipziger Zeitungen«* eine Meldung, auf welche Art *»die hiesige Judenschaft das erfreuliche Friedens-Fest in ihrer Synagoge«* am 12. März begangen habe: *»Des Abends vorher, als der Sabbat angieng, versammlete sich die gesamte Gemeinde, nachdem alle Privat-Betstuben ernstlich untersagt worden, in ihrem Tempel. Nach dem gewöhnlichen Gebete sang der Vorsänger unter Begleitung der Nebensänger und vieler musicalischen Instrumente das gewöhnliche Sabbat-Lied, den 93ten Psalm, und sodann ein von ihm selbst in Hebräischer Sprache verfertigtes Dank-Lied ab.«*

16.03.1763
Der Wiener Korrespondent der »*Leipziger Zeitungen*« berichtet: »*Allhier sind den 7ten, 8ten und 9ten Bet-Täge den 10. Danksagung für den von GOTT den Allmächtigen verliehenen Frieden angeordnet gewesen.*«

21.03.1763
Landesweit begehen die Menschen in Sachsen an diesem Tag unter Glockengeläut »*Friedens-Jubel-Feste*«. In Oschatz wird großzügig Freibier auf dem Marktplatz ausgeschenkt. Und in der Stadt Grimma hätten sich zehn Frauen für ihren Superintendenten M. Schubarth etwa Ideenreiches ausgedacht. Sie schenkten ihrem Pfarrer aus Anlass dieses Friedensdankfestes – einen neuen Schlafrock.

30.03.1763
Preußens Feldherr nach über sechs Jahren wieder zurück in Berlin.

29.11.1780
Tod der Kaiserin-Witwe Maria Theresia, Friedrichs II. großer Gegenspielerin während der drei Kriege um Schlesien.

17.08.1786
Tod Friedrichs II. im Schloss Sanssouci. Am nächsten Tag Beisetzung in der Garnisonskirche in Potsdam neben dem Vater.

1852
Durch Heirat gelangt Schloss Dahlen bis zum Jahr 1945 in den Besitz der Adelsfamilie Sahrer von Sahr.

19.03.1973
In der Nacht zum 20. März bricht ein Feuer im Schloss zu Dahlen aus. Als Brandursache gilt ein defekter Ofenrohranschluss. Bis auf das Gemäuer wurden die meisten Stücke vom Inventar ein Raub der Flammen.

24.03.2007
Thomas Freiherr von Fritsch zu Ehren, Kursachsens Konferenzführer, lässt der »Freundeskreis Schloss Hubertusburg« (Vorsitzender: Dr. Georg Müller) einen vom Oschatzer Künstler Joachim Zehme geschaffenen Gedenkstein am historischen Ort des Friedensgipfels von 1763 aufstellen. »Sein Vorbild verpflichtet, sich für die Allgemeinheit einzusetzen«, gemahnte Rüdiger von Fritsch, einer der beim feierlichen Einweihungsakt anwesenden Nachfahren des bedeutenden sächsischen Staatsmannes.

03.01.2009
Gründung des »Schloss-und Parkvereins Dahlen e.V.«, eines Vereins »zur Sicherung, Pflege, Erhalt und kulturellen Nutzung des Schlossgebäudes und des Schlossparks«. Gründungs-Vorsitzender: Karl Berger.

Glossar

Abtritt	Toilette.
à la français (frz.)	auf Französisch.
Alma Mater (lat.)	wörtlich "nährende Mutter«; Umschreibung für Universität.
Anna Amalia	die Herzogin von Weimar war gleich in zweifacher verwandtschaftlicher Hinsicht die Nichte Friedrichs II. 1. indem ihre Mutter Friedrichs Schwester Philippine war und 2. weil die Schwester ihres Vaters, des Herzogs Carl I. von Brauschweig, Friedrichs Ehefrau Elisabeth Christine gewesen ist.
Antimachiavell	offizieller Buchtitel: »Antimachiavel, ou Examen du Prince de Machiavel«, Den Haag 1739 (1740). Der A. ist eine gegen die Thesen des ital. Politikers und Schriftstellers Nicolò Machiavelli (1469-1527) gerichtete Schrift, welcher eine frei von ethischen Normen betriebene Machtpolitik zu rechtfertigen suchte. Friedrich II. wendet sich zwar gegen ein solches Postulat, hält sich aber gleichzeitig durch eigene Thesen und Interpretationen ein Hintertürchen für eigenes staatspolitisches Handeln offen. Ab dem 1. Schlesischen Krieg 1740 praktiziert er dies.
Apel´sches Haus	auch Königshaus genannt, in Leipzig am Markt. Hausnummer 2 habe erst nach 1793 gegolten.
Aufklärung	geistige Epoche, die den Gedanken der Vernunft auf die wichtigsten Lebensbereiche transformierte. Zum Beispiel in Fragen der Religion und Theologie lehnten ihre Verfechter Dogmatismus und Bevormundung ab, und man strebte nach einer vernunftgemäßen »natürlichen« Religion. Eine Glaubensauffassung, der Preußens König Friedrich II. anhing.
Beletage (frz.)	erste (»schöne«) Etage eines Palastes oder Schlosses.
Bett-Meister	Bediensteter, der für Betten, Bettzeug, auch Tischwäsche, auf einem Schloss zuständig war.
bibliophil (griech.)	Bücher liebend.
Billett (frz.)	Briefchen.
bonmothaft (frz.)	geistreiche Bemerkung (Bonmot).
Boy (engl.)	grober Flanell.
Brandschatzung	Abwendung einer angedrohten Plünderung und/oder Feuerlegens durch auferlegte Geldbuße.
Breslau	Stadt heute in Polen: Wroclaw.
Burkersdorf	Ort heute in Polen: Burkatów.
Calbsz: mit Macronen	Kalbszunge (wahrscheinlich) mit Makronen..
Camouflage (frz.)	Tarnung.
Causa (lat.)	Fall.
Champ de bataille près Torgau	Kriegslager bei Torgau.
C´est la vie (frz.)	So ist das Leben.
Comte (frz.)	Graf.
Comtesse de Bünau (frz.)	Gräfin von Bünau.
Contenance (frz.)	Benehmen, Beherrschung, Haltung.
copuliret (lat.)	zusammenbinden, verknüpfen.
Corps de logis (frz.)	Wohngebäude.
Crawaten	Kroaten, abgeleitet von Cravate (frz. »Kroatentuch«, Krawatte, Schlips).
Danke für die Zeitung	in der Bedeutung: Danke für die Neuigkeit.
Diakon (griech.)	in der evangelischen. Kirche Helfer des Pfarrers in der Gemeindearbeit.
Echauffement (frz.)	Verstopfung, Erhitzung.
Entourage (frz.)	Gefolge.
Erzbischöfliches Mainz	Erzbistum Mainz; die Erzbischöfe von Mainz waren zugleich Kurfürsten d.h. sie waren an der Wahl (Kür) eines Kandidaten zum Kaiser beteiligt.

Eskadron (auch Schwadron)	kleinste, ca. 150 Pferde umfassende taktische Kavallerie-Einheit.
excusiren (lat.)	entschuldigen.
Ex(e)cution (lat.)	Vollstreckung einer Strafe.
Fauteillen (frz.)	Armsessel, Lehnstühle.
Federic	Unterschrift Friedrich II., wenn er französisch verfasste Briefe oder Schriftstücke unterzeichnete.
Feminat (lat.)	gesellschaftliches System mit Dominanz der Frauen.
frankophil (frz.-griech.)	in besonderer Weise allem Französischen zugetan.
Freibataillone	sie rekrutierten sich zumeist aus ausländischen Kriegsgefangenen und Deserteuren. Die Angehörigen dieser Freicorps waren berüchtigt, sie begingen schwere Kriegsverbrechen gegen die Zivilbevölkerung.
Fridericus Rex (lat.)	König Friedrich.
Friedrich II., König in/von Preußen	dieses »in« musste Friedrichs Großvater, Kurfürst Friedrich III., als kaiserliche Vorbedingung akzeptieren für die 1701 erlangte Königswürde. Da die Regelung sich gleichfalls auf den Enkel übertrug und bis zum 13.09.1772 (»Besitzergreifungspatent«) Bestand hatte, trug auch Friedrich II. den offiziellen Titel eines »Königs in Preußen«. Streng genommen hätte diese Titulatur während des 7jährigen Krieges – und damit auch in diesem Buch - gegolten.
Friedrich Wilhelm	Neffe Friedrich II. und als Friedrich Wilhelm II. späterer König von Preußen, war bis zu seiner Inthronisierung offiziell »Prinz von Preußen« – »Kronprinz« hätte sein Titel gelautet, wenn er Friedrich II. Sohn gewesen wäre.
fourniret (frz.)	geliefert, verschafft, errichtet.
Fürstbischof	ein vom Staat verliehener, nach Kirchenrecht bedeutungsloser Titel.
Füsilier	(von franz. fusil »Gewehr«); bis 1918 im deutschen Heer unterster Dienstgrad für die Mannschaften der Füsilier-Regimenter.
Geheimer Camerier (frz.)	Verwalter der königlichen Kasse.
Geheimes Consilium	ein seit 31. Januar 1756 am Weimarer Hof bestehendes zentrales Organ für alle Staatsangelegenheiten im Herzogtum Sachsen-Weimar-Eisenach, seinerzeit dominiert vom Grafen Heinrich v. Bünau.
Gleim, Johann Wilhelm Ludwig	Dichter (1719-1803), volkstümlich wurden seine »Preuß. Kriegslieder in den Feldzügen 1756 und 1757 von einem Grenadier«. Gleim starb in Halberstadt, sein Wohnhaus ist heute als Museum zugänglich.
Grundherrschaft	sie reglementierte das Verhältnis zwischen Untertan und Obrigkeit: ihr stand u.a. das Recht der Züchtigung zu, sie übte die Gerichtsbarkeit aus, besaß das Aufenthaltsbestimmungsrecht sowie das Recht zur Bewilligung zum Heiraten. Außerdem hatte der Grundherr Anspruch auf unbegrenzte Gesindedienste.
Hufe	Anteil der einzelnen Bauernfamilie an der Gemeindeflur, meist 30- 60 Morgen. Durch Teilungen der Hufe gingen Hüfner (Vollbauern) und Halbhüfner (Halbbauern) hervor. Auf die Hufe wurde in der Regel eine Steuer erhoben, der sog. Hufenschoß – den z.B. laut Gemeindebuch die Bauern von Schmannewitz zu entrichten hatten.
Hypochonder (griech.)	eingebildeter Kranker.
Incommodität (lat.)	Unbequemlichkeit.
Journal	im 18. Jahrhundert auch für Tagebuch angewendet.
Kartätsche (ital.)	mit gehacktem Blei, Eisen oder Nägeln aufgefüllte Artilleriekugel.
Klafter	altes Holz-Raummaß: 1 Klafter entsprach 3,338, cbm.
klandestin (frz.)	heimlich, geheim.
Kleinheißler	Kleinhäusler; Bewohner im eigenen Haus lebend, ohne oder mit wenig Feldbesitz und angewiesen auf Lohnarbeit.
Compagnie (frz.)	auch Kompagnie oder Kompanie; 150 bis 250 Mann.
Königliche Hoheit	steht für Prinz.

Königliche Majestät	steht für König.
Konny Savod	
»Voshod« (russ.)	Gestüt »Voshod« (wörtlich übersetzt: Pferde-Fabrik).
Kroßheißler	Großhäusler (siehe unter »Kleinheißler«).
Kurfürstentum	Herrschaftsgebiet eines zur Wahl (»küren«) des Königs (verknüpft bis 1806 mit der des Kaisers) berechtigten Kurfürsten im Deutschen Reich, z. B. das Land Kursachsen (Kurfürstentum Sachsen) oder durch einen Erzbischof (etwa Kurmainz).
Küstrin	dazumal preußische Stadt und Festung an der Oder; heute Kostrzyn (poln.).
Landes Convent	eine Art Landtag.
Landes Regentin	die Erlaubnis (sog. venia aetatis) zur Regierungsübernahme im Herzogtum Weimar wurde Anna Amalia, nachdem sie Witwe geworden war, durch Kaiser Franz I. Erteilt. Mit der Maßgabe, dessen Politik. uneingeschränkt zu unterstützen.
Landschafftl. Directori	»Sr. Excellenz dem Herrn Grafen und Landschafftl. Directori von Bünau« - Anrede auf einem Weimarer Zirkular (»Zu präsentiren«) vom (wahrscheinlich) 20. April 1761.
Les Campagnes du Roi avec des Reflexions sur les causes des événemens (frz.)	Die Feldzüge des Königs mit Betrachtungen über die Gründe der Ereignisse.
Liegnitz	heute Stadt in Polen: Legnica.
Literarisches Duett	eine Anspielung auf die einstige ZDF-Sendung »Das Literarische Quartett«.
Litzschäna	damals noch eigenständig, heute der Leipziger Stadtteil Lützschena.
Livland	zur Zeit des 7jährigen Krieges war das Gouvernement L. russ. Ostseeprovinz, mit Riga als Hauptstadt.
Magdeburg: Cartch.	Magdeburger Cartschoffeln = Magdeburger Kartoffeln.
Mantelsack	am Sattel befestigter Beutel, worin der Reiter seine persönliche Habe aufbewahrte.
Meile	Längenmaß, allerdings mit geringfügigen Abweichungen in den einzelnen Ländern des Deutschen Reiches, so dass man für eine Meile durchschnittlich 7,5 km ansetzen kann. Eine kursächsische Meile betrug mehr: 9,062 km oder zwei Stunden (gültig von 1722 bis 1840). Diese Stunden waren kein Zeit-sondern ein Längenmaß.
meliren (lat.)	mischen.
M.(onsieur) de Keller, Kommandant à Leipzig (frz.)	Herr von Keller, Kommandant in/von Leipzig.
Messieurs (frz.)	Herren.
Messzeit	Messezeit.
Mon cher frère (frz.)	mein lieber Bruder.
Müller-Torgau	scherzhafte Verballhornung der Rebsorte »Müller-Thurgau«; gezüchtet hat diese der Schweizer Weinforscher Hermann Müller-Thurgau (1850-1927).
Negaciation secrette (frz.)	Geheimverhandlung.
Ober-Vormünderin	Bezeichnung für Herzogin Anna Amalia; als Vormund ihrer beiden minderjährigen Söhne.
obligiret (lat.)	verbunden, verpflichtet.
Obrist-Wachtmeister	Major.
Ode (griech.)	zumeist ungereimte Versdichtung.
Orangerie (arab.-span.-frz.)	zu Schlössern gehörendes Gewächshaus; vorwiegend zwecks Überwinterns exotischer Flora.
Orden der Einsiedler vom vergnügten Gemüt	ein Salon, der auf Französisch lautete: »Ordre des Hermites de bonne Humeur«, 1739 von der Gothaer Herzogin Luise-Dorothee ins Leben gerufen.
orgiastisch (griech.)	abgeleitet von Orgie; schrankenlos, exzessiv.

Parforcejagd (frz.)	Hetzjagd zu Pferd.
petit (frz.)	klein.
Petschaft (tschech.)	Siegel mit Gravur, z.B. Name oder Wappen.
Pièce, eine schöne	ein schönes Stück, oder eine schöne Sache.
Pour le mérite (frz.)	«für das Verdienst"; Militär-und Zivilorden, 1740 von Friedrich II. eingeführt. Die Auszeichnung wurde nur fünf Mal an Zivilisten verliehen.
Primat (lat.)	(der oder das); eine vorzugsweise Stellung, ein Vorrang.
Prise (lat.)	eine bestimmte Menge von etwas.
Prussia ante portas (lat.)	Preußen vor den Toren.
Recompense (frz.)	Belohnung.
Reichsacht	der Bannfluch über einen Friedensbrecher, Ausschluss aus der Rechts-und Friedensgemeinschaft innerhalb des Deutschen Reiches. Nur der Kaiser konnte die Acht verhängen.
refusiren (lat.)	zurückweisen, ablehnen.
rthl.	Reichstaler.
Revers (lat.)	schriftliche Verpflichtungserklärung.
Ritterschaft	Oberschicht.
salvieren (lat.)	bewahren, retten.
Sanssouci (frz.)	»Ohne Sorgen«. SANS, SOUCI ist die authentische Schreibweise, wie sie an Friedrichs Potsdamer Schloss angebracht ist.
Schabracke (türk.-ungar.)	Paradedecke unter dem Pferdesattel.
Scheffel	Hohlmaß zwischen 30 und 300 Litern. In Preußen 54,962 l., in Bayern 222,357 l., in Sachsen 103,829 Liter.
Schlagfluss	Schlaganfall.
Schmiergeld	war von den Postkutschen-Passagieren für die Ausgabe von Schmierfett zu entrichten, welches zur Einfettung von Achsen und metallenen Lagern gegen Reibung benötigt wurde.
Se. Majestät	Seine Majestät.
Seigneur (frz.)	Herr.
Séjour (frz.)	Aufenthalt.
Sire! (frz.)	Majestät!
sistieren (lat.)	aufhören, zum Stehen bringen.
Sr. Majestät	Seiner Majestät.
Spann-, Hand- und Fuhrdienste	unentgeltliche Dienstleistungen der Bauern gegenüber ihrer adligen Grundherrschaft. Auch unter dem Wort Frondienste zusammengefasst. Spanndienste betrafen sowohl Ackerbestellung wie allgemeine Fuhren. Unter Handdiensten verstand man Arbeiten auf einem Rittergut.
spoilen (lat.)	plündern, berauben.
Status quo ante (lat.)	der Zustand, wie er vordem war.
Stödteritz	Stötteritz. Stadtteil von Leipzig, 1756 noch ein eigenständiges Dorf.
Streusanddose	handliches Behältnis zur Aufbewahrung feinen Seesandes, mit dessen Hilfe frische Tintenschriftstücke getrocknet wurden.
Stunde, eine	1 Stunde Entfernungsangabe entsprach 4.531 km per Postkutsche.
Stutterey	Pferdegestüt.
Subordination (lat.)	Unterordnung.
Subsidien (lat.)	Hilfsgelder oder Hilfsmittel eines Staates für einen anderen Staat.
Supraporte (ital.)	Sopraporte = »über der Tür«. Wohnschmuck über einer Tür - ein Gemälde oder ein Relief.
Tabatiere (frz.)	Tabakdose.
Tabourett (frz.)	Fußbank, (Sitz-) Schemel.
Tanneberg	Ort in Sachsen zwischen Nossen und Wilsdruff.
Tête-à-Tête (frz.)	zärtliches oder verschwiegenes Zusammentreffen.

Thronprätendent	Thronanwärter.
Thüringer Creyß	einer von 5 Kreisen, in die sich das Territorium Kursachsens verwaltungsmäßig aufteilte. Heinrich Graf von Bünau stand diesem Kreis als Direktor vor. Einmal, weil er Rittergutsbesitzer und Landschaftsdirektor in den Landesteilen Altenburg und Weimar war. Zum anderen aufgrund seines Status´ eines Vasallen in Sachsen.
Ultima ratio regis	ab 1742 ließ Friedrich II. diesen Spruch auf sämtliche Fahnen seiner Artillerie anfügen, wie auch auf die bronzenen Geschützrohre. Die aus Eisen bestehenden Rohre der Festungsartillerie blieben aus Stabilitätsgründen ausgenommen. Friedrich II. ahmte in der Verwendung dieses Spruches den König von Frankreich Ludwig XIV. (1643-1715) nach, der sich dessen (zurückgehend auf den spanischen Dichter Calderon) bereits bediente.
Valeur, innerer (lat.-frz.)	Wert einer Münze gemessen an seinem Gold-oder Silbergehalt.
Vasall (lat.-frz.)	Lehnsmann.
versuffene Münz-Sorten	durch Kupferbeimengung minderwertig gemachtes Silbergeld. Friedrich II. verpachtete zu diesem Zweck die Leipziger Münze, die in der Pleißenburg untergebracht war, an den jüdischen Hofjuwelier und Hauptmünzunternehmer Ephraim Itzig aus Berlin. Dieser prägte während des 7jährigen Krieges im Auftrag des preußischen Königs Falschgeld; manipulierte Münzen, für die sich im Volk die Spottbezeichnung »Ephraimiten« – aber auch »Schinderlinge« oder »Blechklappen« - einbürgerte.
Wegstunde	eine kursächsische Wegstunde, sie entsprach 4,531 km (siehe Angabe auf der Distanzsäule in Wilsdruff).
Zorndorf	nördl. Küstrin, heute polnisch: Sarbinowo.

Bibliographie

Archenholz, Johann Wilhelm von: Geschichte des Siebenjährigen Krieges in Deutschland. 2 Bde. 1840.

Arendt, Hans-Jürgen: Der Siebenjährige Krieg und die Plünderung von Schloss Hubertusburg. Hubertusburger Schriften Heft 4. Wermsdorf 2007.

Arendt, Hans-Jürgen: Der Frieden von Hubertusburg 1763. Hubertusburger Schriften Heft 5. Wermsdorf 2008.

Augstein, Rudolf: Preußens Friedrich und die Deutschen. Frankfurt a. M. 1968.

Backenberg, F. H.: Geschichte der Feldzüge der österreichischen und preußischen Armeen in den Jahren 1756-1762. Leipzig 1805.

Bahners, Patrick/Roellecke, Gerd: preußische Stile. Ein Staat als Kunststück. Stuttgart 2001.

Barsewisch, C.F. R. von: Meine Kriegs-Erlebnisse während des Siebenjährigen Krieges 1757-1763. Berlin 1863.

Bardt, Carl Friedrich: Geschichte meines Lebens. Band I und II. Reprint. 1983.

Barthen, Hans-Jürgen: Die Stadtkirche »Unser Lieben Frauen« in Dahlen. In: Der Heimatbote Nr. 23.

-: Dahlener Schloßgeschichte(n): Die Schloßanlage. In: Der Heimatbote 32.

Baumann, Lars/Schneider Gunnar: Das Dahlener Schloss. Projektarbeit der EOS-Schüler. In: Rund um den Collm. 8.08.1992.

Beaulieu-Marconnay, Carl Freiherr von: Der Hubertusburger Friede. Leipzig 1871.

Beier, Karl/Dobritzsch, A.: Tausend Jahre deutscher Vergangenheit in Quellen heimatlicher Geschichte, insbesondere Leipzigs und des Leipziger Kreises. Bd. II. Leipzig 1911.

Berger, Joachim: Anna Amalia von Sachsen Weimar-Eisenach (1739-1807). Heidelberg 2003.

Bergsträßer, Wilhelm: Die königlich sächsischen Strafanstalten. Insbesondere die Strafanstalten zu Hubertusburg. Leipzig 1844.

Berner, Ernst: Geschichte des Preußischen Staates. Reprint. Bonn 1896.

Biedrzynski, Effi: Goethes Weimar. Das Lexikon der Personen und Schauplätze. Düsseldorf/Zürich 1999.

Bischoff, Johannes: Genealogie der Ministeriale von Blassenberg und Freiherrn von (und zu) Guttenberg 1148-1970. Würzburg 1971.

Bleckwenn, H.: Unter dem Preußenadler. Das brandenburgisch-preußische Heer 1640-1807. Gütersloh 1978.

Bleibtreu, Karl: Vivat Fridericus! Berlin 2002.

Bockius, Paul F.: Friedrich der Große. Mann des Jahres 1757. Frankfurt 1999.

Bödecker, Erhardt: Preußen und die Wurzeln des Erfolgs. München 2005.

Borchardt, Georg: Die Randbemerkungen Friedrichs des Großen. I. Teil. Potsdam o. J.

-: Herrschen und dienen. Die Randbemerkungen. II. Teil. Potsdam 1937.

Bornhak, F.: Anna Amalia. Herzogin von Sachsen-Weimar-Eisenach. Berlin 1892.

Bößneck, Ron/Schneider, René/Palme, Jens: Dahlen von der Gründung bis zur Gegenwart. In: Rund um den Collm. 24.10.1992.

Bothendorf, Steffen: Die Entwicklung der Pferdezucht in Graditz. In: Graditz und seine Pferde. 2004 – 1000 Jahre Graditz.

Böttcher, H./Rabich, B./Schmidt/L. (Hrsg.): Thüringen in Wort und Bild. Bd. II. Leipzig 1910.

Brabant, Artur: Das Heilige Römische Reich teutscher Nation im Kampf mit Friedrich dem Großen. Dritter Band Der Kampf um Kursachsen 1759. Dresden 1931.

-: Das Oschatzer Land im 7jährigen Kriege. Monatsbeilage des Oschatzer Tageblattes. Oschatz 1929.

Bringmann, Wilhelm: Friedrich der Große. 2006.

Brodrück, Karl: Quellenstücke und Studien über den Feldzug der Reichsarmee von 1757. Leipzig 1858.

Buchwald, D. Georg (Hrsg.): Neue Sächsische Kirchengalerie. Die Ephorie Meißen. Leipzig 1902.

Buchwald, Reinhard (Hrsg.): Goethes Werke in 10 Bänden. I. Band Dichtung und Wahrheit u. VI. Bd. Wilhelm M. Weimar 1956.

Bünau, Heinrich Graf von: Historie des Kriegs zwischen Frankreich, England und Teutschland. 4 Teile. Regensburg 1763-1767.

Bürger, J. Chr. A.: Vorgänge in und um Torgau während des Siebenjährigen Krieges, namentlich die Schlacht bei Süptitz am 3. November 1760. Torgau 1860.

Büsching, Anton Friedrich: Friedrich der Große privat. Bericht eines Zeitgenossen. Karwe o.J.

Carlyle, Thomas: Geschichte Friedrichs des Zweiten, genannt der Große. Band 6. Meersburg am Bodensee 1928.

Clark, Christopher: Preußen. Aufstieg und Niedergang 1600-1947. 2. Aufl., München 2007.

Consentius, Ernst: Alt-Berlin Anno 1740. Berlin 1911.

Cotoni, Marie-Hélène: Correspondance de Frédéric II. avec Louise-Dorothée de Saxe-Gotha (1740-1767). Oxford 1999.

Delbrück, Hans: Das Leben des Feldmarschalls Grafen Neithardt von Gneisenau. Berlin 1882.

Diegmann, Ursula/ Schmidt, Kathleen: Dahlen und seine Rathäuser. In: Sächsische Heimat Blätter 4/2008.

Dietrich, Richard (Hrsg.): Politische Testamente der Hohenzollern. München 1981.

Diewald, Hellmut (Hrsg.): Im Zeichen des Adlers. Portraits berühmter Preußen. Bergisch-Gladbach 1981.

Dorn, Günter/Engelmann, Joachim: die Schlachten Friedrichs des Großen. Augsburg 1997.

Droysen, Hans: Tageskalender Friedrichs des Großen. Teil 2: 1740-1763. In: FBPG 29, 1916.

Droysen, Hans: Der Briefwechsel Friedrichs des Großen mit der Gräfin Camas und dem Baron Fouqué. Bd. I. Aus den Veröffentlichungen des Archivs Preußischer Kulturbesitz. Ausgewählt und übersetzt von Hans Droysen. Köln und Berlin 1967.

Dürr, Alphons: Adam Friedrich Oeser. Ein Beitrag zur Kunstgeschichte des 18. Jahrhunderts. Leipzig 1879.

Duffy, Christopher: Feldmarschall Browne. Wien, München 1966.

-: Friedrich der Große. Ein Soldatenleben. Zürich-Köln 1986.

Easum, Chester V.: Prinz Heinrich von Preußen. Bruder Friedrichs des Großen. Göttingen-Berlin-Frankfurt/Main 1958.

Engelmann, Bernt: Preußen Land der unbegrenzten Möglichkeiten. Gütersloh 1979.

Engelmann, Joachim: Friedrich der Große und seine Generale. Köln 1973.

Fellmann, Walter: Heinrich Graf Brühl. Leipzig 1989.

Fischer-Fabian, S.: Preußens Gloria. Der Aufstieg eines Staates. München 1977.

Fleck, August: Historische und physicalische Nachricht von dem königl. poln. und churfürstl. Sächsischen Jagt-Palais, Hubertsburg, nach dessen Ursprung, Erbauung, natürl. Eigenschafft und Vollkommenheit. Leipzig 1740.

Fraustadt, Albert: Die Parochie Dahlen. In: neue Sächsische Kirchengalerie. (Hrsg.) D. Georg Buchwald. Leipzig 1901.

Funcken, Liane und Fred: Historische Uniformen. Mosaik Verlag 1977.

Gaus, Eugen: General Johann Jakob v. Wunsch. Ein Gedenkblatt für die Heidenheimer Jugend. Heidenheim 1917.

Gaxotte, Pierre: Friedrich der Große. Frankfurt/Main, Berlin, Wien 1977.

Görlitz, Walter: Die Junker. Adel und Bauer im deutschen Osten. Glücksburg 1947.

Goethe, August von: Wir waren sehr heiter. Reisetagebuch 1819. (Hrsg.) Gabriele Radecke. Berlin 2007.

Götz, Ulrike (Redaktion): Graf Heinrich von Bünau – ein «merk-würdiger« Sachse. Festschrift der Ausstellung aus Anlass seines 300. Geburtstages 1797-1997. (Hrsg.) Studienstätte Schloss Nöthnitz e.V., 1997.

Gooch, G. P.: Friedrich der Große. Herrscher-Schriftsteller-Mensch. München 1975.

Graupner, Volker: Landesherren und Landstände. In: Die Wettiner in Thüringen. Geschichte und Kultur in Deutschlands Mitte. (Hrsg.) Hans Hoffmeister/Volker Wahl. Arnstadt und Weimar 1999.

Groehler, Olaf: Das Heerwesen in Brandenburg und Preußen von 1640-1806. 2001.

Groß, Reiner: Geschichte Sachsens. Leipzig 2001.

-: Hubertusburg im Siebenjährigen Krieg. In: SAXONIA Schriftenreihe des Vereins für sächsische Landesgeschichte e.V. Band 3. Schloß Hubertsburg Werte einer sächsischen Residenz. 1997.

Große, Karl: Geschichte der Stadt Leipzig. Leipzig 1842.

Guddat, Martin: Handbuch der preußischen Militärgeschichte 1701-1786. Hamburg/Berlin/Bonn 2001.

Gurlitt, Cornelius: Beschreibende Darstellung der älteren Bau-und Kunstdenkmäler des Königreichs Sachsen. Heft 27: Amtshauptmannschaft Oschatz. Dresden 1905.

Guttenberg, Franz Karl Freiherr von: Bilder aus der Vergangenheit der fränkischen Herrschaft und Burg Plassenberg. München 1912.

Hahn, Karl-Heinz: Jakob Friedrich von Fritsch. Minister im klassischen Weimar. Weimar 1953.

Hamm von Sahr, Marianne: Von Deutschland nach Deutschland. Frankfurt/Main 1978.

Hase, Karl-Günther von/Appel, Reinhard (Hrsg.): Preußen 1701/2001. Köln 2001.

Hasse, Ernst: Geschichte der Leipziger Messen. Leipzig 1885.

Hauschild, Vera (Hrsg.): Die großen Leipziger. Leipzig 1996.

Heinrich, Gerd (Hrsg.): Berlin und Brandenburg. Handbuch der historischen Stätten Deutschlands. Bd. 10. Stuttgart 1973.

-: Geschichte Preußens. Staat und Dynastie. Frankfurt/Main 1981.

Heinz, G.: Der Hubertusburger Friede. In: Rund um den Collm. 15.03.1993.

Helmes, H.: Die fränkischen Kreistruppen im Kriegsjahr 1758 und im Frühjahrsfeldzuge 1759. München 1908.

Henze, Friedrich: Friedrich der Große in Dahlen. In: Die Heimat Nr. 7. 1931.

Hoffmann, M. Carl Samuel: Historische Beschreibung der Stadt, des Amtes und der Diöces Oschatz in älteren und neueren Zeiten. Oschatz 1817.

Holzapfel, Rudolf: Magdeburg eine Zufluchtsstätte für die königliche Familie während des siebenjährige Krieges. In: Festschrift zur 25jährigen Jubel-Feier des Vereins für Geschichts-u. Altertumskunde des Herzogtums und Erzstiftes Magdeburg. Magdeburg 1891.

Hommel, Frank: Süptitzer Streiflichter aus 7 Jahrhunderten. 1990.

Jäckel, Günter (Hrsg.): Dresden zur Goethezeit. Die Elbestadt von 1760-1815. Berlin 1990.

Jahn, Otto (Hrsg.): Goethes Briefe an Leipziger Freunde. Leipzig 1849.

Jany, Curt: Geschichte der Königlich Preußischen Armee bis zum Jahr 1848. II. Band. Berlin 1928.

Jericke, Alfred: …es ist ein klein Paris. Leipzig 1965.

Jeschke, Joachim: Die Schlacht bei Torgau am 3. November 1760. Ein preußischer Pyrrussieg. Kleine Schriften des Torgauer Geschichtsvereins. Heft 21. Torgau 2010.

John, Manfred: Die Wiederentdeckung des Großen Hubertussaales. In: Der Heimatbote, Heft 21. Oschatz 2001.

-: Eine Führung durch die Schlossanlage Hubertusburg. Hubertusburger Schriften, Heft 1. Wermsdorf 2004.

Johne, Albert: Geschichte der Sächsischen Pferdezucht. Leipzig 1888.

Kempen, Otto Ernst: Das Spektakel des Hauses Brandenburg oder: Wenn sich ein Landesfürst selbst erhöht. In: Preußenjahrbuch. Ein Almanach. Berlin 2001.

Kessel, E.: Quellen und Untersuchungen zur Geschichte der Schlacht bei Torgau. In: Schriften der Kriegsgeschichtlichen Abteilung im Historischen Seminar der Friedrich-Wilhelms-Universität Berlin. Allgemeine Reihe, XVII. Berlin 1937.

Koelling, M.: Elsnig, Hauptquartier Friedrichs des Großen vom 3. Zum 4. November 1760. Torgau 1910.

Koenigswald, H. von: Preußisches Lesebuch. München 1967.

Koetschau, Karl: Luise Dorothee. Eine Freundin Friedrich des Großen und Voltaires. Berlin 1941.

Kötzschke, Rudolf/ Kretzschmar, Hellmut: Sächsische Geschichte. Würzburg 2002.

Koser, Reinhold: Geschichte Friedrichs des Großen. 4 Bände, 1893-1905.

Krämer, Hugo: Wermsdorf und seine Schlösser, Wälder und Seen. In: Landesverein Sächsischer Heimatschutz. Bd. XV. Dresden 1926.

Krocker, Ernst: Leipzig im Siebenjährigen Krieg. In: Quellen zur Geschichte Leipzigs Bd. 2. (Hrsg.) Gustav Wustmann. Leipzig 1895.

Kugler, Franz Theodor: Geschichte Friedrich des Großen. Leipzig 1894.

Kühne, A./Ranft, A.: Geschichten und Geschichte in und um Wilsdruff. Ein Heimatbuch fürs Wilsdruffer Land. Verein für Natur-und Heimatkunde 1930. Nachdruck Wilsdruffer Tageblatt und Meißener Tageblatt, 1994.

Kunisch, Johannes: Friedrich der Große. Der König und seine Zeit. München 2004

Kuntke, Bruno: Friedrich Heinrich von Seckendorff (1673-1763). Historische Studien Bd. 49. Matthiesen Verlag 2007.

Lehmann, Rudolf: Beitrag zur Geschichte des Sächsischen Jagd-und Residenzschlosses. Gemeindeverwaltung Wermsdorf (Hrsg.) o. J.

Lehndorff, Ernst Ahasverus Heinrich von: Dreißig Jahre am Hofe Friedrichs des Großen. Tagebücher. (Hrsg.) K. E. Schmidt Lötzen. Gotha 1907.

Leithold, Norbert: Friedrich der Große – wie er wirklich war. Taucha 2005.

Leonhardi, Friedrich Gottlob: Geschichte und Beschreibung Leipzigs. Leipzig 1799.

Leppmann, Wolfgang: Winckelmann. Ein Leben für Apoll. Berlin 1996.

Lippert, Woldemar (Hrsg.): Kaiserin Maria Theresia und Kurfürstin Maria Antonia von Sachsen. Briefwechsel 1747-1772. Leipzig 1908.

Liffner, Erhard: Torgau während des Siebenjährigen Krieges 1756-1763. Schriftenreihe des Kreismuseums Torgau, Heft 3. Torgau 1987.

Löffler, Katrin (Hrsg.): Als Studiosus in Pleiß-Athen. Autobiographische Erinnerungen von Leipziger Studenten des 18. Jahrhunderts. Leipzig 2009.

Lorenz, M. Christian Gottlob: Die Stadt Grimma im Königreiche Sachsen. Leipzig 1856.

Markus, Paul: Kriegsdrangsale und Bürgerleben in Meißen 1618-1815. In: LV Sächs. Heimatschutz XVIII. Dresden 1931.

Massenbach, Louis Ferdinand Freiherr von: Die Hohenzollern einst und jetzt. Bonn 2009.

Mendelssohn-Bartholdy, Gustav (Hrsg.): Der König. Friedrich der Große in seinen Briefen und Erlassen. 1923.

Milde, Kurt: Schloss Hubertusburg. Baugeschichte und Ausblick. Hubertusburger Schriften, Sonderheft. 2008.

Mitford, Nancy: Friedrich der Große. München 1973.

Mittenzwei, Ingrid: Friedrich II. von Preußen. Eine Biographie. Berlin-Köln 1980.

Mittenzwei, Ingrid/Herzfeld, Erika: Brandenburg-Preußen 1648-1789. Das Zeitalter des Absolutismus in Text und Bild. Berlin 1990.

Müller, Manfred (Hrsg.): Das war der Rundblick 1954-1990. Heimat zwischen Collm und Mulde. Beucha 2009.

Neitzel, Sönke/Hohrath, Daniel (Hrsg.): Kriegsgräuel. Die Entgrenzung der Gewalt in kriegerischen Konflikten vom Mittelalter bis ins 20. Jahrhundert. Paderborn 2008.

Neumann, Hans-Joachim: Friedrich der Große. Feldherr und Philosoph. Berlin 2000.

Obser, Karl: Die Mission des Freiherrn Georg Ludwig von Edelsheim im Jahre 1760.

Osten, Jenny von der: Luise Dorothee. Herzogin von Sachsen-Gotha. Leipzig 1893.

Otto, Hans: Gneisenau. Preußens unbequemer Patriot. München 1979.

Pangels, Charlotte: Königskinder im Rokoko. Die Geschwister Friedrichs des Großen. München 1976.

-: Friedrich der Große. Bruder, Freund und König. München 1985.

Patze, Hans (Hrsg.): Thüringen. Handbuch der historischen Stätten Deutschlands. 9. Bd. Stuttgart 1989.

Pertz, J.H.: Das Leben des Feldmarschalls Graf Neithardt von Gneisenau. In: Sächsische Heimatblätter. Heft 3/1999.

Preußen, Friedrich Wilhelm Prinz von (Hrsg.): Preußens Könige. München, Gütersloh, Wien 1972.

Preußen, Sibylle Prinzessin von/ Preußen, Friedrich Wilhelm Prinz von: Die Liebe des Königs. Friedrich der Große, seine Windspiele und andere Passionen. München 2006.

Räbiger, Rocco: Die Schlacht bei Torgau 1760 und ihre Denkmale. In: Kleine Schriften des Torgauer Geschichtsvereins e.V. Heft 3. Torgau 1993.

Ranke, Leopold von: Preußische Geschichte. Wiesbaden 1975.

Riedel, Horst: Chronik der Stadt Leipzig. Eisenach 2001.

-: Stadtlexikon. Leipzig von A-Z. Leipzig 2005.

Riemer, W.: Das Schloß Hubertusburg sonst und jetzt, Oschatz 1881. In: Rundblick 12/1956.

Ringleb, Frank: Von verschwundenen Distanzsäulen unserer Heimat. In: Der Heimatbote, Heft 5, Oschatz 2002.

Ritter, Albert (Hrsg.): Friedrich der Große. Werke und Schriften. Augsburg 1998.

Ritter, Gerhard: Friedrich der Große. Düsseldorf 1978.

Rodekamp, Volker (Hrsg.): Leipzig original. Stadtgeschichte vom Mittelalter bis zur Völkerschlacht. Leipzig 2006.

Rody, Theo: Preußen und Österreich im Ringen um die deutsche Seele. München 1946.

Rödenbeck, Karl Heinrich Siegfried: Tagebuch oder Geschichtskalender aus Friedrichs des Großen Regentenleben (1740-1786). Berlin 1840.

Rothe, Carl (Hrsg.): Die Mutter und die Kaiserin. Briefe der Maria Theresia an ihre Kinder und Vertrauten. Aus dem Französischen übertragen u. herausgegeben von Carl Rothe. Wien, München 1968.

Ruchat, Anna: Thomas Manns Roman-Projekt über Friedrich d. Großen im Spiegel der Notizen. In: Studien Zur Germanistik, Anglistik und Komparatistik, Band 121. Bonn 1989.

Sahrer von Sahr, Carl: Heinrich des H. R. R. Graf von Bünau aus dem Hause Seußlitz. Dresden 1869.

Schaefer, Arnold: Geschichte des siebenjährigen Kriegs. Berlin 1874.

Schattkowsky, Martina (Hrsg.): Die Familie von Bünau. Schriften zur Sächsischen Geschichte und Völkerkunde, Band 27. Leipzig 2008.

Scheurig, Bodo: Friedrich der Große. In: Im Zeichen des Adlers. (Hrsg.) Hellmut Diewald. Bergisch Gladbach 1981.

Schieder, Theodor: Friedrich der Große. Ein Königtum der Widersprüche. Frankfurt am Main/Berlin/Wien 1983.

Schlesinger, Walter (Hrsg.): Sachsen. Handbuch der historischen Stätten Deutschlands. 8. Bd. Stuttgart 1990.

Schlüter, Gisela: Reichsgraf Heinrich von Bünau. In: Azmenstat 956/2006 Oßmannstedt Festschrift. (Hrsg.): Gemeinde Oßmannstedt. Redaktion: Johannes Cämmerer. Weimar 2006.

-: Heinrich Reichsgraf von Bünau und seine Familie. In: Heinrich Graf von Bünau (1697-1762). Gedenkschrift zur Ausstellung aus Anlaß seines 240. Todestages. (Hrsg.): Evang.-Luther. Kirchengemeinde Oßmannstedt 2002.

-: Heinrich Reichsgraf von Bünau - Stationen seines Lebens und Die Trauerfeierlichkeiten. In: s.o.

Schmidt, C.: Der siebenjährige Krieg. Mitgeteilt von G. Abitzsch: Kriegsnot in Schkeuditz. 1897.

Schmidt, O.E.: Kursächsische Streifzüge. Eine Auswahl. Zusammengestellt von H. Pönicke. Frankfurt/Main 1961.

Schmidt, Robert: Die Rolle des Dahlener Schlosses beim Hubertusburger Friedens. Heft 28 der Reihe: Heimatbote – Ausflüge in Kultur und Geschichte zwischen Elbe und Mulde.…

-: Der Zustand von Hubertusburg am Ende des 7jährigen Krieges. Heft 30 der Reihe: Heimatbote. Oschatz 2004.

-: Die Region um Oschatz und Meißen im 7jährigen Krieg. Oschatz 2005.

-: Der 7jährige Krieg 1756-1763 zwischen Elbe und Mulde. Oschatz 2007.

-: Die Grafen von Fritsch auf Seerhausen. Heft 39 der Reihe: Heimatbote. Oschatz 2007.

-: Das Erbe des Thomas Freiherr von Fritsch. Heft 40 der Reihe: Heimatbote. Oschatz 2007.

Schöning, Kurd Wolfgang von: Der siebenjährige Krieg. 3. Band. Potsdam 1852.

Schöps, Hans-Joachim: Preußen. Geschichte eines Staates. Berlin 1966.

Schreiber, Hermann: August der Starke. 1981.

Schüßler, Willy: Friedrich der Große. Gespräche mit Catt. Leipzig 1940.

Schultze, Werner: Heinrich von Bünau. Ein kursächsischer Staatsmann, Gelehrter und Mäcen Inauguraldissertation. Leipzig 1933.

Schulz, Johann Gottlob: Beschreibung der Stadt Leipzig. 1784.

Schumann, Hans (Hrsg.): Friedrich der Große. Mein lieber Marquis! Zürich 1985.

Schurig, Max: Die Geschichtsschreibung des Grafen Heinrich von Bünau. Naumburg a. d. Saale. 1910

Schwartz, J. von: Das Königl. Preussische Hauptgestüt Graditz. Berlin 1870.

Schwineköper, Berent (Hrsg.): Provinz Sachsen-Anhalt. Handbuch der historischen Stätten Deutschlands. 11. Band. Stuttgart 1987.

Seifert, Siegfried: Die Kapelle im Schloß Hubertusburg. In: SAXONIA Schriftenreihe des Vereins für sächsische Landesgeschichte e.V. Band 3. Schloß Hubertusburg Werte einer sächsischen Residenz. 1997.

Simon, Edith: Friedrich der Große. Werden eines Königs. Tübingen 1963.

Sinn, Dieter und Renate: der Alltag in Preußen. Frankfurt/Main 1991.

Stadt Leipzig (Hrsg.): Zeitung Drucken ist ein wichtiges Werk. 350 Jahre Tagespresse in Leipzig. Leipzig 2000.

Stark, Harald: Kriegszeiten in Braunersgrün. Erzähler vom Gabelmannsplatz. Heimatbeilage der Frankenpost/ Sechsämterbote Nr. 17. Wunsiedel 1991.

Steinbrück, Paul Gotthilf: Säbel und Schraubstock. Erinnerung an den Helden im siebenjährigen Kriege General Johann Jakob von Wunsch. 1913.

Sturmhoefel, Konrad: Illustrierte Geschichte des Albertinischen Sachsen. 1. Abteilung: von 1500-1815. Leipzig 1909.

Suchenwirth, Richard: Maria Theresia. Ein Kaiserleben. Reprint. Leipzig 1975.

Tempelhoff, G. F. L. von: Geschichte des Siebenjährigen Krieges in Deutschland zwischen dem Könige von Preußen und der Kaiserin Königin mit ihren Alliierten. 4 Bände. Berlin 1786/87.

Tharau, Friedrich-Karl: Die geistige Kultur des preußischen Offiziers von 1640-1806. Mainz 1968.

Thiébault, Dieudonné: Friedrich der Große und sein Hof. Persönliche Erinnerungen an einen 20jährigen Aufenthalt in Berlin. 1. Band. Paris 1813. Reprint Stuttgart o.J.

Thüna, l. Freiherr von: Die Würzburger Hilfstruppen im Dienste Österreichs 1756-1763. Würzburg 1893.

Tielke, J. G.: Beyträge zur Kriegskunst und Geschichte des Krieges von 1756-1763. I. und III. Stück. Freyberg 1776 und 1778.

Vehse, Karl Eduard: Preußische Hofgeschichten. 4 Bde., München 1913.

Venohr, Wolfgang: Fritz der König. Bergisch Gladbach 1981.

-: Fridericus Rex. Friedrich der Große. Porträt einer Doppelnatur. Bergisch Gladbach 1985.

Vogel, Julius: Goethes Leipziger Studentenjahre. Leipzig 1909.

Vogler, Günter/ Vetter, Klaus: Preußen von den Anfängen bis zur Reichsgründung. Berlin 1984.

Volz, Gustav Berthold (Hrsg.): Ausgewählte Werke Friedrichs des Großen. I. und II. Band. Berlin 1916 und 1917.

Wenzel, Michael: Adam Friedrich Oeser. Theorie und Praxis in der Kunst zwischen Aufklärung und Klassizismus. Weimar 1999.

Wilde, Manfred: Das Barockschloß Delitzsch als Witwensitz der Herzöge von Sachsen- Merseburg. In: Barocke Fürstenresidenzen an Saale, Unstrut und Elster. (Hrsg.) Museumsverbund »Die 5 Ungleichen e.V.« Petersberg 2007.

Windsheimer, Bernd: Kurzführer durch das Armeemuseum. Friedrich der Große auf der Plassenburg. Faltblatt o. J.

Wirth, Irmgard: Berlin 1650-1914. 1979.

Wise, Terence/Rosignoli, Guido: Flaggen und Standarten 1618-1900. München 1978.

Witkowski, Georg: Geschichte des Literarischen Lebens in Leipzig. Leipzig und Berlin 1909.

Wustmann, Gustav (Hrsg.): Quellen zur Geschichte Leipzigs. Leipzig 1895.
Wuttke, Heinrich (Hrsg.): Die drei Kriegsjahre 1756, 1757, 1758 in Deutschland. Aus dem Nachlasse Johann Ferdinand Huschberg´s. Leipzig 1856.
Zarncke, Friedrich (Hrsg.): Leipzig und seine Universität im 18. Jahrhundert. Aufzeichnungen des Leipziger Studenten Johann Heinrich Jugler aus dem Jahre 1779. Leipzig 1909.
Ziebura, Eva: Prinz Heinrich von Preußen. In: Preußische Köpfe. Berlin 1999.
-: Prinz Heinrich in Rheinsberg. In: Die Mark Brandenburg, Heft 46/2002.
Zittel, Manfred: Erste Lieb´ und Freundschaft. Goethes Leipziger Jahre. Halle 2007.

Archivalien

Bayerisches Hauptstaatsarchiv - Abteilung Kriegsarchiv BayHStA B 221, Seite 44.
Berlin (Dahlem), Geheimes Staatsarchiv Preußischer Kulturbesitz: HA I/Rep. 36 Nr. 921, 1466.
Coburg: Kunstsammlung der Veste Coburg.
Dahlen, Heimatmuseum: Gemäyne Buch (Gemeindebuch) von Schmannewitz, 1755 bis 1762. Reg. Nr.: T 0459.
	Transkription: Hartmut Finger.
Dahlen, Ev.-Luth. Pfarramt: »Verzeichniß derer Getrauten, Getauften und Begrabenen in und bey der
	Kirche zu Dahlen von Anno Christi 1755 an biß 1799«.
Dresden, Sächsisches Hauptstaatsarchiv. SHSA: Geh. Kab. Kanzlei 1761; 10439 Grundherrschaft Nöthnitz Nr.
	21, 187;
	10026 Geheimes Kabinett, Loc. 494/03 Bl. 205a bis 212a und Bl. 212/1 bis 212/12.
Gotha, Thüringisches Staatsarchiv (ThStA Go.): Geheimes Archiv E XIII a Nr.15 Bl. 47, Bl. 47 RS,
	Bl. 48, Bl. 48 RS, Bl. 49, Bl. 49 RS, Bl. 50, Bl. 50 RS, Bl. 51, Bl. 51 RS, Bl. 52, Bl. 54, Bl. 54 RS.
Lampertswalde, Ev.-Luth. Pfarramt: Matrikel 18. Jahrhundert.
Leipzig, Stadtarchiv: »Ausgabenbuch über Ausgaben für die Besatzung in der Pleißenburg 1746-1763«.
	XXXVII, 20. Einträge vom 5.08.1756; 1761 und 1762 über Reinigung der »Cloake«.
Leipzig, Sächsisches Staatsarchiv: Brief der Marie Martin vom 11. April 1763 an Friedrich II. Rittergut Dahlen
	1610-1929 (20368), Vorwort: Ursula Hoffmann.
Leipzig, Stadtarchiv: sog. Journal des Chronisten Johann Matthias Burchardi 1756-1763. Tit. LXI (F) Nr. 10.
Leipzig, Stadtarchiv: sog. Riemer-Chronik 1756-1763.
Meißen, Stadtarchiv: Altes Archiv Repos. V I. Abt. Militaria Nr. 294 und Nr. 477.
Schildau, Museum: Matrikel aus Pfarramt Schildau vom 27.10.1760 (Faksimile); Matrikel vom 22.10.1761
	aus Pfarrei in Herzogenaurach (Faksimile).
Schmannewitz, Ev.-Luth. Pfarramt: Matrikel 18. Jahrhundert.
Torgau, Stadtarchiv: Dokumente H 232/Nr. 78; H 237.
Weimar, Thüringisches Hauptstaatsarchiv (ThHSTAW): Landschaft und Landtag NB I.72, BL. 104r - 127 r;
	Krieg und Frieden H 1300, BL.13r.
Wermsdorf, Ev.-Luth. Pfarramt: Matrikel 18. Jahrhundert.
Wermsdorf, Katholisches Amt: Matrikel 18. Jahrhundert.

Zeitungen/Publikationen/Lexika

Allgemeine Deutsche Biographie. Leipzig 1873.
Bild am Sonntag vom 30.11.2008. Böger/Helmut/Hauck/Stefan: Deutschland Deine Könige. Friedrich
	der Große. (Dokumentation: Kay Blohm) Folge 4.
Clark, Christopher: Diener auf dem Thron. Spiegel Special 3/2007.
dtv Lexikon.
Ersch, J. S./Gruber, J. G. (Hrsg.): Allgemeine Encyklopädie der Wissenschaften und Künste. Leipzig 1832.
EXTRACT der eingelauffenen Nouvellen: Leipzig den 4.09.1756; 17. 01.1761; 18.04.1761; 24.12.1761;
	4.12.1762.
Kindler Lexikon, Band XIV.
Kneschke, Ernst Heinrich: Neues Allgemeines Deutsches Adels-Lexikon, Band II und III. Leipzig 1929.
Konny Savod »Voshod« 2000 (russ.) - Gestütsbroschüre vom Jahr 2000.

»Leipziger Zeitungen«: vom 31.08.1756; 16.09.1756; 9.08.1759; 4.09.1759; 24.03.1760; 25.08.1760; 7.04.1761; 3.06.1761; 16.06.1761; 26.08.1761; 24.12.1761;1.02.1762; 28.02.1762; 12.08.1762; 23.08.1762; 1.11.1762; 7.02.1763; 23.02.1763; 22.03.1763; 23.03.1763; 21.04.1763.

»Magdeburg: privilegirte Zeitung«: vom 19.02.1763; 5.03.1763; 8.03.1763.

Meyers Lexikon, 1926.

»Neue Zeitungen von Gelehrten Sachen – Auf das Jahr 1756«; und auf das Jahr 1763. No. XIV. Leipzig.

»Oschatzer Allgemeine Zeitung«. Lars Baumann/Gunnar Schneider: Das Dahlener Schloß. Projektarbeit der EOS-Schüler. In: Rund um Collm.1992.

»Oschatzer Allgemeine Zeitung« vom 26.03.2007 über Einweihung des Fritsch-Denkmals.

Politische Korrespondenz Friedrichs des Großen. Bände 19 bis 23. Berlin 1892/93/94/95/96.

»Rundblick«: Nr.12/1956.

»Rund um den Collm«. Ron Bößneck/René Schneider/Jens Palme: Dahlen von der Gründung bis zur Gegenwart. 24.10.1992.

Trunz, Norbert: Wie Herr von Braatz Preußens Ehre rettete. In: »Die Welt« vom 31.05.1986.

Winters, Peter Jochen: Marxwalde im Oderbruch. In: »Frankfurter Allgemeine Zeitung« vom 9.08.1986.

Wurzbach, Constant von: Biographisches Lexikon des Kaiserthums Oesterreich. Wien 1857.

Zedler, Johann Heinrich: Großes vollständiges Universal-Lexikon. Graz 1961.

Internet

http: //www. schlossneu hardenberg.de

http: //de. wikipedia.org/wiki/Joachim Bernhard von Prittwitz

www.biogrphie-portal.eu

http: //www.grosser-generalstab.de/aufsatz/ec01.html

Für freundlich gewährte Unterstützung
danken die Autoren

Dr. Maren Ballerstedt (Stadtarchiv Magdeburg); Rosemarie Barthel (Thüringisches Staatsarchiv Gotha); Hans-Jürgen Barthen (Ev.-Luth. Pfarramt Dahlen); Kornelia Bobbe (Geheimes Staatsarchiv Preussischer Kulturbesitz, Berlin-Dahlem); Steffen Bothendorf (Sächsisches Hauptgestüt Graditz); Carla Calov (Stadtarchiv Leipzig); Sylvia Dänitz (Ev.-Luth. Pfarramt Wermsdorf); Hartmut Finger (Heimatmuseum Dahlen); Birgit Göllnitz (Ev.-Luth. Pfarramt Schmannewitz); Angelika Gräber/Simone Mieth (Stadtarchiv Torgau); Dr. Volker Graupner (Thüringisches Hauptstaatsarchiv Weimar); Rosemarie Hasenbein (Pfarrei Langen-Reichenbach); Yvonne Hörnlein (Thüringisches Staatsarchiv Meiningen); Egon Krausewitz (Pfarrei Elsnig); Tom Lauerwald (Stadtarchiv Meißen); Gabriela Lehmann//Nicole Bräuer/Susanne Heller (Museum Schloss Hubertusburg); Dr. Eckhart Leisering (Sächsisches Hauptstaatsarchiv Dresden); Brigitte Lohner (Thüringisches Staatsarchiv Rudolstadt); Ulrich Miene (Pfarramt Lampertswalde); Steffi Müller (Stadtarchiv Meuselwitz); Kathrin Niese (Stadtmuseum Torgau); Horst Pawlitzky (Lützschena-Stahmeln); Pfarrer Martin Prause/Maria Mudra (Katholisches Amt Wermsdorf); Kantor i.R. Johannes Rudolph (Pfarrei Laas); Dr. Klaus Rupprecht (Staatsarchiv Bamberg); Dr. Jürgen Saupe/Dr. Johann Pörnbacher (Bayerisches Hauptstaatsarchiv/Kriegsarchiv München); Bernd Reiche (Heimatverein Nischwitz); Heike Schmidt (Stadtarchiv Heidenheim); Robert Schmidt (Publizist, Oschatz); Monika Spring (Wilsdruff); Harald Stark (Plassenburg, Kulmbach); Matthias Wenzel (Verein für Stadtgeschichte und Altstadterhaltung, Gotha); Bürgermeister Harald Thomas (Belgern); Hans-Jürgen Turowski (Lamperstwalde); Dr. Helmut Weimert (Stadtarchiv Heidenheim), Bernd Windsheimer (Armeemuseum Friedrich d. Große, Kulmbach); Annette Wolf (Staatsarchiv Würzburg); Timin Yilmaz (München).

Bildnachweis

Geheimes Staatsarchiv Preußischer Kulturbesitz Berlin (Dahlem) HA I/36 Nr. 1466; Katrin Barden; Hartmut Finger; Dirk Hunger; Ute Neumann; Stadtarchiv Torgau, Lothar Voigtländer; Timin Yilmaz; Porträtfoto Claus Legal: Margot Maaßen.

Die Autoren

Claus Legal

21. Juli 1939
geboren in Liegnitz.
1945-1952
wohnhaft in Bernburg/Saale.
1952-1954
wohnhaft in Grimma/Sachsen.
1957
Abitur in Sonneberg/Thüringen.

1959: Flucht aus der damaligen DDR; Wiederholung des Abiturs, anschließend zwei Semester Veterinärmedizin an der Universität Gießen.

1961-1963: Studium der Geschichte und Politikwissenschaft in Gießen. Während des Studiums drei Jahre Regie-Assistent am dortigen Stadttheater.

1963-1964: Stipendiat an der Kansas State University in Manhatten/USA.

Bis 1965: USA-Aufenthalt mit Jobs als Schraubendreher, Krankenpfleger und Liftboy finanziert.

1966-1968: Volontär in der Hauptredaktion »Dokumentarspiel« des ZDF in Mainz.

Seit 1.1.1969: Redakteur beim ZDF; zunächst in der Hauptredaktion »Dokumentarspiel«, später in der Hauptredaktion »Fernsehspiel«; Redaktion »Reihen und Serien«.

1970/71: Beurlaubung; Studium am »Centro Intercultural de Documentación« CIDOC in Guernavac/Mexiko.

Seit 1975: als Redakteur u.a. zuständig für die ZDF-Krimireihen »Derrick«, »Der Alte« (ab 1989), »Siska« (ab 1998). Mitarbeit im Team von Eduard Zimmermann der ZDF-Sendereihen »Aktenzeichen XY…ungelöst« und »Vorsicht, Falle!«.

ab 31. Juli 2004: Pensionär

Veröffentlichungen:

1985: ZDF-Fernsehfilm »Treffpunkt Leipzig« (Ost-West-Komödie; 90 Minuten Länge). Mit Co-Autor W. M. Murawski Herausgabe des gleichnamigen Buches.

1988: Mit Co-Autor W.M. Murawski: »Kuno und wir Kinder aus Klein-Herbstheim« – ein Jugendbuch zur deutsch-französischen Freundschaft.

1998: Mit Co-Autor Hans-Wilhelm Saure (Bild am Sonntag): »Derrick – Harry, hol schon mal den Wagen« – ein Buch zur ZDF-Krimireihe.

1998: Theaterstück für Kinder: »Kuno und wir Kinder aus Klein-Herbstheim«; uraufgeführt am 18. Mai 2000 im Metropol-Theater in Bernburg/Saale durch die Theatergruppe der Heinrich-Heine-Schule.

2002: Im Buch »50 Jahre TV in Deutschland – Sternstunden des Fernsehens« (Hrsg. Karl-Günther von Hase/Reinhard Appel) Autor des Kapitels »Dem Krimi auf der Spur«.

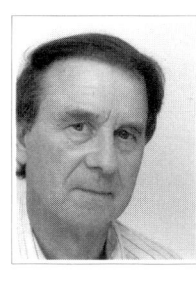

Dr. med. Gert Legal

26.11.1942
in Liegnitz geboren
1945 bis 1952
wohnhaft in Bernburg/Saale
1952 bis 1954
wohnhaft in Grimma/Sachsen
1954 bis 1958
wohnhaft in Sonneberg/Thüringen

1958 bis 1961: wohnhaft in Eisfeld/Thüringen und Ausbildung zum Werkzeugmacher in der Fertigungsstätte des VEB Carl Zeiss Jena.

1961: Verzug nach Meiningen/Thüringen und Wiederaufnahme der unterbrochenen Oberschulausbildung mit Ablegung des Abiturs 1964.

1964 bis 1965: Arbeit als Hilfskrankenpfleger am Meininger Bezirkskrankenhaus.

1965 bis 1971: Studium der Humanmedizin in Leipzig und Erfurt. Staatsexamen und Approbation 1971.

1971 bis 1972: Tätigkeit und Ausbildung zum Facharzt für Allgemeinmedizin am Bezirkskrankenhaus Meiningen.

1972: Ende November Flucht aus der DDR nach München.

1973/1974: Assistenzarzt in der Privatfrauenklinik Dr. Boruth in München.

1974 bis 2006: Januar in eigener Praxis niedergelassener Arzt für Allgemeinmedizin in München.
Seitdem im Ruhestand.

Veröffentlichungen:

1979: Taschenbuch im Verlag Wilhelm Goldmann, München: »Herz und Kreislauf«
1980: Taschenbuch im Verlag Wilhelm Heyne, München: »Bandscheiben – und Rückenschmerzen«

Karl-Heinz Bommhardt

Im Schatten der Heidecksburg

"Rudolstadt war … ein kleines Provinzstädtchen mit weit über 20.000 Einwohnern.

Viele große Geister haben von Rudolstadt geschwärmt. Nicht nur Goethe und Schiller, die sich hier das erste Mal begegneten…

Bommhardt, Karl-Heinz:
Im Schatten der
Heidecksburg

ISBN: 978-3-86939-462-6
ca. 500 Seiten
Preis: 26,90 EUR

Das Wappen der Stadt ziert ein nach rechts laufender, gelber Löwe auf grünem Feld. Zu meiner Kindheit hielt er in seiner linken Pranke ein Hakenkreuz. Nach rechts laufende Tiere sind bei den Wappen der deutschen Städte eher eine Seltenheit…"

GREIFENVERLAG ZU RUDOLSTADT & BERLIN

Paul Elgers

Im Schatten Napoleons

Joseph Fochè - der Meister der Intrige

Ein spannender Roman über
den großen Intriganten, vor dem
selbst Napoleon seinerzeit nicht
sicher war.

Bonaparte nutzte einerseits
dessen Dienste, andererseits
beäugte er Fouchè argwöhnisch.
Und dazu hatte er allen Grund:

Elgers, Paul:
Im Schatten Napoleons

ISBN: 978-3-86939-170-0
ca. 200 Seiten
Preis: 14,90 EUR

Der Herzog von Otranto
jonglierte sich durch die
gesellschaftlichen Systeme, weil
er über ein großes Netz von
Gönnern verfügte...

GREIFENVERLAG ZU RUDOLSTADT & BERLIN